Tamarack Song

Den Geheimnissen der Natur auf der Spur

Durch intuitives Fährtenlesen zu einer tieferen Verbundenheit mit Tieren und Pflanzen finden

Ein Weg zu mehr Wahrnehmung und Achtsamkeit

Tamarack Song

Den Geheimnissen der Natur auf der Spur

Durch intuitives Fährtenlesen zu einer tieferen Verbundenheit mit Tieren und Pflanzen finden

Ein Weg zu mehr
Wahrnehmung und Achtsamkeit

Übersetzt von Kai Petra Stich

Crotona

Impressum

Titel der amerikanischen Originalausgabe:
Entering the Mind of the Tracker
First published by Bear & Company, a division of
Inner Traditions International, Rochester, Vermont, USA.
This edition published by arrangement with Inner Traditions International,

Deutsche Ausgabe:
1. Auflage 2024
© Crotona Verlag GmbH & Co. KG
Kammer 11, D-83123 Amerang
www.crotona.de

Übersetzung aus dem Amerikanischen: Kai Petra Stich
Illustrationen von Mark Webster

Lektorat: Annerose Sieck
Umschlaggestaltung: Annette Wagner

Druck: Finidr

ISBN 978-3-86191-289-7

Die Kapitel meines Lebens sind Erzählungen
von Wolfsspuren,
die sich durch meine Tage und Träume ziehen.
Ich bin dankbar für die Gelegenheit, die Geschichte dessen,
was ich von Wolf und seinen tierischen Verwandten*
gelernt habe, zu teilen
und dieses Buch der Zukunft zu widmen,
in der Wolf und Mensch wieder in Harmonie leben.

Sämtliche Tantiemen aus dem Verkauf dieses Buches fließen in die Unterstützung der *Brother Wolf Foundation*, einer gemeinnützigen Zufluchtsstätte für Timberwölfe, die aus Welpenmühlen und Hinterhofzwingern gerettet wurden. Die Zufluchtsstätte ist für die Öffentlichkeit zugänglich und wird Menschen wieder an die einst respektvolle und für beide Seiten vorteilhafte Beziehung zwischen Wolf und Mensch heranführen. Durch *Wolfs* Inspiration und Beispiel kann eine neue Generation ihre angeborenen Fähigkeiten des Fährtenlesens (wieder)entdecken und lernen, im Gleichgewicht zu leben, so wie unsere Jäger-Sammler**-Vorfahren das taten. Weitere Informationen unter www.brotherwolffoundation.org.

---

* Siehe Glossar.

** Siehe Glossar.

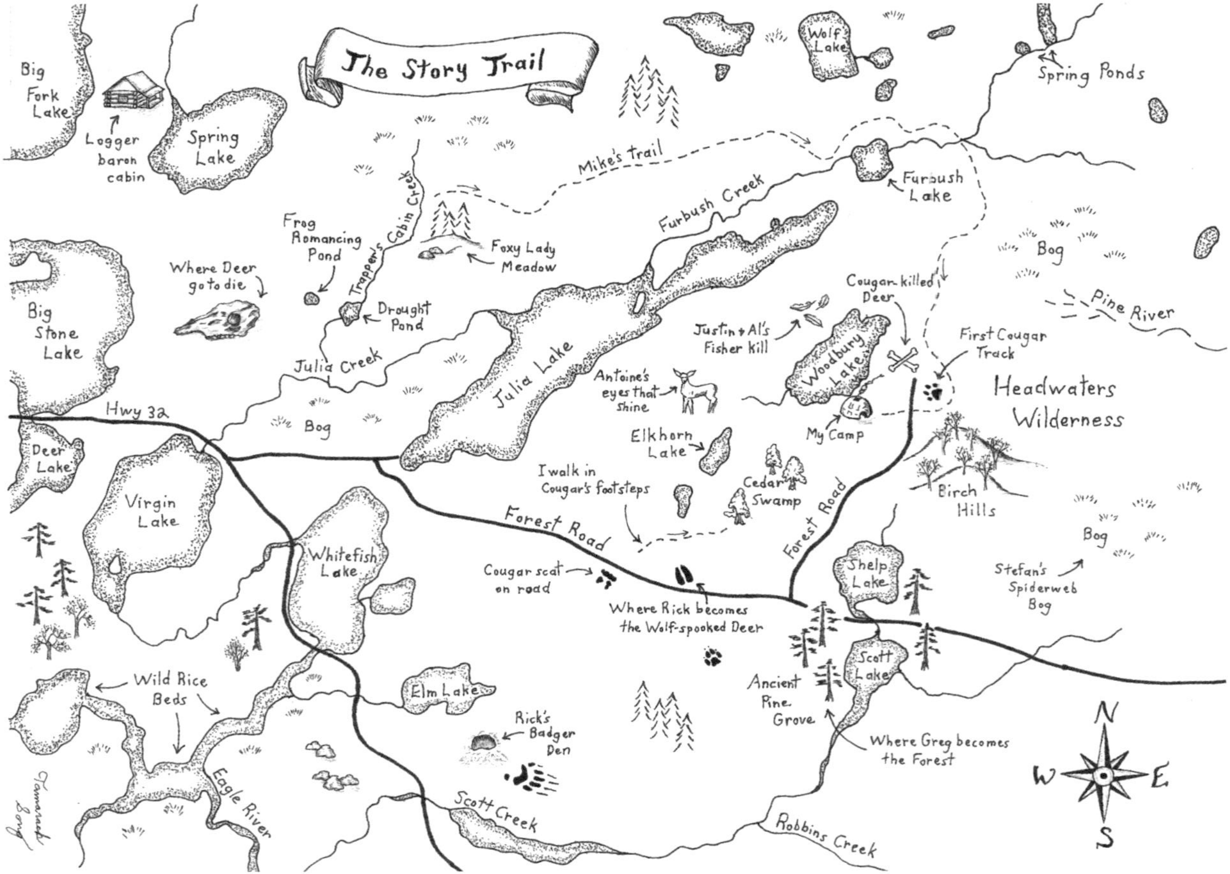

The Story Trail
Big Fork Lake
Logger baron cabin
Spring Lake
Big Stone Lake
Where Deer go to die
Frog Romancing Pond
Trapper's Cabin Creek
Drought Pond
Foxy Lady Meadow
Mike's trail
Furbush Creek
Furbush Lake
Spring Ponds
Wolf Lake
Bog
Pine River
Julia Creek
Julia Lake
Hwy 32
Bog
Deer Lake
Virgin Lake
Whitefish Lake
Elm Lake
Wild Rice Beds
Eagle River
Scott Creek
Rick's Badger Den
Cougar scat on road
Forest Road
Where Rick becomes the Wolf-spooked Deer
I walk in Cougar's footsteps
Elkhorn Lake
Cedar Swamp
Antoine's eyes that shine
Justin & Al's Fisher kill
Woodbury Lake
Cougar-killed Deer
My Camp
First Cougar Track
Headwaters Wilderness
Birch Hills
Forest Road
Bog
Stefan's Spiderweb Bog
Shelp Lake
Scott Lake
Ancient Pine Grove
Where Greg becomes the Forest
Robbins Creek
N
W
E
S
Tamarack Song

Inhalt

Vorwort **14**

Einleitung: Fährtenlesen im Schatten von Wolf **20**

1 **Farnmyrten-Rendezvous** **43**
Die erste Lektion: Sich dem Lied der Fährte öffnen

2 **Frosch-Romanze** **52**
Der nächste Schritt: Die Rhythmen der natürlichen Welt hören

3 **Der geheimnisvolle Bärenstumpf** **60**
Der Fährtenleser beginnt, die Geschichten des Waldbodens zu lesen

4 **Ein Hund bleibt ein Hund** **91**
Lernen durch Widersprüche auf einer verschlungenen Fährte im Schnee

5 **Auf der Spur von Schildkröte** **109**
Tritt nun zurück und sieh Leben und Tod in einer Fährte

6 **Fährtenlesen lernen von einem der großartigsten Jäger** ... **121**
Beim Wolf auf der Fensterbank in die Lehre gehen

7 **Ein Winterrätsel** **136**
Ein Riss an einem zugefrorenen See hinterlässt mehr Fragen als Antworten

8 **Augen, die leuchten** 154
Der Fährtenleser kann nun die alte Haut
abwerfen, um mit neuen Augen zu sehen

9 **Großvaterwellen** 161
Wie man Jahrhunderte der Bewegung
in der Stille eines alten Waldes sehen kann

10 **Wolf werden** 172
Bereit zu lernen, wie ein Tier
in den Spuren eines anderen erscheint

11 **Alte Lieder sterben nie** 183
Lehren der Geister, die in einem
alten Wald verweilen

12 **Auf den Klangspuren der Natur** 205
Wie man die Ohren zu Augen werden lässt,
die den unsichtbaren Weg sehen

13 **Adlergeist und die Blechbüchse** 215
Eine Vorbereitung auf das Finden
unsichtbarer Fährten in Himmel und Wasser

14 **Der Fährte des Fluges folgen** 229
Und nun der Test: Die Spuren lesen,
die Flügel in der Luft hinterließen

15 **Menschen nachspüren auf Bärenart** 241
Bär, der Meisterlehrer im Menschen-Fährtenlesen,
zeigt, wie man Menschen findet
und ihnen nachspürt

16 **Der Bote** 260
Eine Grenze öffnet sich: Der Fährtenleser
knüpft eine Beziehung zu einem scheuen Raubtier

Anhang 1: Für Lehrkräfte, Naturvermittelnde und Ausbildende im Fährtenlesen 297

Die Herangehensweise der Naturvermittelnden erweitern 299

Zur Verwendung dieses Buches 300

Anhang 2: Entmystifizierung der Spurenerkennung bei Hundeartigen 307

Anhang 3: Fährtenlesen auf einen Blick 319

Eine Einführung in das Lesen von Symbolen

Spurbilder 334

Rissstellenmuster 342

Anhang 4: Verhalten in der Nähe von Bären 347

Anhang 5: Sicherheitstipps für Pumagebiete 351

Glossar 355

Danksagung 359

Über den Autor 363

Index 366

WEBSTER

Wichtige Hinweise zur deutschen Ausgabe

Die amerikanische Originalausgabe enthält einige Besonderheiten in der Verwendung der Sprache, die sich nur teilweise ins Deutsche übertragen lassen. Um diese in der deutschen Ausgabe bestmöglich wiederzugeben, wurden in Absprache mit dem Autor einige Anpassungen vorgenommen, die im Folgenden erläutert werden.

Zunächst einige Worte des Autors:

> »Aus Respekt für meine Beziehung mit Wolf sowie den anderen Tieren und Pflanzen, die meine Familie und meine Mentoren waren, schreibe ich ihre Namen in diesem Text mit großen Anfangsbuchstaben und beziehe mich auf sie mit ›er‹ oder ›sie‹ anstatt ›es‹.
> Wahrscheinlich wird es dir – insbesondere am Anfang dieses Textes – befremdlich vorkommen, wenn auf ein Tier oder etwas, das üblicherweise als unbelebtes Objekt betrachtet wird, mit einem ›sie‹ oder ›er‹ statt einem ›es‹ Bezug genommen wird. Zudem wirst du feststellen, dass ›er‹ und ›sie‹, wann immer möglich, austauschbar verwendet werden. Haben sich Menschen erst einmal daran gewöhnt, dass allem Lebendigen ein Geschlecht zugeordnet wird, so tritt bei den meisten ein Gefühl von Befreiung ein. Bald darauf stellen sie fest, wie sie intuitiv jeden lebenden Organismus als ein kostbares, lebendiges, atmendes Wesen betrachten.«
>
> Tamarack Song

Eine weitere Besonderheit ist die Verwendung von Bezeichnungen als Namen, womit der Autor dem Beispiel der Indigenen* seiner Gegend folgt. Beispiel: »Hirsch musste von zarten, neuen Trieben auf robustes Gras und Zweige wechseln.« »Hirsch« steht hier stellvertretend für alle Hirsche.

Großschreibung zum Zeichen der Wertschätzung aller Wesen: Da die Bezeichnungen für Tiere und andere Wesen als Nomen im Deutschen generell großgeschrieben werden, möchten wir hier daran erinnern, dass die Großschreibung von Substantiven im Deutschen u. a. als Ausdruck der Wertschätzung entstand.** Der Autor lädt daher ein, dieser Großschreibung besondere Aufmerksamkeit zu schenken. Das gilt im Übrigen auch für Konzepte, heilige Objekte oder anderes Unbelebtes, das beispielsweise im Mittelpunkt eines Kapitels steht (z. B. der Alte Weg, der Kreis des Lebens, die Dürre).

Im Gegensatz zum Englischen, wo alle Bezeichnungen für Tiere, Pflanzen und andere nicht menschliche Wesen grammatikalisch geschlechtslos sind, sind viele dieser Bezeichnungen im Deutschen männlich oder weiblich (der Wolf, die Tanne, der Stein). Daher funktioniert das Vorhaben des Autors, »er« und »sie« möglichst abwechselnd und gleichmäßig zu verwenden, im Deutschen nur bedingt. Um diesem Gleichgewicht trotzdem möglichst nah zu kommen, wurden einige der männlichen Bezeichnungen in die weibliche Form überführt, z. B. Hirsch zu Hirschkuh.

Da die Verwendung männlicher und weiblicher Pronomen bei sächlichen Bezeichnungen wie »Tier« oder »Eichhörnchen« im Englischen grammatikalisch genauso falsch ist wie im Deutschen, wurde diese Vorgehensweise hier übernommen. Beispiel: »Das Tier wandte sich dem Teich zu, sobald sie ihn sah.« Wie bereits erwähnt, muss man sich daran erst gewöhnen.

---

* Siehe Glossar.

** Michael Schneider, Universität Marburg: Geschichte der deutschen Orthographie unter besonderer Berücksichtigung der Entwicklung seit 1994.

Gendern: Der Autor verwendet eine Form des Genderns, die sich auf die indigene Sichtweise der Welt gründet. Dafür werden (wie oben erläutert) auch in Bezug auf Menschen abwechselnd männliche und weibliche Pronomen verwendet. Im Englischen funktioniert das gut, weil die jeweiligen Substantive geschlechtslos sind und erst durch die Verwendung des zugehörigen Pronomens ein Geschlecht erkennbar wird (the teacher – she: die Lehrerin, the teacher – he: der Lehrer). In Anlehnung daran wird in der vorliegenden deutschen Ausgabe bei allgemeinen Nennungen zwischen männlichen und weiblichen Bezeichnungen gewechselt und nach Möglichkeit neutrale Wörter verwendet (z. B. Lernende, Älteste, Personal). Ein Sonderfall sind Begriffe, die ein Prinzip bezeichnen (also keine Personen an sich), wie beispielsweise »Jäger-Sammler« oder »der Vorfahre als solcher«. Diese Begriffe bleiben unverändert, um die gute Lesbarkeit des Textes zu erhalten. In allen Fällen sind wie beschrieben immer alle Geschlechter gemeint.

Glossar: Begriffe, die im Glossar erklärt werden, sind im Text bei ihrem ersten Auftreten mit einer Fußnote gekennzeichnet. Da sie teilweise anders verwendet werden als gewohnt, kann es hilfreich sein, diese Begriffe tatsächlich im Glossar nachzuschlagen.

Vorwort

Mein Name ist Bryan Nez, und ich war den größten Teil meines Lebens Fährtenleser in den Wüsten und Bergen im Südwesten der USA. Anfang 2010 erhielt ich ein mysteriöses Paket mit der Post. Darin befand sich ein Manuskript mit dem Titel *Im Schatten von Wolf* (der ursprüngliche Titel dieses Buches). Aufgrund meiner Zeit bei der US-Zolleinheit »Shadow Wolves«* regte sich leises Interesse in mir, also schlug ich es auf. Dann konnte ich es nicht mehr weglegen. Es erinnerte mich daran, wie ich von meinem Vater und Großvater das Fährtenlesen gelernt hatte, die es nach Art des Alten Weges** lehrten.

Obwohl ich heute auf der ganzen Welt Fährtenlesen unterrichte, entferne ich mich nie weit von meinen Wurzeln. Ich wurde in Winslow, Arizona, geboren und begann mein Leben in einer kleinen Stadt namens McNary, nahe der Grenze zu New Mexico. Da ich ein Vollblut-Navajo-Indianer bin, wollten meine Eltern, dass ich in der Nähe meines Großvaters im Navajo-Reservat lebte, also zogen wir zurück, als ich noch sehr jung war. Dort lernte ich etwas über die Umwelt, in der wir lebten, und darüber, mit ihr zu sein. Hier begann ich, das Fährtenlesen zu lernen. Ich gehe davon aus, dass eine Reihe von Menschen, die dieses Buch lesen, nach Hinweisen suchen, wie sie zu besseren Fährtenlesenden werden. Und in vielerlei Hinsicht beginnt es hier, mit einem Buch wie diesem. Aber zunächst habe ich ein kleines Szenario für dich.

Stell dir vor, du betrittst eine Lagerhalle, und von der Eingangstür bis zur Rückwand gibt es dort nichts als Aktenschränke. Das ist dein Leben. Am hinteren Ende befindet sich deine

---

* zu Deutsch: Schattenwölfe

** Siehe Glossar.

Geburt, und vorne an der Eingangstür die Gegenwart. Du siehst dich selbst, wie du vorne beginnst und dich durch alle Akten bis zum hinteren Ende des Gebäudes arbeitest. Dort, hinter dem letzten Schrank, ist eine kleine Tür in der Wand, mit einem Knauf und Scharnieren, die ganz verrostet sind. Du öffnest sie, und sie quietscht – sie ist schwergängig und massiv. Drinnen ist es dunkel, der Boden ist mit Staub bedeckt, und überall hängen Spinnweben. Am anderen Ende des Raumes, in einer Ecke, siehst du ein kleines Bündel. Du gehst dorthin, hebst es auf und bringst es hinaus. Wische die Spinnweben und den Staub fort, öffne es, und du hast all deine Fährtenlese- und Überlebenstechniken aus alten Zeiten – es ist alles da. Finde es, und ich sage dir: Binnen eines Tages wirst du Fährten lesen.

Mit etwas Übung wirst du immer besser werden, aber sowohl erfahrene als auch neue Fährtenlesende vergessen, dass sie dieses Bündel besitzen. Immer wieder – sogar wenn ich dieses Buch zur Hand nehme – werde ich an etwas erinnert, das heutzutage leicht in Vergessenheit gerät. Es sind die Dinge, die uns mit dem Bündel verbinden: seine Geschichte, Gemeinschaft, Geschichte allgemein und Tradition – alles Dinge, die im Alten Weg so wichtig sind. Bevor wir mit dem Fährtenlesen beginnen, gestehen viele meiner Lernenden: »Ich habe das noch nie gemacht«, »Ich bin kein Fährtenleser« oder »Ich weiß nicht, wie man Fährten liest«. Ich sage ihnen: »Es ist schon in dir; nur ist dein Verstand getrübt. Du musst dich öffnen und entspannen, und da ist dein Bündel – dein Fährtenlesegeist.« Es geht nicht nur darum, sich von Computer-Spielereien fernzuhalten. Lass mich zur Verdeutlichung ein wenig mehr von meiner Geschichte erzählen.

Meine Ausbildung begann als ein Spiel. Wie viele andere im Reservat ging ich auf ein Internat, in einem Ort namens Leupp in Arizona. Es war eine sehr strenge, militärähnliche Ausbildung – wo man hinwollte, da musste man hinmarschieren. Ich hatte langes Haar, und sie schnitten es kurz wie einen militärischen Bürstenschnitt. Uns wurde gesagt, wir dürften nicht mehr unsere eigene Sprache sprechen, nur Englisch. Wenn du beim Navajosprechen erwischt wurdest, gab es dafür eine Tracht Prügel.

An Wochenenden kamen die Eltern, um dich von der Schule abzuholen. Aber wenn sie nicht auftauchten, waren die Kinder übers Wochenende in der Schule gestrandet. Manche von uns Kindern versuchten auszureißen, weil wir Heimweh hatten, und manchmal war »Zuhause« gut hundert Kilometer weit weg.

Ich war eines der Kinder, das versuchte abzuhauen. Die älteren Kinder waren Fährtenleser, also schickten die Lehrer sie, um uns zurückzuholen. Sie verfolgten und fanden uns jedes Mal. Wir saßen draußen herum und nach einer Weile sagten sie: »Okay, wir geben euch eine Stunde. Ihr macht euch aus dem Staub und wir schauen, ob wir euch wiederfinden können. Los!« Und wir machten uns auf und davon. Wir versuchten, herumzuschleichen und auf unseren eigenen Spuren zurückzugehen, taten alles Mögliche, um ihnen zu entkommen, aber wir schafften es nie. Als ich etwas älter wurde, wurde ich einer der Fährtenleser, und ich spielte das gleiche Spiel mit den Jüngeren.

Das war ein Teil meines Trainings. Zu Hause im Reservat begeisterten meine Mutter und mein Großvater mich fürs Fährtenlesen, Counter-Tracking* und Überlebensfertigkeiten – sie brachten mir bei, welche Pflanzen essbar waren, welche sich als Medizin eigneten – und welche giftig waren. Ich lernte, wilde Tiere zu jagen, ihnen die Haut abzuziehen und sie zuzubereiten. Wir hatten einiges an Nachttraining, viele Kriegsspiele zwischen den Verwandten. Erzählungen waren ein guter Teil des Trainings: Mein Großvater erzählte uns Geschichten darüber, wie der benachbarte Stamm in unser Gebiet eindrang und sich schlecht benahm. Das war seine Seite der Geschichte, und ich glaube, er erzählte uns solche Dinge, damit wir aufmerksam blieben und uns keinen Ärger einbrockten.

---

* Anmerkung der Übersetzerin: Verwischen der eigenen Spuren, um Verfolger abzuhängen.

Geschichten und Traditionen erzählen uns, was wir zu tun haben und was nicht. Ich würde allen unerfahrenen Fährtenlesenden raten, mit Tradition, Geschichte und Erzählungen zu beginnen, genau wie in diesem Buch. Wenn du Fährten lesen willst, geh nicht zuerst hinaus und suche nach Fährten. In den alten Zeiten wurden Dinge mündlich überliefert. Es gab keine geschriebene Sprache, alles wurde mündlich weitergegeben – so wurden die Zeremonien, die Lieder und die Traditionen intakt gehalten und von einer Generation an die nächste weitergegeben. So lehre ich, und so lernen wir. Ich erzähle einem jungen Fährtenleser Geschichten darüber, wie Truthahn* zu seinem weißen Schwanz kam, oder Bär zu seinen vertauschten Füßen, die der Grund dafür sind, dass er mit einwärts gedrehten Füßen geht. Sogar kleine Geschichten haben Kraft – geh hinaus und finde Geschichten – sie lehren dich so viel mehr als irgendein Buch über Fährtenkunde. Deshalb ist diese Geschichtensammlung tatsächlich ein Fährtenkundelehrbuch, und zwar eines, das ich schätze.

Fährtenlesen ist Erzählung, und alle Fährten erzählen etwas. Sobald du gut darin bist, Geschichten zu hören, wirst du die der Fährten besser hören können. Geschichten lehren uns, wie wir für die Tiere und das Land, auf dem wir leben, dankbar sein können. Ich glaube, dass dies ein erster Schritt für alle Fährtenlesenden ist. Sprich mit dem Schöpfer und danke ihm. Setze dich draußen hin und lausche den Bäumen, dem Wind, wie er durch die Äste weht, und den Blättern, wie sie rascheln. Dann geh und sprich mit den Ältesten – höre denen zu, die ein anderes Leben kennen. Frage sie nach ihren Erfahrungen, und sie werden dich Dinge lehren, die du vielleicht noch nicht weißt. Und dann gehe zu einem anderen Fährtenleser, lerne das Beste, was er zu bie-

* Anmerkung der Übersetzerin: Der Autor verwendet, ebenso wie Bryan Nez hier, Bezeichnungen für Tiere häufig wie Namen, wie es bei den Indigenen seiner Gegend üblich ist. Das Wort »Truthahn« beispielsweise steht stellvertretend für alle Truthähne.

ten hat. Und gehe zu einer weiteren Fährtenleserin und lerne das Beste, was sie zu bieten hat. Verbinde diese Fertigkeiten und mache sie dir zu eigen.

Wenn du nach Spuren suchst, musst du zur richtigen Zeit am richtigen Ort sein, um zuzuhören. Du musst darauf hören, was der Fußabdruck dir sagt, und das wird nicht zu hören sein, wenn du direkt in den Abdruck starrst. Tamaracks Buch erinnert uns daran, einen Schritt zurückzutreten und der Geschichte des Wesens zu lauschen, das die Spur hinterlassen hat. Alles hinterlässt Spuren, egal wie gut man ist. Wenn du ein Puma bist, hinterlässt du eine Spur; wenn du ein Mensch bist, hinterlässt du eine Spur. Sogar der Wind hinterlässt eine Spur.

Aber wir vergessen das. Oft erzähle ich meinen Lernenden, dass ich selbst auch noch ein Lernender bin und ich das bis zu dem Tag sein werde, an dem ich sterbe. Draußen im Feld frage ich sie: »Was seht ihr?«, und sie erwähnen etwas, das ich vergessen hatte. Es ist ein Kreislauf – wie die Jahreszeiten läuft alles in einem Kreis. Wenn du jemandem etwas beibringst, zeigt er dir etwas, was du vergessen hattest, und es kommt zu dir zurück. Dieses Buch ist genauso – die Geschichten erinnern uns an die Grundlagen, mit denen wir in Verbindung bleiben müssen. Die Geschichten sind zum Weitergeben da, zum Erzählen am Lagerfeuer oder während einer Mahlzeit, oder an einer Spur tief im Wald. Lies diese Geschichten und teile sie, und erzähle deine eigenen Geschichten und teile sie oft. Sie werden dich erinnern. Wenn du unterrichtest oder eine Geschichte erzählst, hast du unwissentlich etwas für diejenigen, die zuhören, aufgezeichnet, obwohl es nicht niedergeschrieben ist. Es bleibt bei ihnen, und sie werden zurückkommen und es dir erzählen, in der einen oder anderen Form, und du wirst dich wieder erinnern.

Ich habe dieses Buch von vorne bis hinten durchgelesen, und ich werde es wieder lesen. Es ist eine Art Bibel – das beste Fährtenkundehandbuch, das es gibt – es ist alles da. Und ich schätze es, weil es der Alte Weg ist – es enthält, was ich von meinem Vater und Großvater gelernt habe. Wir sind dabei, die alten Wege schnell zu vergessen, nicht nur beim Fährtenlesen, sondern auch bei unserem Umgang mit der Welt. Ich hoffe, du findest, was ich hier fand, und ich hoffe, du wirst es weitergeben – es ist etwas, das wir am Leben erhalten müssen.

Bryan Nez,
ehemaliger Shadow Wolf

Bryan Nez ist ein im Ruhestand lebendes, höhergestelltes Mitglied der legendären »Shadow Wolves«, der Eliteeinheit der U.S.-Einwanderungs- und Zollbehörde, die Drogenschmuggler auf dem Weg über die Grenze zwischen den USA und Mexiko fassen. Die Einheit hat ihren Sitz im »Tohono O'odham«-Indianerreservat im südlichen Arizona und besteht ausschließlich aus amerikanischen Indigenen, die traditionelle Fährtenlesefähigkeiten verwenden, die von Generation zu Generation weitergegeben wurden. Bryan trainiert heute taktische Fährtensuche-Einheiten vieler Nationen auf der ganzen Welt.

Einleitung

Fährtenlesen im Schatten von Wolf

Sie fühlt es tief in ihren Knochen: uralte Erinnerungen, die sie nie gelebt hat, und doch kennt sie sie, als hätte sie es getan. Sie hört es: Eine leitende Stimme, die bereits in ihr ist, während sie gleichzeitig von überall herkommt, wie ein Echo in einer Schlucht. Nicht nur mit ihren Ohren hört sie, sondern mit all ihren Sinnen. Und sie sieht es, nicht mit ihren Augen, sondern mit ihrem ganzen Körper, mit jedem Muskel und jedem Nerv. Es packt sie, verleitet sie, schnell mal diesen und dann jenen Weg einzuschlagen, wagemutig und dann vorsichtig zu sein. Währenddessen lässt die freudige Erregung – das Kribbeln in jeder Faser ihres Körpers – sie nahtlos mit ihrer Umgebung verschmelzen. Sie und ihre Beute sind eins – sie wurde offensichtlich für nichts anderes gemacht, als Fährten zu folgen.

Das ist es, was eine Wölfin* auf der Jagd erlebt, wie ich es beobachtete, als ich mit Wölfen lebte. Es unterscheidet sich nicht von dem, was du oder ich fühlen würden, wenn wir der Fährte eines Tieres folgten, denn wir sind genau wie Wolf** – wir sind geborene Fährtenleser.

Wir verlassen uns den ganzen Tag über auf unsere Fährtenlesefertigkeiten. Tatsächlich sind sie so wichtig für unsere Existenz, dass wir ohne sie buchstäblich verloren wären. Ob wir unseren Weg durch die Stadt finden, einen Schlüsselbund suchen, unsere Kinder im Auge behalten oder einfach nur einkaufen, wir lesen Fährten. Aber unsere Fähigkeiten hören hier nicht auf – sie

---

* Aus Respekt für meine Beziehung mit Wolf sowie den anderen Tieren und Pflanzen, die meine Familie und meine Mentoren waren, schreibe ich ihre Namen in diesem Text mit großen Anfangsbuchstaben und beziehe mich auf sie mit »er« oder »sie« anstatt »es«.
Anmerkung der Übersetzerin: Da die Großschreibung im Deutschen heute Standard ist, jedoch u. a. zum Ausdruck der Wertschätzung eingeführt wurde, lädt der Autor ein, dieser Großschreibung in dieser Ausgabe besondere Aufmerksamkeit zu schenken. Mehr dazu in den »Wichtigen Hinweisen zur deutschen Ausgabe«, Seite 11f.

** Anmerkung der Übersetzerin: Der Autor verwendet Bezeichnungen für Tiere häufig wie Namen, wie es bei den Indigenen seiner Gegend üblich ist. Das Wort »Wolf« beispielsweise steht stellvertretend für alle Wölfe.

reichen bis zu den qualitativen Aspekten des Lebens, wie einen Urlaub zu planen, einen Partner zu finden, sich zu fragen, warum wir uns so fühlen, wie wir uns fühlen, und zu spüren, was andere denken.

Wir tun all das und mehr, selbst wenn wir nie an einem Kurs zum Fährtenlesen teilgenommen haben. Wir haben dieses Talent von unseren paläolithischen Vorfahren geerbt, die bereits vor 400.000 Jahren* gemeinschaftlich jagten und Fährtenlesefähigkeiten entwickelten, die in der Tierwelt einzigartig sind. Sie konnten sich Szenarien vorstellen**, während andere Tiere sich vor allem auf ihre Sinne und ihre Intuition verlassen mussten. Im Laufe der Generationen entwickelte sich die menschliche Fährtenlesefähigkeit zu einer hoch entwickelten, vererbbaren Eigenschaft, die uns durch unseren Alltag navigiert.

Wie alle unsere angeborenen Fähigkeiten verbessert sich auch unsere Geschicklichkeit im Fährtenlesen durch Praxis. Wir mussten uns erst einige Male in der Stadt zurechtfinden, bevor wir das sicher konnten, und das Gleiche gilt, wenn wir einem Tier folgen. Dieses Buch ist ein Werkzeug, das dich leiten und inspirieren wird, Erfahrung zu sammeln, um deine Fährtenlesefertigkeiten zu verbessern. Du wirst dein Wissen über Natur und das Verhalten von Tieren erweitern. Meine Hoffnung ist, dass der Fährtenleser in dir erwacht, während du die Figuren in den Geschichten begleitest. Und wenn du dich das nächste Mal an weiter entfernte Orte begibst, siehst und hörst du vielleicht auf eine tiefere Weise – eine Weise, die dich in das Lied der Fährte*** zieht.

Aber hier geht es nicht nur darum, Tiere oder verlorene Schlüssel zu finden. Wenn wir bessere Fährtenleser werden, wird das Le-

---

* Stiner, Mary C., Ran Barkai, and Avi Gopher: »Cooperative hunting and meat sharing 400–200 kya at Qesem Cave, Israel«, Proceedings of the National Academy of Sciences 106, no. 32 (2009), doi: 10.1073/pnas.0900564106.

** Siehe Glossar (Sich-etwas-vorstellen).

*** Siehe Glossar.

ben allgemein gesünder, reicher. Das Fährtenlesen wird zu einer Metapher für bewusstes Leben, wenn wir das auf dem Weg Gelernte anwenden. Wir stärken unsere Verbindung mit dem Leben, das uns umgibt, und wir kommen wieder mehr in Kontakt mit unserem Innenleben – unseren Vorlieben und Gefühlen. Wir lernen, uns besser auszudrücken und zuzuhören. Wir können uns besser um unsere Bedürfnisse kümmern und anderen helfen. Wir entdecken, wie wir das Zen – die Essenz – des Lebens erfassen können.

Ein effektiver Fährtenleser zu werden, bedeutet, das Tier zu werden*, dem wir folgen. Wenn wir die Triebkraft ihrer Bedürfnisse und die Belastung durch ihre Ängste** spüren können, wissen wir, warum sie tut, was sie tut, und wo wir sie finden können. Wenn wir diese Art intimer Verbindung mit dem Leben um uns herum haben, werden wir fürsorgliche und verantwortungsvolle Hüter der Erde sein. Der Zweck dieses Buches ist, uns darin zu unterstützen, das Tier zu werden, dem wir folgen, und seine Welt zu unserer zu machen.

Um ein Tier zu werden, müssen wir zunächst einmal hungrig sein. Ein Tier jagt, um zu fressen, Hunger ist seine Motivation. Ein voller Bauch betäubt die Sinne einer Wölfin und lässt sie schlafen, während Hunger sie besonders sensibel macht, sodass sie Dinge fühlt, sieht und hört, die sie ansonsten verpassen würde. Wir sind genauso angelegt: Unsere Vorfahren wurden ein Tier und verfolgten Fährten aus dem gleichen Grund wie Wolf.

Wenn wir erfolgreich lernen wollen, muss uns ebenfalls der Hunger antreiben. Es gibt viele Arten von Hunger, weshalb wir nicht alle die gleiche Motivation haben werden. Mit Ausnahme einer: Misserfolg. Erfolg stumpft ab, Misserfolg bringt uns wei-

---

* Anmerkung der Übersetzerin: Die Formulierung »das Tier zu werden« statt »zu einem Tier zu werden« wurde absichtlich gewählt. Siehe Glossar (werden).

** Verwendung von weiblichen und männlichen statt sächlichen Pronomen siehe Kapitel »Wichtige Hinweise zur deutschen Ausgabe«, Seite 11f.

ter. Rechne damit, anfangs nur langsam voranzukommen und vielleicht verwirrt und frustriert zu sein. Lass dies zu und sei dankbar, denn es bedeutet, dass du lernst.

Denke daran, dass du dich in guter Gesellschaft befindest, wenn du scheiterst. So erfahren ein Wolf sein mag, er ist nicht immer erfolgreich. Er und sein Rudel jagen vielleicht zehn Elche, bevor sie einen erlegen. Die vielen Misserfolge schenken dem Rudel das, was indigene* Älteste mir als »den lehrenden Weg«** beschreiben. Er bringt uns nicht zu dem Tier, aber er schenkt uns die Erfahrung, die wir brauchen, um zu lernen, wie wir dort hinkommen. Gleichzeitig bekommt die Beute das Training, das sie benötigt, um besser überleben zu lernen. Die Schwachen, Langsamen und Abgestumpften gehen an den fähigen Fährtenleser, der die Beute stark und aufmerksam hält.

Ich hatte das Glück, das Fährtenlesen direkt von Wölfen zu lernen, indem ich mit ihnen trainierte und ihren Geschichten lauschte. Als Kind verbrachte ich jede freie Minute in den Wäldern und Sümpfen rund um das kleine Bauerndorf, in dem ich aufwuchs. Für mich war Wolf das mystische Symbol der wilderen Orte. Ich las, träumte und malte mir aus, wie Wölfe ihre Beute verfolgten und ihre Jungen aufzogen. Ich wollte mit ihnen leben. Wenn ich durch das Unterholz strich, war ich ein Wolf; wenn ich in der Sonne ein Nickerchen machte, war ich ein Wolf. Ich schlich auf weichen Pfoten umher und suchte den Wald mit scharfen, bernsteinfarbenen Augen ab. Ein Bau, den ich in einem Hügel entdeckte, war das Zuhause meines Rudels. Es spielte keine Rolle, dass es im Umkreis von Hunderten von Kilometern keine Wölfe mehr gab; der Geist von Wolf war mein Geist.

Als ich einundzwanzig wurde, zeltete ich einige Tage am Hochufer eines Flusses in der Wildnis Nord-Wisconsins. Eines Nachts hörte ich ein einsames Heulen. Mein Magen verkrampfte sich und meine Augen versuchten, etwas auszumachen. Ich woll-

* Siehe Glossar.

** Siehe Glossar.

te wissen, aus welcher Richtung das Heulen kam und ob dort mehr als eines war. Gleichzeitig fragte ich mich, ob ich mir so sehr wünschte, dass es ein Heulen war, dass ich mich an einem weit entfernten Eulenruf in »kreativem Hören« übte.

Am nächsten Morgen folgte ich der Fährte – oder zumindest redete ich mir ein, dass ich das tat – und fand etwas, von dem ich dachte, es könnte Wolfslosung sein. In der Nähe lagen die Überreste eines Hirsches, der schon lange tot war. Dies musste eines seiner Beutetiere sein, also stellte ich sicher, dass ich alle darauf hindeutenden Zeichen fand, die ich brauchte. Einige Haare, die wahrscheinlich vom Bauch des Hirsches stammten, wurden die des Wolfes, und die vom Harz verfärbte Rinde am Fuße eines nahe gelegenen Baumes wurde zu seiner Urinmarke. Ich weiß nicht, was ich hätte tun können, um noch weiter von der ersten Regel des Fährtenlesers abzuweichen: »Sei wie eine Frage.«

Kurz nach diesem Erlebnis kam ein Freund vorbei, um mir zu erzählen, dass er in einem kleinen Zoo am Rande einer Straße in den Nordwäldern gewesen sei. Dort hatte ein Wolfspaar gerade Jungen zur Welt gebracht. Im ersten Licht des nächsten Morgens fuhr ich auf der Straße Richtung Norden.

Jedes Gehege beherbergte ein wohlbekanntes Tier der Nordwälder: Baumstachelschwein, Waschbär, Biber, Fuchs, Rothörnchen und Grauhörnchen, Weißwedelhirsch und Schwarzbär sowie eine riesige Schnappschildkröte und ein geisterhaft aussehender Albino-Hirsch. Das Herzstück der Menagerie war ein Wolfspaar.

Aber wo steckten die Welpen? »Im Haus«, sagte der Inhaber. Es war nicht viel los, und er war ein entgegenkommender Mensch. Also schaute ich bald in eine Badewanne mit vier elf Tage alten Welpen, deren Augen noch geschlossen waren. Er sagte, sie seien erst in der vergangenen Nacht aus dem Gehege geholt worden.

Ich fragte, wie viel er für einen Welpen haben wolle.

»Zweihundert Dollar«, antwortete er. »Aber wenn Sie einen haben wollen, müssen Sie ihn jetzt nehmen. Wir fahren übers

Wochenende weg, und wir haben niemanden, der sich um sie kümmern kann.«

»Würden Sie vierhundert Dollar für den Wurf nehmen?«

Ein Welpe starb sofort, ohne ersichtlichen Grund, während die anderen mit regelmäßiger Flaschenfütterung und all der Aufmerksamkeit, die sie vertragen konnten, gediehen. Don, ein mohikanischer Freund, half mir zusammen mit seiner Großmutter, einer Stammesältesten, ihnen Namen zu geben. Das Weibchen, das zu einer schlaksigen, wissbegierigen Wölfin heranwuchs, bekam den Namen Simbut Meaxtkaoin Mahican, oder *Silberwolf*. Sie hatte eine klare Art zu sein, die mit meiner harmonierte – wir waren Seelenverwandte. Der mittlere Welpe, einfach *Wolfie* genannt, war Simbuts agiles männliches Gegenstück und zukünftiger Gefährte. Ich konnte schon innerhalb der ersten Tage anhand seiner Klugheit und seiner Aufmerksamkeit für Details erkennen, dass er dazu bestimmt war, der Rudelführer zu werden. Deshum Nashak, oder *Erddonnerer*, war anderthalbmal so groß wie sein Bruder. Seine Größe forderte Respekt, aber niemand brauchte lange, um zu erkennen, dass er einfach ein großer, sanfter Teddybär war.

Schon bald nachdem sich ihre Augen geöffnet hatten, begannen sie mit dem Ritual, ein Rudel zu bilden. Als ihr Elternteil und Lieblings-Wrestling-Partner war ich ein Teil dieses Prozesses. Allerdings nicht automatisch – ich musste meine Rolle als Kundschafter, Fürsorger oder Anführer genauso erarbeiten wie die Wölfe. Durch das gemeinsame Essen, Raufen und Schlafen erfuhren wir etwas über die Qualitäten und Naturelle der anderen. Dabei lernte ich ihre komplexen Körperhaltungen, ihre Mimik und ihre auf Lautäußerungen basierte Sprache kennen. Zuerst war ich verwirrt durch das, was ich als irrationales Verhalten einstufte. Mit der Zeit verstand ich, dass sogar die einfachsten und subtilsten Veränderungen etwas bedeuten konnten: Ein scheinbar leerer Blick hieß, man solle sich zurückhalten, weil etwas Wichtiges ihre Aufmerksamkeit erregt hatte. Eine leichte Anspannung des Schulterbereichs zeigte einen Anflug von Furcht, und eine leichte Lockerung dieses Bereichs signalisierte aufkeimende Wut. Dies erwies sich als wichtiges Training, um die Nuancen von Zeichen zu erkennen, die ich leicht übersehen konnte, wenn ich der Spur eines Tieres folgte.

Bei Wölfen gibt es kein einfaches »Hallo« und »Auf Wiedersehen«. Sie haben ihre traditionellen Begrüßungs- und Verabschiedungsprotokolle, und ich brauchte einige Zeit, bis ich diese erlernt und mich an sie gewöhnt hatte. Zu ihnen zu stoßen, war in der Regel mit einem energiegeladenen Austausch von Schubsern, sanften Bissen und Abschlecken verbunden. Bevor sie mich gehen ließen, musste ich ihnen helfen, sich zu beruhigen, indem ich jeden Einzelnen im Nacken packte, zu Boden drückte und den Bauch kraulte. Aber ich musste vorsichtig sein – sie mochten es so sehr, dass ich Gefahr lief, angepinkelt zu werden.

Es dauerte eine Weile, bis ich mich an ihre starke Präsenz und unerschütterliche Aufrichtigkeit gewöhnt hatte. Sie zeigten ihre Gefühle offen, was ihnen schnell mein Vertrauen und meinen Respekt einbrachte. Gleichzeitig wurde mir durch meine Beziehung mit ihnen bewusst, wie unaufrichtig ich in vielen meiner Beziehungen mit Menschen war. Sogar mit den Wölfen tat ich manchmal aus Gewohnheit so, als sei ich völlig präsent und dabei. Nur durchschauten sie mich unmittelbar und reagierten auf das, was ich wirklich fühlte. Wenn ich gedanklich abdriftete, nutzten sie das entweder aus, um mich zu kneifen oder anzuspringen, oder sie ignorierten mich. Es gab nichts dazwischen: Sie kannten nur diesen Weg, und sie würden mich nur so akzeptieren. Das zwang mich dazu, sowohl zu ihnen als auch mir selbst gegenüber emotional ehrlich zu sein.

Manchmal wusste ich die Anleitung zu würdigen, und manchmal reagierte ich darauf. Wer waren sie, dass sie mir den Rücken zukehrten? Ich mochte es nicht, auf meine Baustellen hingewiesen und nicht so akzeptiert zu werden, wie ich war. Vielleicht war ich ab und zu unaufrichtig, aber was hätte man auch anderes erwarten können? Ich sagte mir, sie verstünden einfach das emotionale Theater nicht, das wir Menschen spielen mussten, um einen Tag zu überstehen.

Zu dieser Zeit nahmen Menschen einen großen Teil meines Tages in Anspruch, aber Wölfe waren es, die mein Herz erfüllten. Allerdings tolerierten Letztere mein Jammern über die Arbeit oder meine Mitbewohner genauso wenig wie meine mangelnde Präsenz. Indem sie auf Wahrhaftigkeit bestanden, halfen sie mir zu erkennen, dass meine Probleme nichts mit anderen Menschen zu tun hatten, sondern mit mir selbst. In meinen besseren Momenten – wenn mein Ego* nicht allzu angeschlagen war – konnte ich sehen, dass viele der Menschen, die ich verurteilte, die gleiche Verbindung zur Essenz des Lebens suchten wie ich. Als ich vor meinesgleichen davonlief, lief ich nur vor mir selbst davon und in eine einsame Ecke.

Zwei Jahre später bekamen sie ihre ersten Welpen – drei wunderschöne, anthrazitfarbene Fellknäuel – in einem Bau, den Simbut unter einem umgestürzten Baum gegraben hatte. Sie dabei zu beobachten, wie sie sich bemühte, die hundehüttenartige Höhle zurückzuweisen, die ich für sie errichtet hatte, half mir zu verstehen, was für eine wichtige Rolle Instinkte im Leben eines Tieres spielen. Zunächst hatte ich Bedenken, in den Bau zu kriechen, aber Simbut zeigte mir nicht einmal das kleinste Anzeichen hochgezogener Lefzen.

Indem sie ein Rudel bildeten und Jagdfertigkeiten entwickelten, ermöglichten Wolfie, Simbut und Deshum Nashak es ihren Nachkommen, eines Tages ihr angestammtes Land wieder zu besiedeln. Ich wusste, dass wir noch mehr Fortschritte würden machen können, wenn die Jungen vom Rudel lernen und mit Wild aufgezogen würden. Sobald sie laufen konnten, übten wir gemeinsam die Fertigkeiten des Jagens, indem wir zusammen Fangen, Verstecken und Anschleichjagen übten. Oft bildeten

---

* Siehe Glossar.

wir Paare und lasen die Signale des anderen, um unsere Verfolgungsjagden zu koordinieren oder denjenigen zu finden, der sich versteckt hatte. Indem ich ihnen zusah, wie sie übten, das Lied der Fährte zu hören, kam ich wieder mehr mit meinen eigenen intuitiven Fähigkeiten in Kontakt.

Gemeinsam entdeckten und entwickelten wir unsere Fährtenlese-Intelligenz. Wie immanent diese war, zeigte sich daran, wie natürlich* sie sich anfühlte. Es schien, als ob unsere jungen Gehirne alte Erinnerungen besäßen, die jeden Schritt auf dem Weg leiteten und uns zeigten, wie man als Rudel zusammenarbeitet. Jeder von uns war in einem anderen Bereich der Pirsch und der Jagd besonders geschickt, und doch arbeiteten wir synchron, wie Organe in einem Organismus. Und es waren nicht nur wir. Die Warnrufe von Blauhäher lenkten die Aufmerksamkeit derer ab, an die wir uns heranpirschten, die Schatten der Bäume verbargen uns, der Wind trug unsere Witterung fort. Der Fährtenleser, so lernte ich, war nicht einer von uns, sondern wir alle zusammen.

Je größer die Welpen wurden, desto eingehender studierten sie die Bewegungen der anderen, und desto komplexer wurden ihre Verfolgungs- und Fangspiele. Je geschickter der eine wurde, desto schneller durchschaute ihn die andere. Sie wurden immer besser darin, die Bewegungen der anderen vorauszusehen – eine Fähigkeit, die ich *Schattenwerden*** bzw. *Beschatten* nenne. Das ging so weit, dass ich befürchtete, im Spiel würde es bald keine Herausforderung mehr geben.

Ich hätte wissen sollen, dass das Erreichen eines Gipfels nur den Blick auf den nächsten eröffnet. Das Schattenwerden der jungen Wölfe erreichte bald eine andere Ebene der Komplexität, wobei die Verfolgte ihren nächsten erwarteten Schritt ausließ, um den Verfolger abzuschütteln. Um sich nicht abhängen zu lassen, schien der Verfolger die Jagd aufzugeben, nur um eine Abkür-

* Siehe Glossar.

** Siehe Glossar.

zung zu nehmen und die Verfolgte dort abzufangen, wo sie sich sicher wähnte. Eines ihrer Lieblingsspiele bestand darin, mich eng zu beschatten und dann abzudrehen. Sobald ich niemanden mehr an meinen Fersen spürte, wusste ich, dass derjenige mich genau dort erwarten würde, wo mich mein Ausweichmanöver hinführen würde. Aber es war zu spät, um einen Gegenzug auszuführen und mein Gesicht zu wahren. Ich war eine Maus, mit der eine Katze spielte. Hätten diese Welpen unsere Teamsportarten gespielt, wären sie wahre Meister gewesen.

Obwohl gelegentlich jemand überlistet wurde, gab derjenige selten auf. Und er tat immer überrascht, wenn sein Zug nicht funktionierte. Ich sah es als ein Beispiel dafür, wie Erfolg bei der Jagd – und Erfolg im Überleben, wenn man der Gejagte ist – einen starken Glauben an sich selbst erfordert.

Ich glaube, mein Selbstvertrauen war nicht auf dem gleichen Niveau wie das ihre, da ich manchmal den Mut verlor und eine Auszeit nahm, nachdem ich ein paar Mal hintereinander überlistet worden war. Meine Ausrede war, dass ich gewohnt war, mit Schlittenhunden zu spielen, die andere – einfachere – Spielregeln hatten. Zunächst hielt ich die Wolfswelpen für unberechenbar. Das lag daran, dass ich erwartete, sie würden sich wie Hundewelpen verhalten. Wölfe schienen eher katzen- als hundeartig, mit ihrem eigenen Kopf und einer Ausstrahlung, die sie unnahbar erscheinen ließ. Sie ordneten sich nicht einfach unter wie ein Hund, und ich stellte mir vor, dass es schwierig wäre, sie wie einen Hund zu erziehen. Es dauerte nicht lange, bis mir klar wurde, dass ich mit einer wirklich wilden Kreatur spielte, die mich viel über wilde Tiere im Allgemeinen lehrte.

Die Welpen spielten, als sei das Spiel alles. Sie machten falsche Bewegungen, überschlugen sich und purzelten herum, nur um wieder aufzuspringen, wobei sie kaum aus dem Takt gerieten. Wenn ich hinfiel, lag ich nur da und lachte darüber, wie albern ich ausgesehen haben musste. Und ich zahlte dafür! Sie fielen mit ihren schmutzigen Pfoten und schlabbrigen Zungen über mich her und freuten sich, aus meinem seltsamen menschlichen Verhalten Kapital zu schlagen.

Diese Welpen konnten völlig im Spiel versunken sein und dennoch blitzartig in einen anderen Gang wechseln. Ein plötzlicher Windstoß oder ein fremdes Geräusch konnte sie auf der Stelle mit gespitzten Ohren innehalten lassen. Manchmal dämpfte etwas – was immer es auch war – ihre Lust am Spiel, und sie gingen davon, hielten ein Nickerchen oder starrten ins Leere. Durch diese scheinbar spontanen Handlungen gewöhnte ich mich an die freie Denkweise der Tiere und lernte, verwirrende Zeichen mit anderen Augen zu sehen.

Anfangs nahm ich es persönlich, wenn ich mitten im Spiel sitzen gelassen wurde. Ich wäre nie auf die Idee gekommen, jemandem ohne eine Erklärung den Rücken zuzukehren. Es dauerte länger, als ich zugeben mag, bis ich verstand, dass sie sich gegenseitig genauso behandelten wie mich. Irgendwann sah ich ein, dass sie das Offensichtliche nicht auszudrücken brauchten – sie antworteten einer größeren Stimme: dem Lied der Fährte. Anstatt jemanden zu brüskieren, kümmerten sie sich umeinander – mich eingeschlossen –, indem sie ihre Aufmerksamkeit auf das große Ganze richteten. Um ein dauerhaft erfolgreicher Fährtenleser zu werden, musste ich lernen, dass die Sichtweise den Fokus lenkt.

Eines Tages, als die Welpen bereits halb erwachsen waren, jagten wir Wiesenwühlmäuse auf einem Feld. »Hört auf zu spielen«, schimpfte ich scherzhaft. Genau in diesem Moment wurde mir klar: *Die Jagd ist ein Spiel*, also ist das Spielen eine ernste Angelegenheit, weil es Training für die Jagd ist. Kein Wunder, dass sie beim Spielen ihr Bestes gaben, und kein Wunder, dass sie sogar in der Hitze des Gefechts auf das Lied der Fährte eingestimmt blieben.

Einige Jahre vergingen, das Rudel bekam jedes Frühjahr Welpen, und meine idyllische Lehrzeit dauerte an. In dieser Zeit beteiligte ich mich an Bildungsmaßnahmen, um das Bild des großen bösen Wolfs, das viele Menschen im Kopf hatten, durch das des hochsozialen, mitfühlenden Wesens zu ersetzen, das er wirklich war. Mit einem so fotogenen und kontroversen Thema waren die Medien sofort zur Stelle, um zu helfen. Sie weckten ein solches Interesse, dass an Wochenenden eine endlose Autoparade unsere normalerweise ruhige Landstraße hinunterkroch. Kindergesichter pressten sich gegen Fenster in der Hoffnung, einen flüchtigen Blick auf die sagenhaften Kreaturen zu erhaschen.

Und dann waren da noch jene, die glaubten, der einzige Grund, warum es Wölfe gibt, sei, um sie auszurotten. Eines Tages kam ein bewaffneter Trupp vorbei, um über die Angelegenheit zu reden. Alkohol verlieh ihnen Mut, und leider verwandelte dieser auch ihre Angst vor Wölfen in Wut. Die Polizei tauchte auf, bevor ein Schuss fiel, doch die Herren hatten ihre Mission erfüllt. Das Rudel wurde wegen der von ihnen entfachten leidenschaftlichen Emotionen zur Gefahr für die Allgemeinheit erklärt, in Verwahrung genommen und aufgeteilt, wobei jedes Mitglied zu einem Leben hinter Gittern verurteilt wurde.

Ich stellte mir vor, wie ich zu den verschiedenen Zoos fahren würde, um sie zu besuchen. Da würde ich mit den Großeltern und Kindern stehen und zwischen den Stahlstreben hindurch auf eine leere Hülle mit leblosen Augen blicken. Selbst wenn ich das ertragen könnte, was würde ich sagen? Was, wenn sie durchdrehen und den Zaun angreifen würden, wenn sie versuchen würden, mich zu erreichen, um ihre Pfoten auf meine Brust zu legen und mich umzustoßen, wie sie es immer taten? Oder was, wenn sie gar nicht reagieren würden – was, wenn sie nicht mehr in der Lage wären, mich zu erkennen oder sich um mich zu scheren? Ich musste weiterziehen, und ich würde sie nie wiedersehen.

Dreißig Jahre später stand ich da und starrte auf Pfotenabdrücke, die fast so groß waren wie meine Hand und die den Rand des schneebedeckten Forstweges säumten, der zu dem Pfad zu meinem Wildniscamp führte. Der erste Blick zeigte einen Wolf, doch das Lied der Fährte deutete auf mehr. Ich erinnerte mich daran, wie die Mitglieder meines alten Rudels in die Trittsiegel* der anderen traten, um in tiefem Schnee Energie zu sparen. Daher schaute ich noch einmal genau hin und sah den gelegentlichen doppelten Abdruck, der auf ein Paar schließen ließ. Was für ein Fest! Der erste Hinweis auf Wölfe in den Nordwäldern seit vielen Jahrzehnten! Ich schloss meine Augen und schwelgte in einer Flut von Erinnerungen.

Egal wo ich während des nächsten Jahreszeitenzyklus** suchte, ich fand keinerlei Zeichen von Wölfen. Das änderte sich gegen Ende des Sommers, als meine beiden jüngsten Kinder und ich auf einem unserer Lieblingsflüsse in der Wildnis paddelten. Bei Sonnenuntergang wurde es ruhig. Kein Vogel sang, und die Oberfläche des Flusses war so glatt poliert wie der silbrige Himmel. Wir hörten auf zu paddeln und saßen ebenso still wie die Seerosen.

Ein einsames Heulen driftete über das Tal, gefolgt von einem weiteren. Sofort verschwand alles, bis auf diese beiden Stimmen. Ihre Unsicherheit, ihre Tonhöhe und Klangfarbe, ihre schüchterne Lautstärke übernahmen mein Bewusstsein. Hätte ich gestanden, wäre ich zusammengebrochen. Das war nicht einfach ein ausgewachsenes Paar, das von irgendwo her eingewandert war, noch waren es Ausgesetzte, die vielleicht oder vielleicht auch nicht bleiben würden. Und es waren auch keine schwachen Welpen, die vielleicht nicht überleben würden. Nein, das waren muntere Jugendliche, hier geboren und aufgewachsen – echte Eingeborene! Ich genoss einen Moment der Zufriedenheit.

An einem bedeckten, für die Jahreszeit ungewöhnlich warmem Nachmittag im folgenden Winter, bat mich Justin, ein Teilnehmer meines Jahreskurses für Wildnisfertigkeiten, mir etwas

---

* Anmerkung der Übersetzerin: »Trittsiegel« ist ein anderer Begriff für Fuß-, Huf- oder Pfotenabdruck.

** Siehe Glossar.

Kot anzuschauen, den er auf einer kleinen Lichtung nur einen Steinwurf entfernt von meinem Wigwam gefunden hatte. Seine knappe Wortwahl und meine Intuition sagten mir, dass dies kein alltäglicher Kot war. Ich brauchte den Kot nicht zu identifizieren, aber es gehört nicht zu den Eigenschaften eines zuverlässigen Fährtenlesers, sich auf Vermutungen zu verlassen. Auch nicht zu jemandem, der seine wichtigsten Beziehungen würdigt, für die dieses Zeichen stand. Trotzdem: Mein Drang loszulaufen und meiner Gefährtin Lety davon zu erzählen, bestärkte nur meinen ersten Eindruck.

Was für ein Haufen! Er war riesig, reichlich mit Knochensplittern gespickt und fein mit rotbraunen Hirschhaaren durchsetzt. Der Stopfen, das erste Stück, das herauskommt, war so wohlgeformt wie das funktionierende Ende eines Feuerbohrers*. Und der Zapfen, das letzte Stück, verjüngte sich kunstvoll bis auf wenige Haare. Dieser Kerl war groß und gesund und fraß ordentlich, und es sah aus, als sei er in der Blüte seines Lebens, wahrscheinlich drei bis sieben Jahre alt. Zu den sekundären Anzeichen, die mir sagten, dass es sich wahrscheinlich um das Alphamännchen eines Rudels handelte, gehörten die auffällige Platzierung des Kots, die plakative Kratzspur, die der Wolf durch das Wegtreten des Schnees nach Absetzen des Kots verursacht hatte, und die hoch angesetzte Urinmarkierung am in Windrichtung nächstgelegenen Baum.

Nachdem Justin gegangen war, saß ich vor dem Wigwam und lauschte der Spur der Wolfsfährte. Irgendwann – ich erinnere mich selten, wann es passiert – verschwand mein Zeitgefühl, und ich beobachtete den Wolf, wie er von Norden herunterkam und um das Moor vor meiner Hütte herumging. Er war allein, und er bewegte sich zielstrebig. Mit all den Anzeichen für menschliche Anwesenheit ringsherum hätte ich erwartet, dass er einen großen Bogen um dieses Gebiet machen würde. Dennoch sah

* Anmerkung der Übersetzerin: Das stabförmige Stück Holz, das man zum Feuermachen mit einem Drillbogen-Set benutzt.

ich ihn direkt an, als er ganz nahe vorbeiging, und er beachtete mich nicht.

Am entfernten Ende der Lichtung schnüffelte er am Fuß mehrerer Bäume, markierte einen und ging in die Hocke, das Gesicht in die Richtung gewandt, aus der er gekommen war. Als er fertig war, kostete er die Luft und schnüffelte dann an seinem Haufen, um sich seinen Geruch einzuprägen. Zufrieden ging er zurück zu seinem Duftbaum, roch erneut daran und hob sein Bein hoch, um ihn noch einmal zu markieren – dieses Mal besonders stark. Ohne zurückzublicken, setzte er seinen Weg nach Süden fort.

Dem Kommunikationsprotokoll folgend, ging ich hinunter, um an seiner Duftmarke zu riechen, und markierte einen benachbarten Baum. Wenn er zurückkäme, würde meine Markierung ihm sagen, wer ich war und dass ich seine Anwesenheit erkannt und akzeptiert hatte.

Direkt nach dem nächsten Schneefall folgte ich den Fährten zweier Jäger, einer etwas kleiner als der andere. Sie kamen aus der Wildnis, hetzten einen Hirsch zu Tode, ließen es sich schmecken und verschwanden wieder. Sie kamen noch zweimal zurück, um von dem Kadaver zu fressen, der in Sichtweite des Beginns des Pfades zum Camp lag. Wieder kamen sie sehr nahe, und wieder hinterließen sie so offensichtliche Zeichen, dass es nach Absicht aussah. Entwickelte sich da eine Beziehung? Obwohl ich strahlte, wusste ich aus schmerzlicher Erfahrung, dass das wichtigste Wolfshabitat in meinem Herzen lag. Wenn Wolf sich dort zu Hause fühlen konnte, konnte er das auch im Wald um mich herum. Wenn ich mit ihm laufen wollte, musste ich genauso frei sein wie er. Ich musste mich damit auseinandersetzen, wie unvereinbar sein Weg mit der Weise war, wie ich aufgezogen wurde – also zu pflanzen, statt zu jagen, und eher auf dem Weg zu bleiben, anstatt dem Gefühl zu folgen.

Der Konflikt des Alten Wegs* mit dem neuen war nirgends so offensichtlich wie mit den benachbarten Ojibwe. Deren Clantiere – Puma, Schwalbe, Stör und Wolf – waren ausgerottet, doch die Menschen führten weiterhin ihre traditionellen Zeremonien durch, in denen sie die Tiere ehrten, als seien diese noch da. Warum begruben sie ihre zerstörte Vergangenheit nicht, wie ich es getan hatte?

Ich ging mit meiner Frage zu den Ältesten, die mir von der lange vergangenen Zeit erzählten, als Wolf und Mensch gemeinsam jagten. Durch ihre Verwandtschaft** konnten sie die Verwandtschaft mit allem Leben erkennen. Und doch kam die Zeit für Wolf und Mensch, getrennte Wege zu gehen. Es gab eine Prophezeiung:

> Ihr sollt als zwei leben – ihr habt getrennte Wege zu gehen. Euer Geist wird jedoch eins bleiben, und das Schicksal des einen wird das Schicksal des anderen sein. Einige von euch werden einander fürchten und ablehnen, und ihr werdet nur eine vorgefasste Vorstellung des anderen kennen. Doch erinnert euch: Wenn ihr eure Beziehung in dieser Zeit weiterhin ehren könnt, werdet ihr wieder zusammen laufen und jagen. Beobachtet und lernt voneinander, sodass ihr nie wieder getrennt sein müsst.

Damit die Menschen des Wolfclans den Grund für die Trennung nicht vergessen würden, nannten sie Wolf *Ma'ingan: Der sich rar macht.* Die Maßnahmen der europäischen Eindringlinge zur Bekämpfung von Beutegreifern beschleunigte die Erfüllung der Prophezeiung noch.

Tief in meinem Inneren verstand ich die Worte der Ältesten. In der Vergangenheit konnte ich nur einen Teil des Wolfgesangs hören – die Stimme der Ältesten fehlte. So dachte ich irrtümlich,

---

* Siehe Glossar.

** Siehe Glossar.

die Zeit für die Wiedervereinigung von Wolf und Mensch sei bereits gekommen. Keiner von beiden war bereit, aber ich wollte es so sehr. Ich machte mich selbst zum Wegbereiter, doch zum Schluss kämpfte ich nur gegen das Schicksal und verursachte Elend. Oder vielleicht war es einfacher als das, und mein Schicksal war nur das eines Narren. Ein weiterer Fall eines Träumers mit Illusionen. Andererseits war es möglicherweise auch einfach eine weitere Verwicklung in meiner unerfüllten kindlichen Vorstellung eines freien Lebens.

Die Prophezeiung erdete mich. Mir wurde klar, dass ich nicht Fährten las, sondern die Spur zwang, mir das zu zeigen, was ich sehen wollte. Sich mit Selbstmitleid zu betäuben, war keine Option mehr. Ich wusste nun, dass ich Teil von etwas Größerem war, etwas, dem ich dienen sollte. Die gesamte Erfahrung war ein Schlüsselerlebnis darin, wie man sich das Zen der Fährte zu eigen macht.

Und doch konnte ich keinen Frieden mit der Art und Weise finden, wie Wolf und ich entfremdet wurden – bis zu einer totenstillen Nacht auf dem Steilufer eines nebelbedeckten Flusses. Das Mondlicht verlieh dem Wasserweg die Leuchtkraft eines mystischen Pfades, der sich durch ein schattiges Tal windet. Eine meiner Campgefährtinnen, eine Frau mit langem, dunklem Haar, begann auf einer Trommel zu spielen. Mit jedem Schlag flackerte und zersprang der Feuerschein auf dem Trommelfell. Eine Gestalt nahm langsam Form an, und ich bemühte mich, sie zu erkennen … Augen … eine Schnauze … eine große Schnauze. Er war es, Deshum Nashak!

Der Takt der Trommel wurde zu seinem Puls, als er vollständig Gestalt annahm. Während ich mich bemühte, mit meinen Augen voller Tränen klar zu sehen, kämpfte ich eine Flutwelle an Gefühlen zurück – ich musste präsent bleiben. Deshum Nashak half dabei, indem er so tat, als wären wir gestern noch zusammen gewesen. Wie üblich wollte er sofort sein Lieblingsspiel spielen: das Blickduell, bei dem man sich gegenseitig in die Augen starrt, bis jemand sich abwendet. Es gab keinen Wolf, den ich nicht schlagen konnte, was kein großes Kunststück ist, wenn man weiß, dass Wölfe sich aus Angst, das Gesamtbild aus den Augen zu verlieren, nie lange auf eine Sache konzentrieren.

Ich lernte damals langsam – ich verwendete das Wort *nie*, das es im Vokabular eines stets hinterfragenden Fährtenlesers nicht gibt. Deshum Nashak hielt meinen Blick fest, als ich durch das Fell der Trommel gezogen wurde. Er sprang vom anderen Ende der üppigen Wiese auf mich zu, wobei er hochsprang, um mich im Blick zu behalten. Seine flinke Form und sein Welpengesicht täuschten über die Tatsache hinweg, dass er fast so viel wog wie ich. Ich machte einen Satz über den sich windenden Bach und wir trafen uns in einem Rausch aus wilden Sprüngen, drückten uns gegenseitig an der Kehle auf den Boden und präsentierten unsere Bäuche als ein Zeichen des Vertrauens. Wie muntere Hirsche sprangen wir wieder und wieder über den Bach, einfach aus reiner Freude. Während der ganzen Zeit sprach er mit mir in der intuitiven Sprache, die allem natürlichen Leben bekannt ist.

»Mir und unserem Rudel geht es gut«, sagte er. Du kannst sehen, dass Mutter Erde sich hier in ihrer ursprünglichen Pracht zeigt. Die Hirsche sind fett, und wir jagen sie zusammen mit den Menschen, so, wie es vor langer Zeit war.

Der Herzschlag der Trommel verließ meine Brust, und ich kehrte zum Feuer zurück. Das Trommelfell zeigte nur herumtollende Feuerschatten. Als das Feuer zu Glut verblasst war, schlüpfte ich in die Schatten des Waldes zurück. Ich kniete nieder und hatte nichts zu sagen, nichts anzubieten als ein kleines Geschenk in Form von Tränen. Sie fielen vor mir auf den uralten Pfad, der sich noch an das Gefühl erinnerte, das die Füße der Vorfahren meiner Wolfsfamilie hinterlassen hatten.

Als er das erste Mal in das »wilde, grüne Feuer« der Augen eines Wolfes sah, fand der Naturforscher Aldo Leopold etwas, das nur der Wolf und der Berg kannten.* In den Tiefen dieser wilden Augen fand ich sowohl die Essenz von Wolf als auch die von Mensch. Ich konnte sehen, dass wir geboren wurden, um Seite an Seite zu laufen und zu jagen, so wie damals, als wir mit allem Leben im Gleichgewicht** lebten. Ich sah weder ein mythisches Symbol einer idyllischen Wildnis, noch einen blutdürstigen Schurken. Stattdessen unterstützte die Lebendigkeit dieser Augen meine Wiedergeburt als intuitiver Fährtenleser. Doch es war nicht nur Wolf, noch musste er es sein. In der folgenden Geschichte wirst du sehen, wie ich und andere von Spinne und Raufußhuhn und sogar von Familienhunden und -katzen lernten. Alle unsere tierischen Verwandten sind weise und äußerst intuitiv, und sie warten nur darauf, uns anzuleiten.

Ich bin nun in meinen späteren Jahren, und ich bin sowohl als Mensch mit blauen Augen als auch als blauäugiger Wolf unter-

---

* Leopold, Aldo: A Sand County Almanac, New York: Oxford University Press, 1949, S. 130.

** Siehe Glossar.

wegs. Ich sehe weder als der eine noch als der andere, sondern als Wesen des Waldes. Ich verfolge Beute nicht als ich selbst, sondern als ein Jäger, der mit allen Jägern verwandt ist. Ich erzähle eine Geschichte nicht aus meinem Gedächtnis, sondern aus einer universellen Quelle, aus der die gemeinsame Erfahrung des Tötens und Schmausens und Liebens und Trauerns hervorsprudelt. Ich strebe danach, von meiner Identität so losgelöst zu sein wie die gejagte Hirschkuh, für die der Name ihres Verfolgers das Letzte wäre, was ihr in den Sinn käme. Alles, was zählt, ist der Terror der Jagd und das Verlangen nach einem weiteren Morgen.

Die Geschichte über das Lernen der Jagdfertigkeiten, die ich nun erzählen werde, spielte in den Nordwäldern Wisconsins. Ich lebte so nahe an diesem Land mit seinen unberührten Seen, hoch aufragenden Kiefern und samtbedeckten Sümpfen, dass ich das Gefühl habe, es hätte mich geboren. Als ich ein junger Mann war, stand ich jeden Tag mit dem ersten Licht auf und paddelte auf einem neuen Fluss zu einem versteckten See oder folgte einem Pfad, um irgendein Geheimnis unter den dunklen Zedern zu lüften. Ich hatte sonst keine Arbeit, und meine einzige Familie waren die Otter, mit denen ich schwamm, und die Eulen, die kamen, um hoch oben in den Hemlocktannen mit mir zu plaudern.

Vor fünfundzwanzig Jahren baute ich auf dem duftenden, nadelbedeckten Strand eines ruhigen Sees ein Wigwam aus Birkenrinde, zusammengenäht mit Fichtenwurzeln. Gelegentlich besuchten mich Leute, die von mir gehört hatten, und ich nahm sie mit auf meine Erkundungen. Sie wollten wissen, was ich tat, und das war nicht einfach nur Fährten lesen und Nahrung sammeln, sondern echtes Eintauchen in die Wildnis, wie ich es von Wolf gelernt hatte.

Mehr und mehr Menschen kamen. Um sie unterzubringen, gründete ich die *Teaching Drum Outdoor School** und begann, einwöchige Kurse anzubieten. Das Herz von Wolf war das Herz

* Anmerkung der Übersetzerin: Die *Teaching Drum Outdoor School* ist Tamaracks Wildnisschule.

der Schule. Unser Klassenzimmer war die Wildnis, und der Lehrplan war das, was der Pfad uns präsentierte. Mit der Zeit erstreckte sich der Kurs über ein Jahr, und die Lernenden lebten in dem Camp am Seeufer, das ich gebaut hatte. Der Kurs wurde zu einer Vollzeit-Wildniserfahrung ohne Bücher, Telefon oder Stadtbesuche, die uns abgelenkt hätten. Wir sammelten einen großen Teil unserer Nahrung selbst, und ich lehrte Bewusstheit, Kommunikation und Fertigkeiten der Jagd auf die gleiche Weise, wie das Rudel sie den Welpen und mir beigebracht hatte: durch Beispiel und Erfahrung. Manchmal half mir ein Rudelmitglied mit dem Offensichtlichen, und manchmal war ich auf mich allein gestellt – und das Gleiche machte ich mit den Lernenden. Alles, was ich von ihnen verlangte, war das, was das Rudel von mir verlangt hatte: dass ich mich darauf einließ.

Lernende, Mitarbeitende und Freunde spielen eine Rolle in dieser Geschichte, mit Wolf als ihrem unsichtbaren, omnipräsenten Mentor. Die meisten Kapitel wurden von einer erzählten Geschichte in geschriebene Form übertragen, um die Atmosphäre eines Gesprächs unter vier Augen einzufangen. Die Geschichte reflektiert, was ich gesehen und gelernt habe, und darüber hinaus zeigt sich, wie viel ich noch zu lernen habe. Darin liegt die Sehnsucht – der Nervenkitzel – wieder und wieder hinauszugehen, das Tier zu werden und sich wie ein Schatten zu bewegen. Ich fühle mich, als würde ich in den Fußstapfen der alten Lakota-Großmutter Uncheedah wandeln, die sagte: »Wenn du einen neuen Pfad oder einen Fußabdruck siehst, den du nicht kennst, folge ihm bis zum Punkt des Wissens.«*

Ich beginne so, wie mir meine Ojibwe-Ältesten beigebracht haben, eine Erzählung auf die traditionelle Weise anzufangen. Diese Person des Eulenclans wird »Tamarack Song« genannt, und er bringt diese Geschichte aus *Gabe Nishnajida* (Ojibwe für

* Eastman, Charles Alexander, Michael Oren Fitzgerald: The Essential Charles Eastman (Ohiyesa): Light on the Indian World, Bloomington, Ind.: World Wisdom, 2007, S. 165.

»Camp, in dem der Alte Weg zurückkehrt«), in der Mondin* der Schneeschmelze aus dem Winter der späten Schneefälle.

Nun stell dir vor, wir sitzen um ein Lagerfeuer herum und beobachten, wie die Sonne über dem See untergeht. Das Summen der hohen Kiefern vermischt sich mit dem ersten zaghaften *Huh-huh-u-huh* von Eule. Bald wird die Geschichte den sich kräuselnden Rauch in pirschende Tiere und nachdenkliche Fährtenlesende verwandeln. Hör gut zu, denn die besten Fährtenlesenden waren einmal die besten Zuhörenden. Blättere also die Seite um, und wir werden von Wolf und den anderen Tieren lernen, während wir sie bei der Jagd und dem Töten begleiten. Lass Vorurteile zurück, und wir werden zusammen dorthin gehen, wo eine Frage zur nächsten führt, und dann zu noch einer und noch einer.

---

* Anmerkung der Übersetzerin: In den Büchern des Autors wird »Mond« (ein indigenes Wort für »Monat«) in der weiblichen Form verwendet (siehe Glossar).

1

Farnmyrten-Rendezvous

Die erste Lektion:
Sich dem Lied der Fährte öffnen

Die Ojibwe hier im Norden nennen den März die Mondin, die Schneeschuhe bricht*. Wenn die Sonne beginnt, höher in den Himmel zu steigen und die ersten warmen Winde aus dem Süden an dem alternden Schnee lecken, schmilzt dessen Oberfläche während des Tages und gefriert in der Nacht wieder. Dadurch entsteht in der Regel eine Kruste, auf der es sich gut gehen lässt – nun ja, auf der es sich meistens gut gehen lässt. Wenn du hindurchbrichst, kann diese Kruste deinen Schienbeinen einen Schlag verpassen, der genug schmerzt, um dich wünschen zu lassen, du trügest Schneeschuhe. Wenn du das allerdings tust, erweist die Kruste Schneeschuhen gegenüber ebenso wenig Gnade wie den Schienbeinen.

Julia, eine Lernende, die nach einem Jahresprogramm für ein zweites Jahr zurückkehrte, erfand einen anderen Namen – Fuchslady-Mondin. Das passierte eines späten Nachmittags, als sie vorbeischaute und fragte, ob ich mitkommen und mir einige Spuren ansehen würde, die sie gerade etwa ein paar Hundert Meter entfernt im Wald entdeckt hatte. »Einige Spuren« war ein Witz – die Stelle war so zertrampelt, dass sie aussah, als hätte sich dort eine Zirkusmanege befunden. Aber das war typisch für die stille Julia, eine Meisterin der Untertreibung.

Ich werde dir die Geschichte erzählen, die uns das Lied dieser Fährten erzählte, so wie ich sie in Erinnerung habe.

Füchsin kommt von Westen und bahnt sich ihren Weg durch das völlig mit Erlen überwachsene Moor. An dem kleinen Bach auf halber Strecke bleibt sie stehen, um zu horchen und in der Luft nach einem Lebenszeichen zu wittern. Unter einem Meter Schnee könnte der Bach leicht unbemerkt bleiben. Ihre scharfen Sinne sagen ihr jedoch, dass das Wasser so lebendig fließt wie immer, und dass dort unten, in der Wärme und dem Schutz, den der Schnee gewährt, eine Welt voller Leben gedeiht.

Normalerweise würde sie stromauf oder stromab gehen, um

* Siehe Glossar.

Stellen zu finden, an denen die Schneekuppel zusammengebrochen ist, um an den frei liegenden Bachufern nach Nahrung zu suchen. Aber nicht an diesem Abend. Etwas anderes treibt sie an, etwas, das stärker ist als Hunger und beharrlicher als ihre übliche Neugier.

Als sie den Bach überquert, muss ihr Herz wie wild schlagen. Ein Rausch überkommt sie, der sich in einer kurzzeitigen Verminderung ihrer Schrittlänge und einer geringfügigen Weitung ihrer typischerweise schmalen Spurbreite* erkennen lässt. Jede Faser ihres Seins sagt ihr, dass sie näherkommt. Ihre Schritte werden länger, und ihre Entschlossenheit zeigt sich dadurch, dass ihre Pfoten den Schnee tiefer eindrücken als sonst. Es scheint, als würde kein Schmerz und keine Ablenkung sie jetzt noch aufhalten, während sie Zweige streift und sich achtlos durch enge Stellen zwängt, die sie unter anderen Umständen gemieden hätte.

Kurz bevor sie über die kurze, steile Anhöhe springt, die sich aus dem Moor erhebt, hält sie inne, senkt ihren Kopf und kostet instinktiv die feuchte Schmelzwasserluft des Vortages, die schwer auf dem Schnee liegt. Eine fast volle Mondin hängt hell über der Wiese direkt vor ihr, wodurch es sich sicher und gefährlich zugleich anfühlt: Sie kann gut sehen, was bedeutet, dass auch sie leicht gesehen werden kann. In der grünen Jahreszeit** würden die dichten Farnmyrten-Sträucher gute Deckung für ihren orangefarbenen Pelz bieten, und gleichzeitig könnte sie leicht durch sie hindurchblicken. Allerdings schauen jetzt nur ein paar kahle Astspitzen aus dem Schnee heraus.

»Perfekt«, denkt sie, »das ist besser als letztes Jahr, als der Schnee nicht ganz so tief war.« Eine uralte Stimme in ihr sagt ihr, dass sie eine weite, ebene Fläche in der Mitte der Wiese braucht, wo ihre Füße sich nicht verheddern und sie in alle Richtungen weit sehen kann. Es ist essenziell, dass sie sich bei diesem Ereignis, einem der bedeutendsten ihres Lebens, sicher und unbelastet

---

* Siehe Glossar.

** Siehe Glossar.

fühlt. Sie weiß, dass sie in der Lage sein muss, jegliches Eindringen in die Wiese wahrzunehmen, und dass sie mehr Zeit als üblich haben muss, um zu reagieren.

Ihre Fährte strahlt deutlich ihre Selbstsicherheit aus; sie hat dies schon einmal getan, und sie beschattet sich selbst. Das Aufblitzen süßer Erinnerungen könnte der Grund sein, warum sie sich vor Aufregung anspannt und ihre Zehen in die Kruste gräbt, während sie sich auf den spiralförmigen Weg in die Mitte der Lichtung begibt. Die Vorfreude macht sie schwindelig, was sich in ihrem unregelmäßigen Spurbild zeigt. Es hat nichts von seiner normalen, katzenartigen Stetigkeit. Um sicherzustellen, dass sie die einzige Füchsin in der Gegend ist, umkreist sie die windzugewandte Seite der Lichtung, die Nase im Wind, und schnuppert abwechselnd die duftschwangere Luft und den Schnee. In dieser späten Phase ihrer Brunst ist es ihr egal, ob andere Männchen kommen und gehen – oder nicht gehen –, da praktisch jeder infrage kommt. Hier dreht sich alles um sie; um ihre Abstammungslinie fortzusetzen, *muss* sie geschwängert werden. Es wird passieren, wenn sie nur das eine Bedürfnis befriedigen kann, ein brennendes Verlangen – die Begierde zwischen ihren Schenkeln. Hier ist reiner Instinkt am Werk, und dieses Drama hat nur eine Stimme: Leidenschaft.

Zufrieden, dass sie keine Konkurrenz hat, verspürt sie den Drang zu pinkeln. Dieser ist so stark, dass sie zu tröpfeln beginnt, bevor sie in ihre übliche Hockstellung geht. Das zeigt sich klar an den Sprenkeln auf dem Schnee einen Schritt vor ihrer eigentlichen Pinkelstelle. Der Abdruck, entstanden durch ihr Schaukeln auf den Fersen, während sie hockt, deutet darauf hin, dass ihre Augen in fast orgastischer Glückseligkeit halb geschlossen sind.

Wie Wasser, das von einem Schwamm aufgesogen wird, verbreitet sich der schwache, moschusartige Geruch ihres Urins in der Decke aus schwerer Luft, die über der Wiese liegt.

In der Zwischenzeit überquert ein männlicher Fuchs die alte Forststraße, die durch das Rotkiefernwäldchen auf der anderen Seite der Wiese führt. Letztes Jahr stieß er auf dieses Gebiet und stellte fest, dass es reich an Feuchtgebieten und Mischwald war. Er stammte aus der landwirtschaftlich genutzten Gegend im Süden, wo es mehr von seiner Art und daher weniger Möglichkeiten gab, unbesetztes Territorium und eine Partnerin zu finden. Der Fallensteller, der dieses Gebiet frei von »Schädlingen« hielt, war gerade weggezogen. Daher war dieses Männchen zufällig zur richtigen Zeit am richtigen Ort.

Ebenso seine Partnerin, die Füchsin dieser Geschichte. Sie hatte letztes Frühjahr Junge – vermutlich ihre erste Verpaarung – und im Herbst war sie auf mysteriöse Weise verschwunden. Wahrscheinlich war sie mit ihren Welpen fortgezogen, die auf der Suche nach eigenen Territorien waren. Ihre Abwesenheit wird ihn nicht sonderlich gestört haben, da ein Fuchspaar außerhalb der Paarungszeit nur sporadischen, lockeren Kontakt hält. Bei Füchsen ist es üblich, dass die Männchen abwandern, wenn ihre Partnerinnen keine Jungen mehr versorgen müssen.

Aber gerade ist das anders. Zum zweiten Mal in seinem Leben sind seine Hoden geschwollen, und er wird von einem Drang getrieben, der ihn in Bewegung hält und ihn aufmerksam auf jedes Zeichen von Artgenossen achten lässt. Während er in der übrigen Zeit des Jahres anderen Männchen einfach aus dem Weg ging, reagiert er nun beim geringsten Anzeichen eines anderen in der Nähe gereizt. Das beiläufige Interesse, das er Fuchsweibchen entgegenbrachte, denen er begegnete, hat sich nun zu einer intensiven, unbeirrbaren Besessenheit gesteigert.

Während er aufmerksam die Straße überquert, bemerkt er einen leichten, moschusartigen Geruch, getragen von der Luft, die wie ein Wasserschleier den Hang hinabfließt. Die Tatsache, dass er den Geruch kaum wahrnehmen kann, stört ihn nicht im Geringsten. Die Hormone übernehmen: Seine Nase richtet sich in den Wind und zieht seinen Körper zur Kuppe des Hügels, wo die Kiefern in die Wiese übergehen.

Er verzichtet darauf, die Lichtung wie üblich heimlich zu umkreisen, um ein Gefühl dafür zu bekommen, was vorgeht. Stattdessen tritt er einfach direkt ins Freie. Er macht sich nicht einmal die Mühe, eine kurze Pause einzulegen. Für ihn ist das weder ein gewagter noch ein unkluger Zug, denn ihm kommt gar nicht der Gedanke, dass er eine Wahl hätte. Darüber hinaus bemerkt er gar nicht, dass er sich riskant im hellen Mondlicht präsentiert. Es ist einfach das Einzige, was zu tun ist.

Der Geruch ist nun so überwältigend, dass er den gegenteiligen Effekt hat und seine rationalen Prozesse aus dem Ruhezustand reißt. Halbwegs wieder bei Sinnen, gibt er seine direkte Annäherung auf, und sein Pfad nimmt wieder seine üblicheren Abweichungen an. Immerhin überlebte seine Art nicht so lange, indem sie blind verlockenden Gerüchen folgte.

Sich ein wenig duckend, macht er längere Schritte als üblich für die langsame Geschwindigkeit, mit der er sich fortbewegt, und überquert die Wiese diagonal in Richtung eines kleinen Hains aus gedrungenen Strauchkiefern nahe der anderen Seite. Er will nicht allein seinem Hörvermögen trauen, um die tiefen Schatten unter den Bäumen auszukundschaften. Da keine schwache Brise die Geheimnisse der Schatten zu ihm bringt, hält er einen gesunden Abstand zum Hain, während er ihn umrundet, um zu dessen Rückseite zu gelangen. Es scheint, als wolle er sich genau ansehen, was sich auf der anderen Seite befindet. Bevor er sich erlaubt, seinen Urtrieben nachzugeben, braucht er die Freigabe eines oder mehrerer seiner scharfen Sinne.

Sie fühlt seine Anwesenheit, bevor er den Hain umrundet, und der Schock macht sich in Form eines kleinen Schneegrates bemerkbar, der ihre hinteren Abdrücke umgibt. In Anbetracht der Umstände hätte sie ihn wahrscheinlich nicht durch Sehen, Hören oder Riechen ausmachen können. Sie hörte das Lied seiner Fährte.

Instinktiv hockt sie sich zum Pinkeln hin, aber es kommen nur ein paar Tropfen, da ihre Nervosität nicht mehr zulässt. Wenn er irgendwelche Zweifel an ihrer Bereitschaft oder dem Zeitpunkt hatte, ist dieses Ereignis – ein so klares Zeichen wie das einladende Lächeln einer Frau – mehr als genug, um diese zu beseitigen.

Als sie ihn sieht, huscht sie sofort zu einem Busch, etwa ein halbes Dutzend Schritte gegen den Wind, und scheint so schüchtern wie ein behütetes Mädchen vom Land bei ihrer ersten Verabredung. Aber es ist nur eine Illusion, denn Schüchternheit ist kaum ihr Grund. Dies ist nur ein weiterer Schritt in dem großen Ereignis, das sie inszeniert.

Anstatt sich hinter den Busch zu stehlen, was sie vielleicht tun würde, wenn sie tatsächlich schüchtern wäre, bleibt sie vor dem Busch stehen und dreht den Kopf, um seine Annäherung zu beobachten. Er kommt im Zickzack auf sie zu, mit der Nase auf dem Schnee, als suchte er nach Bröckchen. Und das tut er. Er ignoriert sie völlig, geht direkt zu der Pinkelstelle und berauscht sich mit schnellem Schnüffeln an dem Duft der Pheromone.

»Perfekt – es funktioniert«, denkt sie und zittert leicht.

Er drückt seine Nase in den duftenden Schnee. Die Intensität und Bedächtigkeit seiner Haltung und seine Nasenabdrücke sagen unmissverständlich, dass er den Sinn des Lebens gefunden hat. Es ergibt Sinn, dass das Erreichen einer solch tiefgreifenden Erkenntnis auf Geruch basiert, da der Geruchssinn der stärkste und zuverlässigste Sinn des Fuchses ist.

Ohne seinen Kopf zu heben, geht er direkt zu dem größeren Urinfleck, den sie hinterließ, als sie auf die Wiese hinaustrat. Während er schnüffelt, kommt sie zögerlich und misstrauisch näher. Sie braucht ihren wichtigsten Sinn – den Geruchssinn –, um zu bestätigen, was ihre anderen Sinne ihr über sein Geschlecht und seine Identität sagen. (Und in diesem Moment der Leidenschaft zählt Geschlecht wahrscheinlich mehr als Identität.) Ein Teil ihrer Nervosität kommt daher, dass Füchse geruchsorientiert sind, und sie befindet sich windaufwärts von ihm, sodass sie seinen Geruch nicht wahrnehmen kann.

Gleichzeitig muss sie wissen, dass sein Interesse an ihr sexuell ist, damit sie sich bei ihm entspannen kann, und der Geruch wird ihr dies sagen. Auch wenn sich ein Fuchspaar schon zuvor gepaart hat, durchläuft es in der Regel ein langwieriges Paarungsritual, um sich wieder wohl miteinander zu fühlen. Dieses gerade erst wieder vereinte Paar hat keine Zeit für solchen Luxus, wenn es Junge haben will. Sie ist wahrscheinlich ganz am Ende ihrer fruchtbaren Zeit, die normalerweise nur ein paar Tage dauert.

Offensichtlich mehr an ihrem Urin als an ihr interessiert, ignoriert er sie, bis sie direkt neben ihm steht. Ohne weitere Einleitung dreht sie ihm ihr Hinterteil zu und hebt ihre Rute, die zittert und sich zur Seite neigt.

Er ist mehr als nur von der Leidenschaft des Augenblicks eingenommen – er befindet sich in einem betäubenden Rausch und nimmt seine Umgebung kaum noch wahr. Auch sie ist glückselig, doch ist sie diejenige, die für ihre Sicherheit verantwortlich ist. Sie positioniert sich so, dass sie sich mit Blick auf den nächstgelegenen Waldrand paaren, weil dieser sowohl die nächstliegende mögliche Quelle einer potenziellen Bedrohung als auch die nächste Zuflucht ist.

Um sein Gewicht zu tragen und sie beide zu stabilisieren, stellt sie die Hinterpfoten auseinander und drückt ihre Krallen in den Boden. Er besteigt sie sehr bewusst und stellt sich auf die Zehenspitzen, um sich über sie zu beugen. Sie verändert ihre Position mehrere Male in dem Versuch, ihr Gleichgewicht zu halten, wobei sie ihre Füße jedes Mal fest in den Schnee stampft. Der Geschlechtsverkehr ist schnell vorbei, was die Unschärfe ihrer Abdrücke verrät.

Nachdem sie sich voneinander getrennt haben, leckt er sich und geht zu ihr hinüber, um ihre Vulva zu beriechen. Sie zappelt, als sei sie verärgert, und macht einen schnellen Satz nach vorn. Er nähert sich ihr wieder, diesmal vorsichtig. Sie steht still – grinsend, die Ohren nach hinten gelegt – ein Zeichen von Müdigkeit und Resignation. Und doch spürt sie ein leichtes Kribbeln in ihrem Unterleib. Sie stellt ihren Schwanz auf und neigt ihn leicht zur Seite, was ihn gerade genug erregt, um einen halbherzigen Versuch zu unternehmen, sie erneut zu besteigen. Dieses Mal hinterlassen ihre Hinterpfoten keine sehr tiefen Abdrücke, noch tanzen sie herum wie beim ersten Mal.

Sie kamen als zwei zu der Wiese, und sie verlassen sie als eins. Sie bewegen sich diagonal zum Wind, um Gerüche aufzunehmen. Sie halten etwa drei Körperlängen Abstand und geben sich damit viel Spielraum für Aufmerksamkeit und Sicherheit. Das ist ihre erste Gelegenheit, das Zusammenspiel zu üben, das sie brauchen werden, um ihre Welpen aufzuziehen.

Wie der ewig währende Rhythmus der Wellen, die an den Strand spülen und ins Meer zurückkehren, kommt das Paar zusammen, trennt sich und kommt wieder zusammen. Die Füchsin bleibt permanent bei den Welpen, wenn sie gerade geboren sind, und Papa kümmert sich ausschließlich um die Jagd. Wenn die Welpen etwa eine Mondin alt sind, kann sie sie allein lassen, um selbst auf die Jagd zu gehen. Zu dieser Zeit wird Papa fortziehen und sein Solo-Leben wiederaufnehmen, bis er wieder von der Magie der Füchsin in ihren Bann gezogen wird. Nach ungefähr sieben Mondinnen mit Mama werden die Welpen das Jagen gelernt haben, und sie wird sie fortschicken, wobei sie auch grob wird, wenn es sein muss. Wie ihr Gefährte wird sie auf den Sog der Gezeiten reagieren, indem sie wieder allein jagt, um sich und ihr Revier auf die Zeit vorzubereiten, in der er zurückkehrt und sie wie eine Welle überspült.

2

Frosch-Romanze

Der nächste Schritt:
Die Rhythmen der natürlichen Welt hören

Hier im Norden lebt eine erstaunliche Kreatur namens Waldfrosch. Es ist ein passender Name, und Frösche hatten allgemein viel Glück mit Namen wie Baumfrosch, Leopardfrosch, Grünfrosch*, Laubfrosch. Nicht so die Kröten. Wir haben Fowlers Kröte und Woodhouses Kröte – und wer zum Teufel sind Fowler und Woodhouse überhaupt? Und dann gibt es da noch die Amargosa-Kröte – wie viele Menschen wissen, dass »Amargosa« ein alter Name für das kalifornische Death Valley (»Todestal«) ist? Ein klarer Fall von Diskriminierung, würde ich sagen.

Zurück zum Waldfrosch. Dieser kleine Kerl ist unter acht Zentimeter lang, kommt in einer Vielzahl von Farben vor und besitzt eine schwarze Maske. Er mag große, zusammenhängende Gebiete mit feuchtem Wald, und er bevorzugt üppigen Unterwuchs aus Farnen und anderer Vegetation, die die Feuchtigkeit in Bodennähe, wo er lebt, hochhalten. Wie die meisten anderen waldbewohnenden Frösche und Salamander pflanzt er sich gern in temporären Tümpeln fort. Nach der Schneeschmelze kann man sie überall in den Wäldern antreffen, und sie sind normalerweise vor dem Hochsommer wieder verschwunden. Amphibien bevorzugen diese Tümpel gegenüber offenen Gewässern, weil sie keine Fische – gefräßige Kaulquappenfresser – beherbergen. Außerdem sind diese kleinen Teiche oft das einzige Wasser in der Nähe.

Weil diese Tümpel nur von kurzer Dauer sind, können Waldfrösche es sich nicht leisten, Zeit mit dem Warten auf warmes Wetter für die Fortpflanzung zu verschwenden – oder gar Zeit mit der Werbung zu vergeuden. Wenn die Kaulquappen aufwachsen und zu Fröschen heranwachsen sollen, bevor die Tümpel verschwinden, müssen Mama und Papa direkt zur Sache kommen. Sie haben nur ein Fenster von wenigen Tagen, oder sie

* Anmerkung der Übersetzerin: Einige der aufgeführten Tierarten haben keine deutschen Namen. Hier wurden in Abstimmung mit dem Autor passende andere Namen gewählt bzw. die Namen derer beibehalten, nach denen die jeweilige Froschart benannt wurde (z. B. Fowler).

verpassen die Gelegenheit für dieses Jahr. Es ist also sozusagen ein Fall von: »Hallo, mein Name ist Hermann. Willst du Sex?«

An einem sonnigen Nachmittag im frühen Frühling – und ich möchte hier das »früh« betonen – saßen meine Partnerin Lety und ich am grasbewachsenen Ufer eines kleinen Teichs, der noch weitgehend zugefroren war. Die Nordseite des Tümpels, an dem wir uns niedergelassen hatten, hatte es geschafft, genug Sonnenschein zu absorbieren, um sich entlang der Uferlinie von einem dünnen Streifen seines Eisschildes zu befreien. Dort, genau vor uns im flachen Wasser, erregte eine kleine Bewegung an der Oberfläche unsere Aufmerksamkeit. Der Scheitel eines Kopfes war aufgetaucht, blieb wie versteinert, wo er war und glitzerte im Sonnenschein.

Augenblicke später hörten wir etwas, das klang wie das Quaken einer kranken Ente. Es war bei Weitem nicht laut genug, um eine Ente zu sein, und außerdem kam es von dem Frosch. Es war also wahrscheinlich keine Ente. Nach ein paar weiteren, gleichmäßig verteilten »Quaks« hörten wir ein weiteres Quaken, nur etwas gedämpfter, etwa eine Armlänge von dem Frosch entfernt. Er bewegte sich ein ganz kleines bisschen in Richtung des neuen Quakens. Wieder quakte er, und wieder antwortete ein gedämpfteres »Quak«, und wieder rückte er näher, dieses Mal einige Zentimeter. Diese Quak-Antwort-Bewegungs-Routine setzte sich fort, bis er auf ihr saß.

Nun, das nenne ich mal nackte Reproduktion. Keine endlosen Nächte mit Trillern, Quaken oder Wummern, um eine Partnerin anzulocken, wie andere Frösche es tun müssen. Keine romantischen Nächte auf einem mondbeschienenen Seerosenblatt. Nicht einmal irgendein Vor- oder Nachspiel. »Völlig überbewertet«, sagt der Waldfrosch. Tau einfach auf (er war den ganzen Winter eingefroren), krieche unter der Laubstreu hervor, schüttle die Beine, um das zuckerhaltige Frostschutzmittel aus den Adern zu bekommen, gehe direkt hinunter zum nächstgelegenen Teich, paddle zum nächsten Weibchen, und voilà, deine Fortpflanzungspflicht – und dein Fortpflanzungsvergnügen – sind vorbei. *Und* es ist noch Zeit vom Nachmittag übrig.

Es geht nur ums Geschäft. Sie erwachten nur aus einem Grund aus ihrem langen Schlummer: um sich einen Moment lang im eiskalten, sonnendurchfluteten Wasser zu sonnen und sich dann im Rausch der Vereinigung zu verlieren.

Dachten sie über den Fortbestand der Art nach? Machten sie sich überhaupt Gedanken darüber, ob sie beobachtet wurden? Meine Vermutung ist, dass alles, was sie wussten oder was sie interessierte, das Jetzt war. Ich bezweifle, dass sie davon träumten, wie ihre Kinder sich entwickeln oder welchen Platz sie selbst in der Geschichte einnehmen würden. Sie waren in diesem Moment in der Zeit dort, um dem Kontinuum des Lebens zu dienen. Sicher, sie hinterließen ihre Spur in dem Tümpel, und dadurch hinterließen sie ihre Spur in der Zeit. Aber das war nur für Lety und mich von Interesse. Die Frösche hatten Wichtigeres zu tun.

Das Lied ihrer Fährte faszinierte mich. Ein Teil dieses Liedes befand sich bereits in meinem Gedächtnis, da ich den Waldfrosch dieses Ritual schon in vergangenen Jahren habe vollziehen sehen. Und ich wusste irgendwie, tief in mir, dass, wenn eine neue Fährte gelegt wird, es nicht wirklich eine neue Fährte ist, sondern nur das erneute Singen des Liedes der Fährte, das schon seit Jahrtausenden gesungen wird. Kein Wunder, dass ich in einen zeitlosen Zustand abdrifte, wenn ich Fährten lese. Ich bin gleichzeitig ein Fährtenmacher, ein Fährtenleser, und einer, dessen Fährte gelesen wird, genau wie der Frosch, und genau wie seine und meine Ahnen seit den Anfängen unserer Spezies. Zu sagen, Fährtenlesen liege uns nicht im Blut, wäre wie zu behaupten, die Sonne würde nicht scheinen.

Ich betrachtete die Fährte, die er in der treibenden Masse aus pflanzlichem Material hinterlassen hatte, und fühlte Demut bei dem Gedanken, wie viele Male sein Vater, der Vater seines Vaters und so weiter, dieselbe Fährte hinterlassen haben, in genau diesem Tümpel am selben Platz, am selben Tag der Saison, und aus demselben Grund. Mir wurde klar, dass die Lieder der alten Fährten immer noch hier waren, immer noch im Tümpel, im umliegenden Wald und darüber hinaus widerhallten. Es war, als sängen sie alle gemeinsam in einem gigantischen Chor, wobei ihre Lieder nur durch die Jahreszeitenzyklen voneinander getrennt waren.

Ich fragte mich, wie viele Male das Paarungsritual des Waldfrosches in diesem Tümpel beobachtet worden war. Auch das ist ein Aspekt des Liedes der Fährte. Dieses Mal war ich Teil des Kreises der Fährte. Ein anderes Mal war es vielleicht ein anderer Mann, und ein weiteres Mal ein hungriger Nerz und so weiter. Ein Waldfrosch, der die Wasseroberfläche durchbricht und eine schlechte Imitation eines Entenquakens von sich gibt, erregt garantiert Aufmerksamkeit. Aber das scheint ihnen egal zu sein. Das Leben birgt Risiken, und die Liebe ebenso. Und das gilt besonders für die Waldfrösche, denn je kleiner das Fenster für die Liebe, desto größer ist das Risiko. An diesem Tag war ich nicht hungrig, sonst hätte ich mich auf andere Weise an diesem Lied beteiligen können, so wie es der Nerz vor einigen Jahren mit dem Ururgroßvater dieses Frosches getan hat.

Je mehr Zeit ein Frosch für die Liebe hat, desto bewusster scheint er sich des Liedes seiner Fährte zu sein. Ich erinnere mich an eine Nacht, in der ich mit ein paar Lernenden um ein kleines Feuer saß, auf einer kleinen Anhöhe mit Blick auf einen Teich in einem Moor. Es war zu Beginn der Mondin der sprossenden Blätter*, bevor Lauch und Tellerkraut die braune Blättermatte in einen üppigen Teppich aus Grün und Rosa verwandelten. Legionen winziger brauner Frösche, bekannt als Laubfrösche, hatten sich unten am Wasser versammelt. In dieser Jahreszeit lassen sie von der Abenddämmerung bis zum Morgengrauen ein hohes Schrillen erklingen, um gemeinsam ihre Sehnsucht nach Liebe zu bekunden. Es erfüllt die entfernteren Orte mit einem Getöse

---

* Siehe Glossar.

von solcher Lautstärke und hirnbetäubender Tonhöhe, dass es einem Menschen die Tränen in die Augen treiben könnte, wenn nicht sogar Schlimmeres.

Als wir dort saßen, zuhörten und auf zähem Trockenfleisch kauten, fielen uns Pausen in dem Gesang auf. Jemand fragte, warum.

»Öffne dich dem, was die Stimmen dir sagen«, schlug ich vor. »Höre zu, ohne zu denken oder dich auf den Klang zu konzentrieren.«

»Da ist ein unheimliches Muster«, sagte Sarah, eine junge, aufgeschlossene Frau aus Boston auf ihrem ersten Wildnisabenteuer. »Diese Pause dort drüben bewegt sich durch die Frösche, wie eine langsame Welle über den Ozean. Was verursacht das?«

Um das Feuer herum brachten die anderen Ideen vor: eine kalte Brise, eine Kettenreaktion, eine Verschnaufpause im gemeinschaftlichen Paarungsgetümmel.

»Lasst uns noch ein bisschen weiter zuhören«, sagte jemand.

Tom, ein selbstständiger Naturmensch aus Texas, bemerkte, dass diese Welle nicht wie eine Wasserwelle sanft und gleichmäßig verlief, sondern in Geschwindigkeit und Intensität variierte. »Sie benimmt sich, als hätte sie etwas Bestimmtes vor«, sagte er, »als hätte sie ein Eigenleben.«

Ich beobachtete, wie einigen ein Schauer über den Rücken lief.

»Es ist ein Fuchs, der am Rande des Moores herumschleicht«, sagte ich aus heiterem Himmel. Sofort hatte ich die volle Aufmerksamkeit aller.

»Woher weißt du das?«

»Ja, was meinst du damit?«

»Wenn ich glaubte, ich wüsste das sicher, wäre ich ein schlechter Fährtenleser. Wenn ich denke, etwas herausgefunden zu haben, höre ich auf, Fragen zu stellen, und das schließt mich aus dem Lied der Fährte aus. Je mehr ich eines Besseren belehrt werde, desto näher komme ich dem, was wirklich vor sich geht. Meine Fuchs-Behauptung war nur meine Wahrheit des Augenblicks.

Ich höre zu, während wir sprechen, und wenn der Kreis der Stille größer wird, könnte es eine Waschbärin sein – die verursachen bei ihrer Futtersuche eine ziemliche Unruhe. Je sporadischer, unregelmäßiger sich der Kreis bewegt, desto mehr entspricht er der unberechenbaren Energie eines Nerzes. Oder vielleicht spielen die Frösche auch nur mit unserem Verstand.«

Sie saßen schweigend da und nahmen dies auf. Auf einigen Gesichtern waren Anzeichen von Skepsis zu erkennen.

»Erinnert ihr euch«, fragte ich nach einiger Zeit, »wie ihr in der Grundschule aufgehört habt zu reden und Quatsch zu machen, wenn eine Lehrerin vorbeikam, nur um gleich weiterzumachen, wenn sie euch den Rücken zukehrte? Das ist es, was die Frösche tun. Es nennt sich ›Ausfall‹*, und Ausfälle bei Geräuschen, Sichtbarkeit und Bewegung sind in Wald und Stadt an der Tagesordnung. Singvögel werden ruhig und gehen in Deckung, wenn ein jagender Greifvogel durch ihr Gebiet streift. Ist es nicht erstaunlich, wie unglaublich vielfältig Lebewesen sind, und wie unglaublich ähnlich wir uns gleichzeitig sein können?«

»Ich verstehe hier etwas nicht«, stellte Dan, ein fleißiger Sozialkundestudent aus Südkalifornien, fest. »Angenommen, es *ist* ein Fuchs: Wie zum Teufel kann irgendein Frosch ihn inmitten dieser Horde kreischender Todesfeen hören?« Dan zog eine Grimasse und rieb sich die Schläfen, um sicherzustellen, dass wir merkten, wie sehr ihn dieser Lärm irritierte.

»Es dreht sich alles um Beziehung«, antwortete ich. »Wie du vielleicht weißt, sind Beziehungen – gesunde, meine ich – dynamisch und verändern sich ständig. Und sie haben viele Facetten. Alles, was ich als Außenseiter sehen mag, können nur einzelne Teile eines Puzzles sein. Wenn ich behaupten würde, mehr zu wissen, wäre ich entweder ein Narr oder ein Lügner. Ich werde dir einen kleinen Einblick in die Beziehung geben, wie ich sie kenne, aber das ist alles. Den Rest musst du selbst herausfinden,

* Anmerkung der Übersetzerin: »Blackout« im englischen Original.

aus dem gleichen Grund, wie du wahrscheinlich lieber selbst deine Beziehung zu deiner Geliebten aufbaust, anstatt das jemand anderen tun zu lassen.«

Dan nickte zustimmend, also fuhr ich fort.

»Betrachte den Fuchs, seine Partnerin und die neugeborenen Jungen als ein Leben, und die Frösche als ein anderes. Sie brauchen einander, um Frosch und Fuchs zu sein. Sie halten sich gegenseitig gesund. Wenn Füchsin sich nähert – noch bevor sie zu hören oder zu sehen ist –, bemerkt Frosch das Lied ihrer Fährte und wird still. Das macht ihn unsichtbar, selbst wenn er in Reichweite der Füchsin ist. Gleichzeitig umgibt Frosch Füchsin mit einem so lauten und harmonischen Gesang, dass sie keine einzelne Quelle einer Stimme ausmachen kann.«

»Die Frösche funktionieren also wie ein Leben, das kann ich verstehen. Mit der Fuchsfamilie ist das nicht ganz so klar.«

»Wenn du Füchsin werden würdest, könntest du vielleicht mit ihrer Motivation, heute Abend hier zu sein, in Kontakt kommen.«

»Kennst du ihre Motivation?«

»Ich weiß nichts. Ich höre Füchsin nur zu, wie sie ihre Geschichte erzählt. Und es ist nicht an mir, sie zu erzählen. Du wirst sie selbst hören müssen.«*

Dan lachte, schüttelte seinen Kopf und ließ seine Augen den meinen hinaus in die Geschichte der Nacht folgen.

---

* Weitere Informationen über den pädagogischen Ansatz in diesen Geschichten findest du in Anhang 1.

3

Der geheimnisvolle Bärenstumpf

Der Fährtenleser beginnt, die Geschichten des Waldbodens zu lesen

Leichter Frost überzieht das Moor, was hier im Norden selbst während der Brombeer-Mondin*, der wärmsten Zeit des Jahres, nicht ungewöhnlich ist. Gerade berühren die ersten Sonnenstrahlen den Hügelkamm, dem ich eben gefolgt bin, um das Moor zu umrunden, das am Fuße unseres Wildniscamps liegt. Greg sollte dort auf mich warten. Er hat mich beauftragt, ihn in einem eintägigen Naturerkundungs- und Fährtenlese-Intensivkurs anzuleiten, und wie immer bin ich mit Feuereifer bei der Sache. Seit meinen ersten Anläufen mit meinem kleinen Bruder vor fünfundfünfzig Jahren genieße ich es sehr, die Geheimnisse und Schönheit dieses Landes, das ich Zuhause nenne, zu teilen.

Ich habe Greg nur für einen Tag, also werde ich tun, was ich kann, um dieses Erlebnis für uns zu einer reichen und inspirierenden Erfahrung zu machen. Er ist Ingenieur mit einer wachsenden Familie und hat wenig Gelegenheit, die Natur allein zu erkunden. Als Kind kam er oft zur Hütte seines Großvaters, die sich an einem nahe gelegenen See befindet, daher hat der heutige Tag eine besondere Bedeutung für ihn.

Es wird viel auf uns zukommen, und es bleibt nur wenig Zeit für die Nachbereitung. Also werden wir die Rätsel lösen wollen, sobald sie auftauchen. Dies wird ein ungewöhnlicher Tag für mich; ich werde nicht die subtile Führungsrolle spielen, die ich normalerweise bei Langzeitstudierenden einnehme. Ich werde eher als Dolmetscher und Reisebegleiter fungieren, denn vieles in der Wildnis, inklusive ihrer Stimmen, wird für Greg neu sein.

Allerdings warnte ich Greg, dass er enttäuscht sein würde, wenn er mit der Erwartung käme, ich würde Naturführer spielen. Ich erklärte ihm, dass ich Menschen helfe, Dinge zu entdecken, anstatt darauf zu zeigen und sie zu benennen. Ich sagte ihm direkt, dass ich kein Fährtenleser oder Jäger bin, oder womöglich ein Ökologe oder sonst etwas. Wie die meisten Indigenen wende ich alle diese Fertigkeiten an. Aber wie sie habe ich mich nicht

* Siehe Glossar.

auf irgendetwas spezialisiert. Ein Spezialist kann in seinem Metier sehr gut sein, aber wenn Variablen auftauchen, die außerhalb seines Wissensgebietes liegen, könnte er ins Straucheln geraten.

Weil Indigene Generalisten sind, verfügen sie über eine breite Wissens- und Erfahrungsgrundlage, durch die sie spezielle Aufgaben besser meistern. Wenn ich zum Beispiel die Fährte einer Bärin verfolge, nutze ich mein Wissen über den Bärenclan. Ich weiß, dass sie gern an den Rand eines Feuchtgebietes wandern, weil sie dort ihre Nahrung finden. Ich weiß, was sie fressen, weil ich sie bei der Nahrungssuche beobachte, die Spuren ihrer Nahrungssuche lese und ihren Kot untersuche. Ich habe eine persönliche Beziehung zu ihrer Nahrung, weil ich diese selbst esse. Da ich weiß, wann ihre Futterpflanzen bereit sind, weiß ich, wo Bär wann sein wird. Weil ich das Wetter vorhersagen kann, habe ich ein Gefühl dafür, wann Bär unterwegs sein wird und wann er sich lieber verkriecht. Die Signaltiere Rabe, Häher, Eichhörnchen und Hirsch sind meine Kundschafter für Bär. Dadurch, dass ich ihre Sprache und Gewohnheiten kenne, erfahre ich mehr über die der Bären. An einem heißen Nachmittag kann ein Schwarm Goldaugenbremsen mir zeigen, wo Bär ein Nickerchen macht, bevor ich nah genug bin, um ihn zu stören. Sogar meine Kenntnis von Vergletscherung und Bodentypen hilft mir, Bärs Stimmungen und Motivationen zu verstehen. Gegenden mit fettem Lehmboden, der durch Gletscherabschwemmungen entstanden ist, locken einen hungrigen Bären zu den ersten jungen Grünpflanzen, die im Frühjahr auf ihm wachsen. Dagegen verbringt eine Mutter mit Jungen später in der Saison viel Zeit in den Beerenfeldern, die auf kargem, kiesigem Gletscherschutt gedeihen.

Während ich das Moor umrunde, bewundere ich das Smaragdgrün der Calla-Lilien, die zwischen den schillernden Schwertlilien wachsen. Zwei Raben fliegen auf und stoßen ein melodisches *gah-raweck* aus, um mein Kommen anzukündigen. Die alte rote Eichhörnchendame, die mich gut kennt, richtet ein Geschnatter der Wiedererkennung an mich, das ihr Schreddern von Tannenzapfen kaum unterbricht. Anscheinend habe ich sie nicht überrascht – was ich gern tue – da mein Schattenwerden bereits von anderen als Rabe wahrgenommen wurde, bevor ich bis hierher kam. Wäre ich mit einer anderen Person unterwegs gewesen, wäre Eichhörnchen einen nahen Baum hinaufgeschossen und hätte sich aufgeführt, als würde ihr Territorium bedroht. Uns beschimpfend und verspottend, hätte sie einen Alarmruf ausgestoßen, der von einem Eichhörnchen nach dem anderen aufgenommen worden wäre und durch diesen Teil des Waldes gehallt hätte.

Ich bitte Eichhörnchen um ein paar der verbleibenden Blaubeeren am Fuße ihres Baumes, und sie tut mir den Gefallen. Ich ignoriere ihre Anwesenheit und nähere mich indirekt, um sie nicht zu bedrohen. Ich tue so, als wollte ich einfach vorbeigehen. Meine Hand streift den Busch unbewusst, und die Beeren finden ihren Weg in meinen Mund, unbemerkt von allen, die vielleicht zuschauen. Würde ich mich auf das Beerenpflücken konzentrieren, würde Eichhörnchen sich vielleicht bedroht fühlen und Theater machen, weil ich mich in ihrem Revier herumtreibe.

Ungefähr zwanzig Schritte vor mir kreuzen zwei Hirsche den Weg: ein Jährling und seine unfruchtbare Mutter. Wäre sie noch fruchtbar, hätte sie jetzt ein neues Kitz und hätte ihr halbwüchsiges Jungtier bereits vertrieben. Aus irgendeinem Grund sind die beiden überfällig für ihre übliche frühmorgendliche Wanderung durch das Moor, unterwegs, um unter den weit entfernten Ahornbäumen nach späten Veilchen zu suchen. Die Veilchenblätter sind zwar noch saftig, sehen aber zerfleddert aus, weil sich so viele Insekten an ihnen gütlich tun. Nach ihrem kleinen Imbiss werden Mutter und Tochter auf der Nordseite des Hügels hinuntersteigen und in einem dichten Balsamtannenwäldchen ein Nickerchen machen, um den stechenden Fliegen zur Mittagszeit zu entgehen.

Ich weiß das über die beiden Hirsche nicht nur, weil ich sie kenne, sondern auch, weil ich ihren Clan kenne. Die Signale ihrer Verhaltensmuster sind wie der Alarmruf von Blauhäher. Da ist der Pfad, den sie nutzen, um das Moor zu durchqueren. Er ist so ausgetreten, dass das ganze Jahr über Wasser darin steht. Und die Büsche und niedrigen Äste der Bäume, die vom Verbiss der Hirsche geformt wurden. Und die deplatzierten Pflanzen, die im ansonsten sterilen Torf gedeihen, wo die Hirsche regelmäßig ihren nahrhaften Kot hinterlassen.

Auch wenn ich nicht bereits mehrere Jahreszeitenwechsel hier gewesen wäre, wüsste ich trotzdem über sie Bescheid. Würde ich für mehrere Jahreszeitenwechsel nicht zurückkehren, würde ich die Gewohnheiten ihrer Enkel kennen. Der Zyklus ihrer Leben und die Muster ihrer Bewegungen bleiben die gleichen. Der Clan lebt weiter, und die Individuen scheinen Generation für Generation zu überdauern, indem sie neue Körper erhalten. Die Tochter tritt buchstäblich in die Fußstapfen ihrer Mutter, ebenso wie die Tochter der Tochter, und so weiter, durch das Leben des Clans hindurch.

Wenn diese Hirsche, die ich kennengelernt habe, nicht mehr mit mir durch den Wald ziehen, besuche ich manchmal ihre Knochen an den ruhigen Orten, zu denen sie gehen, um zu sterben. Obwohl ein Körper mit jedem Tod vergeht, wird der Clan mit jeder Geburt neu belebt und wandert im zeitlosen Kontinuum durch dieses Moor und wieder zurück.

Ein soziales Tier hat als Zentrum seiner Intelligenz nicht das eigene Gehirn, sondern das Clanbewusstsein. Jedes Mitglied des Clans trägt zu dieser kollektiven Intelligenz bei, was dem ganzen Clan erlaubt, von den Erkenntnissen und dem Erfahrungsschatz jedes Mitglieds zu profitieren. Wir sehen das in den Denkfabriken und Brainstorming-Sitzungen unserer Spezies. Wir sehen es in einem Fisch- oder einem Vogelschwarm, in dem sich die Individuen in choreografierter Synchronität bewegen. In indigenen Gemeinschaften ist dies als Clanwissen* bekannt.

* Siehe Glossar.

Die beiden Hirsche, die gerade vor mir vorbeigelaufen sind, zeigen das in ihrer täglichen Routine. In der weißen Jahreszeit*, wenn alle anderen Trinkwasserquellen gefroren sind, erinnern sich die Alten daran, dass Wasser über dem See auf dem Eis vorkommt, und dass es durch Wegscharren des Schnees erreicht werden kann. Das Gewicht des Schnees auf dem Eis treibt Wasser durch die Risse in der Eisfläche. Das Wasser sammelt sich auf der Oberfläche und kann eine Handbreit tief werden. Die Ältesten bringen das den Jungen bei, die es wiederum weitergeben, und so bleibt es als Clanwissen erhalten.

Die Ältesten helfen, die Zeit zwischen zwei Ereignissen zu überbrücken, die nur sporadisch auftreten, wie Dürren, Feuer oder besonders schwere Schneefälle. Sie bewahren das als Teil des Clangedächtnisses, damit es den kommenden Generationen von Nutzen sein kann. Wenn zum Beispiel zwölf Jahre zwischen zwei Dürren liegen, wüssten diejenigen, die jünger als zwölf Jahre sind, nicht, welche Wege zum Wasser führen könnten, obwohl sie vielleicht schon mehrfach Großeltern sind. Aber diejenigen, die älter als zwölf Jahre alt sind, wüssten es.

Clanwissen ist kumulatives Wissen, zu dem jede Generation etwas beisteuert. Ein Individuum mag etwas Neues entdecken, was zum Wohle des Ganzen beiträgt. Wenn es in der Lage ist, diese Erfahrung an andere weiterzugeben, wird es Teil des Clanwissens. Auf diesem Wege wächst der Clan sowohl bezüglich seiner Lebenskompetenzen als auch bezüglich der daraus gewonnenen Weisheit.

Ähnlich unseren menschlichen mündlichen Überlieferungen besitzt Clanwissen ein Eigenleben. Um zu bestehen und lebendig zu bleiben, braucht es die Generationsdimension des Clans, zu der Älteste, Erwachsene und Junge gehören. Stell dir das Chaos vor, das entstehen würde, wenn der Rhythmus der sich ständig entfaltenden Jahreszeiten durch eine ausbleibende Jahreszeit un-

* Siehe Glossar.

terbrochen würde. Wenn der Hirschclan jemals eine Saison verpassen würde, zum Beispiel wenn alle Jungen – die Lernenden – an einer Krankheit sterben würden, oder die in ihren mittleren Jahren – die Lehrenden – zu viel gejagt würden, oder die Ältesten – die Hüter der Weisheit – alle in einem strengen Winter zu Tode kämen, würde das Clanwissen möglicherweise nicht weitergegeben.

Das ist mit einem großen Teil unseres menschlichen Clanwissens passiert. Als unsere eurasischen, afrikanischen und amerikanischen Jäger-Sammler*-Ahnen erobert wurden, wurden unsere Ältesten zum Schweigen gebracht, unsere Eltern versklavt und unsere Kinder mit den fremden Gebräuchen indoktriniert. Das Kontinuum wurde unterbrochen, und unser Wissen starb schnell. Das kann innerhalb einer einzigen Generation geschehen.

Das Gegenteil ist ebenfalls möglich: Clanwissen kann sich von Clan zu Clan verbreiten. Wenn eine Hirschkuh in eine andere Gegend abwandert, teilt sie eventuell etwas von dem, was sie weiß, mit ihren neuen Verwandten. Wenn es funktioniert und akzeptiert wird, wird es Teil deren Clanwissens.

Tiere, die neu in eine Region wandern, in denen ihre Art nicht vorkommt, stehen vor einer ungewöhnlichen Herausforderung. Stell dir Hirsche vor, die ein neues Areal besiedeln oder in einer Region wiedereingeführt werden, in der sie ausgerottet wurden. Sie würden nicht über das Clanwissen für ihr neues Gebiet verfügen, wo etwa in Zeiten der Dürre oder bei Frost Wasser zu finden ist. Sie hätten weder ein etabliertes Wanderverhalten noch viele andere der Kenntnisse, die ihnen das Leben erleichterten, als sie noch im Schatten der anderen lebten. Meiner Meinung nach ist dieser Mangel an Clanwissen einer der Hauptgründe für das Scheitern vieler Wiederansiedlungsprojekte.

Einige von uns, die jagen, wählen die größten und prächtigsten Tiere eines Clans – die Trophäen. In ihrer Blütezeit sind sie

---

* Siehe Glossar.

die Anführer ihrer Clans, die Stammeltern kluger und gesunder Jungen und die Lehrenden des Clanwissens. Das ist es, was unsere Trophäe den Clan kostet. Wolf holt sich dagegen üblicherweise die Alten, die das Clanwissen bereits weitergegeben und nicht länger die Kraft zum Anführen haben, oder die Jungen, die das Clanwissen noch nicht erhalten haben und in der Regel in größerer Zahl geboren werden, als die Umgebung tragen kann.

Mangelndes Bewusstsein für die Lebensweise des Hirschclans führt zur Trophäenjagd, und das gleiche mangelnde Bewusstsein findet sich auch in unseren menschlichen Clans. Unsere Alten besitzen Clanwissen, das verloren geht, weil wir fälschlicherweise glauben, es passe nicht in unsere Welt, die sich so sehr von der unterscheidet, in der sie aufwuchsen. Das Ergebnis ist, dass wir nicht lernen, was von unseren Ahnen weitergegeben wurde, und wir kommen ohne dieses Wissen nicht gut zurecht.

Die beiden Hirsche gehen vor mir vorbei, und die alte Ricke blickt in meine Richtung. Das ist ihre Aufgabe, und das Junge vertraut ihr. Ich bewege mich wie sie, und ich trage die Haut ihrer Art, und doch ist sie nervös, weil ich aufrecht stehe. Ich wende den Blick ab und begebe mich auf alle Viere, um zu äsen. Aber ich bin zu spät – sie bellt, zuckt mit dem erhobenen Schwanz und flüchtet flink in den Wald mit ihrem Jährling im Schlepptau. Verschreckt, wie sie ist, wird sie nicht das offene Moor überqueren. Sie würde sich nicht nur exponieren, die schwammige Oberfläche würde auch ihre Flucht verlangsamen.

Nachdem ich weitergegangen bin, wird sie wahrscheinlich zurückkehren, wie es bei ihrer Art üblich ist, und sie wird sich derselben Stelle vorsichtig nähern. Sie wird auf jedes Zeichen achten, das darauf hindeutet, dass ich noch in der Nähe bin. Sobald sie sicher ist, dass ich fort bin, wird sie ihren Nachwuchs über das Moor führen und sie werden ihren Tag wie gewohnt fortsetzen.

Das Erste, was Greg mir sagt, als ich ins Camp komme, ist, dass er bereits gefrühstückt hat und bereit ist, sich auf den Weg zu machen. Das entlockt mir ein kleines Lächeln. Der Enthusiasmus, den er an den Tag legt, sagt mir, dass er sicher viel Spaß haben wird. Und ich bin bereits in Hochstimmung, sodass ich mir keinen besseren Start in den Tag vorstellen kann.

Wir lesen die Wolken, den Wind und die Feuchtigkeit, und wir vergleichen sie mit den Werten des Vortages, um vorherzusagen, was der heutige Tag für uns bereithält. Es sieht nicht nach Regen oder fallenden Temperaturen aus, also lassen wir zusätzliche Kleidung zurück. Wie immer bemühe ich mich, so leicht wie möglich zu reisen. Ich schlage Greg vor, den Inhalt seiner Wasserflasche zu trinken und die Flasche zurückzulassen. Die effizienteste Art, Wasser zu tragen, ist in deinem Bauch. Auch wenn du aktiv bist, ist es gut zu trinken, bevor du Durst bekommst, denn wenn du den Durst spürst, dehydrierst du bereits.

Unter einem dichten Dach aus Baumkronen von Hemlocktannen und Zedern gehen wir nach Süden. Das Kronendach bricht am Rande eines Moores auf, wo wir auf mehrere kniehohe, etwa zwei bis vier Schritte lange Erhebungen stoßen. Der Boden um sie herum ist karg. Hier gibt es nur Rentierflechten, ein paar Riedgräser und gelegentlich einen struppigen Beerenstrauch.

»Dieses Land sieht aus, als sei es mit einer Planierraupe bearbeitet worden«, sagt Greg.

»Bist du sicher?«, frage ich. »Schau dich um und nimm wahr, was an dieser Gegend einzigartig ist.«

Er weist darauf hin, dass die Erhebungen sich ähneln und parallel zueinander direkt am Rande des Moores liegen. Unterhalb der Erhebungen steht Wasser, was ihm seltsam vorkommt, weil das Moor weiter draußen trocken zu sein scheint.

»Der Wind weht nur leicht«, merke ich an. »Kannst du trotzdem noch die Windrichtung ausmachen?«

»Ja«, erwidert er. »Ich kann ihn auf meinem Gesicht spüren. Er kommt von der anderen Seite des Moores.«

»Das ist typisch. Aus welcher Richtung kommt er?«

»Nun, die Sonne geht hinter mir und ein wenig weiter links auf, das heißt, ich sollte nach Südwesten schauen.«

»Okay, ich glaube, du hast nun alles, was du brauchst, um das erste Geheimnis des Tages zu lüften. Es gibt eine Übung namens ›Werden‹*, die dir helfen wird, die Teile zusammenzufügen. Denke nicht über deine Frage nach, und versuche nicht, es zu verstehen. Lass dich einfach in den Wind, die Erde und das Wasser ziehen. Konzentriere dich nicht auf etwas. Nimm es alles in dich auf und fühle, lass deiner Vorstellungskraft freien Lauf. Wenn alles zusammenkommt, ist es, als würden sich die verstreuten Teile eines Puzzles vor dir zusammenfügen, und schon hast du dein Bild. Willst du es probieren?«

Beim ersten Mal klappt es nicht – er beginnt zu denken. Ohne Aufforderung probiert er es noch einmal.

Ich komme kaum dazu, mich hinzusetzen und es mir gemütlich zu machen, als er, ohne etwas zu sagen, etwa zehn Schritte nach Norden geht, wo eine umgestürzte Fichte liegt, deren verwitterte Wurzeln etwa so hoch aufragen, wie wir groß sind. Er schaut mit einem wissenden Lächeln zurück zu mir.

»Erzähl mir die Geschichte«, fordere ich ihn auf.

»Hm. Ich bin nicht sicher, wie genau das ist, aber Folgendes ist mir sofort klar geworden, als ich das Bild gesehen habe. Dieser Boden besteht nur aus kargem Sand und Stein, und auf der Oberfläche gibt es reichlich Wasser. Es gibt also keinen Grund für den Baum, tiefe Wurzeln auszubilden. Stattdessen breiten sie sich aus, um Nährstoffe zu finden. Es zeigt sich in diesen Wurzeln – sieh, wie sie sich flach wie ein Pfannkuchen ausbreiten. Als ich ›wurde‹, wie du es nennst, sah ich dieses Wurzelgewirr verrotten und eine weitere Erhebung bilden. Der vorherrschende Wind kippt die Bäume alle in die gleiche Richtung, weshalb alle Erhebungen parallel zueinander liegen. Die aufgeworfenen Wurzeln hinterlassen am Rande des Moores Vertiefungen, die sich

* Siehe Glossar.

mit Wasser füllen. Es ist komisch, Tamarack, wie schnell alles einen Grund hatte, sobald ich alle Teile zusammenfügen konnte.«

Wir haben einen guten Start. Anstatt einen gezielten »Finde-die-Antwort«-Ansatz zu verfolgen, hat Gregs Werden ihn in eine offene, fragende Haltung versetzt. Eine gute Frage ist so viel wert wie eine Handvoll Antworten. Eine Antwort ist ein Stück Wissen – eine Sackgasse, wohingegen eine Frage Durst nach Wissen erzeugt –, ein offenes Ende. Allzu oft kommt eine Antwort entweder aus einem guten Gedächtnis oder aus guten Quellen, während eine wohl durchdachte Frage von Intelligenz und Weitblick zeugt. Eine solche Frage weist auf ihre Antwort hin, und die Belohnung besteht aus allem, was man auf dem Weg dorthin entdeckt, selbst, wenn man die Antwort nicht findet. Häufiger als Antworten finde ich tatsächlich weitere Fragen, die mich auf verlockende Pfade führen, die ich mir zu Beginn nicht hätte vorstellen können.

»Jetzt haben wir eine Wahl«, teile ich Greg mit. »Wir können entweder durch das Moor oder am Rand entlanggehen.«

Greg entscheidet sich für den Rand. Das verspricht ein Abenteuer zu werden, da uns das über eine schmale Landenge zwischen zwei Sümpfen führt, die als großer Wildtierkorridor fungiert.

Natürlich wird Gregs Aufmerksamkeit bald von einem umgedrehten Stück verrottenden Baumstammes erregt, über das er sich bückt, um es zu untersuchen.

»Es ist leichter, den Wald zu sehen, wenn man nicht mit der Nase an einem Baum klebt«, empfehle ich. Er tritt zurück und bemerkt den Stumpf, von dem der Baumstamm stammt. Auch er ist teilweise auseinandergerissen. Um den Stamm herum windet sich ein sandiger Pfad, der mit Spuren übersät ist.

»Warum gibt es gerade hier so einen vielgenutzten Pfad?«, fragt Greg.

Ich bin froh, dass wir mit einer Frage beginnen. Allerdings verspricht dieses Puzzle schwieriger zu sein als das erste, und wir werden zweifelsohne im Laufe dieses Tages noch viele weitere erhalten. Dennoch lächle ich, weil eine Herausforderung in Wirklichkeit eine verdeckte Chance ist, und es ist das Hinterfragen, das die Maske entfernt. Greg kam wegen seines Hungers nach dem Indigenen in ihm hierher, und ich fühle mich geehrt, seinem Erwachen zu dienen, wo immer ich kann. Wir sind indigen, wenn wir uns selbst indigen sein lassen, und heute macht Greg den nächsten Schritt.

Wir verfolgen die Fährten zurück bis zum Anfang der Landenge, um zu sehen, wie ein solch gut genutzter Pfad entstanden ist.

»Der Pfad verschwindet!«, ruft Greg. »Oh, ich verstehe! Dieses schmale Stück Land ist wie eine Brücke über einen Fluss, zu der alle kommen, um ihn zu überqueren. Ich vermute, der Pfad wird am anderen Ende ebenfalls verschwinden, weil alle ihrer eigenen Wege gehen.«

Greg interessiert sich dafür, wer die Bücke überquert, weshalb wir zu dem Pfadabschnitt unweit des Baumstammes zurückkehren. Drei Fährten sind deutlicher als die anderen: die einer ausgewachsenen Hirschkuh und zweier sehr kleiner Kitze.

»Warum sind diese Fährten so klar, während die anderen nur Pockennarben im Sand sind?«, fragt Greg.

»Versuche es noch einmal mit Werden«, schlage ich vor. »Bewege dich auf dem Pfad und mache die Spuren. Aber denke nicht darüber nach, die Spuren zu hinterlassen – *sei* einfach die Erfahrung.«

Er schließt seine Augen, nimmt mehrere langsame, tiefe Atemzüge, und erzählt mir diese Geschichte: »Es ist Frühling und der Boden ist matschig, weil die Sonne ihn auftaut. Wir sind hier draußen auf der Landenge, weil sie offen ist und die Sonne sich warm anfühlt, und es ist ein guter Platz, um etwas frühes Grünzeug zu finden. Der Pfad ist glitschig vom Frost, also gehen wir am Rand entlang. Deshalb wurden die Spuren nicht zertrampelt.«

Greg öffnet seine Augen und setzt wieder ein wissendes Lächeln auf, während sein Blick erneut auf den aufgebrochenen Baumstumpf und den Baumstamm fällt. »Ich frage mich …«, sagt er. »Vielleicht ist die Hirschkuh über den Stamm gestolpert, als sie versuchte, den glitschigen Pfad zu vermeiden.«

Ich merke, dass er mehr Informationen braucht, bevor er sich etwas vorstellen kann. Also bitte ich ihn, so viel wie möglich von diesem Schauplatz zu untersuchen, ohne etwas zu zerstören.

»Nun, diese Stücke des verrotteten Stammes sind nur umgedreht«, sagte er mit nachdenklichem Blick, »aber der Stumpf sieht aus, als sei er auseinandergerissen worden.«

»Siehst du irgendeinen Zusammenhang zwischen den beiden?«

»Ich habe nur angenommen, es sei vom selben Tier zur selben Zeit verursacht worden«, antwortet er. Seine geschürzten Lippen und sein starrer Blick spiegeln einen Hauch von Frustration. »Ah! Ich habe es gerade getan, oder? Ich habe eine Antwort gegeben, anstatt eine Frage zu stellen. Wenn ich heute eins lerne, dann *rede nicht, höre zu.*«

»Hey, mach dich nicht selbst fertig«, sage ich beschwichtigend. »Wir lernen manches nur dann gut, wenn wir die Fehler machen, die uns lehren, was funktioniert und was nicht.«

»Verstehe«, sagt Greg. »Wie kann ich nun jeder dieser Störungen eine Zeit zuordnen?« fragt er. »Ich habe keine Ahnung, wo ich anfangen soll.«

Dieser Mann ist wirklich ratlos – zu ratlos, als dass Werden funktionieren könnte. Wenn du ein Puzzle zusammensetzen willst, brauchst du die Teile. Ich schlage vor, dass er jeden Hinweis aufnimmt, den er ausmachen kann, nicht, um ihn zu untersuchen, sondern um zu sehen, wie er zu seiner Umgebung passt. »Es dreht sich alles um Beziehungen«, sage ich zu ihm. »Wenn eine Frau mir einen Hinweis wie, hm, sagen wir eine Eierschale bringt, bitte ich sie, mich dahinzubringen, wo sie sie gefunden hat. Wir legen sie wieder genauso zurück, wie sie vorher lag, und wir treten zurück und hören uns die Geschichte an. Es ist nicht die Eierschale, die die Geschichte erzählt, sondern die Beziehung der Eierschale mit dem Kreis des Lebens.«*

* Siehe Glossar.

Greg macht sich an die Arbeit. »Schau hier«, sagt er. »Die Flechten sind tot und verrotten unter diesem Stück des Stammes, aber unter den Stücken des Baumstumpfes sind sie nur umgebogen. Der Stamm wurde zu einem früheren Zeitpunkt verändert.«

Die frischere Veränderung am Stumpf zieht seine unmittelbare Aufmerksamkeit auf sich. Er versucht, sich die Szene vorzustellen, doch es gelingt ihm nicht. Also wird er das Tier, begibt sich auf Hände und Knie und krabbelt den Pfad hinunter zum Baumstumpf.

Während er das tut, probiere ich selbst, mir die Szene vorzustellen. Wenn ich unterwegs bin und viel passiert, nutze ich diese Technik gern. Es ist leicht, in eine Vorstellung hinein- und herauszugleiten, und ich kann sie schnell verändern, um sie der Situation anzupassen. Für Werden entscheide ich mich, wenn ich ein tieferes Gefühl für die Gefühle und Beweggründe anderer bekommen möchte.

Meine Vorstellung trägt mich zwei Mondinnen zurück, zur frühen grünen Jahreszeit, als in der Ameisenkolonie im Stumpf ein reges Treiben herrscht. Ich, ein etwa ein Jahr alter Bär, komme den Pfad herauf und schnüffle am Fuß des Stumpfes, wie es bei meiner Art üblich ist. Ich höre ein Rascheln im Stumpf und harke mit meiner rechten Pfote über das verrottete Holz. Ich mache es wieder und wieder, aber es kommen nur wenige Leckerbissen dabei heraus. Verwöhnt von leicht zu erreichenden Mahlzeiten in dieser üppigen Jahreszeit, ziehe ich bald weiter.

Ich kenne das Geräusch im Stumpf und seine Bedeutung durch meine Initiation in das Clanwissen durch meine Mutter. Sie hatte ihre eigene Art, Dinge zu tun, die von ihrer Mutter an sie weitergegeben wurde. Andere Clans haben wahrscheinlich einiges Wissen, das von unserem abweicht.

Als Greg sich dem Stumpf nähert, fällt ihm auf, dass er von der falschen Seite herkommt. Der Schaden am Stamm und die Bruchstücke liegen auf der anderen Seite. Als er den Weg aus der anderen Richtung heraufkommt, ist er eindeutig der Bär. Ich kann ihn riechen. Ich kann seinen Kopf hin- und herschwingen sehen, um die Witterung im Wind aufzunehmen. Jetzt weiß ich, dass er das Geheimnis aufdecken kann.

Greg hebt seine rechte Hand – jetzt eine Pfote – und kratzt an der Seite des Stumpfes entlang. Als er das tut, sieht er die Krallenspuren. Es scheint ihn nicht zu überraschen. Es ist, als hätte er erwartet, sie dort zu entdecken. Er schaut zurück zu der Stelle, an der die Bruchstücke hätten landen müssen, und siehe da, da sind sie. Er macht die Kratzbewegung noch ein paarmal, um ein besseres Gefühl für Ursache und Wirkung seines Handelns zu bekommen.

Greg fragt nach der Größe und dem Alter des Bären. Das ist etwas, das über seine derzeitigen Fähigkeiten, etwas auf der Stelle zu bestimmen, hinausgeht. Ich lege ihm nahe, die Breite der Kratzspuren mithilfe der Breite seiner eigenen Hand zu messen, sodass er morgen die Pfotengröße des Bären auf den Alterstabellen in unseren Bibliotheksbeständen finden kann. Hier biete ich mehr als meine übliche Hintergrund-Anleitung, um seine Leidenschaft anzufachen, anstatt ihn so früh am Tag in eine Sackgasse rennen zu lassen.

Zusätzliche Informationen über das Verhalten von Bären könnten aus vielen Quellen stammen. Eine Möglichkeit wäre der Ansatz der Naturvermittelnden, bei dem wir Bücher über Spuren und Fährten, Feldführer und andere Quellen zurate ziehen würden. Wir würden uns Bärin von außen nähern. Wenn wir Bärin würden, würden wir uns ihr von innen nähern. Das gäbe uns die Möglichkeit, sie kennenzulernen, anstatt etwas über sie zu lernen. Wir könnten in ihren Fußstapfen gehen, anstatt nur ihre Pfotenabdrücke zu studieren. Die Bücher können sicherlich weiterhin von Wert sein, aber eher als ergänzende denn als primäre Informationsquellen.

Inzwischen beginnt Greg mir mit diesem Bärending, auf das er sich verlegt hat, Sorgen zu machen. Er tapst an dem Stumpf vorbei zu einer Stelle mit Moos, das von der intensiven Morgensonne erwärmt wird, und lässt sich für ein Nickerchen daraufplumpsen – genauso, wie der junge Bär das wahrscheinlich getan hätte. Bären sind Meister des Nickerchens. Ein Dutzend Nickerchen vor dem Schlafengehen betrachten sie als einen guten Tag. Da ich selbst gerne ein Nickerchen mache – obwohl ich im Vergleich zu Bären ein ziemlicher Amateur bin –, muss ich nicht lange überlegen, um Gregs Beispiel zu folgen.

Ohne den schwarzen Pelz, der Bärin kühl hält, indem er die Wärme der Sonne an seiner Oberfläche absorbiert und abstrahlt, überhitzen wir schnell. Greg führt uns auf die andere Seite der Landenge, die von einem dichten Bestand an verkrüppelten Fichten beschattet wird. Allerdings ist die Abkühlung für Greg mit Kosten verbunden. Er wirft sich mit dem Kopf voran in das Gewirr, drischt mit seinen Armen gegen die Äste und lehnt sich zurück, um sein Gesicht vor den zurückpeitschenden Ästen zu schützen. Er ist nicht der Typ, der flucht, sonst würde ich das sicher bereits hören.

Ich zeige ihm, wie er sich tief hinunterbeugen und nach vorn lehnen kann, um sich zwischen und unter den Ästen hindurchzuschlängeln. Nahe am Boden, wo die Äste abgestorben sind, ist das Vorwärtskommen leicht, und man kann gut sehen, was vor einem liegt. Unsere Tierverwandten wissen das, weshalb sie so leicht im Buschwerk verschwinden können. Wenn man versucht, sich aufrecht durch ein solches Gewirr zu bewegen, kann man aus dem Gleichgewicht geraten, von Ästen ins Gesicht geschlagen werden und am Ende Schmutz in den Augen haben.

Anstatt die Hand auszustrecken, um die Äste wegzuschieben – sie werden garantiert zurückpeitschen –, schlage ich vor, dass Greg seine Hand direkt vor sein Gesicht hält. Ich sage ihm, er solle sich keine Sorgen machen, dass die Äste die Person hinter ihm – in diesem Fall mich – treffen könnten, denn die Pfad-Etikette besagt, dass es in der Verantwortung der Person hinter ihm liegt, genügend Abstand zu halten, um nicht getroffen zu werden. Die vorangehende Person ist dadurch frei, ihre volle Aufmerksamkeit auf den Weg zu richten. Einige Pfadfinder wären da anderer Meinung. Sie denken, sie sollten die Leute hinter ihnen entweder warnen oder den Ast festhalten, damit die Nachfolgenden ihn fassen können. Ich persönlich finde, diese Jungs sind mit ihrem Schwur, anderen Menschen jederzeit zu helfen, etwas zu weit gegangen. Das kann ihre Erfahrung beeinträchtigen und steht im Widerspruch zu einer anderen Zeile ihres Eids, der besagt, sie sollen geistig wach bleiben. Die folgende Person wird nachlässig, wenn sie darauf vertraut, dass der Mensch vor ihr auf sie aufpasst.

Einige Kratzer später sind wir auf der anderen Seite der Landenge. »Ich frage mich«, sage ich zu Greg, »ob es außer dem Schatten noch etwas gibt, was dich auf diese Seite gezogen hat. Jäger und Sammler werden oft von der Stimme ihrer Intuition zu dem geleitet, was sie suchen. Diese Stimme ist unerklärbar – und wird manchmal nicht einmal erkannt – und doch ist sie da und funktioniert.«

Greg schaut sich um. »Könnte es der Baumstumpf sein?«

Er bezieht sich dabei auf den großenteils verrotteten Zedernstumpf am Rande des Moores nicht weit von uns. Dieses Mal weiß er aufgrund der Größe und der Art der Störung um den Stumpf, dass sie wahrscheinlich von einem Bären verursacht wurde. Er muss sie nicht nachspielen, um zu sehen, wie es passiert ist. Doch da ist noch mehr, und ich möchte nicht, dass er das übersieht. Er sieht an meinem Gesichtsausdruck, dass ich etwas sehe, das über das Offensichtliche hinausgeht.

Als hätte er das schon immer so gemacht, tritt er zurück, um einen Überblick zu gewinnen.

»Der Bär ist der Uferlinie von rechts gefolgt«, mutmaßt er.

Greg hat recht. Bären durchkämmen gern den ergiebigen Bereich, in dem zwei verschiedene Lebensräume aufeinandertreffen. Ökologen nennen das ein *Saumbiotop* (*Ökoton*), ich bezeichne es einfach als *Rand*. Die Üppigkeit, die als *Randeffekt* bekannt ist, ergibt sich aus der Kombination von Pflanzen und Tieren beider Lebensräume sowie einiger Arten, die nur am Rand vorkommen. Diese Uferlinie, an der Moor und höher gelegenes, trockenes Gelände aufeinandertreffen, weist dichtes Gebüsch auf, das für den Rand typisch ist. Es bietet geschützte Nistplätze, Rastplätze und Wanderrouten für eine Vielzahl von Tieren wie unseren Bären. Wenn sie sich zur Nahrungssuche ins Freie wagen, können sie sich bei jedem Anzeichen von Gefahr ins Dickicht verkriechen.

Die ausgedehnten Bereiche mit Nüssen und Beeren, die man oft am Wegesrand findet, sind das Ergebnis von Tieren – vor allem Vögeln –, die Samen über ihren Kot verbreiten. Die Jungpflanzen gedeihen in der Kombination aus Sonnenschein, Feuchtigkeit und Nährstoffen, die der Rand bietet. Dieser spezielle Rand ist reich an Blaubeeren, Himbeeren, Weiden, Flechten und einer Vielzahl von sukkulenten Pflanzen, die eine Reihe von Tieren anziehen, von Blattläusen bis zu Elchen.

»Und es sieht aus, als hätte er hier das Gleiche wie beim letzten Stumpf gemacht«, fügt Greg hinzu.

»Ja, und es gibt noch mehr zu entdecken«, antworte ich. »Hier findest du das, was ich als ›Umschlag‹* bezeichne. Ein Ereignis, der Umschlag, verschleiert ein anderes, das darin versteckt ist. Betrachte den Stumpf als Umschlag. Sieh hinein und folge ihm in die Vergangenheit, um zu sehen, was er enthält.«

Dieser Stumpf ist sehr alt, das letzte Überbleibsel der großen Zedern, die diese Landenge einst bedeckten. Greg und ich können lediglich den vagen Eindruck eines vor langer Zeit umgestürzten Baumes entdecken – in Form eines leicht erhöhten Hügels, der in das Moor hineinragt. Für das geübte Auge ist er leicht auszumachen, da die Entwässerung und die Fruchtbarkeit, die das verrottete Holz bietet, Pflanzen des trockeneren Geländes wie kanadischen Hartriegel und Riedgras begünstigt, die normalerweise nicht im Moor zu finden sind.

---

* Siehe Glossar.

Der Stumpf selbst kann kaum noch als Holz bezeichnet werden. Er ist durch Fäulnis angegriffen und durch Frost so brüchig geworden, dass er kaum noch genug Struktur hat, um sich selbst zu tragen. Er ist so zersplittert, dass er wie die Kreation eines Kindes aussieht, das kleine, seltsam geformte Klötzchen stapelt. In dem Stumpf befinden sich keine Ameisen, und das schon seit einer ganzen Weile nicht mehr. Er ist zu verfallen, um ihnen Unterschlupf zu bieten – Wasser läuft in ihn hinein und durch ihn hindurch, als sei er ein Sieb, und Beutegreifer haben genauso leichten Zugang.

»Aber das hier ergibt immer noch keinen Sinn«, sagt Greg und deutet auf den Haufen verrotteten Holzes, das zu weit vom Stumpf entfernt liegt, um einfach abgefault zu sein. »Ich sehe keine offensichtlichen Spuren eines Bären, wie beim ersten Baumstumpf, aber ich weiß trotzdem nicht, wer es sonst gewesen sein könnte.«

Stinktiere suchen in verrotten Baumstümpfen nach kleinen Leckerbissen, wobei sie kleine Löcher hineingraben, um ihre sensiblen Schnauzen hineinzustecken. Und wenn es ein Nest mit saftigen Mäusebabys gibt, wird ein Dachs mit beiden Grabschaufeln gleichzeitig hineinbrechen und Bruchstücke zu beiden Seiten verteilen. Wie beim letzten Stumpf liegen die Überreste nur auf einer Seite, in einem kompakten, ordentlich aussehenden Haufen.

»Das hier hat mich kalt erwischt«, sagt Greg seufzend. »Wieder besiegt.« Dann fügt er schnell und mit einem Lächeln hinzu: »Ich mache nur Spaß! Aber ich habe wirklich keine Ahnung, wo ich anfangen soll.«

Dieser Stumpf ist nicht wie der andere: Der Boden um ihn herum ist mit kurzem, kräftigem Gras bedeckt, und es gibt keinen offensichtlichen Pfad.

»Dieser Bär – falls es ein Bär war«, sagt Greg, »hätte aus jeder Richtung kommen können. Und dieses Holz – falls man es so nennen kann – ich sehe keine Krallenspuren daran.«

Er hat recht. Das »Holz« ist so ausgewaschen, dass es so leicht wie Schaum ist und bei Berührung zerbröselt.

»Erinnere dich an die Vorteile, die es hat, ein Generalist zu sein«, rate ich. »Du kannst die Perspektive eines Botanikers, eines Wetterfrosches oder eines Narren einnehmen, statt die eines Fährtenlesers. Und vergiss nicht, das Zen mit einzubeziehen.«

Das hat er kapiert – ich sehe, wie es in seinem Kopf arbeitet, während er nach dem Hinweis in meinem Vorschlag sucht. Er betrachtet prüfend den Himmel, die Umgebung und die Pflanzen, die um den Baumstumpf herum wachsen. Dann tritt er zurück, nimmt einige langsame, bewusste Atemzüge und kommt als Bär zu der Stelle zurückgetrottet.

Er windet sich durch das Moor zu dieser kleinen, offenen Stelle in der Wand aus Fichten und bemerkt den Baumstumpf erst, als er ihn fast erreicht hat. Noch immer geht er nicht direkt darauf zu. Wie ein Bär schnüffelt und schnuppert er auf seinem Weg herum, nur für den Fall, dass er unterwegs auf einen Leckerbissen stößt.

Dieser Versuch fühlt sich nicht richtig an. Er kommt die Uferlinie erst aus einer Richtung herauf, dann aus der anderen, und schließlich passen seine Bewegungen zu dem, was geschehen ist. Als er halbherzig nach dem Stumpf schlägt (dort gab es wahrscheinlich eh keine versteckten Leckerbissen), gibt er seine Rolle als Bär auf.

»Ich glaube, ich habe etwas«, sagt er beiläufig, um seine Aufregung zu verbergen. »Dieser Blaubeerbusch sollte nicht aus den Resten ragen, wenn Bär vor Kurzem hier durchgekommen wäre. Er muss hier vor längerer Zeit gewesen sein.«

»Ach ja?«

Er bückt sich und studiert den Blaubeerbusch vorsichtig, um nichts darum herum zu verändern. »Wäre es in Ordnung, wenn ich etwas von dem Zeug, das um die Pflanze herumliegt, wegräume?«, fragt er.

Ich sähe darin kein Problem, sage ich ihm, solange er ein mentales Bild macht und die Stelle so gut wie möglich rekonstruiert.

Für mich ist das ein archäologischer Ort, und ich möchte ihn für die Nachwelt erhalten. Das mache ich mit allen natürlichen Spuren, die ich nicht selbst gemacht habe, sei es eine Fährte, ein Vogelnest, ein Biberdamm oder ein Spinnennetz. Ich hüte mich davor anzunehmen, dass meine Wünsche Vorrang vor denen meiner nicht menschlichen Verwandten haben sollen. Ich bemühe mich, sie und ihre Schöpfungen nur aus einer Notwendigkeit heraus zu stören, und nicht einfach aus Spaß. Das ist der Weg der Ehre des natürlichen Reiches. So behandeln mich meine Verwandten, und so leitet mich mein Herz, sie zu behandeln.

»Diese Pflanze war hier, als Bär kam«, entdeckt Greg. »Sie ist im Boden unter den Überresten verwurzelt. Sie wurde begraben.«

»Wie lange ist das her?«, hake ich nach.

»Puh, keine Ahnung.«

»Wenn du für ein paar Jahreszeitenwechsel mit Blaubeere leben könntest, würde sie dir gern zeigen, wie sie sich die Zeit merkt. Wir haben nur einen gemeinsamen Tag. Daher denke ich, es ist in Ordnung, wenn du dich in diesem Fall auf meine Erfahrung verlässt. Wenn du den ursprünglichen Zustand dieser Szene wiederherstellen magst, werde ich beschreiben, wie Blaubeere das tut. Sie ist wie die meisten verholzenden Pflanzen. Sie treibt jedes Jahr aus einer Endknospe neu aus. Die Knospennarbe bleibt in der Regel erhalten, sodass das Alter des Zweiges durch Zählen der Knospennarben in Längsrichtung bestimmt werden kann. Wenn die Knospennarbe mit dem Alter verschwindet, können noch jährliche Unterschiede in der Rinde zu sehen sein, oder es können Seitenzweige vorhanden sein, die sich aus den Narben entwickelt haben.«

»Vier Jahre«, stellt Greg überzeugt fest. »Die Pflanze wuchs vier Jahre lang durch die Überreste, seit sie damit zugeschüttet wurde. Ich … ne, der Bär, war vor vier Jahren hier.«

»Und?«, füge ich neckend hinzu.

»Was? Ist das Rätsel noch nicht gelöst?«

Greg weiß bereits, dass er nicht jedes meiner Worte ernst zu nehmen braucht. Trotzdem fällt es ihm manchmal schwer zu erkennen, wann ich es ernst meine und wann nicht. Das geht fast jedem so. Ich empfehle, nur etwa dreißig Prozent von dem, was ich sage, ernst zu nehmen, und – hier ist der Haken – es liegt an meinen Mitmenschen herauszufinden, welche dreißig Prozent. Manchmal mache ich das aus Spaß – *Humor in allen Lebenslagen* ist mein Motto. Meistens geht es jedoch darum, diejenigen, die ich anleite, aufmerksam zu halten. Es hilft ihnen, wissbegierig zu sein und nachzudenken, und es trainiert sie, nichts einfach anzunehmen, nichts als selbstverständlich zu erachten.

Das bleibt unter uns (ich will nicht, dass meine Lernenden das herausfinden), aber ich füge oft eine weitere Ebene der Verwirrung hinzu, indem ich meine Andeutungen subtil halte. Das macht es ihnen schwerer herauszufinden, ob ich es ernst meine oder nicht, was sie umso mehr zum Hinterfragen anregt.

Das kann eine heikle Angelegenheit sein. Ich überlege mir jedes Mal genau, wann ich diese Technik anwende, denn unangemessene Scherze können respektlos sein und nach hinten losgehen. Ich muss sichergehen, dass ich meine Rolle als Mentor nicht missbrauche und mehr Schaden anrichte als Gutes zu tun. Wir wollen natürlich wissen – und manchmal müssen wir das auch –, ob wir das, was jemand sagt, für bare Münze nehmen können oder nicht. Ehre und Respekt sind meine Richtlinien, und ich spiele die Rolle des Spaßvogels nur im Rahmen einer lernorientierten Beziehung.

Vielleicht besteht meine größte Herausforderung darin, den Fokus auf dem Thema zu halten anstatt auf mir. An mir zu zweifeln und mich zu hinterfragen, ist genauso wichtig. »Nehmt nichts von dem, was ich sage, als unumstößliche Wahrheit«, gebe ich ihnen zu verstehen. Gleichzeitig kann die Konzentration auf den Lehrer – selbst wenn man ihn anzweifelt oder infrage stellt – zu einer Falle werden. Das Mantra des Fährtenlesers lautet nicht »Frage«, sondern »Sei wie eine Frage«. »Sei« steht hier für einen Zustand des Seins, der sich im Reich der Natur als eine hinterfragende Einstellung zum Leben manifestiert. Das drückt sich in Neugier und dem Wunsch aus, zu lernen und zu wachsen. Wenn wir uns stattdessen auf den Aspekt des Fragens konzentrieren, werden einige von uns Schwierigkeiten haben, die Person vom Thema zu trennen. Das kann dazu führen, dass wir uns angewöhnen, an Menschen und Situationen, und sogar an uns selbst zu zweifeln und ihnen zu misstrauen.

Wenn ich direkt etwas sagen würde wie: »Hey, wach auf! Du hast dich in dir selbst verloren; du bist in deiner eigenen Realität gefangen«, dann würde ich eine weitverbreitete Lehrer- oder Elternrolle spielen. Das könnte eine Abwehrhaltung oder Wut auslösen. Oder es könnte eine Situation entstehen, in der Lernende von der Rückmeldung des Lehrers abhängig werden. Ein kluger Scherz hingegen kann eine emotionale Reaktion auslösen, die zum Erforschen anregt, die Sinne belebt und den Intellekt beflügelt.

Mein einfaches »Und?« reicht aus, um Greg dazu zu bringen, weiter zu hinterfragen. Es sind Fragen, die unsere Fährtenlese-Fertigkeiten erwachen lassen und uns auf den Pfad der Einstimmung führen. Wenn Greg aufgehört hätte, Fragen zu stellen, hätte er die Fährte wahrscheinlich wie eine Nachricht behandelt, sie gelesen und abgehakt. Er hätte vielleicht einen Schritt im Übergang vom Lesen der Fährte zum Hören des Liedes der Fährte verpasst. Stell dir eine Wölfin vor, die anhält, um ihren eigenen Pfotenabdruck zu studieren. Wenn wir zu der Wölfin werden, könnte das Betrachten der Fährte genauso redundant sein.

Warum tun wir dies dann? Wenn wir die Fähigkeit, wie eine Frage zu sein, verloren haben, versuchen wir, das zu kompensieren, indem wir analysieren, also nach Antworten suchen. Unsere Kultur bringt uns bei, dass wir einen Organismus in seiner Gesamtheit kennenlernen können, wenn wir einen beliebigen Teil dieses Organismus nehmen und ihn lange genug untersuchen. Vielleicht. Ich nehme an, jemand könnte meine Hand gründlich genug analysieren, um eine Menge über mich herauszufinden. Aber welchen Sinn ergibt das, wenn ich genau dort bin, verbunden mit meiner Hand? Genauso wie die Fährte mit dem Verursacher der Fährte.

Eine andere Möglichkeit, dies zu begreifen, ist, sich die Fährte als ein Kapitel in der Mitte einer endlosen Geschichte vorzustellen. Wenn ich aufmerksam bin, kann ich in diesem Kapitel nach Hinweisen darauf suchen, was in den vorhergehenden Kapiteln passiert ist. Und mit etwas Glück kann ich vielleicht sogar vorhersagen, was in den folgenden passieren wird. Allerdings bin ich dann nicht im Jetzt. Ich befinde mich in der Vergangenheit, wenn ich versuche herauszufinden, was bereits geschehen ist, und ich projiziere in die Zukunft, wenn ich vorherzusagen versuche, was geschehen wird. Im Jetzt finden Vergangenheit, Gegenwart und Zukunft gleichzeitig statt.

So viele von uns berauben sich selbst dieser Verbundenheit, weil wir an dem leiden, was ich das »Sherlock-Holmes-Syndrom« nenne. Wie der gute alte Sherlock nehmen wir einen Hinweis und leiten daraus alles ab, was wir können, weil es alles ist, was wir haben. Das Fachgebiet der Archäologie basiert auf diesem Ansatz. Wenn Archäologen kein Gefühl dafür haben, wie ein Jäger-Sammler-Volk lebte, versuchen sie das aus einem Artefakt abzuleiten. Ihr analytischer Verstand hält ihre intuitive Bewusstheit, ihre Ahnenerinnerungen* und ihre Sinnesschärfe auf Abstand. Wäre dem nicht so, könnten sie sich vielleicht durch unsere gemeinsame menschliche Erfahrung als Jäger und Sammler daran erinnern, wie sie dort mit ihnen lebten.

Das Gleiche gilt für viele von uns und die Spuren, die wir finden. Manchmal behandeln wir diese wie Archäologen eine antike Vase oder Öllampe: Wir fotografieren, zeichnen, messen, vergleichen sie und machen einen Gipsabdruck davon. Was tun wir da? Vielleicht versuchen wir, hauptsächlich unseren Kopf zu

---

* Siehe Glossar.

benutzen, um die Fährtenverursacherin zu werden, obwohl die Fähigkeit in unserem tiefsten Inneren* liegt.

Greg lauscht, dann schaut er wieder – nicht auf das Zeichen, das direkt hier in seiner Zeit existiert, sondern auf den zeitlosen Fluss von Baumstumpf, Bär und Blaubeere. Für Greg ist diese Fährte gerade lebendig geworden. Ich beobachte, wie seine Augen den Fokus auf das Jetzt verlieren, als er den Zusammenhang erkennt, wie Pfote auf Stumpf und Stumpf auf Blaubeere wirkt. Der Umschlag hat sich geöffnet und Greg ist in das grenzenlose Reich von Vergangenheit, Gegenwart und Zukunft eingetreten.

Wir überqueren eine alte Forststraße und betreten einen tiefen, dunklen Hemlocktannenwald, der von uralten Weißkiefern überschattet wird, die um die Hälfte größer sind als die Hemlocktannen. Der Teppich, auf dem wir gehen, ist weich von den Nadeln, die sich über viele Winter angesammelt haben.

Der Boden ist durch die Nadeln so sauer, dass kaum etwas Grünes wachsen kann. Meine Hochschulprofessoren nannten das eine sterile Waldgemeinschaft. Ich frage mich, ob sie das Schmatzen der nadelfressenden Raupen, der zapfenfressenden Eichhörnchen, der pilzfressenden Hirsche, der holzfressenden Maden und die Raupen, Maden und Eichhörnchen fressenden Vögel einfach nicht hören konnten. Vielleicht bemerkten sie nicht, dass Hirsche geschützte Wälder wie diesen aufsuchen, um einen ruhigen Ort zum Sterben zu haben. Sie müssen sicherlich gesehen haben, dass Rabe, Fuchs, Fliege, Aaskäfer, Wolf und Bär kamen, um sich an den Überresten zu bedienen. Nagetiere kauen wegen der Mineralien auf den Knochen und Geweihen herum, und um ihre Zähne zu schärfen. Und dann sind da noch die Vögel, die die Haare sammeln, um ihre Nester damit auszupolstern.

Wenn die Tiere nicht selbst zu sehen sind, so gibt es doch reich-

---

* Siehe Glossar.

lich Hinweise auf sie, wie den süßen Urin der Blattläuse, der von den Baumwipfeln herabregnet und die Blätter der Farne glänzen lässt, den Kot, der entlang der Hirschpfade verstreut liegt, und die Gewölle der Eulen. Natürlich ist das nur meine Vorstellung von Fülle.

»Sieh dir das an«, sagt Greg. »Ich kenne Hirschkot – er ist überall in meinen Wäldern zu Hause zu finden – und dieser hier liegt an einem Hirschpfad, aber dieses Zeug ist seltsam: Es liegt in einem kleinen Haufen. Ist das von Bär?«

Er weiß, dass ich ihm keine Antwort geben werde – er denkt nur laut. Das ist ein Grund mehr, ihn beim Nachdenken zu unterstützen, also gebe ich ihm zu verstehen, er solle schweigen. Je mehr wir reden, desto mehr bleiben wir an der Oberfläche und desto weniger sind wir mit unserem inneren Selbst verbunden. Dies ist ein idealer Rahmen für Greg, um einen Schritt in Richtung dieser Verbindung zu machen. Daher möchte ich, dass dies eine möglichst tiefe sensorische Erfahrung wird. Wenn er ein gutes Gefühl für die Beschaffenheit, die Form und den Geruch dieses Haufens bekommt, könnte das dazu beitragen, sein inneres Raubtier zu wecken. Ohne diese tiefe Verbindung würde die Erfahrung wahrscheinlich rational verarbeitet und als bloße Erinnerung abgespeichert werden.

Obwohl über »Skatologie« Witze gemacht wird, ist die Untersuchung von Kot eine seriöse und uralte Wissenschaft. Traditionelle chinesische Ärzte nutzen die Untersuchung des Kots ihrer Patienten als diagnostisches Hilfsmittel. Sie kann Aufschluss darüber geben, was und wie viel gegessen wurde, wie gut die Nahrung gekaut wurde, wie schnell und effizient die Verdauung war, wie sich die Darmflora zusammensetzt, wie es um die Qualität der Magensäure und Galle bestellt ist und welche Anzeichen für Stress, Krankheiten und Parasitenbefall vorliegen. Und das alles in einem Haufen Mist! Und warum auch nicht? Wenn wir sind, was wir essen, sind wir auch, was wir ausscheiden.

Wenn du also etwas über jemanden herausfinden möchtest,

würde ich eine Skatologin einem Wahrsager vorziehen. Und für Fährtenleser ist die Geschichte, die in einem Kothaufen steckt, ein gutes Beispiel für einen Umschlag: Eine Spur in einer Spur.

Ich zeige auf einen Stock und signalisiere Greg, in dem Haufen herumzustochern und zu sehen, was er findet. Er ist sofort Feuer und Flamme, und das freut mich, weil ich möchte, dass er etwas über dieses Tier weiß, bevor wir weitermachen.

Wenn ich dieses Tier anhand ihrer Spur verfolgen würde, könnte mir der Geruch ihres Kots allein ihre Geschichte verraten – dass sie sich kaum noch am Leben halten kann –, und dafür müsste ich kaum meinen Schritt verlangsamen. Ich würde wahrscheinlich nach Einbruch der Nacht zurückkehren, um ihr zu helfen, ihren Lebensgeist freizugeben, und ihr größtes Geschenk – ihren Körper – anzunehmen, falls jemand das Fell oder etwas anderes bräuchte. Heute bin ich mit einem Lernenden unterwegs, der danach dürstet, ebenfalls diese Geschichte zu lesen, ohne seinen Schritt dafür verlangsamen zu müssen. Also werden Greg und ich anhalten und diesen Kot untersuchen. Vielleicht kann er das nächste Mal schon weitergehen.

Greg schüttelt den Kopf, als sei mit dem Tier etwas nicht in Ordnung. Er hält sich die Nase zu, um mir stumm mitzuteilen, dass der Kot scharf riecht, und er fährt mit seinem Stock darüber, um mir zu zeigen, wie schleimig er ist. Er zeigt auf ein Knäuel Pflanzenfasern, das er aus dem Glibber herausgelöst hat, und deutet dann mit den Händen ein Geweih an.

Ich nicke zustimmend.

Diese Hirschkuh ist sehr alt und voller Parasiten. Die strähnigen Fasern in ihrem Kot zeigen, dass ihre Zähen abgenutzt sind, sodass sie ihr Futter nicht ausreichend kauen kann, um es gut zu verdauen. Ihr Kot ist nass und hat die Konsistenz von Pudding, obwohl er zu dieser Jahreszeit fester werden und zu Kugeln geformt sein sollte. Der Kot sollte mit klarem, geruchlosem Schleim überzogen sein, anstatt mit übel riechendem Gärprodukt.

Wenn Nahrung schlecht verdaut wird, erreicht sie den Dickdarm reich an Nährstoffen. Die Darmflora passt sich, in dem Versuch, so viele Nährstoffe wie möglich zu entziehen, an. In der Regel gärt die Nahrung jedoch und wird zu Futter für Würmer. Bei der anaeroben Zersetzung entstehen Gase, was man daran erkennen kann, dass der Kot in einer unregelmäßigen Linie und nicht in einem ordentlichen Haufen liegt. Manchmal kann man im Kot verräterische Blasen finden, oder die Oberfläche zeigt Krater, aus denen die Blasen entweichen. Da diese Art Kot aufgrund des gereizten Verdauungstraktes einen hohen Schleimanteil aufweist, besitzt er üblicherweise eine Haut, die bei Kontakt mit der Luft die Farbe verändert. Die Dicke der Haut und der Grad der Verfärbung erweisen sich zusammen mit Veränderungen des Geruchs als eine gute Hilfe bei der Altersbestimmung des Kots, und unter den richtigen Bedingungen kann man dies im Vorbeigehen erkennen.

Wenn Greg so weitermacht wie bisher, wird er das bald gelernt haben. Gerade bringt ihn sein Durst dazu, seine Bewusstheit zu erweitern, und das ist gut so. Man braucht einen Korb, bevor man zum Sammeln hinausgeht.

Ich gebe Greg ein Zeichen aufzustehen, und mit meinem ausgestreckten Arm ermuntere ich ihn dazu, einen Überblick zu gewinnen. Zu seiner offensichtlichen Überraschung sieht er fünf oder sechs weitere Kothaufen innerhalb genauso vieler Schritte. Ich ermutigte ihn, sich durch den ersten Kothaufen mit diesem Tier vertraut zu machen, damit er in der Lage sein würde, ihr Ausscheidungsmuster besser zu verstehen. Er wird nun mit dem Bewusstsein aus dieser Erfahrung gehen, dass manche Tiere Ausscheidungsmuster und Gründe dafür haben.

Für diese erfahrene Hirschkuh scheint der Hauptgrund für ihr Verhalten Sicherheit zu sein. Sie ist aufgrund unzureichender Nahrungsaufnahme schwach, und sie hat Schmerzen wegen ihrer Blähungen, weshalb sie sich nervös und verletzlich fühlt. In dem Hemlocktannenwäldchen fühlt sie sich weniger exponiert und sicherer. So hält sie für einen Moment inne und entspannt sich, bevor sie sich eine ihrer oft geräuschvollen Entleerungen erlaubt.

Wenn die Wölfe sie nicht entdecken, wird sie wahrscheinlich den Rest der grünen Jahreszeit überleben. Dann wird die Kälte sie niederstrecken. Wie Hirsche es oft tun, kommt sie vielleicht zu diesem Wäldchen zurück, wo sie sich wohl fühlt, um ihren lebenden Atem an den Kreis des Lebens zurückzugeben.

Wenn ich zu sehr von mir selbst überzeugt bin und das Bedürfnis verspüre, wieder ins Gleichgewicht gebracht zu werden, komme ich manchmal an einen Ort wie diesen, an den sich die Hirsche begeben, um zu sterben, und setze mich eine Weile hin. Es hilft mir zu erkennen, dass wir alle, unabhängig davon, was ich denke oder tue, und unabhängig davon, wie andere mich wahrnehmen, einen gemeinsamen Weg gehen, der zum gleichen Ende im Hemlocktannenwald führt.

Schweigend gehen Greg und ich neben dem Hirschpfad entlang, um seine Intaktheit nicht zu zerstören. Wir überqueren ein schmales Moor und gelangen in den Hain, den Großmutter Hirsch auf dem Weg zu ihrem Weidegrund jeden Tag durchquert. Ihr Weg führt zwischen hoch aufragenden Gelbbirken, Zedern und Kiefern hindurch, die so viele Jahrhunderte erlebt haben wie wir Jahrzehnte. Doch sie sind nur eine kleine Welle auf diesem Teich, denn das Lied dieses Waldes singt von zehn Jahrtausenden. Während ich diesen Hain vor mir betrachte, lassen Balladen von längst verschwundenen Bäumen Hain um Hain vor meinem geistigen Auge auftauchen. Die Zeitalter laufen vor mir ab wie ein Hochgeschwindigkeitsfilm, in dem uralte Bäume sich aus Schösslingen erheben und dann wieder fallen, manchmal allein, manchmal gemeinsam, mit ineinander verschlungenen Ästen. Einmal durch Wind, ein anderes Mal durch Feuer und dann durch Krankheit. Doch jedes Mal erhebt sich ein neuer Hain aus den verrottenden Knochen; sie fallen nur erneut, als würden sie an einem unendlichen Tanz teilnehmen, sich voreinander verbeugen und knicksen, während eine Gruppe den Tanzboden verlässt und die andere ihn betritt.

Greg lässt sich zwischen den Riesen treiben, sein Bewusstsein frei in der Ewigkeit dieses geheiligten Raumes unter dem hohen Baldachin. Er wandert einen Großteil des Nachmittags zwischen ihnen umher, verbringt Zeit mit diesem und jenem, als sei er ein Kind, das seine Ältesten besucht.

Es ist nicht an mir, ihm zu sagen, dass auch er ein Ältester ist, der sich unter Kindern aufhält. Er wird dies eines Tages herausfinden, wenn das Lied in ihm in Harmonie mit dem Lied erklingt, das diesen Hain durchzieht. Seine Ohren öffnen sich erst jetzt; die Zeit wird kommen, in der sie so viel mehr hören werden.

Wir sitzen auf einem Hügel zwischen zwei Kiefern; eine ist tot, die andere am Leben. Jede der beiden ist groß genug, um genügend Holz für den Bau eines Hauses zu liefern. Ich bedeute Greg, die Kontur des Hügels zu beachten, der dem Fichtenhügel von vorhin ähnelt, aber viel größer ist. Sein Stirnrunzeln sagt mir, dass er die Verbindung nicht erkennt.

Ich gebe ihm ein Zeichen, mir zu folgen, und führe ihn zu einem Hügel auf der anderen Seite des toten Baumes. Wie der Stamm eines großen »T« hat er einen langen, niedrigen, moosbewachsenen Buckel, der von ihm ausgeht. Darauf wachsen einige junge Hemlocktannen. Bis auf diese ist der Waldboden in der Nähe kahl. Ich signalisiere Greg, eine Handvoll Erde aus dem Hügel zu entnehmen, und dann das Gleiche beim Waldboden zu tun. In einer Hand hält er dunklen, feuchten Humus aus dem Hügel, in der anderen trockenen, groben Sand.

Um unser Schweigen weiter zu würdigen, hebt er seinen Arm und senkt ihn langsam, um zu demonstrieren, wie ein großer Baum in seine endgültige Ruhe stürzt. Mit der Aufwärtsbewegung seiner Hände veranschaulicht er, wie die jungen Hemlocktannen aus dem verrottenden Koloss emporwachsen. Greg blickt auf die stämmigen Schösslinge und dann hinauf zu den Spitzen ihrer Großeltern, und er entschwebt an einen Ort, den nur er kennt.

Als er zurückkehrt, lenke ich seinen Blick mit einer Bewegung meiner Hand von den Hügeln vor uns auf das Panorama der Hügel, die sich in alle Richtungen erstrecken, soweit wir sehen können. Sie erscheinen nicht länger zufällig und verstreut, sondern wir sehen ihre parallele Anordnung auf dem Waldboden, wie die Kämme von windgepeitschten Wellen. Sie werden lebendig, heben und senken sich langsam im Laufe der Jahrhunderte wie Wellen in einem Meer aus Bäumen.

Greg hält seine Arme hoch und schaukelt zusammen mit den Bäumen, an denen ein heftiger Wind zerrt. Eine gewaltige Böe schreit durch die Baumkronen, und in einem einzigen schrecklichen Moment werden die Wurzeln von tausend Waldmonarchen in Stücke gerissen. Ein majestätischer Baumbestand, der sich eine Ewigkeit lang abgemüht hat, in das Reich des Sonnenvaters hinaufzureichen, stürzt zurück in den Schoß, aus dem er geboren wurde. Eine Ära ist zu Ende.

Und unser Tag ist vorbei.

4

Ein Hund bleibt ein Hund

Lernen durch Widersprüche auf einer verschlungenen Fährte im Schnee

Jede Art von Bedachung hat ihre eigene Art, Wasser abzuleiten, und durch Zuhören kann man die Art des Daches, die Intensität des Regens oder der Schneeschmelze und manchmal sogar die Temperatur und die Tageszeit herausfinden. Auf ähnliche Weise singen Kiefer, Eiche, Birke und Ahorn unterschiedlich im Wind und erzählen ihre Geschichten über das Wetter und die Jahreszeit.

Das unverwechselbare Geräusch von Wasser, das von dem mit Zedernholz verkleideten Dach unserer Hütte tropfte, weckte mich heute Morgen und erinnerte mich daran, dass Vögel und Insekten mir beibrachten, wie sie mit ihren sprechenden Flügeln kommunizieren. Jede Spezies macht beim Fliegen ein einzigartiges Geräusch, und es ist sogar möglich, einzelne Individuen zu identifizieren. Sie fliegen nicht nur von A nach B; die Melodie ihrer Flügel verrät jedem, der aufmerksam zuhört, ihr Alter und Geschlecht, wie sie sich fühlen und was sie vorhaben.

An folgende Begebenheit erinnere ich mich besonders: Ich bin im Wald unterwegs und höre das Gezeter einer Familie von Saftlecker-Spechten. Es wird umso intensiver, je näher ich ihnen komme. Ich will mit all meiner Aufmerksamkeit zuhören, damit ich besser »sehen« kann, was sich außer Sichtweite befindet, also schließe ich meine Augen und pirsche mich näher heran. Sofort werden die Geräusche schärfer, und ich kann leichter feststellen, aus welcher Richtung sie kommen und wie weit sie entfernt sind.

Ich habe gelernt darauf zu vertrauen, dass, wenn einer meiner Sinne eingeschränkt ist, die anderen das ausgleichen. Selbst wenn sich ein Sinn so radikal von einem anderen unterscheidet, wie z. B. Sehen und Hören, kann einer für den anderen einspringen, wenn dieser ausfällt. Ich habe einen Freund, der schwerhörig ist; allerdings ist sein Sehsinn so gut entwickelt, dass er oft Dinge bemerkt, die ich übersehe. Das Gleiche passiert mit meinem Gehör, sobald ich meine Augen schließe, während ich mich den Saftleckern nähere. Geräusche, die gerade eben noch nicht da waren, scheinen wie aus dem Nichts zu kommen.

Ich will nicht noch mehr Unruhe auslösen, als ich das bereits getan habe, also nähere ich mich ihnen von der Seite, um sie glauben zu lassen, ich würde nur vorbeigehen. Ihre Rufe sagen mir, dass sie sich etwas entspannt haben, als ich an ihnen vorüberschlendere, und ich nutze ihre Unaufmerksamkeit, indem ich mich in einen Baumstumpf verwandele. Als ich mir meine ausladenden Wurzeln, die abblätternde Rinde und die ausgefranste Spitze vorstelle, verlangsamt sich meine Atmung und mein Selbstempfinden schwindet. Ich lasse mir von meinen Ohren erzählen, was um mich herum geschieht.

Auf meiner ungeschützten und verletzlichen Rinde tun zwei Mücken und eine Hirschkäferfliege ihre kulinarischen Absichten kund, und eine paar Körperlängen weiter brummelt eine Waldschnepfe. Ich schätze, sie haben mir mein Baumstumpfsein nicht ganz abgenommen. Eine Rotkehlchenmutter, etwa dreißig Schritte vor und etwas rechts von mir, lässt alle wissen, wie sehr sie sich über das Treiben der Saftlecker aufregt. Wahrscheinlich ist sie besorgt, dass alles, was die Aufmerksamkeit auf die nähere Umgebung ihres Nestes zieht, ihre Jungen gefährdet.

Von den Bäumen tropft Wasser von dem Regenguss, der gerade niedergegangen ist, und ich höre aufmerksam zu, wie die Tropfen auf Blätter, Nadeln, Äste und den Boden treffen. *Pftt* sagt »Ahornblatt«, und die *Pftts* entwerfen mir das Bild einer dichten Ansammlung von jungen Ahornbäumchen direkt hinter mir. *Tih, tih, tih*, schnell und leicht, zeichnet sich die Kontur eines kleinen Haselbusches ab, weniger als eine Körperlänge von meiner linken Schulter entfernt und etwas hinter mir. Die Wand aus kaum hörbaren Spritzern direkt vor und links von mir, und der leichte Nebel, der sich auf mich herabsenkt, verraten mir, dass ich mich direkt neben einem Nadelbaum befinde. In Anbetracht des Lebensraumes ist sie wahrscheinlich eine Balsamtanne, und die Tropfen, die auf sie treffen, stammen wahrscheinlich von einem großen Laubbaum, der sie beschirmt. Der stetige Tropfenschauer vor mir deutet auf einen Espen- oder Birkenhain hin (ich könnte vielleicht sagen, um welche der beiden Arten es sich handelt, wenn eine Brise aufkäme, da Espen flattern, wodurch sie schneller trocknen als Birken). Der Bodenbelag klingt, als sei er ein Flickenteppich aus Torfmoos, Laubstreu und kanadischem Hartriegel. Ein visuelles 3D-Modell, gemalt durch Klang.

Nun, da ich mich wohlfühle, weil ich meine Umgebung kenne, wende ich mich wieder den Saftleckern zu. Die soliden, gleichmäßigen Flügelschläge des Männchens sprechen für seine Ernsthaftigkeit und Entschlossenheit, als er einen Beobachtungsposten einnimmt, von dem aus er das Gebiet gut überblicken kann. Er ist absichtlich leise, wenn er seine Position wechselt, um einen besseren Überblick zu bekommen. Ich vermute, er verhält sich so, um nicht von den aufmerksamkeitsheischenden Eskapaden seiner Gefährtin abzulenken. Ihr Flug ist hektisch, nervös. Sie bleibt in Bodennähe und schwirrt um ihre Jungen herum, um die Aufmerksamkeit von ihnen weg und auf sich zu lenken. Die Flügelschläge der Kleinen sind schnell, und ihre kurzen Flüge enden häufig in einer Bruchlandung. Das sagt mir, dass sie gerade erst aus dem Nest kommen und nicht auf einen Baum gelangen können, wo sie sicherer wären – und wo ihre Eltern entspannter sein könnten.

Die Erinnerung verblasst, während das tropfende Dach lauter wird. Die letzten beiden Tage bescherten uns fünfundvierzig Zentimeter Schnee, und wenn es Spätherbst wäre, hätten wir einen guten Start für eine flauschige, isolierende Decke für die weiße Jahreszeit. Es ist jedoch der 1. April, was hier im Norden bedeutet, dass es sich entweder um einen Aprilscherz handelt und der Schnee innerhalb eines Tages verschwinden wird oder er uns ein paar Wochen erhalten bleibt. Der Helligkeit der Morgensonne und der Intensität dieser Tropfen in der normalerweise kältesten Zeit des Tages nach zu urteilen, tippe ich auf einen Aprilscherz.

Kurz nachdem Lety und ich aufstehen, erscheint Justin, ein Lernender mit einer Leidenschaft für das Fährtenlesen, an der Tür. Er ist eher ein ernster, philosophischer Typ, der nur dann aus dem Wildniscamp der Lernenden herauskommt, wenn er muss.

»Ich … ich hasse es, euch zwei zu stören«, sagt er in seiner üblichen zurückhaltenden Art. »Ich weiß nicht, ob ihr beschäftigt seid … ich entschuldige mich, wenn ich euch bei etwas unterbreche.« Und dann platzt er mit leuchtenden, tanzenden Augen mit der Sprache heraus: »Draußen im Hof gibt es ein paar tolle Spuren – sie sind über den ganzen Platz verteilt! Sie überqueren den Teich, gehen einmal um die Blockhütte herum und dann hinüber zum Plumpsklo.«

»Das klingt nach einem Fährtenlese-Abenteuer«, antworte ich mit spöttisch übertriebener Begeisterung. Es ist nicht so, dass ich nicht neugierig darauf wäre, wer in der Nacht umhergewandert ist; ich mag es einfach, mit Justin herumzualbern. Ich mache das zum Teil, weil er meinen Humor toleriert, und zum Teil als Retourkutsche, weil ich seinen toleriere. Lety und ich sind sofort zur Tür hinaus und folgen Justin, ohne auch nur daran zu denken, unsere Jacken zu holen.

Als wir uns dem Ort der Aktivität nähern, höre ich bereits das Lied der Fährte. Ich stelle mir vor, wie ich kurz vor dem ersten Licht in den Hof komme, meine Nase auf den Boden senke und die Düfte erschnuppere, die schwer in der feuchten, warmen Luft hängen, die ganz sanft aus dem Süden heraufdrückt. Ich atme tief ein und schwelge in der berauschenden Flut – eine Wohltat nach der Jahreszeit mit kalter, dünner Luft, die Düfte nicht besonders gut trägt.

Mir das vorzustellen, ist für mich, als würde ich einen Film sehen, während ich gleichzeitig mitspiele, ihn lebe. Diese Vorstellung verschafft mir das Erleben der Fährte, und sie ist alles, was ich brauche, um die Identität des Tieres zu erkennen. Ich bin mir ziemlich sicher, welches Geschlecht er hat, was ihn zu dem Hof zog, aus welcher Richtung er kam und in welche er ging. Und ich habe eine Ahnung, was er im Hof als Erstes untersuchte und was er danach ansteuerte.

Ich bin bereit weiterzugehen, oder ich sollte sagen »zurückzugehen«, da ich Fährten gerne zurückverfolge (sog. Backtracking). Ich lerne mehr über Tiere und Menschen – darüber, wer sie sind und was sie vorhaben – und ich lerne es schneller, wenn ich herausfinde, woher sie kommen und nicht, wohin sie gehen.

Allerdings sind meine Fährtenlesepartner noch damit beschäftigt, aus dem zu lernen, was direkt vor ihnen liegt, also habe ich noch Zeit zu vertreiben. Ich entscheide mich dafür, dem Lied der Fährte noch weiter zu lauschen, um wahrzunehmen, was es mir vielleicht noch zu sagen hat. Ich werde die tatsächlichen Spuren, also die Abdrücke, Duftmarkierungen und was das Tier sonst noch hinterlassen hat, später zusammen mit Lety und Justin untersuchen. Das wird ergänzen, was mir das Lied der Fährte verrät.

Eine Stimme des Liedes, die stark hervorsticht, ist die des Wetters. Einiges davon driftet aus vergangenen Erfahrungen heran, einiges von gestern und letzter Nacht, einiges von dem, was gerade mein Gesicht berührt und meine Nase kitzelt, und manches taucht einfach aus einem tiefen Ort des Wissens herauf. Ich muss nicht darüber nachdenken, in welche Richtung die Luft strömt, wie der Schnee in der Nacht geschmolzen ist, wie der Boden beschaffen ist und wie die Essenzen, die dieses Tier anzogen, über ihn hinweggeströmt sind. Diese Dinge tragen einfach unbewusst zu meinem Wissen über die Motivation und die Bewegungen des Tieres bei.

Ich will Justin nicht um seine Begeisterung bringen, und ich weiß, dass es für ihn eine umfassendere Erfahrung sein könnte, wenn ich nichts von dem preisgebe, was ich wahrnehme. Damit er das Lied der Fährte kennenlernen kann, muss er lernen zuzuhören. Wenn ich ihm Details über die Show erzähle, bevor er sie selbst sieht, was würde das mit seiner Lust auf Abenteuer machen? Wie könnte er die Freude des Entdeckens erleben? Seine Gedanken würden abschweifen, und er würde so vieles von dem verpassen, was das Erlebnis zu bieten hat.

Wenn es hingegen ein Rätsel zu lösen gibt, wird der ganze Körper von Wissbegierde erfüllt. Ein moderater Adrenalinfluss schärft die Reflexe, die Sinne werden superscharf und der Verstand ist sehr aktiv. Gedächtnisspeicher werden nach jedem bisschen Information durchforstet, das helfen könnte, den Sinn der Hinweise zu verstehen, und durch freie Assoziationen wird versucht, die Geschichte zu entschlüsseln, indem verschiedene Szenarien zusammengesetzt werden. Es ist so, als kämen wir verspätet in einen Film. (Und beim Fährtenlesen taucht man immer in der Mitte von irgendetwas auf.) Wir würden versuchen herauszufinden, was wir verpasst haben, und dann beginnen herauszuarbeiten, wie es weiterging.

So hilfreich der rationale Verstand sein kann, er kann unsere Fährtenlesefähigkeiten auch einschränken. Er ist auf Probleme vom Typ A + B = C spezialisiert, und die Fährte eines Tieres – ganz zu schweigen von der eines Menschen – hat so viel mehr zu erzählen, als in eine einfache Formel passt. Stell dir vor, eine Person lief durch eine Küche und hinterließ Fußabdrücke. Es ist offensichtlich, dass diese Person durch die Küche gelaufen ist, aber ist das die eigentliche Geschichte? Woher kam sie und was hatte sie vor? Hatte sie etwas dabei, oder kam sie mit leeren Händen? Hat sie irgendetwas dagelassen oder mitgenommen? War sie in Eile oder besorgt? Wie war ihre Stimmung? Was hat sie bemerkt, und wie hat sie das beeinflusst? Wohin ging sie, nachdem sie die Küche verließ, und warum? Das ist die Geschichte, die beim Fährtenlesen oft übersehen wird. Es geht nicht nur um die Tatsache, dass sie von einem Ende der Küche zum anderen ging.

Wenn wir einen Weg gefunden haben, eine Geschichte zu erfassen – und das geschieht über die Intuition – haben wir eine Möglichkeit entdeckt, die Fragen, die ich gerade aufgeworfen habe, zu beantworten. Und dazu müssen wir nicht immer die Fußabdrücke sehen. Übrigens: Sich nur auf die Fußabdrücke zu verlassen, ist, als würde man nur die Noten lesen, anstatt ins Konzert zu gehen und die Energie der Live-Aufführung zu spüren.

Natürlich braucht es ein gewisses Maß an Fährtenlesefähigkeiten, um das Echo des Auftritts einer Band zu hören, anstatt direkt nach den Notenblättern zu greifen. Wie ein Pfotenabdruck ist ein Notenblatt eine bekannte Größe, die skizziert, fotografiert oder in Gips gegossen werden kann. Das Lied der Fährte eines Tieres ist andererseits ätherisch. Es zu hören, bezieht dein ganzes Wesen mit ein. Man muss das Tier werden und dessen Realität erfahren.

Ich wende mich wieder Lety und Justin zu. Justin, der das Fährtenlesen wie eine Religion praktiziert, hat die Bewegungen des Tieres bereits beschattet, indem er dessen Fährte über den ganzen Hof folgte. Er blieb eine halbe Armlänge neben den Spuren, um sie nicht zu zerstören. Von dort, wo wir stehen, zeigt er uns, wo die Fährte verläuft, was dem nahekommt, was ich mir vorgestellt habe. Das Tier kam die Auffahrt von der Straße herauf. Auf der rechten Seite befindet sich dichter Wald, der etwa fünfzig Schritte weiter in eine kleine Lichtung übergeht. Das Haus von Lety und mir steht auf einer Seite der Lichtung, und auf der anderen Seite befindet sich ein kleiner Teich, der noch zugefroren ist. Das Tier wandte sich dem Teich zu, sobald sie ihn sah. Links des Teiches liegt eine Blockhütte, und das Tier folgte der Uferlinie in Richtung dieser Hütte.

Als sie die Hütte erreichte, bog sie nach links ab, um wieder Richtung Einfahrt zu laufen. Sie machte nur ein paar Schritte, drehte um, lief in die entgegengesetzte Richtung und folgte dem Pfad, der zwischen der Hütte und dem Teich zum Klohäuschen führt. Als sie zur Tür des Außenklos kam, roch sie kurz daran und machte schnurstracks kehrt. Ich hätte das Gleiche getan. Ich bin jederzeit lieber an der frischen Luft im Freien, als in einer stinkenden kleinen Kiste über einer Jauchegrube zu sitzen. Das Tier lief denselben Weg zum Teich zurück, überquerte ihn und zwängte sich durch das Gestrüpp zu einer Fahrspur im Wald durch, die sie zurück zur Straße führte, von der sie gekommen war.

»Was denkst du?«, frage ich Justin.

»Nun ... Kojote, denke ich. Vielleicht ist er in ein neues Revier gezogen und erkundet die Gegend, oder vielleicht hat es etwas mit der Jahreszeit zu tun ... «

»Was hat dir das Lied der Fährte mitgeteilt?«

»Hm, ich weiß nicht. Aber ich sehe, dass er ein ziemlich neugieriger Bursche sein muss. Entweder das, oder er hat eine kurze Aufmerksamkeitsspanne. Er ging los, um direkt den Teich zu untersuchen, dann sah es aus, als würde er zur Vorderseite der Blockhütte gehen, aber stattdessen lief er hinüber zum Klohäuschen. Dann kam er zur Hütte zurück, überlegte es sich wieder anders, trottete über den Teich und sauste stattdessen die Sandstraße hinunter.«

»Wie passt das zu anderen Kojotenfährten, die du bereits gesehen hast?«

»Gutes Argument. Sie sind normalerweise direkter – die Tiere scheinen zu wissen, wohin sie wollen und was sie vorhaben.«

»Was ist mit der Größe der Pfotenabdrücke?«

»Sie scheinen mir zu groß für einen Rotfuchs, und vielleicht sogar für einen Kojoten. Ich habe schon Wolfsabdrücke gesehen, und sie sind so groß wie meine Handfläche, also weiß ich, dass es kein Wolf sein kann, es sei denn, es ist ein kleiner.«

Abdrücke eines Fuchses lassen sich oft auf einen Blick von denen eines Kojoten unterscheiden, unabhängig von der Größe. Die von Kojote sind runder als die von Fuchs, und die von Fuchs zeigen in der Regel kurze äußere Zehen, die gerade bis zu den mittleren Zehen reichen. Das gilt für alle unsere nordamerikanischen Füchse, egal ob Rot-, Grau-, arktischer oder Kitfuchs. Die äußeren Zehen von Kojote sind dagegen typischerweise länger – sie umschließen die beiden mittleren Zehen.

Mit Hunden und Wölfen wird es etwas verwirrender, denn die meisten Hunde haben eine ähnliche Zehenlängenanordnung wie

Kojoten. Beachte, dass ich die meisten Hunde sagte. Es gibt sie in so vielen Formen und Größen, dass eine Verallgemeinerung in ihrem Fall so wäre, als würde man behaupten, alle Vögel hätten kurze Schwänze. Und dann gibt es da noch Wolf, von dem man annehmen würde, seine Zehenlänge wäre wie die von Kojote, weil sie eng miteinander verwandt sind. Aber seltsamerweise hat Wolf Zehen wie Fuchs*.

Justin weiß das nicht, doch zu viele technische Details würden ihn gerade vermutlich nur durcheinanderbringen, also ermuntere ich ihn, bei der Fährte zu bleiben, indem ich frage: »Bist du sicher, dass dies die Spur eines Hundeartigen** ist?«

Er setzt seinen typischen ernsten Blick auf, nimmt einen tiefen Atemzug und hockt sich direkt neben die Fährte.

»Ziemlich sicher«, antwortet er nach einer weiteren Begutachtung. »Sieh dir hier diesen deutlichen Abdruck an. Das ist die hintere Pfote – sie ist kleiner – und dort ist das X der Hundeartigen, das durch den Raum zwischen dem Ballen und den Zehen gebildet wird. Und siehst du die kleine Schneepyramide genau dort, wo die beiden Linien des X sich kreuzen? Und schau, wie die seitlichen Zehen ordentlich hinter den beiden mittleren Zehen platziert sind. Bei einer Katzenartigen wären die seitlichen Zehen dominanter und weiter auseinander.«

»Nun, wenn das sicher ein Hundeartiger ist, setze alles, was du weißt, zusammen. Welchen Hundeartigen siehst du?«

»Oh, ich hab's kapiert!«, ruft er nach einer kurzen Pause. »Ein Hund! Nein, das kann nicht sein. Ein Hund hat eine größere Spurbreite als diese, und die Zehen stehen weiter auseinander, mehr wie bei einem Welpen. Wenn es sich um einen Hund han-

* Weitere Informationen zur Identifizierung von Spuren Hundeartiger sind in Anhang 2 zu finden.

** Hunde- und Katzenartige: »Hundeartige« ist ein Überbegriff, in den (unter anderem) alle hier behandelten Kaniden wie Wolf, Fuchs, Hund, Kojote etc. fallen. Wird hier für alle »wolfsartigen« Tiere verwendet. Parallel dazu fallen hier unter die Schwestergruppe »Katzenartige« alle im Buch vorkommenden Katzen wie Puma, Hauskatze, Luchs usw.

delt, hat er für seine Größe einen langen Schritt, wie ein Kojote oder ein Wolf, und die Zehen sind zusammengezogen, insbesondere die seitlichen, genauso wie ich es bei einer Kojoten- oder Wolfsfährte erwarten würde. Aber jetzt, wo du es sagst: Dieses Tier verhält sich wie ein Hund; wie ein Tier, das gerade aus einem Käfig gelassen wurde. Er ist überall, voller Energie und Neugier.«

»Es gibt Hunde, und dann gibt es noch Hunde«, sage ich. »Stell dir die Brust eines Labradors vor, und dann einen deutschen Schäferhund.«

»Klar!«, antwortet Justin sofort, da er Hunde gut kennt. Ein Labbi ist breit, mehr wie ein Welpe. Er hätte eine weitere Spurbreite, und sein Gang sähe schludriger aus. Ich wette, seine Abdrücke würden auch mehr nach Welpe aussehen. Die Pfote wäre gespreizter und ohne diese beiden langen, dominanten Mittelzehen. Der Schäferhund ist schlaksiger, eher wie ein Wolf, also würde ich vermuten, seine Fährte würde auch eher wolfsähnlich aussehen.«

Schäferhunde entwickelten sich später aus Wölfen als die meisten anderen Hunde. Obwohl Temperament und Verhaltensweisen sehr hundeähnlich sind, zeigt sich in ihrem Körperbau noch viel von ihrer Wolfsabstammung. Jagdhunde hingegen wurden wahrscheinlich von allen Hunden am längsten domestiziert, sodass zwischen ihnen und den Wölfen die geringsten Ähnlichkeiten bestehen. Sie zeigen mehr Neotenie als alle anderen Hunde, was bedeutet, sie behalten als adulte Tiere welpentypische Charakteristika. Dazu gehören Spieltrieb und Geselligkeit, die Fähigkeit, konzentriert zu bleiben, flache Gesichter, abgerundete Gesichtszüge, Hängeohren und große Pfoten. Sogar manche Zwerghunde, die weit vom Wolf entfernt zu sein scheinen, haben einen verwegeneren, unabhängigeren Charakter als Jagdhunde.

»Kein Wunder, dass mich das durcheinandergebracht hat«, sagt Justin. »Die Abdrücke selbst sehen nach Kojote aus, und ich habe mich darauf konzentriert, anstatt einen Schritt zurückzutreten und mir einen Überblick zu verschaffen. Jetzt sehe ich es.

Schau, wie dieses Tier hier hin- und hergerannt ist, hierhin und dorthin und wieder hierhin. Das ist das Letzte, was ein Kojote tun würde.«

»Lass mich dich noch mehr verwirren«, biete ich ihm freundlich an. »Du sprichst von unberechenbarem Verhalten; weißt du viel über Wolf-Hund-Mischlinge? Ich sage dir, diese armen Wesen können wirklich schizoid sein! Unser Nachbar ein paar Häuser weiter hat einen, und wenn das seine Spuren sind, könnte das erklären, warum sie für dich nach Wolf oder Kojote aussehen. Es ist manchmal schwer genug, Hunde von Wölfen oder Kojoten zu unterscheiden – besonders für Unerfahrene – und Mischlinge können selbst erfahrene Fährtenlesende leicht durcheinanderbringen. Hier kann es sehr hilfreich sein, einen Schritt zurückzutreten und dem Lied der Fährte zuzuhören.«

Einen Wolf mit einem Hund zu kreuzen, ist wie der Versuch, Öl und Wasser zu mischen. Statt eines Tieres mit gemischten Merkmalen erhält man einen hündischen »Frankenstein« – ein Tier mit aufgewecktem, wildem Geist, das darum kämpft, sich von dem passiven Zustand der Domestizierung zu befreien, die seinen Geist umnebelt. Das Ergebnis ist eine psychotische Kreatur, die so gequält und unberechenbar ist, dass sie aus heiterem Himmel auf alles und jeden um sie herum losgehen kann. Manchmal sind es Möbel oder Haustiere, und manchmal sind es Kinder. Sie mag jahrelang das schüchternste und sanfteste Haustier sein, und dann rastet sie eines Tages einfach aus.

Diese bedauernswerten Sonderlinge sind wie manche Menschen, die ich kenne, deren ursprüngliches Selbst zum Leben erwachte. Sie fühlen sich entweder in Verantwortung gefangen oder durch fehlenden Mut gelähmt. Manche von ihnen reagieren genau wie ein Wolf-Hund-Mischling über. Und manche von ihnen besitzen einen Wolf-Hund-Mischling. Ich frage mich, ob das daran liegt, dass sie ein tiefes Gefühl der Verbundenheit empfinden.

»Und hey«, füge ich hinzu, »wenn du denkst, das hier sei eine Herausforderung, stell dir vor, du seist in Australien. Manchmal kann es uns zu Klarheit verhelfen, aus unserer Welt herauszutreten und uns eine Parallelwelt anzuschauen. In Australien gibt es eingeführte Haushunde und Rotfüchse, genau wie bei uns. Sie haben auch amerikanische Wolf-Hund-Mischlinge eingeführt, ob du es glaubst oder nicht. Und darüber hinaus haben sie den Dingo, der weder ein Wolf noch ein Hund zu sein scheint, sondern irgendetwas dazwischen – und das aus einem ganz anderen Grund als unsere Wolf-Hund-Mischlinge.«

Ich erkläre weiter, dass der einzige Hundeartige in Australien, als die Europäer es »entdeckten«, der Dingo war. Obwohl er wild lebt, ist er kein echtes Wildtier, und er stammt auch nicht ursprünglich aus Australien. Ich glaube, dass alle Spuren, die Archäologen von Dingos gefunden haben, weniger als fünftausend Jahre alt sind. Er ist mit südostasiatischen Hunden verwandt, also wurde er wahrscheinlich von Seefahrern mitgebracht.

Mit seiner breiten Brust, dem rostfarbenen Fell und der aufgestellt getragenen Rute könnte man meinen, er sei ein Hund. Aber andererseits hat er die Rudel- und Sozialstruktur eines Wolfes, und wie bei Wolf werden die Weibchen nur einmal im Jahr läufig. Sogar die Schädelform des Dingos liegt irgendwo zwischen Hund und Wolf. Und das Seltsamste ist, dass er nicht bellt.

Ich glaube nicht, dass der Dingo hätte überleben können, wenn es in Australien bereits wilde Hundeartige gegeben hätte. Ohne Konkurrenz hatte er ein leichtes Leben. Wölfe haben eine einfache Lösung für Konkurrenz durch Hundeartige: Sie machen eine Mahlzeit aus ihnen. Tatsächlich ist für Dingo-artige Hunde in Südostasien, wo es auch Wölfe gibt, die einzige Möglichkeit zu überleben, sich in der Nähe menschlicher Siedlungen herumzutreiben und Müll nach Nahrung zu durchwühlen.

»Der Dingo«, fahre ich fort, »ist zusammen mit dem australischen Hundewirrwarr ähnlich wie das, was wir hier haben. Wenn du die Parallele ziehen kannst, könnte dir das mit dieser letzten Variablen helfen, die wir zu diesem Durcheinander hinzufügen müssen. Und wenn du jetzt noch keine Kopfschmerzen hast, sollte dir das hier welche bescheren: Wir haben noch einen Typ Hund mit einem seltsamen Gang …«

Justin, der die Gangarten von Hunden studiert hat, hat es sofort erfasst. »Du meinst solche wie Dackel, die mit den kurzen Beinen und dem langen Körper? Jo, die habe ich rennen sehen – ihr Hinterteil schwingt weit zur Seite, sodass ihre Hinterläufe nicht auf einer Linie mit ihren Vorderläufen sind. Die Fährte sieht echt komisch aus, als würden zwei Hunde dicht nebeneinanderlaufen.«

Ich erzähle Justin und Lety davon, wie ich diese Fährten an einem Strand des Michigansees entdeckte. Es sah aus, als wären zwei Tiere im perfekten Gleichschritt eng nebeneinander gelaufen. Aus der Ferne sahen die Spuren so einmalig schön aus – und ich lachte laut, als ich näherkam und feststellte, dass es nur daran lag, dass das Hinterteil einer Hündin seitlich versetzt zu ihrem vorderen Körper war. Manchmal, wenn ich sehe, wie lange, »tiefer gelegte« Hunde zu rennen versuchen, stelle ich mir vor, wie ein Wiesel mit ihrem typischen Slinky*-Spielzeug-Sprung aussehen würde, sollte sie versuchen, wie ein Hund im Seitengalopp zu laufen. Ein Seitengalopp ist, nebenbei gesagt, das Spurenmuster, auf das sich Justin bezieht. Wenn du einen Hund siehst, der in einem leichten Schaukelpferd-Rhythmus unterwegs ist, bei dem eine der Vorderpfoten weit vor der anderen aufsetzt und die Hinterpfoten diesem Beispiel folgen, galoppiert er wahrscheinlich.

Lety, Justin und ich reden weiter darüber, dass das Lesen von Hundefährten eine ebenso große Herausforderung sein kann wie das Lesen von Wildtierfährten, wenn nicht sogar eine noch größere. Hunde eignen sich optimal für Fährtenleseübungen. Man findet sie fast überall und jederzeit, ihre Spuren sind leicht zu finden und sie sind zuvorkommend. Wenn du sehen willst, wie eine Fährte in nassem Sand oder eine Spur durch hohes Gras aussieht, hilft dir ein Hund gerne weiter.

---

* Anmerkung der Übersetzerin: Slinky – oder Treppenläufer – ist der Name der bekannten und beliebten Spielzeugspirale, die z. B. selbstständig Treppen »hinunterlaufen« kann.

Die Fährte eines Wolfs oder eines Pumas zu lesen, mag romantischer sein, als dem Familienhaustier zu folgen, aber die Unterweisung durch Wuffi könnte es dir ermöglichen, eines Tages diese scheuen Schatten der Wildnis aufzuspüren. Für mich hat es gut funktioniert, und ich erhielt sogar noch einen zusätzlichen Bonus: Es half mir, menschliche Spuren zu finden, zu lesen und die Gewohnheiten hinter den Spuren zu verstehen. Wie Justin gerade entdeckt, zeigen Hunde, obwohl sie direkt vom Wolf abstammen, nicht-wölfische Verhaltensweisen. Das Gleiche gilt für uns, wenn wir mit unseren Jäger-Sammler-Vorfahren verglichen werden. Tatsächlich haben moderne Hunde und moderne Menschen einige Verhaltensweisen gemein. Wie es dazu kam, ist ein Geheimnis, das mich bis heute fasziniert. Meine Theorie ist, dass wir leichter mit Hunden zusammenleben wollten, während sie für uns Aufgaben als Jagdhunde, Schoßhunde, bei Hunderennen, Ausstellungen usw. erfüllten. Also züchteten wir sie gezielt so, dass sie menschenähnliche Eigenschaften entwickelten.

So haben wir Tiere geschaffen, die gekauft und verkauft werden können und die ihren Menschen dienen, oft unabhängig davon, ob dieser richtig oder falsch liegt, freundlich oder grausam ist. Ich habe zu viele Hunde gesehen, die minderwertiges Futter und Obdach erhielten und dabei angekettet und weggeschlossen wurden wie Gefangene oder Sklaven.

Wenn ich menschliche Beziehungsstandards auf einige unserer Beziehungen mit Hunden anwende, bezweifle ich deren Gesundheit. Wenn ein Mensch immer wieder mit einem Lächeln zu einer kontrollierenden oder missbräuchlichen Beziehung zurückkehrt, erkennen die meisten von uns dies als dysfunktional. Wenn wir dasselbe Verhalten jedoch bei einem Hund sehen, nennen wir das oft Loyalität oder sogar Liebe. Ich habe das immer und immer wieder bei Hunden gesehen, die angekettet, ignoriert oder misshandelt wurden, und sie kommen immer wieder zurück – oft mit wedelndem Schwanz.

Bei Menschen würde dieses Verhalten als *Co-Abhängigkeit* bezeichnet, d. h. die Vernachlässigung oder Verleugnung der eigenen Person, um dem anderen zu gefallen und die Beziehung aufrechtzuerhalten. Bei Hunden ist die Fähigkeit zu derartigem Verhalten wahrscheinlich ein gezielt gezüchtetes Merkmal, denn ich habe es bei ihren Vorfahren, den Wölfen, nicht gesehen. Wölfe machen entweder dicht oder greifen an, aber sie katzbuckeln selten – oder zumindest nicht lange.

Ich kenne Menschen, mich selbst eingeschlossen, die Schwierigkeiten haben oder hatten, erfüllende zwischenmenschliche Beziehungen zu führen, oder die aus verschiedenen Gründen Einzelgänger sind und sich an Hunde wenden, um ihre Bedürfnisse zu erfüllen. Viele Hunde gewähren Berührung und Gesellschaft, ohne Fragen zu stellen.

Vielleicht können wir uns umso besser kennenlernen, je besser wir Hunde kennenlernen. Ich habe herausgefunden, dass das Leben mancher Hunde eine passende Metapher für diejenigen von uns darstellen kann, die sich kontrolliert und unerfüllt fühlen. Ich erinnere mich an Zeiten, in denen Zhavago, mein Schlittenhundekumpel, zu wilden Abenteuern quer durch die Landschaft davonlief und ich ihn aufspüren und nach Hause schleppen musste. In Wahrheit wollte ich mit ihm los, aber ich schluckte meine Frustration herunter und tat, was von mir erwartet wurde. Er war nicht ungehorsam; er war einfach emotional ehrlicher als ich, was mich beschämte, wenn ich meine Gefühle versteckte und versuchte, um meinen Schmerz herumzutanzen.

Hier kann uns das Anhören des Liedes der Fährte sehr viel geben. Wenn wir das Fährtenlesen hauptsächlich als Studium des Pfotenabdrucks betrachten, neigen wir dazu, vom Tier distanziert zu bleiben. Wenn wir andererseits dem Lied der Fährte lauschen – den Gefühlen und Motiven, die ihn dazu brachten, so zu agieren und reagieren wie er es tat –, hören wir etwas vom Lied unserer eigenen Fährte. Uns wird ein Fenster zu unseren Sehnsüchten, Ängsten und Neurosen des kontrollierten Lebens, das wir Domestikation nennen, geöffnet, sei es bei Hunden oder Menschen.

Im frühen Erwachsenenalter war ich eine Zeit lang von einem Merkmal der Domestikation gefesselt: dem Mangel an Bewusstheit. Wenn ich im Wald unterwegs war, hatte ich so viele Dinge im Kopf, dass ich nicht voll präsent sein konnte. Ich war unbeholfen, machte Lärm und verpasste Dinge, die ich hätte wahrnehmen sollen. Das Seltsame war, dass ich von meinen Hunden genervt war, denen es genauso ging, aber ich konnte es bei mir selbst nicht sehen.

Etwas, das mich störte, war, wohin Hunde pinkeln, nämlich dorthin, wo auch immer sie sich gerade befinden. Das gilt mehr für eingesperrte Hunde als für solche, die etwas mehr Freiheit haben. Ich erwartete von ihnen, sich mehr wie ihre wilden Cousins zu benehmen, die ihre Pinkelstellen wählen, um ihr Revier zu markieren, sexuelle Empfänglichkeit zu signalisieren oder Rivalen herauszufordern. Stellen für Geruchsmarkierungen von Wölfen können Felsen, Baumstämme, Grasbüschel oder aufgescharrte Erdhügel sein, und sie werden periodisch neu markiert. Oftmals wird die Geruchsmarkierung von jemand anderem übermarkiert, um die Ortsansässigen wissen zu lassen, wer vorbeigekommen ist. Und es waren nicht nur Männchen – manche Weibchen markierten ebenfalls.

Eines Tages, als ich mit meinen Hunden unterwegs war und pinkeln musste, dämmerte es mir, dass ich das Gleiche tat wie einige von ihnen. Ich pinkelte einfach unbewusst an die günstigste Stelle, die am Wegesrand, ein Schritt außerhalb des Camps oder genau dort, wo ich stand, verfügbar war. Ich schämte mich dafür, dass ich sie verurteilte, während ich in Bezug auf mich selbst so blind war, und gleichzeitig war ich ihnen dankbar, dass sie mir einen Spiegel vorhielten, damit ich mich selbst sehen konnte.

Wie wilde Hundeartige gibt es auch indigene Menschen, die bewusst wählen, wo sie pinkeln. Manche unterhalten Stellen als

Geruchsmarkierungen, um Tiere davon abzuhalten, in die Nähe des Camps zu kommen. Auch ich habe gelernt, bewusst zu pinkeln. Heute vermeide ich es, denselben Fleck erneut zu benutzen, um Gerüche zu reduzieren und keine Pflanzen zu töten. Regelmäßig verwendete Plätze können von Tieren aufgerissen werden, die von den konzentrierten Salzen angelockt werden. Und ich erleichtere mich in einiger Entfernung von Wasser, um es nicht zu verunreinigen.

Wie wir pinkeln, ist ein gutes Beispiel dafür, wie ich den Grad an Bewusstheit als den Hauptunterschied zwischen unseren Ahnen und uns wahrnehme, ebenso wie zwischen Wölfen und Hunden. Wie Justin aus dieser Erfahrung im Fährtenlesen schloss: Ein Hund bleibt ein Hund, und das ist alles, was er sein kann. Wie der Dingo zu zeigen scheint, ist der wölfische Ursprung des Hundes weitgehend weggezüchtet worden, und er kann nur teilweise zur Form seiner Ahnen zurückkehren.

Glücklicherweise scheint das bei uns nicht der Fall zu sein. So sehr wir auf manche Art wie Hunde sein mögen, unsere wilde Seite ist lebendig und unversehrt. Genetisch haben wir uns seit unseren Tagen als Jäger und Sammler nur unwesentlich verändert. Wir sind vollkommen in der Lage, wieder so zu leben, und dazu gehört auch, dass wir hervorragende intuitive Fährtenleser sind.

Was Hunde angeht, schlage ich vor, dass wir nicht an unserer romantischen Vorstellung des noblen Hundes als dem besten Freund des Menschen festhalten, sondern ihn als das sehen, was er ist: ein Wesen, das wir erschaffen haben, ein unvollständiger Wolf, der seine Vollständigkeit in der Gemeinschaft mit Menschen findet. Warum unsere Ansicht ändern? Weil ein Fährtenleser die Illusionen und Überzeugungen durchbrechen muss, um die Fährte als das zu sehen, was sie ist. Und weil ein Hund am meisten zu bieten hat, wenn er einfach so ist, wie er ist. Wenn wir das sehen können, kann uns sein Beispiel vielleicht helfen, einfach diejenigen zu sein, die wir sind.

5
Auf der Spur von Schildkröte

Tritt nun zurück und sieh Leben
und Tod in einer Fährte

Die Spuren der Dürre lasten schwer auf dem Land. Ihr Lied klagt wie ein Totengesang. Seen und Quellen versiegen, feuchtigkeitsliebende Bäume wie Birken verdorren, und Feuer wüten in Wäldern und auf Wiesen, die seit Jahrhunderten nicht mehr gebrannt haben.

Paradoxerweise ist die Luft schwer von Feuchtigkeit. Doch sie wird nicht von der Thermik der schwülen Luft aufgesaugt, die aufsteigt und die Donnerwesen* irritiert, was sie normalerweise dazu veranlasst, mit sintflutartigen Regengüssen zu antworten. Zu dieser Jahreszeit füllen die Donnerwesen normalerweise unsere Gewässer mit drei Zentimeter Regen pro Woche auf, aber wir bekommen kaum einen Zentimeter pro Monat.

Vor zwei Tagen stand ich am Biberdamm und ließ meine Augen über das trockene Bachbett wandern. Es war nicht genug – ich musste den verkrusteten Matsch mit meinen Füßen fühlen und das Knirschen von Schneckenhäusern und vertrocknetem Tümpelkraut hören. Ich lief das Bachbett hinunter und stieß auf zwei Lärchen, die vor ein paar Jahren durch den Rückstau eines anderen Biberdamms weiter flussabwärts überflutet und ertränkt worden waren. Was für ein Kontrast! Tod durch zu viel Wasser direkt neben Tod durch zu wenig.

Hinter einem der Stämme lag ein Tunnel versteckt, der in die Uferböschung führte. Es war der Eingang zu einem Biberdamm. Einst sicher unter Wasser, war der Eingang nun bloßgelegt, was die Familie zwang umzuziehen. Ich fand sie stromaufwärts an einem großen Oberlaufteich, der noch reichlich Wasser führte.

Die tiefen Löcher im Bach, in denen der letzte Rest Wasser stand, waren von toten Fischen und Kaulquappen übersät, die in der heißen Sonne austrockneten. Aus der Entfernung sah es aus wie eine Szene aus einer höfischen Legende. Die mit Schuppen glasierten Löcher schimmerten wie große, mit Silber ausgeklei-

* Siehe Glossar.

dete Schalen, die darauf warteten, mit frischem Wasser gefüllt zu werden, um den Durst der königlichen Pferde zu stillen.

Als ich feststellte, dass das gesamte Bachbett trocken war, kehrte ich zum Fuß des Dammes stromaufwärts zurück, wo der letzte verbliebene Wassertümpel langsam schrumpfte. Es als Wassertümpel zu bezeichnen, war großzügig, denn es war mehr ein schlammiger Brei, in dem es vor Elritzen und Kaulquappen wimmelte, die nach Luft schnappten. Als Antwort auf eine urtümliche Stimme gruben sich einige von ihnen in den kühlen Schlamm am Rande des Tümpels ein, in der Hoffnung, dass er sie am Leben halten würde, bis der Regen zurückkehrte. Diejenigen ihrer Vorfahren, die das taten, überlebten und gaben die Erinnerung daran weiter, und diejenigen, die das nicht taten, erstickten und vertrocknen, wie die, aus denen der schimmernde Belag der Todesteiche weiter flussabwärts bestand.

Das Lied der Dürrespuren um dieses kleine Schlammloch herum dröhnte so laut, dass ich es ausblenden wollte. Stattdessen schloss ich meine Augen und erlaubte dem Lied, mich zum vorigen Abend zurückzutragen. Eine Waschbärmutter und ihre beiden Jungen kamen früh zum Teich hinunter für ein leicht zu ergatterndes Festmahl. Die Familie, die einzige in der näheren Umgebung, von der ich weiß, kam den Bach hinauf auf der Suche nach gestrandeten Flusskrebsen, Egeln oder irgendetwas anderem, das ihre Allesfresser-Gaumen erfreuen würde.

In der Regel gilt: Je mehr Uferlinie, desto mehr Waschbären. Bei uns gibt es viele Kilometer Uferlinie von Flüssen, Teichen und Sümpfen, aber nur wenige Waschbären. Obwohl sich ihr Verbreitungsgebiet über unser Gebiet bis in den Süden Kanadas erstreckt, sind unsere sauren Sümpfe und kiefernreiche Wälder nicht ihr bevorzugter Lebensraum. Was sie wirklich mögen, sind Laubwälder mit süßen Feuchtgebieten.

Ich beobachtete, wie eine riesige Wasserwanze eine Kaulquappe leersaugte. Aus der grasbewachsenen Uferböschung zu meiner Rechten tauchten Kopf und Hals eines Nerzweibchens auf. Sie schnüffelte so auffällig rechts und links in der Luft und am Boden, dass es aussah, als sei sie kurzsichtig und würde sich bemühen, etwas zu sehen. In ihrer eingeschränkten Welt, in der sie selten genug offene Sicht hat, um weit zu sehen, sind ein scharfer Geruchssinn und ein gutes Gehör lebenswichtig. Als sie direkt zum Teich hinunterglitt, wusste sie genau, was sie dort erwartete. Sie war schnell wie der Blitz, obwohl ihre Beute nirgendwo hinging. Nerze haben nur eine Geschwindigkeit; dafür sind sie gemacht.

Ich »öffnete« sozusagen meine Augen und kehrte zurück in die Gegenwart. Meine Augen waren nicht wirklich geschlossen; ich blendete nur den Tag aus, um mich auf die Szene am Teich vor dem Morgengrauen einzustimmen. Das ist ein notwendiger Schritt bei der Vorbereitung des Sich-etwas-Vorstellens.

Entgegen der Überzeugung von Führungskräften, die die Produktivität steigern wollen, und von Menschen, die meinen, sie könnten gleichzeitig ein Video ansehen, eine Textnachricht schreiben und ein Gespräch führen, sind wir nicht für Multitasking geschaffen. Effizienz, Genauigkeit und Erinnerungsvermögen nehmen drastisch ab, wenn wir versuchen, mehr als eine Sache auf einmal zu erledigen.

Wenn die vollkommene Fährtenleserin Fährten liest, betritt sie eine andere Welt. Alles andere hört auf zu existieren, ihr eigenes Bewusstsein eingeschlossen. Es ist, als sei sie ein anderes Tier als das, welches sie ist, wenn sie nicht Fährten liest. Sie ist wie ein jagender Nerz, erschaffen für eine bestimmte Geschwindigkeit und einen bestimmten Zweck.

Als ich zu der Realität vor mir zurückkehrte, fühlte ich mich sofort zu den weißen Flecken hingezogen, die den trocknenden Schlamm an den Rändern der Pfütze sprenkelten. Sie sahen aus wie der Kot des Regenpfeifers, den ich aufgescheucht hatte, als ich das erste Mal über den Damm kam. Aus der Anzahl der Kleckse schloss ich, dass er sich bereits seit mehreren Tagen hier aufhielt und sich an der leichten Beute gütlich tat.

Hm … endlich hatte ich es begriffen – Waschbär, Nerz, Wasserwanze und jetzt Regenpfeifer teilten mir deutlich mit, dass hinter dieser Dürre mehr steckte als das düstere Bild, das ich zunächst sah. Es war eine gute Lektion für mich, aus der Katastrophenmentalität heraus- und in die größere Bewusstheit des Lebenskreises einzutreten.

Trotzdem hatte ich Mitgefühl für die gefangenen Opfer. Ich grub eine kleine Wasserrinne durch den Damm, um genug Wasser hindurchzulassen, um die Todesfalle direkt darunter zu füllen. Ich musste vorsichtig sein, wie viel Wasser ich entnahm, um den Teich oberhalb des Dammes nicht zu gefährden.

Als sie den Fluss des frischen, kalten Wassers spürten, reagierten die Fische augenblicklich, indem sie sich aus dem Schlamm herauswandten und in Massen meinen kleinen Graben hinauf zur Quelle des Wassers schwammen. Was für ein Anblick! Sie stapelten sich übereinander in dem Bestreben, ihrem schlammigen Massengrab zu entfliehen. Ich saß einen Großteil des Morgens auf dem Damm und beobachtete, wie sich der Teich ganz langsam füllte. Ich empfand eine solche Freude, als sich das komprimierte Leben des Baches ausbreitete, um seine neuerlich erweiterte Welt wieder zu besiedeln. Sie taten, als sei dies die ganze Zeit geplant gewesen, sie waren gut eingespielt und warteten nur auf die Gelegenheit. Und natürlich war es so, denn sie üben das, seit es Dürreperioden gibt.

Ein Frosch hüpfte das Ufer hinunter und ins Wasser, und der Regenpfeifer flog immer wieder hinüber. Jedes Mal, wenn er versuchte zu landen, wurde er aufgeschreckt. Er gewöhnte sich an meine Anwesenheit, konnte jedoch anscheinend nicht akzeptieren, dass sein Lieblingsschlammloch so schnell verschwand.

Ich stellte mir vor, wie rasch sich sein getrockneter Kot, den ich nun durch eine Wasserlinse sah, auflösen und Futter für Plankton werden würde, das wiederum Kaulquappen und Fische füttern würde, die wiederum den Regenpfeifer nähren würden. Im großen Gesamtkonzept scheint die Dürre nur eine vorübergehende Störung zu sein, die den Kreis des Lebens kaum unterbricht. Als ich darüber nachdachte, fiel mir auf, dass die Dürre den Kreis des Lebens tatsächlich genährt hatte.

Dennoch mischte ich mich ein. Jemand fragte mich, warum, und ich hatte keine passende Antwort. Meine übliche Vorgehensweise ist, die Dinge so geschehen zu lassen, wie sie passieren. Ein größeres Ziel, minimale Einflussnahme, der Weg der Natur, kein Eingreifen. Und doch habe ich ertrinkende Vögel und Libellen gerettet, und ich habe eine Reihe von verletzten und leidenden Tieren getötet. Ich mag es aus Mitgefühl getan haben, was ein Wesenszug vieler sozialer Tiere ist. Wölfe adoptierten ausgesetzte menschliche Babys, Delfine retteten ertrinkende Seeleute und Leoparden – obwohl sie keine sozialen Tiere sind – beschützten verwaiste Paviane. Ein weiterer Faktor war das Verantwortungsgefühl, dass ich für die von Menschen verursachte Zerstörung der Umwelt empfinde. Teile des Baches und der Umgebung wurden durch menschliche Aktivitäten verändert, was den Effekt der Dürre verstärkte.

Es ist jetzt kurz nach Sonnenaufgang, und ich komme herunter, um mir den Teich anzusehen. Es ist ein paar Tage her, seit ich den Damm durchbrochen habe, und ich möchte die Durchflussmenge anpassen. Gerade als ich auf den Damm trete, höre ich etwas am anderen Ende des Teiches. Sofort denke ich »Regenpfeifer«, aber kein Vogel fliegt auf. Stattdessen platscht etwas ins Wasser – etwas großes – aber ich kann es nicht erkennen. Die Wellen auf der Oberfläche deuten an, dass es in meine Richtung kommt.

Ein klobiger Kopf taucht auf, gefolgt vom oberen Teil eines dunklen, mit Hornschilden bedeckten Panzers, der so groß wie eine Servierplatte zu sein scheint. Die Fische brechen in Panik aus – sie schießen in alle Richtungen von der Kreatur fort und gleiten wie hüpfende Kieselsteine über die Oberfläche. Aber sie kommen nicht weit, da der Teich nur etwa sechs Schritte lang und zwei Schritte breit ist. Sie stoßen auf das Ufer und flitzen dann in eine andere Richtung davon. Sie müssen eine instinktive

Angst – nein, eher einen Horror – vor Schnappschildkröten haben, denn ihre Reaktion auf ihre Anwesenheit im Teich ist extremer – wesentlich extremer – als ihre Reaktion auf meine.

Die Schildkröte stapft stetig längs durch den Teich und hält alle paar Meter an, um den Kopf zu heben und sich auf die Umgebung einzustimmen. So kurzsichtig wie Schildkröten sind, bezweifle ich, dass sie mich sieht. Wenn ich mich bewegen würde, würde sie meine Anwesenheit anhand der Vibrationen bemerken, für die Schildkröten sehr sensibel sind.

Mir ist klar, dass ich nicht auf der Stelle erstarren darf, denn auch das würde eine Vibration verursachen. In einer Welt der Bewegung unbewegt zu sein, kann genauso viel Störung hervorrufen, wie wenn man sich schneller bewegt als seine Umgebung. Ich lasse mich leicht vom Wind wiegen, so wie er das Skelett eines Baumes wiegen würde, der im aufgestauten Wasser ertrunken ist. Damit sie nicht merkt, dass ich mich auf sie konzentriere, lasse ich meine Sinne in den Modus »allgemeine Aufmerksamkeit« abdriften. Meine Gedanken schweifen, ich nehme alles auf und bleibe an nichts hängen.

So, wie die getrockneten Algen auf dem Panzer der Schildkröte aussehen, vermute ich, dass sie gerade eine lange Wanderung das trockene Bachbett hinauf hinter sich hat und sich unbedingt in einer großen Badewanne einweichen lassen möchte. Diese kleine Pfütze wird sicherlich nicht ausreichen – sie bedeckt kaum ihren Rücken. Wie die Fische wendet sie sich dem frischen Wasserfluss zu, der in den Pool strömt. Anders als die Fische ist sie viel zu groß, um sich durch die kleine Wasserinne zu winden, die ich gegraben hatte. Also zieht sie ihren Körper mit kräftigen Vorderfüßen und Greifklauen die Stirnseite des Dammes hinauf. Effizient, aber nicht gerade anmutig, manövriert sie sich um, über und unter hervorstehenden Stöcken herum.

Als sie die Oberseite des Dammes erreicht, sieht es so aus, als würde sie direkt über meine Füße krabbeln. Etwa eine Unterarmlänge von mir entfernt spürt sie, dass das nächstgelegene

Wasser links von mir ist, also wendet sie sich in diese Richtung, ohne mich irgendwie zu beachten. Sie plumpst einfach ins Wasser und taucht unter, sodass nur der oberste Teil ihres Panzers noch herausschaut. Sie verharrt einen langen Moment ohne Bewegung, vielleicht, um sich an das kalte Wasser zu gewöhnen, dann verschwindet sie unter der treibenden Vegetation, die die Uferlinie säumt, und schwimmt hinaus in den Teich.

Während ich darauf warte, dass ihr Kopf die Oberfläche durchbricht, kommt mir ein Abenteuer mit einem ihrer Verwandten in den Sinn. Es war früh am Nachmittag an einem kühlen, sonnigen Tag während der Erdbeer-Mondin*, die etwa Mitte Juli liegt. Ich war mit dem Kanu unterwegs, meinem Lieblingstransportmittel, und ich befand mich auf dem Gewässer, das die Ojibwe *Mashko-Sipi* nennen: den grasigen Fluss. Sein Oberlauf ist ein großes, offenes Moor, durch das sich der junge Fluss träge schlängelt – perfekt für meinen trägen, schlängelnden Paddelstil.

Das Moor, aus dem der grasige Fluss entspringt, liegt inmitten einer verwunschenen Wildnis, die direkt auf der östlichen Kontinentalscheide liegt. Seine Wasser fließen sowohl Richtung Westen in den Mississippi als auch Richtung Osten in den Atlantischen Ozean. Ein einzigartiges Merkmal dieser Wildnis ist, dass sie, obwohl sie hoch oben auf der Wasserscheide liegt, ein eher flaches Plateau ist – ganz im Gegensatz zu den zerklüfteten Bergen entlang der westlichen Kontinentalscheide.

Die Ebenheit dieses Plateaus macht es zu einem Wasserwunderland. Es handelt sich um ein fünfundsechzig mal fünfundneunzig Kilometer großes Gebiet mit über dreitausend Seen und unzähligen Bächen, Flüssen, Teichen und Sümpfen. Jemand mit einem Faible für Algebra hat ausgerechnet, dass vierzig Prozent der Plateaufläche von Wasser bedeckt sind.

Ich glitt mit wenig Aufwand dahin, da der Großteil dieses Was-

---

* Siehe Glossar.

sers ruhig genug ist, um leicht darin zu paddeln. Für mich ist das das Paradies. Von dort aus hätte ich auf dem Wasserweg praktisch überall hingelangen können, wo ich hinwollte, einschließlich Wildreisfelder, erstklassige Fang- und Angelgebiete, Beerenhaine, Ahornwälder zur Zuckerherstellung, Birken-, Zedern- und Fichtenbestände für Handwerksmaterial, Seggenwiesen für Stroh, Urwaldbestände zum Nachdenken und auch weiteren Orten.

Nach dem Verlassen des Moores wurde der kleine Bach allmählich zu einem Fluss, da Quellen und kleine Bäche in ihn mündeten. Ich trieb mit der schneller werdenden Strömung zwischen Höhenrücken dahin, großen, ovalen Hügeln, die von den Gletschern geformt wurden, die sich einst ihren Weg durch dieses Gebiet bahnten. Die Ufer ragten nun häufig auf der einen oder anderen Seite hoch auf, und das Flussbett war mit Felsbrocken übersät.

Es war inzwischen später Nachmittag, und die Sonne stand mir im Rücken. Große Felsblöcke, die über dem Wasser aufragten, glitzerten in sonnenerhitzter Pracht. Ein bestimmter Felsbrocken fiel mir ins Auge; er hatte eine Kuppe, die heller leuchtete als die anderen. Ich driftete näher heran und sah, dass es eine Schildkröte war – eine große Schildkröte. Ich dachte, sie müsse eine Schnappschildkröte sein.

Als ich ein Kind war, zählte das Fangen und Untersuchen von Schildkröten zu meinen Lieblingsbeschäftigungen. Sie gehören zu den erstaunlichsten Spuren, die ich auf der Fährte der Evolution gefunden habe. Finde einen Schildkrötenpanzer, sieh hinein, und wenn du nicht bereits weißt, was der Panzer tatsächlich ist, wette ich, dass du überrascht sein wirst.

Vor ein paar hundert Millionen Jahren entschieden die Reptilien-Vorfahren der Schildkröten, ins Wasser zurückzukehren und wieder wie ihre Vettern und Cousinen, die Fische, zu leben. Allerdings entdeckten diese Reptilien, dass sie einen Teil ihrer Fähigkeit verloren hatten, als echte Kaltwasserlebewesen zu funktionieren. Obwohl sie technisch gesehen Kaltblüter waren wie die Fische, lernten sie ein paar Tricks, um sich während ihres

Lebens an Land aufzuwärmen. Einer davon war, in der Sonne zu liegen. Mit der Zeit wurden sie von der Wärme der Sonne abhängig, die ihnen half, ihre Nahrung zu verdauen, und ihnen die Energie für schnelle Bewegungen bereitstellte. Aus diesem Grund leben praktisch alle Reptilien entweder in warmen Klimazonen oder verbringen viel Zeit damit, sich zu sonnen. Meeresschildkröten, die sich nicht sonnen, findet man nur in warmen, tropischen Gewässern. Je weiter eine Süßwasserschildkröte im Norden lebt, desto dunkler ist ihr Panzer, was ihn zu einem effizienteren Sonnenkollektor macht als ein heller Panzer. Viele nördliche Schildkröten sind klein, sodass sie sich schnell aufwärmen können. Die Schnappschildkröte ist eine Ausnahme. Um ihre Größe auszugleichen, lebt sie langsamer als kleinere Schildkröten und sonnt sich länger, um sich durchzuwärmen.

Ich fragte mich, wie lange sich dieser Schildkrötenmann vor mir wohl gesonnt hatte. Das Lied seiner Fährte verriet mir, dass er dort bereits eine lange Zeit verbracht hatte. Sein Panzer war knochentrocken, und kein Wasser tropfte den Fels hinunter. Doch das war kein verlässliches Zeichen, da Dinge auf einem sonnenerhitzten Felsen schnell trocknen können. Die Tatsache, dass es bereits spät am Tag war, war auch kein sicherer Hinweis, obwohl große Schildkröten, die lange brauchen, um sich aufzuwärmen, gern beginnen, sich zu sonnen, sobald die Felsen warm sind. Ich ging davon aus, dass er schon eine Weile dort war, weil ich spürte, dass er sich in einem Zustand befand, den ich Einssein* nenne. In diesem Zustand kann man sehr entspannt sein, so als würde man ein Nickerchen machen, aber gleichzeitig die Sinne wachhalten. Es braucht Zeit, bis eine Schildkröte sich in diesen Zustand hinein entspannt.

Ein Urtrieb stieg von irgendwo tief in mir auf und übernahm die Führung. Es gab keinen Schatten, mit dem ich hätte verschmelzen können, um meine Bewegung zu tarnen, also wur-

* Siehe Glossar.

de ich zu der Bewegung um mich herum. Mein Paddel war die Strömung, die mein Boot zu dem Felsen führte, meine Augen waren die Brise, die um alles herumwehte, ohne an etwas Bestimmtem hängen zu bleiben, mein Boot war ein Baumstamm, der den Fluss hinuntertrieb.

Wuuusch – meine Hand schoss in Richtung der Schildkröte wie ein Schlange, die zustößt, und genauso schnell kehrte sie zurück zu einem Zweig, der von dem Baumstamm herunterbaumelte. Innerlich stieß ich einen Siegesschrei aus, und der Stamm setzte seine unbekümmerte Reise fort.

Für einen Krieger der Plains-Indianer* besteht die größte Ehre darin, einen Coup zu zählen, was erreicht wird, indem man den Feind berührt, ohne dass jemand verletzt wird. Das Berühren ist der leichtere Teil; zu entkommen, um die Geschichte zu erzählen, ist die eigentliche Herausforderung. Es ist die gleiche Herausforderung, vor der eine Kriegerin steht, wenn sie irgendwo hineinschleichen muss – ist sie einmal dort, muss sie unentdeckt wieder herauskommen. Das Gleiche galt für mich beim Coup-Zählen mit der Schildkröte.

Ich töte nur, wenn es sein muss. Beim Coup-Zählen ist das anders, und ich lasse mir kaum eine Gelegenheit entgehen. Es ist ein ausgezeichnetes Training, das mir hilft, in Bestform zu bleiben, damit ich bereit bin, wenn die Jagd ruft. Coup-Zählen ist schwieriger als Jagen, weil ich nahe genug kommen muss, um das Tier zu berühren. Wenn ich also einen Coup zählen kann, stehen die Chancen gut, dass ich ein Tier erlegen kann, wenn es sein muss. Und ich kann das Coup-Zählen praktisch jederzeit und überall üben, da es keine Ausrüstung braucht, immer Saison ist und alles als »Beute« taugt.

Das Töten ist eine andere Sache, wenn es um große und weit-

* Wenn meine indigenen Freunde als amerikanische Ureinwohner bezeichnet werden, reagieren sie mit: »Das ist Identitäts-Diebstahl. Wir gehören unseren eigenen Nationen an; wir sind Indianer.«

reichende Ereignisse wie Dürren geht. Das ist nicht einfach Leben in einer Sekunde und Bumm – Tod. Und der Tod selbst ist nur ein kleiner Teil eines komplizierten Spiels, das gespielt wird. Stell dir vor, du sähest nur die Todesszene in einem Film; ich wette, du hättest das Gefühl, eine Menge zu verpassen.

Bei einer Natur-»Katastrophe« wie einem Vulkanausbruch oder einem Orkan ist es leicht zu erkennen, wie schnell sich der Tod in Leben verwandelt. Kadaver werden genutzt, um die Jungen zu ernähren, und selbst die nicht gefressenen Reste nähren Pflanzen und Insekten, die wiederum Futter für andere Tiere werden. Dem Erdboden gleichgemachte Wälder und von Überschwemmungen verwüstete Niederungen werden schnell von Keimlingen bedeckt, die sich einen Wettlauf liefern, um den Himmel zu erreichen. Waldbrände sind für manche Baumsamen notwendig, damit sie keimen können. Ob ein Tod nach dem anderen oder eine Million auf einmal, alles ist Teil des endlosen Kreises, der vom Leben zum Tod und wieder zum Leben führt.

6

Fährtenlesen lernen von einem der großartigsten Jäger

Beim Wolf auf der Fensterbank in die Lehre gehen

Wenn ich über die Fährtenlesefähigkeiten spreche, die ich durch mein Leben mit Meisterjägern gelernt habe, denken die meisten, die mich kennen, sofort an »Wolf«. Ohne Zweifel vermittelte mir die Wolfsfamilie, die mich in ihrem Leben willkommen hieß, als ich ein junger Mann war, weitreichende Kenntnisse über die Jagd. Diese Geschichte handelt jedoch von einer anderen Art Wolf, der mich geduldig in den geheimnisvollen Methoden der Pirsch und des Tötens unterwies. Und er zeigte mir ihre schreckliche Schönheit.

Anders als Wolf ist dieser Lehrer für jeden von uns verfügbar. Tatsächlich lebt er sicher irgendwo in deinem Stadtteil. Er tummelt sich frei auf vielen Feldern und in Parks – und vielleicht sogar in deinem Garten. Lass mich dir von einem Tag in der letzten grünen Jahreszeit erzählen, als Stefan, ein übereifriger Lernender meines Jahresprogramms aus der Schweiz, diesen Lehrer des Fährtenlesens traf. Als ich ins Camp kam, hatte Stefan ein Lächeln im Gesicht, das einfach nicht aufhören wollte. »Was ist denn in dich gefahren?«, fragte ich ihn.

»Ich bin nicht sicher«, antwortete er, »aber ich finde es toll. Bei Morgengrauen stieg ich auf den Hügel bei eurer Hütte, und als die Sonne über dem Horizont auftauchte, ließ sie Tausende von Spinnennetzen, die mit Tau benetzt waren, leuchten – sie bedeckten das ganze Moor! Ich glaube nicht, dass ich einen Schritt hätte gehen können, ohne eines zu zerstören. Ich kann mir nicht vorstellen, wie viele Spinnen es gewesen sein müssen, um all diese Netze zu weben.«

Nur wenige Menschen schenken Spinnen viel Aufmerksamkeit, und noch weniger wissen, wie viele es von ihnen gibt. Ich kenne eine Naturforscherin, die behauptet, dass man in den meisten Gebieten wahrscheinlich nicht weiter als eine Armeslänge von einer Spinne entfernt ist. Es gibt Spinnen, die wie Löwenzahnsamen mit dem Wind reisen, es gibt Spinnen, die unterirdisch leben, und es gibt Spinnen, die im Wasser leben. Von windgepeitschten Baumwipfeln bis hin zu den nackten Fassaden von Wolkenkratzern bevölkern Spinnen praktisch jede vorhandene Nische. Manche sind das ganze Jahr aktiv, selbst hier im Norden, wo ich sie noch lange draußen sehe, nachdem andere Insekten entweder erfroren oder in den Winterschlaf gefallen sind. Bei uns herrschen Temperaturen von bis zu minus 35 Grad Celsius, aber das scheint die Spinnen, die ihre Körper durch die Herstellung ihres eigenen Frostschutzmittels geschmeidig halten, nicht zu stören.

Wie Wölfe sind Spinnen Spitzenjäger – sie stehen an der Spitze der Insekten-Nahrungskette. Manche Spinnen jagen sogar wie Wölfe, indem sie sich nahe heranpirschen und dann vorpreschen, um zu töten – ein klassisches Beispiel für parallele Evolution. Wie von Wölfen habe ich auch von Spinnen Pirschtechniken gelernt, die ich bei Raufußhühnern, Bären und Menschen angewendet habe. Ich möchte diese Geschichte zu Ehren von Spinne erzählen, die neben Wolf meine geschätzte Fährtenleselehrerin war. Ich hatte das Glück, mit beiden zu leben, und durch Schattenwerden war ich in der Lage, in ihre Fußstapfen zu treten und an ihren Abenteuern teilzuhaben. Sie trugen viel dazu bei, den intuitiven Fährtenleser in mir zu erwecken, und gleichzeitig inspirierten sie mich, mehr von der Bewusstheit und der Spontaneität des Fährtenlesers in mein tägliches Leben zu integrieren.

Es begann alles an einem Winternachmittag in meiner Jugend, als ich am Fenster saß und einen Schwarm Zedernseidenschwänze dabei beobachtete, wie sie Weißdornfrüchte fraßen. Allerdings fraßen sie nicht einfach nur. Es fand eine soziale Interaktion statt, und ich versuchte herauszufinden, was es damit auf sich hatte. Zumindest bis ich von einer kleinen Wolfsspinne in ihren Bann gezogen wurde, die sich an eine Fliege auf der Fensterbank heranpirschte. Und ich meine klein – diese Spinne würde alle Hände voll zu tun haben, wenn sie die Fliege erwischen würde.

Ohne es zu versuchen, und sogar ohne es zu bemerken, wurde ich Spinne. Meine Brust wurde eng, als ich die dynamische Anspannung fühlte, die sie durch ihre äußerlich entspannte Haltung so gut verbarg. Ich übernahm ihre extreme Konzentration und behielt gleichzeitig den Gesamtüberblick. Jeder Hinweis, jede kleinste Bewegung, jedes Geräusch und jedes Gefühl wurden erfasst. Gemeinsam fügten wir die Informationen zusammen und bewegten uns entsprechend.

Je mehr ich Spinne wurde, desto klarer konnte ich sehen, dass Spinne auch Fliege geworden war. Wieder ohne Anstrengung spürte ich, wie ich ebenfalls Fliege wurde. Allerdings war das nicht alles. Mir wurde klar, dass Spinne auch der Staub und die Sonnenflecken auf dem Fensterbrett, der kalte Luftzug, der durch den Spalt unter dem Fenster drang, und die Schatten der flatternden Vögel geworden war. Wir waren nicht nur alle zusammen in diesem Drama, wir *waren* das Drama. Wir befanden uns in der intimsten aller Beziehungen – dem Tanz von Leben und Tod.

Ich wagte nicht einmal zu blinzeln. Meine Sinne waren für jede Bewegung sensibilisiert, ob es nun das kleinste Flattern eines trockenen Blattes an dem Ast vor dem Fenster war, die Fliege, die ihre Position auch nur geringfügig veränderte, oder die Welle der Erregung, die das Auftauchen einer anderen Fliege verursachte. Ich war für alles bereit, von einem quälend langsamen Anschleichen bis hin zu einem Sprung so schnell wie eine ausgelöste Falle, falls die Fliege sich erschreckte.

Ich war nicht ganz so gelassen und zentriert wie meine Mentorin, die Meisterin der Pirschjagd, weshalb mir der Schweiß ausbrach. Meine Augen fühlten sich trocken und ermüdet an, und ich machte mir Sorgen, dass meine Bewegungen immer weniger flüssig würden, je näher ich herankam. Würde ich zu früh losspringen, oder würde ich die Fliege verfehlen, weil ich zu angespannt war?

Aber das war Tamarack. Ich musste ihn loslassen – ich war Spinne. So unmerklich, so langsam und so im Einklang mit der größeren Bewegung kroch ich näher. Und näher. Es gab Momente, in denen ich mich vielleicht ein ganz kleines bisschen bewegte, aber ich war mir nicht sicher. Ich war ein Zauberer, der dem Publikum vorgaukelte, dass kein Taschenspielertrick geschah. Und doch wusste man, dass etwas passiert war, denn schließlich war ich ein Zauberer.

Ich schaffte es bis auf drei (Spinnen-)Körperlängen an meine Beute heran, dann flog sie fort. Lag es an mir, oder hatte sie ihren eigenen Grund zu verschwinden? Ich wusste es nicht, und ich verschwendete keine Gedanken daran. Kein Bedauern, keine Selbstvorwürfe – ich hatte Hunger! Sofort konzentrierte ich mich wieder darauf, die Illusion einer unauffälligen Präsenz zu kultivieren, und wartete auf die nächste Fliege.

Eine unauffällige Präsenz bedeutet nicht Unsichtbarkeit. Es bedeutet, so unscheinbar, so sehr Teil der Umgebung und der Stimmung zu sein, dass man angesehen werden kann, ohne gesehen zu werden. Unsichtbarkeit – besonders, wenn durch Tarnung nachgeholfen wird – ist meist leichter, weil sie passiv ist. Ich verlasse mich auf etwas anderes als mich selbst, um zu verschwinden. Unauffällige Präsenz bedarf aktiver Beteiligung. Sie erfordert eine unerschütterliche Entschlossenheit, mein Selbstgefühl hinter mir zu lassen und meine Umgebung zu werden. Es steht viel auf dem Spiel, denn ich bin schutzlos und verletzlich. In diesem Fall sitze ich draußen auf einer weithin offenen Fensterbank und habe nicht die Möglichkeit, mich unsichtbar zu machen, weil ich nah genug herankommen muss, um zuzuschlagen.

Ein Wolfsrudel jagt vielleicht zehn Elche, bevor es einen erlegt. Wolf und Wolfsspinne besitzen die gleiche Begeisterung für die Jagd. Für sie ist ein Misserfolg kein Scheitern, denn sie leben nicht nur, um zu fressen, sondern auch, um zu jagen. Wenn sie einfach leben könnten, indem sie sich das erstbeste Stück Fleisch schnappen, das ihnen über den Weg läuft, würden sie stumpfsinnig und schwach werden. Da sie ständig für ihre Nahrung arbeiten müssen, erhalten sie immer wieder die Möglichkeit, ihre Jagdfertigkeiten zu optimieren, wodurch sie immer stärker und aufgeweckter werden.

Wir modernen Menschen scheinen vergessen zu haben, dass diese Art des Lernens und Wachsens im wirklichen Leben auch unser Weg ist. Wir haben Bücher, Lehrer und Kurse als Ersatz für erfahrungsbasiertes Lernen akzeptiert. Diese Methoden mögen die Illusion von Lernen vermitteln, aber nur, weil wir in einer Gesellschaft leben, die auf Illusionen aufgebaut ist. Aber der Jäger in uns weiß es besser. Rick, mein Assistent, kehrte gerade von acht Tagen Solo-Trip in der Wildnis zurück, wo er nur von dem lebte, was er jagen und sammeln konnte. Er erzählte mir, wie nutzlos seine gut entwickelten Tot- und Schlingfallen-Fertigkeiten waren, weil er sie nicht erlernte, als er müde, durchgefroren und hungrig war. Er weiß nun, was kein Buch ihm hätte beibringen können – dass es der Hunger ist, der den Jäger zum Jäger macht.

Die Jagd funktioniert in beide Richtungen: Im Austausch für die Nahrung, die Elch und Fliege für Wolf und Wolfsspinne zur Verfügung stellen, halten Letztere ihre Versorger gesund, indem sie die Schwachen und Langsamen ausmerzen. Schwache Wölfe und Wolfsspinnen werden ebenfalls aussortiert. Nur die Fähigsten überleben und geben ihre Eigenschaften an die nächste Generation weiter – ein überlebenswichtiger Beitrag für das Wohlergehen ihrer Art.

Wenn wir die Nische im Kreis des Lebens besetzen, für die wir uns entwickelt haben, dienen wir unserer Beute genauso wie die beiden Wölfe. Tatsächlich sind sie unsere Jagdgefährten. Bei Hund, der ein domestizierter Wolf ist, ist das recht offensichtlich, aber nicht viele von uns sind mit der Rolle vertraut, die Spinne spielt.

Ohne die Hilfe von Spinne beim Fährtenlesen würde ich einem Tier manchmal nur hinterherhinken. Spinne schenkte mir Schnelligkeit, als sie mir das *Netz-Fährtenlesen* beibrachte, und das kam mir neulich an einem Nachmittag sehr gelegen, als ich auf dem Weg zum Wildniscamp war, in dem die Lernenden leben. Normalerweise nehme ich den Pfad, den ich den lehrenden

Weg nenne. Das kann alles sein mit Ausnahme des alten Hirschpfades, dem die Leute üblicherweise ins Camp folgen. Ich fordere mich immer wieder selbst heraus, indem ich ungewohnte Wege nutze, anstatt mich auf altes Wissen und vertraute Gewohnheiten zu verlassen. Auf diese Weise lerne ich ständig dazu und entdecke immer wieder Neues. Trotzdem kreuze ich manchmal den Hirschpfad oder gehe ein Stück auf ihm, um jegliche Anzeichen ungewöhnlicher Störungen mitzubekommen und das Kommen und Gehen der Lernenden zu verfolgen.

Ich betrat das Camp und begrüßte Pam, eine ruhige, in sich gekehrte Lernende, die seit etwa drei Monaten hier war. Sie saß an der Feuerstelle und fertigte Schnüre. Sie war die einzige der sechs Leute im Camp, die bisher von den morgendlichen Orientierungsübungen und dem Sammeln von Feuerholz zurückgekehrt war.

»Ich habe gehört, dass du gegen Mittag hier angekommen bist«, sagte ich.

»Woher weißt du das?«, fragte sie in der Annahme, dass niemand in der Nähe sei, der mir das hätte mitteilen können.

»Spinne hat es mir gesagt«, entgegnete ich.

Ich hätte weiter mit Pam darüber sprechen können, wie ich ihrer Fährte gefolgt war, aber ich entschied mich dagegen. Ich hätte ihr erzählen können, dass ich gesehen hatte, wo sie stehen geblieben war, um einen Keulchenpilz zu bewundern, und dass sie versucht hatte, etwas bei dem kleinen Teich zu fangen. Doch sie musste erst noch weitere grundlegende Fertigkeiten erlernen, bevor Spinne ihr würde helfen können zu sehen, was mit Netz-Fährtenlesen möglich ist. Wenn die Tür zu früh zu weit geöffnet wird, sind Menschen manchmal überfordert, und das kann ihr Wachstum behindern.

Spinnen spinnen Netze so ziemlich überall, wo sie festgemacht werden können, und manchmal scheint das tatsächlich überall zu sein. Wenn wir diese Fülle von Spinnennetzen als einen Vorhang betrachten würden, könnten wir anhand von Rissen im Vorhang erkennen, wann und wo sich Tiere hindurchbewegt haben. Die Risse formen einen Tunnel, der es manchmal ermöglicht, einem Tier nur anhand der Spinnennetze zu folgen. Höhe und Breite der Risse zeigen die Größe des Tieres an, die Art der Risse die Richtung, die Geschwindigkeit und die Stimmung des Tieres, und das Alter des Risses gibt die Zeit an, in der das Tier hindurchgegangen ist.

Eine intuitive Fährtenleserin wird sich nur dann auf eine einzige Art von Zeichen verlassen, wenn sie keine Wahl hat. Viele von uns wenden gern die Dreierregel an. Das bedeutet, drei klare Zeichen zu finden, die nichts miteinander zu tun haben und das Gleiche aussagen. Eine intuitive Fährtenleserin wird die Dreierregel oft anwenden, ohne auch nur darüber nachzudenken, dass sie kaum einen Blick auf das Zeichen werfen muss. Für sie ist das Fährtenlesen zu einer Kunstform geworden. Sie kann dem Tier zügig folgen, weil sie nicht erst anhalten muss, um die Zeichen zu lesen und zu vergleichen. Für Außenstehende könnte es so aussehen, als wüsste sie einfach, wann das Tier vorbeigekommen ist und wohin es geht.

Es heißt, zu schnelles Handeln führe oft zu Fehlern, aber bei der Intuition ist es genau andersherum. In der Regel ist der erste Eindruck richtig, doch wenn wir über etwas nachdenken, kommen uns andere Möglichkeiten in den Sinn, sodass wir am Ende unsere intuitive Stimme ignorieren. Wie oft hast du dich schon geärgert, weil du nicht auf das gehört hast, was dir zuerst in den Sinn gekommen ist?

Wenn es um intuitives Fährtenlesen geht, lernen wir umso mehr, je weniger wir analysieren. Wir trainieren nicht nur unsere intuitiven Fähigkeiten, sondern fordern auch die tieferen Bereiche unseres Verstandes heraus und lernen, wie wir unsere Ahnenerinnerungen nutzen können. Wir trainieren unsere Sinne, Dinge rasch wahrzunehmen, und unser Gehirn, sie schnell zu verarbeiten.

Wie können wir lernen, Spinnennetze zu lesen? Indem wir Spinne bitten, uns zu unterrichten. Wir können damit anfangen, sie beim Netzspinnen zu beobachten. Und dann sehen wir zu, wie hundert weitere Netze hergestellt werden, und dann noch einmal hundert, wobei wir uns merken, wie und wo welche Spinnenart ihr Netz webt. Welches ist ihre bevorzugte Jahreszeit? Welche Tageszeit haben wir, und wie ist das Wetter? Hat sie Eier oder Junge? Hat sie kürzlich gefressen? Hat sie einen Nahrungsvorrat? Spinnt sie ein neues Netz oder repariert sie ein altes? Jeder dieser Faktoren spielt ein Rolle dabei, wie schnell sie ihr Netz baut, welcher Art das Netz ist und welche Größe es hat. Das war mein Training, und diese Art von Information hat mir von Pams Weg ins Camp erzählt.

Noch einmal: Netz-Fährtenlesen kann am besten – und ich wage zu behaupten: nur – vom Spinnenclan gelernt werden. Aber nicht vom ganzen Clan. Wenn wir an Spinnen denken, assoziieren wir sie meistens mit Netzen. Fakt ist, nur etwa die Hälfte der Spinnenarten spinnen Netze, doch alle produzieren Seide. Es ist ein erstaunliches Material – die stärkste natürliche Faser, die es gibt. Es heißt, sie sei stärker als Stahl oder Kevlar und elastischer als Nylon. Seide kann sich bis zu einem Drittel ihrer Länge ausdehnen, ohne zu reißen – was jeder weiß, der in ein Netz läuft.

Etwas, das du vielleicht nicht weißt, ist, dass ein Teil des Netzes klebrig sein kann, ein anderer nicht. Das liegt daran, dass manche Spinnen klebrige und nicht klebrige Seide produzieren. Sie verwenden das klebrige Zeug für die Innenseite, also den funktionalen Teil ihres Netzes und stellen die Außenseite, auf der sie sich aufhalten, mit nicht klebender Seide her. So vermeiden sie, in ihrem eigenen Netz gefangen zu werden, und trotzdem passiert Letzteres manchmal. Glücklicherweise können sie sich mit einer speziellen scharfen Klaue an einem ihrer Beine selbst herausschneiden.

Diese Stärke und Klebrigkeit ist für den Fährtenleser von Bedeutung, besonders wenn Netze älter werden. Allgemein als Spinnweben bekannt, haben diese Ältesten schon eine Menge erlebt. Wir Jungen vergessen manchmal, dass Wissen leicht erlernt werden kann, Weisheit aber nur mit der Zeit kommt. Anstatt sie in irgendeiner dunklen und staubigen Ecke zu ignorieren oder sie wegzuwischen, täten wir gut daran, uns respektvoll vor sie zu setzen und ihren Geschichten zu lauschen.

Die Teilnehmenden eines einwöchigen Wildnisfertigkeiten-Kurses, den ich vor einigen Jahren leitete, hörten eine Geschichte von einem Spinnennetz, die ich gern mit euch teilen möchte. Wir waren auf einer Wanderung und konzentrierten uns auf eines meiner Lieblingsdinge: nichts. Ich bat die Lernenden, auf alles hinzuweisen, was ihnen auffiel, sei es die Spur eines Tieres, eine essbare Pflanze oder eine Pflanze mit medizinischen Eigenschaften, auf die sie neugierig waren, Landschaftsmerkmale … alles war erlaubt.

Nachdem wir untersucht hatten, was ein Bär gefressen hatte, indem wir einen schönen frischen Haufen seines Kots zerpflückten, den wir am Rande des Moores fanden, erklommen wir eine kleine Anhöhe und stöberten in einem Hain von Hemlocktannen herum. Ein paar Lernende stießen auf eine kleine Höhle unter den Wurzeln eines alten Baumes, und ein paar andere entdeckten eine ähnliche Höhle unter einem anderen Baum etwa fünf Schritte von der ersten entfernt.

»Dieses Loch wurde schon eine Weile nicht mehr benutzt«, kommentierte jemand. »Schaut euch die Spinnweben über dieser Öffnung an.«

»Dasselbe gilt für diese hier«, fügte eine Person bei dem anderen Bau hinzu.

Spinnweben sind Spinnennetze mit Geschichte. Wenn sie vor dem Wetter geschützt sind, können Spinnweben eine sehr, sehr lange Zeit erhalten bleiben. Sie schützen sich durch ihren hohen Säuregehalt davor, von Bakterien und Pilzen zersetzt zu werden. Im Laufe ihres Lebens fungieren sie wie ein historisches Archiv, in dem sie Artefakte sammeln, die die Geschichte der wechselnden Jahreszeiten und Ereignisse erzählen.

»Schaut euch die Blätter in diesem Netz an«, meinte jemand.

»Das hier sieht aus wie ein Löwenzahnsamen«, meinte eine andere Person. »Nein, es ist größer, vielleicht Seidenpflanze.«

Jemand anderes wies auf eine Feder in dem Netz hin.

»Tamarack, kannst du uns helfen herauszufinden, was diese Dinge uns sagen, falls sie das tun?«

Normalerweise würde ich bei ihrer Erkundung eine anleitende Rolle spielen und eher ein Katalysator sein als ein Lehrer. Doch dieses hier war ein einwöchiger Wildnisfertigkeiten-Kurs, und da ich noch keine Arbeitsbeziehung mit ihnen hatte, entschied ich, dass ich ihnen am besten dienen könnte, indem ich die herkömmliche Rolle eines Kursleiters übernahm.

»Wie wäre es, erst einmal zurückzutreten, um einen Überblick zu erhalten?«, schlug ich vor. »Bekommt ein Gefühl für die Umgebung der Höhle, und schaut euch dann das Netz an, ohne euch auf irgendetwas *in* dem Netz zu konzentrieren. Macht das ein paar Minuten und lasst uns dann wissen, was ihr gehört habt.«

Alter war der häufigste Eindruck. Verglichen mit der Umgebung schien diese geschützte Ecke eine lange Zeit ungestört gewesen zu sein. Aber nicht ganz. Jemand bemerkte ein kleines Loch an der Basis des Netzes, an einer Seite. Es war drei Finger breit, etwa so groß wie ein Streifenhörnchen, dachte jemand anderes.

Wir schauten uns das Zeichen genauer an. Mithilfe einiger anleitender Fragen interpretierte die Gruppe die Hinweise dahingehend, dass die Höhle wahrscheinlich seit dem letzten Sommer oder dem frühen Herbst nicht mehr betreten worden war. Die Seidenpflanzen hatten noch keine Samen entwickelt, also musste der Samen im Netz aus dem letzten Jahr oder einem davor stammen. Nachdem sie gelernt hatten, wie man ein verwelktes Sommerblatt von einem natürlich abgeworfenen Herbstblatt unterscheidet, kamen sie zu dem Schluss, dass das Blatt unter dem Seidenpflanzensamen höchstwahrscheinlich aus dem letzten Herbst stammte. Die dünne Lage von Blättern, die den Höhleneingang bedeckte, lehnte an dem Netz, und es handelte sich um Herbstblätter. Also wurde das Netz gewoben, bevor die Bäume ihre Blätter abwarfen.

»Diese Feder hier erzählt eine Geschichte innerhalb einer Geschichte«, regte ich an. »Ein Vogel hat Tausende von Federn, und doch kann uns jede einzelne Feder viel über den Vogel berichten, von dem sie stammt.«

Die Gruppe wurde still und konzentrierte sich auf die Feder, die ich gerade aus dem Netz genommen hatte.

»Federnlesen«, fuhr ich fort, »ist eine Fährtenlesefertigkeit, die ich nutze, um die Geschichte eines Vogels zu enthüllen. In einem anderen Kurs fand jemand eine Spechtfeder, und wir sprachen eine Stunde über das Leben und den Tod des Vogels – nur von dem, was die Feder uns erzählte. Und es gab noch mehr; wir hätten noch weitermachen können. Um ein richtiges Gefühl für das Lesen von Federn zu bekommen, müssten wir einen ganzen Kurs damit verbringen. Es ist nicht so, dass es schwer zu lernen wäre, es ist einfach sehr viel.

Ich gebe euch ein Beispiel, wenn ihr mir diese Feder aus dem Netz reicht. Sie nennt sich Deckfeder; es handelt sich um eine der kleinen Federn, die dem Flügel Kontur verleihen. Hier, reicht sie weiter, damit ihr sehen könnt, was ich beschreibe. Form und Größe deuten darauf hin, dass sie vom linken Flügel stammt, etwa drei Viertel der Flügellänge nach außen. Er verlor sie etwa in der Mitte der Mauser. Leider haben wir keine weiteren Armdeckenfedern, um sie mit dieser zu vergleichen, sonst könnte ich euch leicht zeigen, wie mir diese Feder verraten hat, was ich euch eben erzählt habe. Aber ihr könnt vielleicht erkennen, warum diese Feder von einem jungen Vogel stammt und nicht von einem ausgewachsenen. Beachtet, wie stumpf die Feder ist. Wäre sie von einem erwachsenen Vogel, hätte sie mehr Glanz.«

»Von was für einer Art Vogel kommt sie denn?«, fragte jemand.

»Wenn ich euch das sagen würde, würdet ihr ›Oh‹ sagen, und das wäre es dann gewesen. Wenn ihr ein wenig nachforscht und es selbst herausfindet, würdet ihr vermutlich viel mehr über den Vogel lernen als nur den Namen. Und ihr könntet das erleben, was ich für einen der großen Vorzüge des Fährtenlesens halte: die Freude am Entdecken. Ich gebe euch einen Hinweis für den Anfang: die Farbe und das Muster dieser Feder sind die gleichen wie auf dem gesamten Schulterbereich. Bedenkt, dass Nachforschen Fährtenlesen ist, denn ihr werdet dafür einige der gleichen Fertigkeiten nutzen wie die, die wir hier im Wald verwenden.«

»Um eure Forschung relevant zu halten«, fuhr ich fort, »schlage ich vor, so nah wie möglich an den realen Vögeln und ihrem Lebensraum zu bleiben wie möglich. Wenn lebende Vögel schwer zu finden sind, könnt ihr euch an Naturkundezentren, Universitäten und Museen wenden, die über präparierte Vögel und Vogelhautsammlungen verfügen.«

Ich wollte ihnen noch etwas zeigen, um ihnen den Einstieg zu erleichtern, weshalb ich sie auf drei Einkerbungen hinwies, die sich auf etwa halber Höhe quer über die Feder zogen. Die Einkerbungen waren so tief, dass sie sogar im Federkiel sichtbar waren. Ich ließ die Feder herumgehen, damit es sich alle ansehen konnten. Die Einkerbungen, so sagte ich ihnen, wurden durch einen Eiweißmangel verursacht, wahrscheinlich aufgrund verpasster Mahlzeiten, denn die Feder sah ansonsten gesund aus. Eine schlecht geformte Feder könnte entweder auf eine parasitäre Infektion oder eine Drüsenfehlfunktion hindeuten, während eine durch zahlreiche Einkerbungen verunstaltete Feder in der Regel bedeutet, dass der Vogel der schwächste des Geleges war. Ich fügte hinzu, dass eine Einkerbung auf etwa halber Höhe der Feder bedeutet, dass der kleine Kerl diese Mahlzeiten verpasste, als die Feder halb ausgewachsen war.

Ich erklärte, dass ein junger Vogel eine sehr hohe Menge Eiweiß benötigt – und das regelmäßig –, da die Federn aus Eiweiß bestehen und sie alle gleichzeitig wachsen. Darüber hinaus bestehen auch Muskeln, Haut, Organe, Schnäbel und Klauen – praktisch alles mit Ausnahme der Knochen – aus Eiweiß. Eiweiß ist für Nestlinge dermaßen wichtig, dass viele vegetarische Vögel, die normalerweise von Samen und Früchten leben, ihre Jungen mit eiweißreicher tierischer Nahrung füttern, damit sie sich richtig entwickeln können.

Aus Zeitgründen ging ich nicht auf die Vielzahl der geschichtenerzählenden Zeichen ein, die eine Feder außer den Einkerbungen aufgrund von Eiweißmangel aufweisen kann. Schon wenige verschiedene Zeichen können uns sagen, ob der Vogel die Feder aufgrund der Mauser verloren hat oder weil er getötet wurde. Ein Zeichen kann sogar offenbaren, wer der Beutegreifer war. Andere Spuren können uns etwas über die Gesundheit des Vogels mitteilen, seine körperliche Aktivität, seinen bevorzugten Sitzplatz und vieles mehr. Und dann sind da noch die Farbe, das Muster und die Struktur der Feder, die etwas über seine Größe, sein Geschlecht, das Alter, Familienstand und Herkunftsregion aussagen. Ich hoffte, dass einige der Kursteilnehmenden für einen weiteren Kurs wiederkommen würden, damit wir diese subtileren Stimmen der Feder würden erkunden können.

Was ich sie gefragt habe, war: »Warum würde ein Nestling eine Mahlzeit verpassen, vor allem drei hintereinander?«

Sie hatten verschiedene Ideen – Futter war knapp, die Eltern waren irgendwohin verschwunden (vielleicht hatte ein Beutegreifer sie verschreckt), es war stürmisch und sie konnten nicht auf Futtersuche gehen. Bei zwei oder drei Einkerbungen eng nebeneinander ist die letzte Vermutung meiner Erfahrung nach die häufigste Ursache. Ich habe Nestlinge untersucht, um genau zu sehen, wann sich solche Einkerbungen bilden. Mama bleibt manchmal bei ihren Kleinen und verlässt sie nicht, wenn das Wetter rau ist. Das kann bei einem langsam ziehenden Tiefdruckgebiet schon mal ein paar Tage dauern.

Diese Feder erzählt eine andere Geschichte, so wie sie im Spinnennetz liegt. Die Klebrigkeit eines Spinnennetzes bleibt nur eine gewisse Zeit erhalten, da sie mit dem Alter und der Ansammlung von Staub und Schmutz abnimmt. Als wir die Feder aus dem Netz nahmen, um sie uns anzusehen, hätten wir feststellen können, ob sie am Netz selbst klebte oder ob sie am Staub haftete. Das zu wissen, hätte uns geholfen herauszufinden, wann die Feder auf dem Netz zur Ruhe kam. »Stattdessen entschied ich, mich direkt auf die Feder zu konzentrieren«, teilte ich den Lernenden mit. »An Spinnweben herrscht in dieser Welt jedoch kein Mangel. Ihr werdet viele finden, von denen ihr nach diesem Kurs weiterlernen könnt.«

Ihnen fiel auf, dass das Spinnennetz über der zweiten Höhle nur halb so staubig war wie das erste, und dass sich keine Ablagerungen darauf befanden. Die ausgeworfene Erde sah frischer aus als die vor der ersten Höhle. Sie vermuteten, dass diese Höhle den letzten Winter über bewohnt war, und dass das Spinnennetz danach über den Eingang der Höhle gewebt worden war.

So endete unser Spinnennetz-Abenteuer. Ich war zufrieden, dass der Samen der Wissbegierde gepflanzt worden war. Ich wusste, dass die Lernenden, wenn sie in Zukunft auf Spinnweben stießen, diese alten Insektenfallen mit großer Wahrscheinlichkeit als die Geschichtenerzähler erkennen würden, die sie sind. Diejenigen, die weiter zuhörten, würden immer besser darin werden, das Lied der Spinnwebenfährte zu hören und die Hinweise auf einen Blick zu erkennen. Meine größte Hoffnung war, dass ein oder zwei von ihnen inspiriert sein würden, dem Weg unserer Ahnen zu folgen und Spinne als ihre Lehrerin zu wählen, anstatt sich an einen Menschen oder ein Buch zu wenden.

Das Gleiche gilt für uns – selbst wenn wir nicht in der Lage sind, in die Wildnis zu gehen und mit Wolf zu jagen, sind wir nicht benachteiligt. Wir können die gleichen Fertigkeiten in der Wildnis unseres Hinterhofs oder auf unserem Fensterbrett lernen. Dort gibt es ganz sicher eine Feder oder ein Spinnennetz, die darauf warten, uns ihre Geschichte zu erzählen. Und es gibt bestimmt einen Wolf, der nur darauf wartet, uns anzuleiten.

7
Ein Winterrätsel

Ein Riss* an einem zugefrorenen See hinterlässt mehr Fragen als Antworten

* Anmerkung der Übersetzerin: Ein Riss ist der Kadaver eines von einem Beutegreifer getöteten Tieres.

Al, ein dynamischer Lernender unseres Wildnisprogramms, fand kürzlich eine Rissstelle. Eigentlich stolperte er wortwörtlich darüber, und er konnte sich keinen Reim darauf machen. Also kehrte er zum Camp zurück, um seinen Fährtenlesekumpel und Kurskollegen Justin zu holen und zu sehen, was sie gemeinsam herausfinden konnten. Mit Als Spontaneität und Geradlinigkeit sowie Justins sorgfältiger, bedachter Herangehensweise sind sie ein gutes Entdeckungsteam.

Es heißt, zwei Köpfe seien besser als einer, und tatsächlich kamen beide zu dem Schluss, dass … nein, sie konnten sich keinen Reim darauf machen. Als ich letzte Nacht mit ihnen sprach, fragten sie, ob ich heute Morgen mitkommen und mir das anschauen würde.

Es ist mitten in der weißen Jahreszeit, und die Seen sind vom Wind freigelegt und verkrustet, sodass man leicht vorankommt. Früher in der Saison hatten wir viel Schnee und im freien Gelände lag er so hoch, dass wir uns überall hin einen Weg bahnen mussten. Jetzt können wir so leicht über den See vor dem Camp gehen, als würden wir durch einen Park laufen. Nur müssen wir nicht auf Hundehaufen oder Frisbees achten.

Nach etwa fünfzehn Schritten auf den See hinaus treffen wir auf Kojotenspuren im leichten Schnee, der das Eis bedeckt. Sie verlaufen parallel zum östlichen Ufer, aber wir wollten eigentlich zur Rissstelle auf der Nordwestseite hinübergehen. Die Anziehung der Fährte überwiegt – wir folgen den Kojotenspuren.

»Ich wette, er läuft aus dem gleichen Grund hier draußen herum wie wir«, sagt Al. Als der erste leichte Schnee fiel, entdeckten er und Justin die Spuren von ein oder zwei Kojoten, die am bewaldeten Ufer entlangliefen. Jetzt liegt tiefer Schnee unter den Bäumen, also folgen sie dem Ufer auf dem Eis.

»Leck mich am Arsch«, sagt Al mit seinem typischen Charme, während er sich auf Hände und Knie hinablässt, um an dem gelben Fleck auf einem hervorstehenden Eisklumpen zu riechen. »Wer hätte gedacht, dass er hier draußen sein Revier markiert?

Was macht er im Sommer – hierherpaddeln, ein Bein heben und eine Welle einweichen?«

So wie diese Jungs herumwitzeln, käme man nie auf die Idee, dass einer von ihnen ein U-Boot-Physiker und der andere Agent bei einer Spezialeinheit und Zen-Mönch ist. Wahrscheinlich ist es gut, dass sie ihr professionelles Auftreten über Bord geworfen haben, denn das würde ihrer intuitiven Führung und ihren Ahnenerinnerungen nur im Weg stehen.

Wenn man Al betrachtet, wie er da unten am Urin schnuppert, könnte man glauben, er hätte ein bisschen zu viel über Bord geworfen – insbesondere, wenn ich dir sage, dass er auch dafür bekannt ist, ihn zu probieren. Tatsächlich betreibt er Urinologie: die Untersuchung von Urin auf Hinweise hinsichtlich der Ernährung und Gesundheit, was eine legitime wissenschaftliche Disziplin ist. Der erfahrene Fährtenleser kann mit Skatologie sogar noch mehr herausfinden.

Ja, man könnte sagen, wir gehen bei unseren Analysen etwas intimer vor, als es ein durchschnittlicher Labortechniker tun würde, aber bedenke, wie viel Zeit und Geld unsere Vorortanalysen gegenüber der Einsendung von Proben ins Labor sparen. Durch das Riechen und Schmecken von Urin erfahren unsere Lernenden, wie man Art, Geschlecht, Fortpflanzungsstadium, Ernährung und manchmal sogar Gesundheit und Aktivität bestimmt.

Ich bin sicher, das klingt für einige von euch nicht gerade appetitlich, aber frischer Urin von einem gesunden Tier ist steril und sicher. Viele unserer Tierverwandten analysieren Urin. Tatsächlich sind sie diejenigen, die mir das beibrachten. Meine Wolfsverwandtschaft war darin besonders gut. Nur wurde ich faul, wenn ich mit ihnen unterwegs war, weil sie die Tests einfach durchführten und mir die Ergebnisse mitteilten.

Wir riechen alle an dem Kojotenurin. Um seine Essenz aufzunehmen, müssen wir es anatmen – diese Technik ist ein alter indianischer Trick, sage ich den Jungs. Früher rollten meine Lernenden mit den Augen, wenn ich diesen Satz sagte, jetzt ignorieren sie mich einfach. Aber das macht mir nichts aus; ich habe immer noch meinen Spaß.

Es ist ein alter indianischer Trick? Ich habe keine Ahnung, aber ich würde mein Leben auf seine Effektivität verwetten. Ich lernte ihn von Wolf, und ich weiß aus den Erzählungen der Ältesten und der Forschung, dass manche der jungen Indianer von Wolf gelernt haben zu jagen. Daher wäre ich überrascht, wenn einige von ihnen das Freisetzen von Geruch nicht genauso abgeschaut hätten wie ich.

Es funktioniert, weil Luft, die kalt ist und nur wenig Feuchtigkeit enthält, kein guter Geruchsträger ist. Je kälter das Objekt, desto weniger Geruch wird freigesetzt. Auf das Objekt zu atmen, erweckt seine Gerüche zum Leben, weil es dadurch erwärmt und der Luft Feuchtigkeit zugefügt wird.

Wir gehen direkt zur Nordseite des Sees hinüber, und knapp vor der Uferlinie treffen wir auf weitere Kojotenspuren.

»Glaubt ihr, das ist das gleiche Tier?«, frage ich.

»Machst du Witze?«, reagiert Al, der Schnelle. »Sieh dir an, wie alt diese Dinger aussehen.«

»Pass auf«, sagt Justin. »Ich glaube, du bist gerade in eine Falle getappt.«

Ich lächle.

Wir gehen durch, was sie in dieser weißen Jahreszeit bereits darüber gelernt haben, wie Spuren auf dem See von Wind, Sonne und Wasser, das durch die Risse im Eis nach oben sickert, beeinflusst werden.

»Ist das, was diese Spuren gealtert hat?«, frage ich.

»Noch eine Trickfrage?«, fragt Al.

»Nein, gar nicht«, antworte ich. »All diese Dinge waren Faktoren, aber es gibt hier etwas, das deren Effekt verstärkt hat, und das gibt es auf der anderen Seite des Sees nicht.«

Sie schauen sich um, um herauszufinden, was die beiden Seiten des Sees unterscheidet, und es fällt ihnen nichts ein.

»Erinnert ihr euch daran, wo ihr im letzten Frühjahr das wärmste Wasser fandet, als ihr schwimmen gehen wolltet?«

»Ach nee!«, ruft Justin und schlägt sich auf die Stirn. »Auf dieser Seite gibt es keinen Wind und eine Menge Sonne. Ich war in letzter Zeit ein paar Mal hier, an sonnigen Nachmittagen, weil es sich so gut anfühlte – fast wie Frühling. Ich hatte sogar meine Jacke ausgezogen. Jo, ich kann verstehen, warum diese Spuren älter aussehen, als sie tatsächlich sind.«

Wir folgen dem Biberkanal, der vom See in das Moor zurückführt. Links des Kanals befindet sich ein Steilufer, das zu einem mit Ahornbäumen bewachsenen Plateau ansteigt. Rechts liegt ein typisches Torfmoor der Nordwälder, das mit verkümmerten Fichten durchsetzt ist. Justin sagt, die Rissstelle, zu der wir unterwegs sind, liegt gleich rechts des Kanals, etwa vierzig Schritte vom See entfernt.

Nach der Beschreibung der Jungs in der Nacht zuvor stelle ich mir einen Platz mit verstreuten, zertrampelten Federn vor. Bedeutet das, dass es sich um eine Rissstelle handelt? Sie denken das, und es könnte durchaus sein. Andererseits ist ein Haufen Federn wirklich eines der am wenigsten verlässlichen Zeichen für eine Rissstelle. Der Vogel, von dem die Federn stammen, mag angegriffen worden sein und entkam, oder er wurde vielleicht von woanders hierhergetragen, oder er war bereits tot, als der Beutegreifer ihn fand.

Was macht also eine Rissstelle aus? Ein Gerangel? Ich habe gesehen, wie Beutegreifer »Gerangel«-Spuren hinterließen, indem sie tote Tiere herumwarfen und mit ihnen Tauziehen spielten. Wie wäre es, wenn die Spuren sowohl des Beutegreifers als auch der Beute zu dem Ort hinführen, aber nur die des Beutegreifers ihn wieder verlassen? Wieder könnte das Beutetier aus anderen Gründen gestorben sein. Und dann gibt es da noch die »Rissstelle«, die mein Bruder Bill fand, an der nur die Spuren des Beutetieres den Ort verließen. Er beobachtete, wie ein Wiesel auf eine Schneehäsin sprang und sich in ihrem Nacken verbiss, woraufhin die Häsin davonrannte und dem Wiesel den Ritt seines Lebens bescherte!

Bedeutet das, dass es keine verlässlichen Zeichen gibt, anhand derer man eine Rissstelle bestätigen kann? Wenn es ein zuverlässiges Zeichen gibt, habe ich es entweder noch nicht entdeckt, oder ich bin als Fährtenleser nicht gut genug, um darauf zu vertrauen. Vielleicht bin ich aber auch ein zu guter Fährtenleser und weiß nicht, wann ich aufhören sollte, Fragen zu stellen.

Ich halte mich normalerweise eher an mein Gefühl als an Spuren. Es ist ein bisschen so, wie wenn du von einem Park in deiner neuen Nachbarschaft aufgrund der Geräusche der spielenden Kinder, der Jogger und der Hundespaziergänger, die sich in diese Richtung bewegen, weißt, bevor du ihn gesehen hast. Wahrscheinlich denkst du gar nicht darüber nach – du weißt einfach, dass in dieser Richtung ein Park liegt. Man könnte sagen, du nimmst das Lied der Fährte des Parks wahr.

Als wir uns der mutmaßlichen Rissstelle nähern, teilt Justin uns mit, dass er sie gestern in einem Abstand von fünfzehn Schritten komplett umkreist hat. Dies tat er, um alle Tierfährten zu erfassen, die in den Ort hinein- und herausführen, die Spuren in der Nähe des Risses jedoch nicht zu zerstören. Er sagt, er habe gehofft, die verschiedenen Aasfresser zu identifizieren, die sich an den Überresten gütlich taten, und vielleicht – mit etwas Glück – den Beutegreifer selbst zu ermitteln. »Ich bin nicht sicher, was hier passiert ist, Tamarack«, sagt er schließlich. »Ich habe mich spiralförmig in Sonnenrichtung* angenähert, so wie du es uns gezeigt hast, und ich bin auf eine Menge Fährten gestoßen. Fuchs war dort, einige große Spuren, die nach Wiesel aussahen, und sogar Eichhörnchen. Aber ich habe keinen verdammten Hinweis darauf gefunden, wie Vogel getötet wurde oder wer ihn getötet hat.«

Wir stoßen auf Justins erste Runde an Spuren, und ich fühle, wie ich mich in einen Beutegreifer verwandle. Ich bin kein be-

* Siehe Glossar.

stimmtes Tier; ich habe nur das Bewusstsein angenommen, das allen Jägern gemein ist. Meine Sinne sind geschärft, ich gewinne einen Überblick über die Gegend und lausche aufmerksam meinen intuitiven Impulsen und dem Lied des Ortes.

Als wir in Sichtweite des Risses kommen, finden wir einen Platz zum Stehen, an dem wir nicht auf irgendwelche offensichtlichen Zeichen treten. Justin und Al zeigen auf, was sie am Tag zuvor gefunden haben: zerkaute Federn, kleine, verblasste Blutflecken und die verschiedenen Fährten, von denen Justin mir erzählt hat. Anschließend erklären sie, wie sie das Alter der Stelle bestimmt haben: anhand der Tiefe des Schnees über den ältesten Spuren und ihrer Erinnerung daran, wann der letzte Schnee gefallen ist.

Ich verfolge die Schilderung der Jungs aufmerksam, und gleichzeitig spüre ich einen Impuls vom Ufer hinter uns. Die nachklingenden Töne eines Liedes – eine lyrische Ballade über Leben und Tod – werden immer deutlicher, je länger ich zuhöre.

Als sie ihre Geschichte beenden, drehe ich mich um, klettere etwa drei Körperlängen die Böschung hinauf und gebe Al und Justin ein Zeichen, mir zu folgen. »Habt ihr gestern hier oben nachgesehen?«, frage ich.

»Nein, daran habe ich nicht gedacht«, antwortet Justin, und Al nickt bestätigend.

»Setzt euch doch für eine Weile hierhin«, schlage ich vor, »und nehmt wahr, was euch anspricht.«

Wir befinden uns unter den niedrigen Ästen eines Hains junger Weißkiefern und Balsamtannen, der so dicht ist, dass auf dem mit Nadeln bedeckten Boden kein Schnee liegt. Es ist eine andere Welt, von oben völlig unsichtbar und von allen, die vorbeigehen, unerkannt, es sei denn, sie kriechen unter die schützenden Äste am Rande des Hains, wie wir es taten.

Ich lenke meine Aufmerksamkeit fort von den offensichtlichen Zeichen, sitze lässig da und lausche dem Lied der Fährte, während sie ihre Augen über den Bodenbelag schweifen lassen. So entspannt ich auch aussehen mag, es ist nur Schein – ich höre mit großem Interesse zu. Und ich lausche ohne Vorurteil, als sei jede Stimme ein kostbares Geschenk, ein lebenswichtiger Hinweis. Respekt ist der Grundstein, um das Lied der Fährte zu hören. Wenn ich nicht alles achte, was ich höre – ob es mir nun gefällt oder ich damit übereinstimme oder nicht –, entgehen mir wichtige Informationen. Diejenigen, die selektiv hören, die irgendetwas herausfiltern oder ignorieren, werden früher oder später untergehen. Klar, sie mögen eine Weile überleben, aber sie werden nicht aufblühen.

Die vollkommene Fährtenleserin ist wie ein Schwamm, der alles und jeden in seiner Reichweite aufsaugt. Wenn es mir schwerfällt, das Lied der Fährte zu hören, weiß ich, dass es nicht so sehr an meinen Fähigkeiten liegt wie an mangelndem Respekt. Wenn ich mein Ego beiseitestellen kann, beginne ich zu hören, was ich früher ausgeblendet habe, weil ich es für unwichtig oder ungewohnt gehalten habe.

Mein Lauschen wird dadurch unterbrochen, dass die Jungs sich intensiv auf mehrere faustgroße Kothaufen konzentrieren, die sie ein paar Schritte entfernt auf dem Boden entdeckt haben.

»Das sieht aus wie Vogelkot«, sagt Justin. »Ist das Raufußhuhn?«

Ich lächle nur.

Ein dunkler, reichhaltig aussehender Kothaufen, der aussieht wie eine Schokoladenwirbel-Garnierung, ist säuberlich auf dem Haufen abgelegt.

»Wie süß«, sagt Justin spöttisch. »Es sieht so gut aus, dass Dairy Queen* es als Sonderaktion anbieten könnte. Mal sehen … wie könnten sie es nennen? Wie wäre es mit Doppel-Popo-Dickdarm-Knusperbecher?«

Immer ein Witzbold, dieser Kerl.

Jedenfalls haben die beiden genug gelernt, um zu wissen, dass das glatte, schokoladenartige Erscheinungsbild des Kots auf ein

* Anmerkung der Übersetzerin: Eine US-amerikanische Schnellrestaurantkette, die u. a. diverse Speiseeisprodukte anbietet.

Tier mit einer eiweißreichen Ernährung hinweist. Und sie wissen, dass die längliche Form und der am Ende faserige Zapfen »Wiesel-Familie« bedeuten. Allerdings haben sie bisher noch nicht genug gelernt, um zu wissen, welche der Familien* das sein könnte. Auch haben sie noch nicht genug gesehen, um zu erkennen, dass es für Mitglieder des Wiesel-Clans nicht unüblich ist, auf die Hinterlassenschaft eines anderen zu koten. Ich habe den Eindruck, dass dies in der Regel eine Antwort auf eine territoriale Bedrohung ist.

Für einen Fährtenleser geht es bei der Skatologie nicht einfach um den Kot selbst, sondern auch um die dazugehörigen Spuren wie den Ort, die Richtung, in die das Tier beim Hocken schaut, Grab- und Kauspuren sowie die Spuren, die andere Tiere hinterlassen, die vom Kot angezogen werden. Ein kleiner Haufen Kot kann eine ganze Geschichte erzählen! Die Fähigkeit, diese zu hören, kann für unerfahrene Fährtenlesende besonders wertvoll sein, da Kot häufig die Spur ist, die am besten zu sehen und am leichtesten zu finden ist.

Um dir einen Eindruck davon zu vermitteln, was Al und Justin sehen, möchte ich dir einige Grundlagen der Kotanatomie aufzeigen, die die beiden während ihres Aufenthaltes hier gelernt haben. Ein Kothaufen besteht aus drei Teilen: dem Stopfen, dem Mittelteil und dem Zapfen. Je fester der Kot, desto leichter sind diese Teile zu unterscheiden und zu lesen. Je weicher der Kot, desto schwieriger sind sie zu lesen.

Der Zapfen, den ich gerade in Bezug auf Wiesel erwähnte, ist das hintere Ende des Kots. Üblicherweise verjüngt es sich zu einer Spitze, weil es nicht mit so viel Kraft herausgedrückt wird wie der Rest und weil es abgequetscht wird. Bei der Familie der Wiesel ist dies besonders ausgeprägt, weshalb ihre Zapfen besonders lang und faserig sind.

---

* Anmerkung der Übersetzerin: Der Autor verwendet den Begriff »Familie« in diesem Buch nicht im zoologischen Sinn, sondern mehr im Sinne von »Gruppe«.

Die Form des Zapfens und wie er im Verhältnis zum Rest des Kots daliegt, kann viel über den emotionalen Zustand eines Tieres aussagen, wie z. B. ob sie nervös oder entspannt war und ob sie sich Zeit gelassen hat oder in Eile war. Der Zapfen zeigt in die Richtung, in die sie beim Hocken blickte, was darauf hinweisen kann, ob sie selbstsicher oder ängstlich war, und sogar, was sie fürchtete. Da sie sich in einer verletzlichen Position befand, wählte sie möglicherweise sowohl einen Ort als auch eine Ausrichtung, in der sie wachsam bleiben konnte – wahrscheinlich befand sie sich in einem Zustand extrem erhöhter Aufmerksamkeit.

Der Stopfen ist der erste Teil des Kots, der herauskommt. Es ist normalerweise der trockenste Abschnitt, weil ein Teil der Feuchtigkeit vom Körper wieder aufgenommen wurde. Das macht ihn fest und kompakt, sodass er oft abbricht. Er kann auffallen, weil er faseriger und stumpfer aussieht als der Rest des Kots. Der vordere Teil des Stopfens ist abgerundet und hat einen größeren Durchmesser als das auslaufende Ende. Allerdings können die Stopfen der Wiesel-Familie vorn zugespitzt sein, ganz ähnlich wie deren Zapfen, aber nicht so extrem.

Zwischen dem Stopfen und dem Zapfen befindet sich der Mittelteil, welcher den Großteil des Kots ausmacht. Er ist in der Regel weicher als der Stopfen und weist einen geringfügig kleineren Durchmesser auf. Wenn du den Durchmesser von Kot messen willst, verwende den Mittelteil, da er dir die durchschnittliche Dicke des Kots liefert.

Wenn du herausfinden willst, was das Tier kürzlich gegessen hat, zerlege den Mittelteil. Obwohl es wegen seiner Trockenheit meist einfacher ist, den Stopfen auseinanderzubrechen, enthält dieser nur die Überreste der Nahrung, deren Aufnahme am weitesten zurückliegt.

»Also, was bedeuten diese Ahornsirup-Nusseis-Kugeln?«, fragt Justin eher sich selbst als irgendjemand anderen. »Ich höre gar nichts.«

Während seine Stimme sich verliert, bringt ihn etwas dazu, hochzuschauen. »Ah, ein Ast!«

Das ist der Durchbruch, den sie brauchen, aber ich mache mir auch Sorgen, dass zu viel Wissen nach hinten losgehen kann. Jetzt ist die Chance groß, dass sie schnell weitere Hinweise entdecken, in Begeisterung geraten und voreilige Schlüsse ziehen. Das könnte sie in ihrer Entwicklung als zuverlässige, intuitive, hinterfragende Fährtenleser zurückfallen lassen. Ich schlage vor, dass wir weitergehen und sie später am Tag ohne mich zurückkehren, um zu sehen, was zu ihnen sprechen mag. Dann hätten sie vielleicht die Weitsicht, den Bereich nicht als eine Rissstelle zu sehen, sondern als einen Ort, an dem viele Dinge passiert sind, einen Riss vielleicht eingeschlossen. Anstatt sich nur auf eine Stimme einzuschießen, wären sie dann womöglich besser darauf eingestimmt, die ganze Geschichte zu hören.

Stell dir vor, du nimmst dir einen Roman und gehst das ganze Buch durch, liest aber nur die Sätze einer Figur. Das ist das, was wir tun, wenn wir uns nur auf das konzentrieren, was wir sehen können.

Wenn Al und Justin zurückkehren, werden sie wahrscheinlich die vier kleinen, schillernden Nackenfedern finden, die dem Vogel ausgerissen wurden, als er angesprungen wurde. Ich wette, ihnen werden auch die aufgewühlten Nadeln von dem sehr kurzen Tumult auffallen, der entstand, als die beiden aus dem Baum fielen. Ich hoffe, dies wird den beiden Jungs ein Gefühl für das Kontinuum geben, anstatt ein Stopp-Aktions-Ereignis aus dem Riss zu machen. Das haben sie während der acht Mondinnen gelernt, die sie hier im Camp verbracht haben. Wenn ihnen das gelingt, werden sie vielleicht in der Lage sein, zu dem Fischermarder zu werden, der das Raufußhuhn getötet hat, und zu fühlen, was er fühlte. Da ist der Hunger, der ihn antrieb, das intensive, unmittelbare Verlangen, diesen Hunger zu stillen, der Adrenalinschub, der zum Riss führte, und dann die warme Zufriedenheit nach dem Festmahl.

Wenn sie sich das Szenario vorstellen, wird die größte Herausforderung wahrscheinlich darin bestehen zu erkennen, dass der Beutegreifer ein Fischermarder war. Mitglieder der Wiesel-Familie haben einen Sexualdimorphismus, was bedeutet, dass Männchen und Weibchen unterschiedliche Größen besitzen, und in diesem Fall sind Männchen größer als Weibchen. Die landlebenden Mitglieder der Familie in unserem Gebiet sind, von der kleinsten zur größten, folgende: Mauswiesel, Hermelin, Langschwanzwiesel, amerikanischer Nerz, Fichtenmarder und Fischermarder. Ein männliches Langschwanzwiesel kann die gleiche Größe haben wie ein weiblicher Nerz, und ein männlicher Nerz kann genauso groß – oder sogar größer – sein als ein weiblicher Fichtenmarder und so weiter. Um die Verwirrung perfekt zu machen, ähneln sich die Trittsiegel und Gangarten dieser Tiere so sehr, dass ein unerfahrener Fährtenleser sie leicht verwechseln kann.

In solchen Fällen berücksichtige ich, wie kräftig ein Pfotenabdruck ist. Der Abdruck eines männlichen Fichtenmarders ist normalerweise zierlicher als der eines weiblichen Fischermarders. Als Nächstes betrachte ich die sekundären Zeichen wie das Habitat. Wiese und Feuchtgebiet spricht für Mauswiesel, während Ufer wahrscheinlich eher auf Nerz hindeutet und in altem Wald zumeist der Fichtenmarder zu finden ist.

Nach dem Töten würde der Fischermarder unmittelbar nach einem sicheren Ort für sein Festmahl suchen. Wenn Justin und Al ins Bewusstsein des Fischermarders schlüpfen, werden sie das vielleicht mitbekommen. Jetzt gerade wäre die größte Angst des Fischermarders, dass jemand käme und damit drohen würde, sich seine Mahlzeit zu schnappen. Wenn er versuchen würde, im Dickicht zu fressen, wäre er nervös, weil er nicht sehen könnte, ob jemand käme. Dort, nur den Hügel hinunter im Moor, sieht er eine kleine Lichtung, wo er in Frieden sein Mahl genießen kann. Sie liegt im Schatten, was ihm gefällt, und trotzdem hat er eine gute Sicht.

Wenn die Jungs mitbekommen, was hier wirklich passiert ist, kann ich Al schon mit seinem New-Jersey-Akzent sagen hören: »Ai, und mir dachten, mir hätten en Rissfleck. Hah, det warn blus Iwwerbleibsle vom Ässe.« Und ich wette, darauf würde der Entschluss folgen, ab jetzt direkt von Beginn an *wie eine Frage zu sein.*

Aber das wird später sein – jetzt schlendern wir erst einmal weiter. »Ich habe dir noch einen anderen Buffettisch zu zeigen«, sagt Justin, der uns durch das Moor zu einem toten Hirsch führt, auf den er vor ein paar Tagen stieß. Gemessen daran, wie zertrampelt der Bereich um den Kadaver ist und wie viele und unterschiedliche Spuren es gibt, müssen sich alle Fleischfresser der Gegend an diesem Tier gütlich getan haben. Sogar ein paar Pflanzenfresser haben sich daran versucht.

Das ist tatsächlich nicht so ungewöhnlich. Manche Tiere, die allgemein als Vegetarier gelten, wie z. B. Hirsche und Kaninchen, knabbern wegen der Konzentration an Nährstoffen manchmal an Fleisch. Erdhörnchen fangen und fressen sogar kleine Vögel. Auch das Gegenteil ist der Fall, und Fichtenmarder ist ein gutes Beispiel dafür. Er ist für seine Fähigkeit bekannt, die blitzschnellen roten Eichhörnchen zu erlegen, und wie sich herausgestellt hat, liebt er Blaubeeren – so sehr, dass sich sein Kot auf dem Höhepunkt der Beerenzeit blau färbt.

Kojoten kommen regelmäßig her, um sich zu bedienen, und Justin möchte wissen, ob es sich dabei um einige derjenigen handelt, die er nachts heulen hört. Er findet heraus, aus welcher Richtung das Heulen kommt, und geht am nächsten Morgen los, um den Ort zu finden. Er sagt, er sucht nach Hinweisen, die ihm sagen, ob sie heulen, wenn sie für die Jagd zusammenkommen, oder ob sie das nach erfolgreicher Jagd tun oder nachdem sie sich an der Beute gütlich getan haben. »Aber vielleicht«, sagt er mit einem Zwinkern, »hat es gar nichts mit der Jagd zu tun. Man muss wie eine Frage sein, weißt du?«

Justin macht uns auf einen viel genutzten Kojotenpfad aufmerksam, der aus dem Osten herführt. Er windet sich durch einen jungen Wald aus Espen, Rotkiefern und Balsamtannen am Rande des Moores und führt dann in die Wildnis. »Gestern«, sagt er, »fand ich die Fährte eines Kojoten mehrere Kilometer tief in der Wildnis und folgte ihr. Ob du's glaubst oder nicht, sie traf auf diesen Pfad. Sieht so aus, als kämen die Kojoten von überall her. Was glaubst du, wie sie alle das herausgefunden haben?«

»Wenn ich das wüsste«, antwortete ich.

Er stöhnt.

»In Ordnung«, schießt er zurück, »ich habe noch was für dich. Ungefähr vierhundert Meter den Pfad hinauf habe ich einige Spuren gesehen, aber ich konnte nicht herausfinden, von wem sie waren. Willst dir das ansehen?«

Weder er noch Al konnten auf den ersten Blick sagen, wer die Spuren hinterlassen hatte. Ähnlich wie bei den Fährten, die wir zuvor auf dem See gesehen hatten, waren diese hier durch die Sonne verzerrt. Darüber hinaus wurden sie vom Wind bearbeitet und wuchsen mit der Zeit. Ja, sie wuchsen – Spuren im Schnee sind berüchtigt für unglaubliche Wachstumsschübe. Schuld ist der Schnee: Er hat diese merkwürdige Eigenart, sich einfach in Luft aufzulösen, ohne vorher schmelzen zu müssen. Je stärker der Wind und je trockener die Luft, desto schneller verflüchtigt er sich. Obwohl der Schnee schrumpft, wachsen die Spuren, die in ihm eingeprägt sind, natürlich.

Ich erinnere mich daran, wie ich einmal den schönen, klaren Pfotenabdruck eines Rotluchses in offenem Gelände entdeckte. Er stammte von der linken Vorderpfote, und er war groß. Es sah aus, als sei der Luchs auf dem Weg zu der Fichte direkt vor mir, weshalb ich mich unter die überhängenden Äste duckte und mich nach irgendeinem Hinweis umsah. Alles, was ich finden konnte, war die Fährte eines Schneeschuhhasen. Mensch, war ich froh, dass niemand mit mir unterwegs war, sodass ich das geheimhalten konnte. Psst, sag es nicht weiter.

Ich halte mich im Hintergrund, um den Jungs viel Raum zum Untersuchen der Spuren zu lassen. Sie fahnden nach einem Abdruck, der einen Pfotenballen oder vielleicht Krallenspuren aufweist – etwas Eindeutiges, das ihnen hilft, das Tier zu identifizieren. Ich mache mir nicht die Mühe nachzusehen. Auf dem Weg in das Gebiet bekam ich ein Gefühl für das Geschlecht und das Alter des Tieres, und es war auf einen Blick offensichtlich, was sie vorhatte, woher sie kam und wohin sie ging.

»Ich glaube, es ist … vielleicht … eine Kojotenfährte«, bietet Justin an, obwohl sie nichts finden konnten, das eindeutig genug wäre, um etwas damit anzufangen.

»Was hältst du davon, dass sich dieses Tier zwischen diesem Haselstrauch und dem Grasbüschel, das dort aus dem Schnee ragt, hin- und herbewegt, und dann zum nächsten weitermäandert?«, frage ich in der Hoffnung, dass sie den Hinweis bemerken, zurückzutreten und sich einen Überblick verschaffen werden.

»Jetzt, wo du es sagst«, meint Al, »dieses Ding verhält sich überhaupt nicht wie ein Kojote, der es geradewegs auf ein Steaksandwich abgesehen hat.«

»Vielleicht wurde er abgelenkt«, wirft Justin ein.

»Guter Hinweis«, antworte ich. »Alles ist möglich.«

»Du durchtriebener Hund, Tamarack«, bricht es aus Al heraus. »Du weißt, was hier los ist! Warum hörst du nicht auf, mit unseren Köpfen zu spielen und sagst es uns einfach?«

»Und mir den ganzen Spaß verderben … ups, ich meine euren Spaß?«

»Okay, gib uns einen weiteren Hinweis.«

»In Ordnung, aber nicht meckern – ihr habt es so gewollt. Seid wie eine Frage. Vergesst Kojote – vergesst alles – und werdet das Tier, das diese Fährte hinterlassen hat. Wenn ihr in das Bewusstsein dieses Tieres schlüpft, werdet ihr sehen, dass dieser Ort vor Hinweisen nur so wimmelt.«

Sie hören zu, und ich kann sehen, wie sie loslassen. Sie wollen lernen, oder ich sollte sagen *verlernen*. Wie zuvor trete ich zurück, um Raum für ihren Prozess zu schaffen.

Justin und Al stecken schließlich fest – sie brauchen etwas, das sie aus der Sackgasse herausholt, etwas, das sie aus dem blinden Tunnel bringt, in den ihr Verstand sie geführt hat. Ich zeige auf einen Fußabdruck vor ihnen, der einzigartig ist, weil er durch die Oberfläche gebrochen ist. Das Tier trat auf etwas, das ein Mooshügel zu sein scheint, in Wirklichkeit jedoch ein mit Moos bedeckter, verrotteter Baumstumpf ist. Der Fuß des Tieres brach durch das Moos und versank in dem verrottenden Holz.

Sie schauen es sich an – sie gehen nahe heran, sie treten zurück, aber nichts macht »Klick«.

»Denkt nicht«, sage ich leise. »Seid.«

»Ah!«, sagt Al nach einer Weile. »Es ist kein Pfotenabdruck – es ist ein Hufabdruck. Berichtigung: Es ist *vielleicht* ein Hufabdruck. Eine Pfote könnte von dem Moos getragen werden, aber ein Huf würde hindurchbrechen.«

Dies öffnet die Tür, und sie beginnen, die Teile zusammenzufügen, sogar die, die sie zunächst nicht wahrgenommen haben.

»Also darum ging der ›Kojote‹ nicht direkt zum Kadaver«, konstatiert Justin.

»Und sieh dir das Gras an«, ergänzt Al. »Unser ›Kojote‹ hat nicht einfach herumgeschnüffelt; er hat das Zeug gemampft!«

Diese Geschichte hat ein glückliches Ende, und die Lektionen wurden gelernt. Wenn das immer so wäre, wäre ich ein glücklicher Kerl. Die Realität ist jedoch, dass die meisten Lernenden, mit denen ich arbeite, steckenbleiben. Und wenn sie keine Anleitung haben, bleibt das meist auch so. Woran liegt das, und warum ist es für sie wichtig, über diesen Punkt hinauszukommen?

Bewusstheit ist der erste und wichtigste Schritt für Veränderung. Wenn ich nicht weiß, wo ich herkomme oder wohin ich gehe, endet es wahrscheinlich damit, dass ich im Kreis laufe. Andererseits, wenn ich weiß, wo ich war und wo ich sein will, kann ich eine Richtung einschlagen.

Meine Erfahrung mit Neulingen im Fährtenlesen wie Al und Justin zeigt, dass ihr größter Stolperstein der Drang ist, sofort nach einer Antwort zu suchen. Die meisten von uns entwickeln diesen Ansatz kurz nach der Geburt, wenn wir in Kinderzimmern und Krippen vom täglichen Geschehen isoliert werden. Wir hungern nach Anregung und Beteiligung am wirklichen Leben, sodass wir uns bei jeder Gelegenheit kopfüber in die Dinge stürzen. Ist das Muster einmal festgelegt, führen wir es auch nach dem Verlassen der Krippe fort und behalten es in der Regel unser ganzes Leben lang bei.

Indigene Kinder verbringen ihren ersten Jahreszeitenzyklus im Allgemeinen in einem Wiegenbrett oder einem Tragetuch, wo sie ständig bei ihrer Mutter und im Zentrum des Geschehens sind. Von diesem Platz aus beobachten sie und verschaffen sich einen Überblick, was zu einer lebenslangen Praxis wird. Dies ist die natürliche Art, ein Kind aufzuziehen, sowohl für Menschen als auch andere Primaten.

Ein Grund dafür, dass es für viele von uns so schwer ist, dieses Muster des Hineintauchens loszuwerden, ist, dass wir es immer wieder mit Stimulanzien verstärken. Kaffee, Limonade, Süßigkeiten, Musik … die Liste ließe sich beliebig fortführen. Diese Muntermacher halten uns in unserem Ego, halten uns auf Trab. Sie machen es schwer für uns, langsamer zu werden, unserer Intuition zu lauschen oder das dezente Lied der Fährte zu hören. Wir leben an der Oberfläche, nutzen nur die äußerste Schicht unseres tiefen, tiefen Geistes und nur den geringsten Teil unserer umfangreichen Sinne. Da der größte Teil unserer Kapazitäten ausgeschaltet ist, bleibt uns nicht viel anderes übrig, als analytisch zu werden und nach einer Antwort zu suchen. Wir sind einfach zu betäubt und von uns selbst und dem Kreis des Lebens abgekoppelt, um die subtilen Stimmen wahrzunehmen, die uns so viel zu sagen haben.

Wenn wir die Stimulanzien aufgeben, wie Al und Justin das getan haben, können die Gewohnheiten, die wir während der Zeit entwickelten, in der wir Stimulanzien verwendeten, uns noch eine Weile begleiten. Das ist der Grund, warum Al und Justin weiterhin gegen Wände laufen. Sie versuchen weiterhin, ihre Frontallappen die Arbeit ihrer Sinne, Intuition und Ahnenerinnerungen machen zu lassen. Egal, wie clever und kompetent sie sind – und sie waren beide erfolgreich in ihrem alten Leben – ihr Verstand allein kann sie nicht zu wirklich lebendigen und handlungsfähigen Menschen machen.

Uns auf unsere rationalen Prozesse zu verlassen, ist das, was wir üblicherweise tun, wenn wir zur natürlichen Welt zurückkehren. Das ist zu erwarten – wir sind dort hineingeboren, wurden unser ganzes Leben darauf trainiert, und so sind wir immer zurechtgekommen. Darüber hinaus ist die moderne Welt eine künstliche Welt, die von rational denkenden Köpfen erdacht und aufgebaut wurde. Natürlich müssen sich Menschen, die in dieser Welt leben, hauptsächlich auf ihren rationalen Verstand verlassen, um darin zu überleben.

Gleichzeitig sieht man, wie Justin und Al damit zu kämpfen haben, und man sieht Anzeichen dafür, dass ihr natürliches Selbst zum Vorschein kommt. Sie werden neugieriger und neugieriger, sie nehmen sich mehr und mehr die Zeit zuzuhören, und sie bemühen sich, aus ihren Identitäten als »Justin« und »Al« herauszutreten, damit sie zuhören können. Es ist für mich eine Freude und ein Privileg, mit ihnen und ihren Mitlernenden zu arbeiten und zu beobachten, wie sie in ihr ursprüngliches Selbst hineinwachsen.

8

Augen, die leuchten

Der Fährtenleser kann nun die alte Haut abwerfen, um mit neuen Augen zu sehen

Ist dir je aufgefallen, dass manche Tiere so wunderbar getarnt sind, dass Farbe und Muster ihres Fells, ihrer Federn oder ihrer Schuppen sie praktisch verschwinden lassen, und dann haben sie ausgerechnet leuchtend bunte Augen? Zu allem Überfluss haben einige von ihnen auch noch grellweiße oder schwarze oder sogar neongrüne Streifen quer über ihrem Gesicht, mit den Augen direkt in der Mitte. Was für ein Widerspruch, findest du nicht auch?

Aber es muss dafür einen Grund geben, da alles im Reich der Natur einen Zweck hat. Gehen wir zurück zu einem frischen, sonnigen Nachmittag in diesem dynamischen Übergang zwischen der grünen und der weißen Jahreszeit. Ich paddle über den See, um in unserem zweiten Camp für Lernende nach dem Rechten zu sehen. Noch bevor ich mein Boot auf den Strand gezogen habe, sehe ich Antoine das Ufer hinunter auf mich zukommen. Seine fokussierten Augen und seine absichtsvollen Schritte sagen mir, dass dies keine übliche Begrüßung ist.

Antoine, der seit etwa einem halben Jahreszeitenzyklus als Lernender bei uns ist, kam direkt nach dem Schulabschluss hierher. Idealistisch und engagiert stürzte er sich auf alles, was das Programm zu bieten hatte. Inspiriert wurde er von seinem älteren Bruder, der zuvor zwei Jahre lang als Lernender hier war. Ihre Vorfahren sind kanadische Ojibwe, und beide kamen hierher, um sich wieder mit ihren Jäger-Sammler-Wurzeln zu verbinden.

»Komm, wir setzen uns ans Feuer«, schlage ich vor, »und du kannst mir deine Geschichte erzählen.«

»Es passierte heute Morgen«, beginnt Antoine. »Ich durchquerte diesen kleinen Sumpf vor uns, und dort war eine Hirschkuh in dem kleinen Strauchbirken-Wäldchen, wo das höher gelegene Gelände in das Moor übergeht. Ich konnte sie kaum erkennen«, fährt er fort. »Die Farbe ihres neuen Winterfells und sogar die Zeichnung verschmolzen regelrecht mit der Rinde und den Zweigen. Und sie stand absolut still. Ich konnte ihre Beine nicht ausmachen; ihre Konturen müssen mit dem stehenden Gestrüpp verschmolzen sein.

Ich konnte nur ein kleines Stück ihres Bauches sehen – oder zumindest dachte ich, es sei ihr Bauch. Ich könnte es nicht wirklich sagen, weil ich nicht sicher bin, wo ihr Bauch aufhörte und der Hintergrund begann. Ich weiß nicht, ob es die Farbe ihres Fells war oder die Art, wie es herunterhing, aber es schien einfach direkt in die toten Blätter und Ästchen überzugehen. Das Gleiche galt für ihren Rücken. Auch hier konnte ich nicht viel davon sehen, aber die Art, wie er das Licht absorbierte – er verschmolz mit den Schatten.

Und dann ihr Auge«, erzählt Antoine weiter. »Es fiel mir zuerst gar nicht auf, aber als ihr Blick meinen traf, hob sich ihr Auge ab, als sei es das Gegenteil von getarnt – es war wie ein Leuchtsignal, das meine Aufmerksamkeit auf sich zog. Es ergab keinen Sinn – erst der perfekt getarnte Körper und dann ein Auge, das auffiel wie eine glitzernde, schokoladenbraune Murmel. Wenn ich sie nicht beobachtet hätte, als sie in das Unterholz ging, hätte ich keine Ahnung gehabt, dass sie dort war. Worum geht es hier? Warum sollte sie ihre Anwesenheit publik machen?«

»Ist es das, was sie getan hat?«, hakte ich nach.

»Es schien so.«

»Wem?«

»Na, mir.«

»Es gibt eine Antwort auf deine Frage, aber du fragst die falsche Person. Wenn du wissen willst, wie es ist, Kanu zu fahren, was würdest du tun?«

»Ich würde Kanu fahren. Ah, verstehe – um zu wissen, was die Hirschkuh vorhat, könnte ich die Hirschkuh werden. Wenn ich wie sie heute Morgen die Böschung hinunter zum Rand des Moores gehen würde, könnte ich vielleicht herausfinden, wie es sich anfühlt, wenn man kurz davor ist, ins Freie zu treten. Ich werde einfach losgehen und das tun. Aber da ist immer noch das Auge … Es ergibt keinen Sinn.«

»Für wen?«, frage ich erneut.

»Für mich natürlich.«

»Ja, und deswegen musst du die Hirschkuh werden.«

Am nächsten Morgen, etwa um die gleiche Zeit, legt er seine Kleidung ab, wie ich es vorgeschlagen habe, sodass er die sichere Ausstattung der zivilisierten Menschheit hinter sich lässt und sich nackt und verletzlich fühlt wie die Hirschkuh.

Alles ist verbunden: Unsere physische Ausstattung hält uns in der Regel in der Mentalität gefangen, die diese Ausstattung hervorgebracht hat. Sie wird zu einer Hülle, einem bequemen Schutz. Das Problem ist, dass mit dem Schutz auch die Isolation einhergeht. Der einfache Akt des Ablegens unserer Ausstattung, was auch immer sie sein mag, kann helfen, unseren Verstand, unsere Sinne und unsere Gefühle aus ihrer konventionellen Funktionsweise zu befreien.

Später an diesem Abend liegt Frost in der Luft, und Antoine und ich machen es uns an einem warmen, knisternden Feuer gemütlich. Hier ist die Geschichte, die er mit mir teilt:

»Als ich mich die Böschung hinunter zum Rand des Moores arbeitete, fühlte ich mich ziemlich wohl und sicher. Die Bäume waren meine Gefährten – sie gaben mir eine gewisse Deckung und Schutz, und gleichzeitig konnte ich zwischen ihnen auf einige Entfernung hindurchsehen. Allerdings änderte sich das, als ich den Rand des Moores erreichte.

Dort draußen war es hell und offen, und ich war beunruhigt. Unter meinen Füßen war es feucht und kalt, was das Gefühl von Veränderung noch verstärkte. Ich arbeitete mich durchs Unterholz hindurch, das so dicht war, dass ich mich nicht so umsehen konnte wie zwischen den Bäumen, was mich noch unruhiger machte.«

Die Hirschkuh, als Wesen der Nacht, war wahrscheinlich noch nervöser als Antoine. Hirsche haben tagsüber im Vergleich zu anderen großen Tieren nur ein durchschnittliches Sehvermögen, weshalb sie sich verletzlich und ängstlich fühlen. Sie sind viel lieber nachts unterwegs, wenn ihr Sehvermögen stark und ihr

Hörvermögen in der Stille überragend ist. Sie haben auch einen sehr guten Geruchssinn, und die stille, feuchte Nachtluft ist ideal, um Gerüche zu transportieren. Mit dem Sehen ist es anders – sie können Details nicht so gut erkennen wie wir. Sie bewegen ihren Kopf, um Dinge zu erfassen, was ihre Augen zur Geltung bringt und ihr mittelmäßiges Sehvermögen bei Tag ausgleicht.

»Ich wartete dort ein bisschen«, fährt er fort, »bis ich ziemlich sicher war, dass niemand dort war, keine Gefahr lauerte. Und trotzdem wollte ich nicht hinaus ins Moor treten. Ich spürte diesen Drang, mich umzudrehen und zurück in den Wald zu gehen. Aber etwas zog an mir – ich wusste, es gab einen Grund, weshalb ich das Moor durchqueren musste. Ich streckte meinen Kopf hinaus und ging einen langsamen Schritt nach dem anderen. Meine Ohren waren gespitzt, meine Nase witterte die Luft, meine Beine waren bereit, mich blitzschnell dort herauszubringen, sollte ich etwas Bedrohliches wahrnehmen.

Direkt vor mir befand sich ein Grüppchen verkümmerter Birken. Ich wollte dorthin rennen, um mich dort eine Weile zu verstecken und mich von dem Stress zu erholen, der sich in mir aufgestaut hatte. Aber ich wusste, dass ich langsam und gleichmäßig weitergehen musste. Mich im Gebüsch zu verstecken, würde mir nichts nützen, wenn ich auf dem Weg dorthin Radau machte.«

»Wie fühlte es sich an?«, will ich von ihm wissen.

»Tamarack – ich war die Hirschkuh! Es war toll – ich war noch nie so gut auf den Wald eingestimmt. Und es lag nicht daran, dass ich es wollte; es fühlte sich an, als müsste ich es sein. Es war so ganz anders als sonst, wo ich nur herumstöbern und entweder präsent sein konnte oder nicht. Das hier war ernst – irgendwie wusste ich, dass jede Bewegung, die ich machte, entweder Leben oder Tod bedeuten konnte.«

Er hält einige Atemzüge lang inne, so als ob er Zeit bräuchte, um die Erkenntnis zu verinnerlichen. Ich frage ihn, wie es sich anfühlt, sich wie ein Hirsch zu bewegen.

»Als ich ins Unterholz schlüpfte«, erwidert er, »stand ich still

– kein perfektes, künstliches Stillhalten – ich schwankte nur ein bisschen mit den Zweigen und den sich bewegenden Lichtflecken. Ich dachte, ich würde mich direkt entspannen, aber das tat ich nicht. Ich hatte neue Dinge, über die ich mir Gedanken machen musste. War ich allein auf dieser Insel? Was konnte ich tun, um über das Klacken der Äste und das Rascheln der Blätter hinwegzuhören?«

In diesem Moment unterbricht er seine Erzählung und sieht mich eindringlich an. »Okay, Tamarack, an dieser Stelle bin ich in eine Sackgasse geraten. Du sagst, im natürlichen Reich hätte alles einen Grund. Da war ich nun, fühlte mich noch immer verletzlich, obwohl ich in Deckung war. Wie um alles in der Welt hätten mir auffällige Augen helfen können?«

»Anscheinend bist du nicht mehr in dem Zustand, wie eine Frage zu sein«, entgegnete ich. »Es liegt daran, dass du deine Identität verloren hast und wieder ein Mensch wurdest – ein denkender Mensch noch dazu. Was kannst du jetzt tun, um aus der Sackgasse herauszukommen?«

»Es ist nicht so, dass ich nicht wüsste, was ich tun muss«, sagt er mit einem schiefen Grinsen. »Ich hatte nur gehofft, aus dir eine Antwort herauszubekommen. Ich freue mich tatsächlich darauf, es noch einmal zu machen – es war ein Riesenspaß.«

Ein paar Abende darauf bin ich zurück in Antoines Camp, und er begrüßt mich mit einem überschwänglichen »Es war fantastisch, Tamarack!«

Wir setzen uns ans Feuer und er wird ernst, bevor er spricht. »Ich konnte nicht weit sehen«, beginnt er. »Und da war wieder diese Brise, sodass ich auch nicht viel hören konnte. Ich fühlte mich verletzlich – jede ungewöhnliche Bewegung und jedes ungewohnte Geräusch erregte meine Aufmerksamkeit. Ich stellte mir das schlimmste Szenario vor, also dass ein Wolf das Moor durchquert, oder ein Mensch. Plötzlich wollte ich nicht mehr getarnt sein – ich musste wissen, wer dort draußen war.«

»Wie wolltest du das herausfinden«, frage ich, »*und* dabei auf dich aufpassen?«

»Ich wollte gesehen werden, und ich wollte gleichzeitig etwas sehen, damit ich erkennen konnte, ob irgendein Tier ein Interesse an mir hatte. Wäre er an mir interessiert gewesen, hätte ich Zeit gehabt zu entkommen. Und wenn nicht, hätte ich einfach abwarten können und keine weitere Aufmerksamkeit auf mich ziehen brauchen.

Und dann ging mir ein Licht auf – ich würde wollen, dass mir das Raubtier direkt in die Augen sieht. Dann könnte ich ihn im Auge behalten, so wie er mich. Und um seine Aufmerksamkeit auf mich zu ziehen, würde ich wollen, dass meine Augen leuchten.«

Alles ist still, bis auf das Zischen und Knistern des Feuers. Antoine scheint in Gedanken versunken. Ich blicke in die Glut und freue mich über die bemerkenswerte Erkenntnis, die dieser hungrige junge Fährtenleser gewonnen hat. Die Schatten der Flammen tanzen über sein Gesicht, und dadurch wird mir klar, dass dieser Moment genauso gut vor zehntausend Jahren an einem Lagerfeuer hätte stattfinden können. Damals lebten wir alle nach den Rhythmen der Erde und den Sehnsüchten des Herzens. Abenteuer wurden geteilt, so wie Antoine das heute Abend tat, und auf diese Weise wurden die Lehren in Geschichten weitergegeben. Ich frage mich, ob diese Geschichte Antoines anderen jungen Fährtenlesenden, die sich um zukünftige Feuer versammeln, weitererzählt werden wird. Und ich frage mich, ob ihre Augen im Licht des Feuers so leuchten werden, wie unsere es jetzt tun.

9
Großvaterwellen

Wie man Jahrhunderte der Bewegung in der Stille eines alten Waldes sehen kann

Die grüne Jahreszeit verweilte dieses Jahr länger als sonst. Ich sah, wie einige Birken ihre Blätter früh abwarfen, aber das lag nur an der Trockenheit. Birken, mit ihrem flachen Wurzelwerk und ihrer Vorliebe für Feuchtigkeit, sind mit die ersten Bäume, die schwächer werden, wenn der Regen ausbleibt. Das macht sie anfällig für Krankheiten und Insektenbefall. Aber manche Birken sind weise – sie werfen einfach ihre Blätter ab, um Energie und Feuchtigkeit zu sparen, anstatt zu versuchen, dem Schicksal zu trotzen.

Jetzt haben wir die Mondin der fallenden Blätter*, und die Zuckerahorne machen endlich ernst damit, ihre zitronengelben Blätter zum Teppich des Waldbodens beizusteuern. Ich finde immer noch ein paar Beeren des kanadischen Hartriegels, die ich naschen kann, und ich erinnere mich nicht, das je so spät in der Saison getan zu haben. Normalerweise bin ich um diese Zeit draußen, um Moosbeeren zu sammeln, aber die haben noch immer keine rosigen Wangen, die einem sagen, dass sie bereit sind. Ich probierte trotzdem ein paar, und sie schmeckten so fade und sauer wie sie aussahen.

Die Saison verlief von Anfang an nicht nach Plan, da sie spät begann und die Pflanzen aus der Bahn warf. Zumindest würden manche das sagen. Im Reich der Natur gibt es kein zu früh oder zu spät, da weder Pflanzen noch Tiere Daten oder Durchschnittswerte verfolgen. Das Jetzt ist alles, was ist, und was immer passiert, soll geschehen. Wir andererseits haben gern eine »durchschnittliche Jahreszeit«, in der die Dinge zur gleichen Zeit und in der gleichen Reihenfolge auftreten wie im Jahr zuvor.

Allerdings ist das selten der Fall. Ein Durchschnittswert ist nicht die Norm; es ist nur eine mathematische Berechnung. Und wenn wir nur durchschnittliche Jahre hätten, hätten wir ein Problem. Früher und später auftretende Jahreszeiten sind für die Vitalität von Pflanzen- und Tierpopulationen von entscheidender

* Siehe Glossar.

Bedeutung. Wir können das bei Pflanzen beobachten, die eine bestimmte Zeitspanne benötigen, um zu wachsen und sich fortzupflanzen. Wenn sie noch nicht ausgesamt haben, wenn sich das Wetter ändert, machen sie einfach weiter und hoffen auf das Beste. Manche von uns sehen das als ein Wettrennen, das eine Pflanze mal gewinnt und mal verliert.

Das ist ein weiteres künstliches Konstrukt von uns. Nur in unserer durch Wettbewerb geprägten, schwarz-weißen Welt gibt es Gewinnen und Verlieren – wobei Gewinnen natürlich die bessere Alternative ist. Für Pflanzen ist Verlieren Gewinnen und Sterben ist Leben. Die Herausforderung der Kälte ist willkommen, weil sie sie stark macht. Diejenigen, die früher reif werden oder frostbeständiger sind, werden überleben und diese Widerstandsfähigkeit an ihren Nachwuchs weitergeben. Das Gleiche gilt für die Herausforderungen für das Überleben, denen Tiere ausgesetzt sind.

Diese Konstrukte entfalteten gerade ihre Magie der scheinbaren Gegensätze bei Rick, meinem Assistenten, der gerade von einem Aufenthalt in seinem Heimatstaat Oregon zurückgekehrt ist. Er staunt darüber, wie dynamisch der Jahreszeitenzyklus hier im Vergleich zum Nordwesten ist. »Zu Hause wird es nass, und dann wird es trocken«, sagt er. »Es wird ein bisschen wärmer, und dann wird es ein bisschen kälter. Die Blätter fallen, und die Blätter kommen wieder. Wenn die Bäume hier kahl werden, passieren große Dinge: Der Wind dreht von Süd nach Nord, die Seen frieren zu, und man weiß, dass man bald durch Schnee stapfen muss, der einem bis zu den Oberschenkeln reicht.«

Rick war für zwei Mondinnen der fallenden Blätter hier, bevor er nach Hause zurückkehrte. Er weiß also genau, was er zu erwarten hat. Es ist nicht verwunderlich, dass er von unseren jahreszeitlichen Veränderungen beeindruckt ist, da sie so anders sind als das, womit er aufgewachsen ist. Jeder Wandel birgt Schönheit und Geheimnisse, wenn wir uns ihm öffnen und uns darauf einlassen. Wenn wir das Neue nicht mit dem Alten vergleichen würden, wie Rick es getan hat, könnte uns der Zauber des Neuen entgehen.

Seit Rick zurück ist, streift er bei jeder sich bietenden Gelegenheit durch den Wald. Er ist fleißig und ehrgeizig und lernt leidenschaftlich gern hinzu. Alles interessiert ihn, und es vergeht kaum eine Zeit, in der ich ihn sehe, ohne dass er eine Frage zu etwas hat, das ihm begegnet ist. Er hat sich lange genug von mir anleiten lassen, sodass er keine Antworten mehr von mir erwartet und sich inzwischen mit ein paar Hinweisen hier und da zufrieden gibt. Zuerst war er frustriert – er ist der typische ADS-Typ, der wenig Geduld aufbringt –, aber jetzt liebt er den Ansatz des Hinterfragens. Er hat genug Erfahrung, um zu wissen, dass er viel mehr von den Fragen einer anderen Person hat als von deren Antworten. So wie damals, als wir zwei auf dem Weg zum Camp waren und er mir von diesem frischen Dachsbau erzählte, den er gefunden hatte, und der in die Böschung einer alten Forststraße gegraben war.

»Bist du sicher, dass das ein Dachs war?«, frage ich.

»Nein, natürlich nicht«, antwortet er. »Aber die Öffnung war breit und niedrig wie die eines Dachsbaus, und der Sand war breitflächig und fächerförmig ausgeworfen, als ob ein Dachs dort gegraben hätte. Andererseits hätten es auch zwei Waldmurmeltiere sein können, die Seite an Seite gegraben und den Sand weit ausgebreitet haben, um es für einen hungrigen Beutegreifer aussehen zu lassen, als würde dort ein übellauniger Dachs leben.«

Ich setze eine übertriebene Miene auf und tue so, als würde ich ernsthaft darüber nachdenken.

»Aber ernsthaft«, fährt Rick fort, »ich versuche, nicht davon auszugehen, dass es ein Dachsbau ist und alles durch einen Dachsfilter zu sehen. Ich habe das schon früher getan, und ich werde es wahrscheinlich noch ein-, zwei- oder zwanzigmal wiederholen.«

Wir kichern beide. Rick sagte, die Leute hier sollten alle T-Shirts tragen, auf denen *Vielleicht* steht, damit ich sie nicht ständig daran erinnern muss. Selbst wenn man bedenkt, was es braucht, um einen Fährtenleser auszubilden, der das Lied der Fährte wahrnehmen kann, bedeutet es für mich als Mentor eine umso größere Herausforderung und Anregung, den Weg des Hinterfragens in jemandem zu wecken. Es erfordert viel mehr Köpfchen, ermutigende Hinweise zu finden und jemanden in den Fragemodus zu versetzen, als nur eine gute Antwort zu geben.

»Was war an dem Bau besonders?«, frage ich.

Den Ort, von dem ich wusste, dass es sich um eine Kreuzung von Wildwechseln handelte, hatte er mir bereits beschrieben. Daher wusste ich – mal abgesehen von dem Funkeln in seinen Augen –, dass er mir unbedingt etwas erzählen wollte.

»Was wie eine Kojotenfährte aussah – beachte, dass ich sagte ›was wie eine Fährte aussah‹ – und etwas, das wie eine Rotluchsfährte aussah, kreuzten sich auf dem Sand vor dem Bau. Der ›Kojote‹ lief die Straße hinunter, und der ›Rotluchs‹ überquerte die Straße. Ich konnte nicht herausfinden, warum sie in zwei verschiedene Richtungen liefen.«

»Wie unterscheiden sie sich als Jäger?«, frage ich. »Wie wäre es, wenn wir zu dem Bau zurückgingen und uns einen Überblick über das Gebiet verschafften, um zu sehen, wie ihre Wege vielleicht mit ihrer Ernährung zusammenpassen?«

Ich wusste, dass es auf beiden Seiten der Straße einige Toteislöcher mit üppigem Grün gab, und ich vermutete, dass der Rotluchs die Straße überquerte, um von einem zum anderen zu gelangen, in der Hoffnung, auf einen äsenden Schneeschuhhasen zu stoßen. Der Kojote andererseits folgte vielleicht dem Hirschwechsel, zu dem die Forststraße geworden war. Rick ist clever – und motiviert. Die Wahrscheinlichkeit ist hoch, dass er auf diese Dinge ohne weitere Hinweise von mir kommen wird, oder er geht wieder dorthin, und wieder, wenn notwendig, bis das Lied der Fährte für ihn klarer wird.

Rick antwortet nicht sofort. »Dieser Abschnitt des Waldes hat etwas an sich, was sich einfach nicht richtig anfühlt«, sagt er schließlich. »Es ist fast deprimierend. Ich fühle, wie sich eine

Wolke auf mich herabsenkt, sobald ich ihn betrete. Ich kann es nicht genau sagen, aber es ist, als würde etwas fehlen. Ich weiß, der alte Baumbestand wurde gerodet und die Kiefern gepflanzt. Aber das ist es nicht. Da ist noch etwas anderes Unnatürliches – etwas, das mich nervös, fast misstrauisch macht. So fühle ich mich, wenn ich in mein Auto steige und weiß, dass etwas manipuliert wurde, aber ich kann einfach nicht sagen, was.«

»Das zeugt von einer gewissen Sensibilität deinerseits«, antworte ich. »Ja, oberflächlich betrachtet, scheint es ein völlig normaler Baumbestand zu sein. Tatsächlich würden sich viele Leute dort wohlfühlen, weil es so parkähnlich ist.«

»Das ist es!«, ruft Rick aus. »Es gibt dort Bäume. Punkt. Sonst nichts. Und nur eine Art: Rotkiefern. Alle gleich alt, alle gleich hoch. Alles, was man auf dem Boden sieht, sind tote Nadeln. Es ist kahl wie eine Wüste – kein Gras, keine Farne, keine Büsche, nichts!«

Über diese Landschaft zu blicken, erinnert mich daran, wie wichtig es für die sich entwickelnden Fährtenleser ist, im Hinterkopf zu behalten, dass eine einzelne Lektion eine breite Anwendung finden kann. Ich lernte diese Lektion an einem bedeckten Tag in einem ganz anderen Wald als diesem hier – er bestand nur aus Ahornbäumen. Aber wie groß war der Unterschied? Beide besaßen rostfarbene Bodenbedeckungen, nur dass eine aus Blättern bestand und die andere aus Nadeln. Beide stellten eine Herausforderung dar, wenn man darin Fährten lesen wollte, besonders mit frisch gefallenen Blättern oder Nadeln.

Ich fand heraus, dass es unter bestimmten Bedingungen einfacher wird, wie an diesem Tag im Ahornwald, als mehrere Zentimeter schwerer Schnee die fluffigen Blätter niederdrückte, dann schmolz und eine glatte Oberfläche hinterließ. Als ich über den Kamm eines kleinen Hügels kam, fiel mir der Schimmer des tief stehenden Sonnenlichts auf, das auf dem Abhang reflektierte. Diagonal über den Hang verlief eine gezackte Linie aus leicht zerwühlten Blättern. Das Muster verriet mir, dass sie von einem Hirsch stammte, und die Richtung, die sich in der Fährte zeigte, wies darauf hin, dass es sich um den jungen Bock handelte, dessen Revier diesen Teil des Waldes einschloss.

Als ich mich aufrichtete, verschwand die Fährte zusammen mit dem Schimmer, weil ich den Winkel änderte, bei dem ich das sich reflektierende Licht wahrnehmen konnte. Wenn ich mich allerdings wieder hinunterbeugte, um das Licht im richtigen Winkel zu erwischen, tauchte auch die Fährte wieder auf.

Ich nutze diese Technik gerade in diesem Kiefernwald, und sie funktioniert sehr gut.

Rick könnte etwas Unterstützung gebrauchen, also frage ich ihn, ob er die Kargheit des Waldbodens auch in den Tieren wiederfindet.

»Oh ja«, entgegnet er. „Es sieht aus, als würden sie hier nur durchlaufen.«

»Ich möchte darauf hinweisen, dass diese Beobachtung vielleicht nur ein Ausdruck dessen ist, was dich stört. Hier ist ein Hinweis: Es fehlt etwas, das durch ein traumatisches Ereignis entfernt wurde.«

»Wurde das durch Menschen verursacht, oder war es natürlich?«

»Hab ich vergessen.«

»Ich habe keine Antwort erwartet, Tamarack. Ich hab wahrscheinlich nur laut gedacht.«

»Ich gebe dir einen weiteren Hinweis: Schau am Rande des Waldes entlang, wo er in die Toteislöcher oder das Moor abfällt. Das Lied der Fährte ist dort laut.«

Beim Abendessen am nächsten Abend erzählt mir Rick, dass er an diesem Nachmittag in dem Kiefernwald war. »Ich habe den Rand des Wäldchens ausgekundschaftet, wie du vorgeschlagen hast«, erzählt er, »und es war einfach so üppig! Auch die Toteislöcher waren voll von allen Arten von Beeren, Kräutern und

Gräsern. Und Baumstümpfen. Dann fiel mir auf, dass es in dem Hain gar keine Baumstümpfe gibt. Was war das? Ist ein heißer Waldbrand gekommen und hat alles von dem höher gelegenen Land weggebrannt?«

»Das Fehlen der Baumstümpfe ist eine weitere Stimme in dem Lied«, antworte ich. »Und ein heißes Feuer hätte die Stümpfe auslöschen können. Aber es fehlt noch etwas anderes. Was fällt dir oft zusammen mit Baumstümpfen auf?«

»Vielleicht hat ein Gletscher diese Stelle eingeebnet«, schlägt er vor.

»Klingt, als würdest du nach Antworten fischen. Denk daran, dass etwas kennenzulernen bedeutet, mit ihm in Beziehung zu treten. Deine Antwort ist deine Beziehung mit diesem Hain. Wenn wir in Beziehung sind, müssen wir nicht nach deren Früchten fragen, denn wir haben sie bereits. Wenn du das Gebiet noch einmal besuchen magst, kann ich dir einige Vorschläge machen, die dir bei deiner Beziehung helfen können.«

»Ich bin dabei«, erwidert Rick. »Was kann ich tun?«

»Geh durch den Rand des Hains und erlaube Dir, mit ihm zu verschmelzen. Bewege dich im Rhythmus seiner Bewegung. Denke daran: Alles ist lebendig, alles ist auf einer Lebensreise. Wenn du dich ohne Zweck, ohne Ziel bewegst, kannst du mit der Bewegung, die dich umgibt, in Resonanz gehen. Diese Bewegung, diese Spur aus längst vergangenen Zeiten, die mitten durch das Jetzt führt, ist deine Verbindung mit der Vergangenheit. Wie jede Reihe von Spuren, kann sie überall entlang des Weges gelesen werden. Wenn du in diesen Spuren wandeln kannst, wirst du wissen, wo diese Spuren gewandelt sind. Du wirst intuitiv alles wissen, was dieser kleine Wald weiß.«

»In Ordnung«, sagt Rick. »Ich bin morgen wieder dort draußen.«

Tatsächlich landen wir beide dort. Es ist spät am Tag, und wir kommen an einem Treffpunkt in einem Ahornhain zusammen, um gemeinsam nach Hause zum Abendessen zu gehen.

»Ich habe den Nachmittag rund um den Kiefernwald verbracht und einfach nur gefühlt«, teilt er mit. »Es half mir, mich zu bewegen, weil es mein Starren unterband. Ich musste aufpassen, wohin ich trat, und meine Perspektive änderte sich ständig. Was mir wirklich gefiel, war, dass es meinen mentalen Fokus unterbrach. Ich konnte mich nicht auf eine bestimmte Sache konzentrieren. Dadurch fühlte ich mich aufmerksam – ich driftete nicht ab, wie ich es normalerweise tue, wenn ich sitze. Nach einer Weile war ich ziemlich sicher, dass ich mehr beobachtete und fühlte als dachte.

Nach etwa der Hälfte des Nachmittags begann ich, mich seltsam zu fühlen – irgendetwas nagte an mir. Ich schaute in den Hain, und er sah künstlich aus, wie ein Maisfeld! Ich wette, das Gebiet wurde eingeebnet, vielleicht mit Bulldozern oder so. Der einzige Unterschied, den ich zu einem Maisfeld sah, war, dass hier Papier statt Tortilla-Chips wuchs.«

»Du hast es erfasst«, antwortete ich. »Das ist das erste Kapitel unseres Rätsels. Jetzt müssen wir herausfinden, was noch fehlt – abgesehen von der darunterliegenden Geschichte, meine ich.«

»Der Mutterboden«, sagt Rick. »Sie haben den ganzen Mutterboden abgetragen – den ganzen Reichtum – und ihn über den Rand geschoben. Deswegen wächst hier kaum etwas unter den Bäumen, und deswegen sind die Ränder so üppig. Ah – ich wette, das ist der Grund, warum der Rotluchs so von den Toteislöchern angezogen wurde. Das Grünzeug lockt das Katzenfutter – die Hasen – an, welche wiederum die Katze anlocken.«

»Ich glaube, es gibt noch etwas, weshalb du dich unwohl fühltest, als du das erste Mal in den Hain hineingegangen bist. Etwas wurde zusammen mit der Muttererde abgetragen und trägt zu dem parkähnlichen Gefühl bei.«

»Wenn es nicht die Baumstümpfe sind, was ist es dann?«, fragt er.

»Du bist so nah dran, dass deine Füße eigentlich heiß werden müssten.«

Rick schaut nach unten auf den Windwurfhügel, auf dem er steht. Es ist ein Erdhügel, der von den Wurzeln eines umgestürzten Baumes aufgeworfen wurde. Die Wurzeln verrotten irgendwann und hinterlassen einen Erdhügel mit einer Vertiefung, aus der die Erde herausgerissen wurde. Im Laufe der Zeit erodiert der Hügel und das Loch füllt sich mit organischen Ablagerungen, nur um durch einen anderen Windwurfhügel ersetzt zu werden. Ein natürlicher Waldboden ist sehr unparkähnlich – du gehst ständig auf und ab, auf und ab über alte Windwurfhügel.

Ich frage Rick, ob er je bemerkt hat, wie diese endlosen Wellen der Erde einem Wald eine einzigartige Qualität verleihen, die eine Prärie, ein Sumpf oder eine Wüste nicht haben. »Du bist gezwungen, anders zu gehen«, fahre ich fort, »und es kann dich inspirieren, die Zeit so zu betrachten, wie es ein Wald tut. Sein Leben wird in Jahrhunderten und Zeitaltern gemessen, während die Spanne unseres Lebens nur aus Jahren besteht. « In jenen besonderen Momenten, wenn ich mit dem Wald verschmelze und seinen langen, langsamen Herzschlag fühle, sehe ich, wie sich seine Windwurfhügel wie die Wellen des Ozeans bewegen. Ein Windwurfhügel hebt und senkt sich, und ein anderer hebt und senkt sich an seiner Stelle – sie wogen über den Waldboden wie Wellen auf dem Wasser.

»Siehst du, was noch mit dem Mutterboden abgetragen wurde?«, frage ich Rick.

»Das Lied des Waldes«, antwortet er. »Es war schwierig, in diesem Hain viel wahrzunehmen.«

»Was war schwer wahrzunehmen? Was hätten uns die Wellen sagen können?«

Er überlegt eine Weile und erwidert: »Geschichte.«

»Das ist es«, sage ich mit einem zufriedenen Lächeln. »Diese Wellen sind die Spuren vergangener Zeiten. Sie erzählen die Geschichte der Haine, die existierten, und der Stürme, die sie fällten. Mit jedem Hügel, den ich erklimme, und jeder Senke, in die ich hinabsteige, lese ich eine weitere Seite dieser Geschichte. Es ist wie der Schnelldurchlauf eines Videos, das im Laufe der Zeit aufgenommen wurde, bei dem man beobachten kann, wie Bäume wachsen und fallen und andere an ihrer Stelle entstehen. Nur Bäume können alt oder jung sein; ein Wald ist beides. Nur Bäume stehen still; ein Wald ist in Bewegung, immer in Bewegung.«

10

Wolf werden

Bereit zu lernen, wie ein Tier in den Spuren eines anderen erscheint

»Warum hältst du an?«, fragt Rick, als ich den Rückwärtsgang einlege.

»Wegen der Fährte, über die wir gerade gefahren sind«, antworte ich.

»Ja, aber normalerweise hältst du nicht an.«

»An dieser ist etwas Besonderes«, antworte ich. »Sie ruft mich zurück.«

Wenn meine Sinne geschärft sind und mein Kopf frei ist, kann ich beim Fahren oft das Geplauder der Straßenfährten wahrnehmen. Wenn die Stimme für mich nicht deutlich genug ist, werde ich langsamer und höre genauer hin, und ein Flüstern hier und ein Blick dort kann mir die Geschichte erzählen. Früher musste ich regelmäßig anhalten, mir Zeit nehmen, um mich auf den Platz einzustimmen, und dann Spinne oder Blaubeere fragen gehen, um das Wer, Wann und Warum herauszufinden. Inzwischen bin ich öfter in der Lage, zu einer vernünftigen Zeit dort aufzutauchen, wo ich sein soll, obwohl es immer noch diese pingeligen Pfade gibt, die darauf bestehen, dass ich noch mehr zu lernen habe. Wenn bloß diejenigen, die mich um 15 Uhr erwarten, verstehen würden, dass ich keine Wahl habe.

Rick, der mich seit zehn Jahren bei dem Programm für indigene Fertigkeiten unterstützt, macht sich mit mir auf den Weg zu unserem Camp in der Wildnis. Die alten Holzfällerstraßen, die uns zum Beginn des Pfades führen, sind ein großartiger Ort, um Spuren zu finden, denn sie sind sandig und werden nur selten genutzt. Unsere Route ist besonders reich an Fährten, weil sie viel »Rand« durchquert – fruchtbare Bereiche, in denen sich zwei Habitate überschneiden, wie Feuchtgebiete mit höher gelegenen Trockengebieten oder Prärie mit Wald. Diese Gebiete werden von Tieren stark genutzt, da sie Schutz, Nahrung und Wegstrecken bieten.

»Für mich sieht das nach einer ziemlich normalen Hirschfährte aus«, sagt Rick.

»Es ist nicht die Fährte an sich«, antworte ich. »Es ist die Stimme der Fährte. Diese Fährte ist lebendig, sie spricht mit uns.

Ein fähiger Fährtenleser kann sie manchmal sogar dann hören, wenn er die Augen verbunden hat.«

»Kannst du das?«

»So ist es gut – immer wie eine Frage sein«, sage ich in gespieltem Ernst. »Und ich wünschte, ich könnte sie beantworten, aber das wäre unethisch. Wie du weißt, kommt die Erkenntnis aus der persönlichen Erfahrung.«

Ricks Gesichtsausdruck zeigt, dass meine Neckerei ihn überrumpelt, aber er erholt sich schnell und schenkt mir ein Grinsen.

Inzwischen sind wir aus dem Fahrzeug gestiegen und untersuchen die Fährten. »Lass uns hier mit dem Fußabdruckteil der Fährte beginnen«, fahre ich in nicht mehr gespieltem Ernst fort. »Denk daran, dass er eine Energie ausstrahlt, eine Stimme. Und behalte im Hinterkopf, dass es nur eine der Stimmen ist, die das Lied der Fährte ausmacht. Würden wir uns analytisch mit dem Fußabdruck beschäftigen, könnten wir dessen Stimme überhören. Stell dir stattdessen vor, du würdest über der Hirschkuh schweben, während sie sich bewegt.«

Rick schaut sich um, um sich mit dem Pfad vertraut zu machen, den die Hirschkuh genommen hat, und dann schließt er seine Augen, um die Szene zu erschaffen.

»Okay«, sage ich, als er seine Augen öffnet. »Du hast jetzt einen Überblick. Stell dir nun vor, wie die Hirschkuh über die Straße huscht und diese Spuren hinterlässt. Fühle die Spannung, die ihre Entscheidungen und Bewegungen diktiert. Schau dir die Spur der Fußabdrücke an und bekomme ein Gefühl dafür, was zwischen ihnen liegt. Da ist das Muster ihres Gangs, die Länge ihrer Sprünge und ihre Richtungswechsel. Hier wirst du ihre inneren Gefühle erkennen können. Kannst du es fühlen? Jede Drehung und jeder Schritt ist eine Entscheidung auf Leben und Tod.«

Wenn es irgendein großes »Geheimnis« zu vermitteln gibt, das Rick zu einem wahren Fährtenleser machen kann, hat er es gerade gehört. Die unsichtbare Fährte – das, was zwischen den Fußabdrücken liegt – ist die verweilende Präsenz der Seele des Tieres. Sie kann in einem Augenblick aufgenommen werden, und dies ist einer der Gründe, warum der traditionelle Fährtenleser sich schneller bewegen kann als das Tier, das die Fährte hinterlässt.

»Stell dir vor, du erhältst ein Foto einer Gruppe von Leuten, die ein Ballspiel spielen«, fahre ich fort, »und du willst wissen, was sie spielen und wie das Spiel für sie läuft. Du könntest dich auf eine Person konzentrieren, um zu sehen, für welches Spiel sie angezogen ist, welche Art Ausrüstung sie hat, ihre Körpersprache, ihren Gesichtsausdruck, ob sie schwitzt oder nicht und so weiter. Oder du könntest das Foto von dir weghalten, um die ganze Szene auf dich wirken zu lassen und ein Gefühl für die Beziehungen zwischen den Spielenden zu bekommen und zu sehen, auf welcher Art Spielfeld sie sich befinden. Diese zweite Herangehensweise ähnelt der eines traditionellen Fährtenlesers.

Damit das funktioniert, brauchst du nicht nur einen Überblick, sondern du musst auch aus dir herausgehen und in die Hirschkuh hineingehen. Sie hat ein eigenes Selbstverständnis und eine Art zu sein, die sehr von der deinen abweicht. Du kannst nicht aufrecht auf zwei Beinen stehen, zu jemandem auf vier Beinen hinübersehen und erwarten zu erkennen, wer sie ist und warum sie tut, was sie tut. Du kommst gerade aus einem Haus und bist aus einem Auto gesprungen, und sie hat den Himmel als Dach und geht überall aus eigener Kraft hin. Es ist ihre Welt, die du betreten musst, und ihr Puls, den du spüren musst. Es gibt hier ein Geheimnis. Diese Hirschkuh hat sich erschreckt und ist über die Straße geflüchtet. Aber warum? Das Moor ist hier weit, und die Sicht ist in beide Richtungen gut. Sie hat diese Straße bereits viele Male überquert, also welchen Grund hatte sie, plötzlich in Panik zu geraten?«

»Könnte es sein, dass sie sich vor einem herannahenden Auto erschreckt hat?«, schlägt Rick vor. »Womöglich haben *wir* sie erschreckt?«

»Vielleicht«, antworte ich. »Allerdings ist es ruhig, sodass Geräusche weit tragen. Sie hatte Zeit, sich auf unser Kommen einzustellen, aber stattdessen sehen wir diese direkt panische Reaktion. Was meinst du, wie frisch diese Spuren sind?«

»Sehr frisch.«

»Ich höre dich sprechen, nicht die Hirschkuh.«

»Dann bin ich verwirrt«, entgegnet Rick. Unsicherheit zu zeigen, ist ein ziemlicher Kontrast zu seiner früheren Rolle als preisgekrönter Schullehrer, von dem man erwartete, dass er eine Aura des Selbstvertrauens und des Wissens ausstrahlte.

Wir steigen wieder in den Kleinbus und fahren weg. Nach einem Moment der Stille fragt Rick: »Was hast *du* gesehen?«

Das erinnert mich an eine Zeit, als mir dieselbe Frage zweimal in einer Woche gestellt wurde. Das eine Mal war es sogar Rick, der mit mir auf einen – wie er es nennt – Fährtenleselauf ging. Ich stoppte, um ihn zu fragen: »Hast du gerade gesehen, wo Bär auf den Hirschpfad gehopst ist, um das Moor zu durchqueren?«

»Nein«, antwortete er. »Du läufst mir zu schnell – ich kann nicht viel aufnehmen.«

„Naja, ich verpasse auch eine Menge«, sagte ich, »aber ich bin wie verrückt dabei, mir die Ereignisse vorzustellen, und das Lied der Fährte bringt mir ein Ständchen. Du musst die Geschichte nicht lesen, wenn du sie von innen heraus fühlen kannst.«

»Was meinst du damit?«

»Ich glaube, es ist wie eine Diashow, bei der ein Bild nach dem anderen in meinem Kopf explodiert. Hast du schon jemals ein Lied gehört, das Bilder auslöst, die scheinbar aus dem Nichts auftauchen?«

»Ich glaube schon.«

»Nun, so fühlt es sich an. Es ist außerhalb meiner Kontrolle. Ich lasse es einfach passieren.«

Das zweite Mal war ein paar Tage später auf einem Fährtenleselauf mit einer Besucherin des Jahresprogramms namens Tammy. Sie sagte mir, sie habe bei einem buddhistischen

Zen-Meister studiert und ein tiefes Gefühl der Bewusstheit und Meisterschaft erlangt. »Hey, alter Mann«, sagte sie, »ich würde gern mit dir raus auf Fährtensuche gehen – ich denke, ich kann dir ein paar Dinge zeigen.«

»Das denke ich auch«, antwortete ich, und an diesem Nachmittag gingen wir hinaus zu einem Hemlocktannen-Wald, wo ich einige Hirsch- und Rotluchs-Aktivitäten untersuchen wollte.

Nach einer kurzen Zeit, in der wir durch Balsamtannendickicht gekrabbelt, unter umgestürzten Bäumen durchgeschlichen und Kämme hinauf- und hinuntergelaufen waren, war alles, was sie sagen konnte, während sie versuchte, wieder zu Atem zu kommen: »Okay, alter Mann. Du hast gewonnen.«

Wie könnte ich ihr sagen, dass es nicht darum geht, wer schneller oder besser ist, sondern dass es um Beziehung geht? Wie könnte ich ihr helfen zu sehen, dass das Konkurrenzdenken, das man ihr als Kind eingebläut hatte, sie besiegt hatte, bevor sie begann, und sie auch dann besiegt hätte, wenn sie »gewonnen« hätte? Wie könnte ich ihr helfen zu sehen, dass ich, kurz nachdem meine Füße den mit Nadeln bedeckten Waldboden berührten, für mich selbst unsichtbar wurde, sie vergaß und eine andere Welt betrat?

Ich spürte eine tiefe Traurigkeit, und mein Herz öffnete sich für sie, aber obwohl sie mir so nahe war, konnte ich sie nicht erreichen. Sie verließ uns ärgerlich und verwirrt, was mir Hoffnung machte. Nach Verwirrung folgt Klarheit, und ich wusste, dass sie mit ihrer Leidenschaft eine gute Chance hatte, ihre Wut in die treibende Kraft ihres Erwachens zu verwandeln. Ich habe das Gefühl, dass, wenn wir das nächste Mal zusammen Fährtenlesen gehen, wir dasselbe Lied hören werden.

Ich denke, das Gleiche könnte auch auf Rick zutreffen. Ich beantworte seine Frage dazu, was ich wahrgenommen habe, indem ich ihm mitteile, dass es mehr oder weniger das Gleiche war, das er mitbekommen hat. »Es ist mehr das, was ich mit dem *getan* habe, was ich beobachtet habe«, fahre ich fort. »Oder genauer gesagt, es ist, was ich *nicht* damit getan habe – ich habe nicht versucht, es zu ergründen.«

»Aber was hast du denn dann getan?«

»Noch nichts.«

»Naja, was würdest du denn tun, wenn du was tun würdest?«

»Ich würde die Hirschkuh werden. Ich würde in das Moor zurückgehen und mich der Straße so nähern, wie Hirschkuh das tat, mit der gleichen Wachsamkeit und der gleichen Erinnerung, der gleichen Motivation, der gleichen Haltung.«

»Und warum hast du das nicht getan?«

»Mach ich doch.«

»Häh?«

»Ich stelle es mir vor, während wir miteinander sprechen. So wie du nicht in die Fußstapfen deiner Geliebten treten musst, um zu wissen, warum sie sich bewegt und lächelt, wie sie es tut, brauche ich das mit Hirschkuh nicht zu tun. Ich werde es dir zeigen – ich werde dich mitnehmen auf diese Vorstellungsreise. Aber zuerst muss ich dir sagen, dass die Straße mir wenig bedeutet – das heißt, mir, der Hirschkuh. Du siehst mich aus der Perspektive der Straße, deinem Weg. Ich gehe einen anderen Weg, den du gehen musst, um mich kennenzulernen. Du wirst dich ewig abmühen, meine Handlungen zu verstehen, wenn du sie weiterhin aus deiner Perspektive auf die Welt betrachtest. Alles, was du wissen wirst, ist eine Illusion, ein menschliches Konstrukt. Wenn du meine Spuren auf der Straße studierst, wirst du mich genauso wenig kennenlernen, wie du die Lebensweise eines Regenwurms in seiner kühlen, feuchten, unterirdischen Welt kennenlernst, indem du beobachtest, wie er sich in der heißen Sonne windet.

Um meinen Weg zu gehen, entspanne dich einfach, vergiss, wer du bist, und sei einfach ich. Ich komme zu der Straße und muss mich tief ducken, um durch das Unterholz zu gelangen, was mich jedes Mal irritiert, wenn ich diesen Weg nehme. Kurz bevor ich ins Freie trete, muss ich meinen Kopf hochhalten, die

Ohren aufstellen und eine freie Sicht haben, um nach potenziellen Gefahren Ausschau halten zu können. Aber ich bin daran gewöhnt, hier nervös zu sein, da ich diesen Pfad nutze, seit ich geboren wurde, was inzwischen vielleicht drei Jahreszeitenwechsel her ist. Und ich habe mich der Situation angepasst. Ich halte oft kurz vor dem Gebüsch an, um die Lage so gut wie möglich zu sondieren, und ich überprüfe sie dann noch einmal, wenn ich auf die Straße trete. Ich habe diese Überquerung immer ohne Vorkommnisse geschafft, und trotzdem bleibe ich stets wachsam. Die traurigen Erfahrungen mehrerer meiner Clanmitglieder haben mich gelehrt, dass *ein* Fehler einer zu viel ist.

Gerade als ich zur Straße durchstoße und den Kopf hebe, nehme ich einen Geruch wahr, der mir neu ist. Und doch kenne ich ihn – er ist tief in meinem Ahnengedächtnis gespeichert. Ich habe einen Aussetzer, und etwas in mir schreit: ›Lauf! Lauf jetzt!‹ Vollgepumpt mit Adrenalin und die Sinne so scharf wie ein Rasiermesser, mache ich einen schnellen, hohen Satz hinaus auf die Straße. Einen Moment lang bin ich wie erstarrt – ich kann die Quelle des Geruchs nicht sehen, es weht kein Lüftchen, das mir sagt, aus welcher Richtung er kommt. Wohin soll ich rennen? Ich springe diagonal über die Straße, dorthin, wo der Weg weiterführt. Erst mitten im Sprung bemerke ich, dass ich bereits am Weg vorbei bin und ich in das Gestrüpp daneben krachen werde. Anstatt mitten in der Luft in Panik zu geraten und zu versuchen, meinen Kurs zu korrigieren, retten mich meine hart erarbeiteten Lektionen aus meiner Zeit als übermütiges Kitz. Ich lande zuerst auf meinen Hinterbeinen, bohre meine Afterkrallen in den Schotter und schieße zur Seite und auf den Weg.«

Am nächsten Morgen sind die ersten Worte aus Ricks Mund: »Tamarack, rate, was letzte Nacht passiert ist.« Er hätte nichts sagen müssen – das Funkeln in seinen Augen und seine lebhaften Gesten signalisieren mir, dass etwas Aufregendes los war.

»Ah, was hast du gesehen?«, frage ich.

»Es ist nicht, was ich gesehen habe; es ist, was ich gehört habe.«

»Wie gesagt, was hast du gesehen? Für einen Indigenen entsteht das Bild durch das Zusammenwirken aller Sinne. Erinnere dich, das Lied der Fährte besteht aus allen möglichen ›Stimmen‹, einschließlich stimmlicher, visueller, intuitiver, Eindrücke und Erinnerungen.«

»Ja, weiß ich. Es ist nur die Art, wie ich großgezogen wurde – du siehst mit deinen Augen, du hörst mit deinen Ohren. In Ordnung, ich ›sah‹ letzte Nacht Wölfe heulen, ganz kurz vor dem ersten Licht.«

»Wow – aus welcher Richtung?«

»Auf der anderen Seite des Sees Richtung Süden, und nicht weit weg.«

»Vielleicht auf dem Schneemobilpfad?«

»Könnte sein. Sie waren nah.«

»Wie viele waren es?«

»Es klang wie mindestens drei, vielleicht mehr. Zwei heulten tief, und die anderen etwas höher.«

Ein wissendes Lächeln machte sich auf meinem Gesicht breit, und dann auf Ricks. Vor zwei Wintern wagte sich das Rudel bis zum Schneemobilpfad vor und begann, ihn als Grenze ihres Reviers zu markieren. Als der Schnee schmolz, verschwanden sie, und jetzt sind sie wieder da!

Der Pfad für Schneemobile kreuzt die Straße nur einen Steinwurf entfernt von der Stelle, an der der Hirschpfad, bei dem Rick und ich gestern angehalten haben, auf die Straße trifft. Als wir die Spuren der Hirschkuh untersuchten, war es für mich offensichtlich, dass sie sich erschrocken hatte, weil sie den frischen Geruch eines Raubtiers wahrgenommen hatte. Einer der Wölfe, wahrscheinlich das Männchen, war von dem Schneemobilpfad die Straße heruntergeschlendert, um den Hirschpfad zu begutachten, und markierte diesen, bevor er ging – eine Standardpraxis bei Wölfen.

Als ich mit Wölfen lebte, beobachtete ich, wie gezielt das Alphamännchen eine Stelle zum Markieren aussuchte. Er spritzte die Markierung so hoch er konnte, um andere Tiere mit seiner Größe zu beeindrucken, und weil der Geruch umso weiter getragen wird, je höher sich die Markierung befindet.

Mein Nachbar Ben pflegt zu sagen: »*Wölfe sind pelzige Schweine.*« Er weist gern darauf hin, dass Wölfe den Kot anderer Tiere essen, sich in allem wälzen, was stinkt – Kot eingeschlossen –, und sich besonders gern ihre Wangen mit verrottetem Fisch einschmieren – je saftiger, desto besser. Ihr Ziel ist es, anderen einen überlebensgroßen Geruchseindruck von sich selbst zu vermitteln. Das entspricht vielleicht nicht dem Bild des edlen Wolfes, das sich die Menschen machen. Doch wenn wir aus unserer Welt in seine wechseln könnten, wären wir vielleicht in der Lage, die eigentliche Schönheit seiner Lebensweise zu sehen – und die eigentliche Notwendigkeit.

Diese Geschichte ist ein gutes Beispiel dafür, was für eine entscheidende Rolle der Geruchssinn eines Wolfes in dessen Leben spielt. Und das Gleiche gilt für Hirsch. Beide haben lange Schnauzen, damit viel Raum für Geruchsrezeptoren vorhanden ist. Katzen haben vergleichsweise kurze Schnauzen und einen schlechten Geruchssinn. Da sie geruchliche Fährten nicht so verfolgen können wie Wölfe, verlassen sie sich beim Jagen mehr auf ihren Sehsinn. Sie sind Lauerjäger; der Nervenkitzel des Aufspürens und der Jagd geht an Wolf.

Mehr als alles andere war dieses Abenteuer mit Rick, Tammy, Wolf und Hirschkuh für mich eine Lektion, wie unsere Illusionen uns lähmen können. Wir machen das, was einfach ist, kompliziert, indem wir versuchen, es in unsere vorgefassten Konzepte zu zwängen. Dadurch, dass ich mir die Ereignisse vorstellte, habe ich gelernt, dass ich die Dinge vereinfachen kann, indem ich Ansichten loslasse und die Dinge so nehme, wie sie sind. Um effektiv und konsequent Fährten zu lesen, müssen wir das sehen, was ist, und nicht das, was wir denken, das wir sehen sollten.

Fährtenlesen ist Wahrheit. Je ehrlicher und aufrichtiger wir leben, desto besser sind wir beim Fährtenlesen. Wir sind Gewohnheitstiere. Wenn wir oft unaufrichtig sind und Schwierigkeiten haben, die Realität zu begreifen, können wir nicht anders, als diese Muster mit in den Wald zu nehmen. Sie behindern unser Fährtenlesen genauso, wie sie unser Leben beeinträchtigen.

Ein Fährtenleser, der seiner Intuition und seinen Sinnen vertrauen kann, könnte ein verlässlicher Freund sein. Wenn er das Lied der Fährte hören kann, ist er fähig, die Stimme meines Herzens hören. Wenn er ein Tier werden und sich auf dessen Gefühle und Wünsche einstellen kann, kann er auch für meine sensibel sein. Er könnte ein Vorbild für andere und eine Bereicherung für seine Gemeinschaft sein. Wenn ich in meiner letzten Stunde auf mein Leben zurückblicken und sehen kann, dass ich ein annehmbarer Fährtenleser geworden bin, könnte das auch bedeuten, dass ich ein annehmbarer Mensch geworden bin und mein Leben als lebenswert erachte.

11

Alte Lieder sterben nie

Lehren der Geister, die in einem alten Wald verweilen

Es ist ein Jahrhundert oder länger her, seit die uralten Bäume dieses Waldes gefällt wurden, und es sieht so aus, als hätte sich der Wald prächtig erholt. Seine stattlichen, kräftigen Weißkiefern und Zuckerahorne sind im jungen Erwachsenenalter, und viele andere, nicht so langlebige Bäume wie Birken, Espen und Tannen befinden sich schon im fortgeschrittenen Alter. Tatsächlich liegen einige bereits auf dem Waldboden und werden schnell zu dem reichhaltigen Humus, der die nächste Generation nähren wird. Für die meisten Menschen, die durch dieses Gebiet wandern, sieht dies wahrscheinlich wie ein gesunder, natürlicher Wald aus.

Das ist er, und er ist es auch wieder nicht. Alles hinterlässt eine Spur, und das Lied der Fährte der Holzfäller dröhnt mir an diesem Nachmittag entgegen, als ich die Gegend absuche, um herauszufinden, ob die Wölfe in letzter Zeit hier waren. Ein unberührter Wald hat eine bestimmte Ausstrahlung – er fördert Vertrauen und Offenheit, und ich fühle mich auf natürliche Weise entspannt und neugierig. In einem Wald, der abgeholzt wurde, werde ich manchmal misstrauisch und vorsichtig. Auch wenn vielleicht seit Jahrzehnten kein Mensch mehr in diesem Gebiet unterwegs war, verweilt der Geist der Holzfäller. Der Wald fühlt sich einfach nicht richtig an – sein Gleichgewicht ist gestört. Es dauert weit mehr als ein Jahrhundert – viel länger als eine einzige Generation von Bäumen –, bis das Gleichgewicht wiederhergestellt ist.

Ich glaube, der Eindruck eines gesunden Waldes – oder überhaupt einer gesunden Umgebung, wo wir schon dabei sind – ist in meinem genetischen Gedächtnis verankert. Es ist ein Überlebensmerkmal, das meine Vorfahren wissen ließ, wo sie in Frieden und Wohlstand leben und Nahrung finden konnten.

Als die Holzfäller kamen, sagten viele von ihnen: »Schaut euch diese Bäume an – sie haben ihre beste Zeit hinter sich; sie werden bald sterben und ungenutzt verfallen. Sie sollten gefällt und genutzt werden.« Jetzt kommen die Forstverwalter, sehen sich den jungen Sekundärwald an und sagen: »Seht nur, wie groß und kräftig diese Bäume sind!«

Ja, sie sehen gut aus. Also woher kommt dieses intuitive Gefühl des Unbehagens?

Es ist die Sterilität.

Das üppige, schnelle Wachstum ist eine Illusion – der Schorf über einer Narbe, ein Wald, der versucht, sich selbst zu heilen. Die Wunde ist viel tiefer, viel kritischer für das Leben des Waldes, als dass sie einfach durch das Ersetzen der uralten Bäume geheilt werden könnte. Mit diesen Bäumen verschwanden auch der Elch und der Marder, der Fischermarder und der Vielfraß, der Ginseng und die Orchidee, die Äsche und der Stör. Verschwunden sind die alten Baumstümpfe, die großen, aufrecht stehenden Kolosse der alten Waldriesen, in denen einst so viele Vögel und andere Tiere nisteten, Höhlen bewohnten und Nahrung suchten.

Der Waldboden ist heute sauber und parkähnlich. Verschwunden sind abgeworfene Äste, von denen manche so groß waren wie die Bäume, die nun hier stehen. Und fort sind die gefallenen Ältesten, die früher den bodenlebenden Tieren Schutz boten. Die verrottenden Stämme stellten das nährende Saatbeet zur Verfügung, das manche Bäume benötigten, damit ihre Sprösslinge einen guten Start bekamen. Ein Wald wie dieser hier, mit gleichaltrigen, schnell wachsenden Bäumen, kommt natürlicherweise nur dann vor, wenn ein verheerendes Ereignis wie ein großer Waldbrand oder Sturm eintritt. Und selbst dann sieht ein junger Wald anders aus und fühlt sich anders an als der Neubewuchs nach einer Abholzung. Feuer lässt verkohlte Baumstümpfe stehen, und der Wald wächst üppig aus der mineralischen Asche der Bäume. Tiere und Pflanzen kehren schnell von jenseits des verbrannten Gebietes zurück.

So wie Narbengewebe sind diese jungen, schnell wachsenden Bäume nicht so kräftig wie die, die sie ersetzen. Ihr Holz ist weich, weil es rasch wächst. Die Jahresringe alter, langsam wachsender Bäume liegen eng beieinander, was diesen Ältesten Stärke verleiht. Das Gleiche gilt für die Wurzeln: Schnell wachsende Bäume kippen im Wind leicht um, während die Ältesten durch das Überstehen vieler Stürme Widerstandsfähigkeit gewonnen haben.

Ein gesunder Wald ist ein kranker Wald; er ist voller kranker und sterbender Bäume. So widersprüchlich dies klingen mag, wir müssen das verstehen, damit wir lernen können zurückzutreten und den Wald sein zu lassen, wie er sein soll. Ohne Krankheit und Tod kann es im Wald kein Leben und keine Gesundheit geben. Kränkelnde Bäume mit hohen, verrottenden Stämmen liefern Nahrung und Lebensraum für eine Vielzahl von Lebensformen. Spechte, Eichhörnchen, Baumstachelschweine und sogar Bären brauchen sie als Unterschlupf und zur Aufzucht ihrer Jungen. Parasitäre Larven und Raupen ernähren unzählige Vögel, Amphibien und Reptilien. Ein Sekundärwald hat davon wenig zu bieten.

Und hier stehe ich und fühle das, fühle diese Beklommenheit. Diese einförmige Üppigkeit ist eine Illusion, und ich kann sie auf die gleiche Weise spüren wie ich weiß, dass der allgegenwärtige Tod und die Verwesung in einem natürlichen Wald nur so vor Leben strotzt.

Das Lied der Fährte stirbt nie. Nach einhundert Jahren schallt die Axt der Holzfäller noch immer durch den Wald. Man kann immer noch die schwitzenden Pferde schnauben hören, während sie ihre mit riesigen Baumstämmen beladenen Schlitten Richtung Eisenbahnschienen ziehen. Das Tschutschutschu des entweichenden Dampfes der Lokomotive verleiht dem Schhhhh des Windes in den Nadeln der hohen Kiefern noch Rhythmus. Das alte Lied stimmt in den Refrain des darauffolgenden ein, und so geht es weiter, während sich eine große, unendliche Sinfonie entwickelt.

Je mehr die Lieder verschmelzen, desto schwieriger ist es, sie auseinanderzuhalten. Aber nicht unmöglich. Was ist ein Wolf anderes als die Summe aller Hirsche und Mäuse, die er in seinem

Leben verspeist hat? Was ist die Hütte anderes als die Summe der Rinde, der Wurzeln und der Stämme, die für ihren Bau verwendet wurden? Jedes Stück Rinde kann zu dem Baum zurückverfolgt werden, der sie geschenkt hat. Und jede Faser eines Wolfsmuskels kann zu dem Hirsch zurückverfolgt werden, der sie gegeben hat. Die einzige Beschränkung bei der Rückverfolgung der Rinde oder Muskelfaser zu ihrem Ursprung ist der Fährtenleser.

Gerade jetzt zum Beispiel wechsle ich auf einem messerscharfen Grat von einer Talseite auf die andere. Zumindest scheint es so. Vor hundert Jahren existierte dieser Grat nicht. Bevor ich mich auf das Lied der Fährte eingestimmt hatte, hätte ich wahrscheinlich gedacht, dass der Grat genauso lange hier ist wie die Hügel, zwischen denen er verläuft. Diese Hügel wurden vor zehntausend Jahren von einem Gletscher geformt und haben sich seitdem kaum verändert.

Als ich über den Grat wandere, spüre ich einen Impuls, der mich dazu bringt, nach unten und nach links zu schauen, wo ich einen merkwürdig aussehenden Teich sehe, den der Gletscher kaum geformt haben kann. Dort wurde die Erde ausgehoben, um diesen Grat zu errichten. Auf dem Kamm selbst stehen Bäume, die etwa genauso alt sind wie der Wald um ihn herum. Allerdings fühlen sich die Bäume auf dem Kamm nicht alt an. Der Rest des Waldbodens ist mit Stümpfen und Hügeln übersät, die von den Wurzelballen verrotteter Bäume übrig geblieben sind, die von lange vergangenen Stürmen umgerissen wurden. Die Oberfläche des Grates ist fast perfekt glatt, und seine steilen Seiten liegen nahezu perfekt parallel zueinander. Wenn die Bäume nicht wären, könnte ich auf dem Kamm dieses Grates genauso leicht gehen, als würde ich einen Bürgersteig entlangschlendern.

Vor hundert Jahren wurden die Kiefern, die im Norden geschlagen wurden, in gewaltigen Frühjahrs-Abtriebsläufen die Flüsse zu den Sägemühlen hinuntergetrieben. Dort wurden sie zu Bauholz zersägt, um die geschäftigen Städte des Mittleren Westens wie Chicago und Milwaukee zu errichten. Viele der Konstruktionen entlang der Bäche dieser Gegend sehen aus wie alte Biberdämme. Sie wurden von Holzfällern errichtet, um Wasser für die Flößerei zu den großen Flüssen aufzustauen. Obwohl diese Dämme, die oft hastig und grob gebaut wurden, natürlicher aussehen als dieser Grat, bekomme ich in ihrer Nähe noch immer ein ungutes, beklemmendes Gefühl, als wäre etwas nicht ganz in Ordnung. Wenn ich mir den Damm genau ansehe, finde ich kein Holz, das neben Erde das Hauptbaumaterial des Bibers ist. Auch finde ich keinen Graben. Biber holen sich ihre Erde direkt von der stromaufwärts gelegenen Seite des Dammes, was einen Graben neben dem Damm hinterlässt. Die Holztreiber hingegen holten sich ihre Erde normalerweise von einem hoch gelegenen Ort.

Die Tage der Abtriebsläufe stammen aus einer Ära vor den Holzfällern, die diesen Grat angelegt haben, auf dem ich stehe. Diese Holzfäller hatten es auf die großen Zuckerahorne abgesehen, die auf dem fruchtbaren Hochland wuchsen. Ahorn ist ein dichtes Hartholz, das nicht gerne schwimmt, sodass die Stämme mit der Eisenbahn abtransportiert werden mussten. Um die Ahornhaine zu erreichen, wurden in diesen Hügeln kurze Nebengleise angelegt. Kleine Lokomotiven, die speziell für den Holztransport gebaut wurden, liefen auf Schmalspurgleisen, die eilig verlegt und sofort wieder abgebaut wurden, wenn die Wälder abgeholzt waren. Die kurze Anwesenheit der Eisenbahn hat sich durch die Narben der veränderten Topografie, wie die, auf der ich gerade laufe, dauerhaft in das Land eingebrannt.

Zufälligerweise besitzt meine Familie eine jahrhundertealte Blockhütte, die von der Thunder-Lake-Railroad-Company – den Holzfällerbaronen, die diese Hügel abholzten – gebaut wurde. Die Hütte war die Erste, die an den Ufern dieser Seen in der Wildnis hochgezogen wurde. Die Gesellschaft baute sie, um ihre Kunden, die sie in besonderen Passagierwagen hierherbrachten, zu unterhalten. Von der Hütte aus gingen sie Kanu fahren, jagen und angeln. Bald brachten die Züge wohlhabende Passagiere wie

Buffalo Bill Cody und die Pabst-Brewing-Company-Familie zu ihren eigenen Ferienhütten.

Ich frage mich, wie es wohl war, in einer Blockhütte inmitten eines Waldes aus kniehohen Baumstümpfen zu wohnen. Kahlschläge machen mich traurig, aber wenn ich damals gelebt hätte, hätte ich vielleicht wie viele andere empfunden und sie als ein Zeichen des Fortschritts betrachtet. Die Wildnis war endlos, und einen Teil davon zu zähmen, um dort Farmen und Städte zu errichten, wurde als etwas Gutes angesehen.

Einige der alten Baumstümpfe sind noch hier und erzählen ihre Geschichte, und die wenigen Bilder, die ich aus dieser Ära gesehen habe, zeigen einen Wald, der von Horizont zu Horizont und bis hinunter zum Wasser dem Erdboden gleichgemacht wurde. Wären die Stümpfe nicht da, könnte man meinen, das Bild wäre irgendwo in den Great Plains aufgenommen worden.

Ein Teil des Liedes der Holzfällerfährte ist das Lied unserer Hütte. So wie Wolf Hirsch ist, ist diese Hütte der Wald. Ich kann dem Lied einer der Hüttenstämme lauschen und etwas über den Wald lernen, aus dem er stammt. Er wird mir sein Alter verraten, wie viele Nachbarn er hatte, wie nahe sie beieinander lebten, ob er auf hoch oder niedrig gelegenem Gelände wuchs und wie das Wetter während seiner Jugend war.

Das ursprüngliche Dach bestand wahrscheinlich aus grobem Schnittholz, das in einer dampfbetriebenen Mühle gesägt wurde. Die Zedernschindeln wurden vor Ort von Hand gespalten. Nach dem Alter der gehobelten Nut- und Federbretter des heutigen Daches zu urteilen, hielt das ursprüngliche Dach etwa fünfzig Jahre. Ich vermute, dass das ursprüngliche Dach aufgrund der Abgeschiedenheit der Hütte, ihrer sporadischen Nutzung und der wechselnden Wirtschaftslage nicht gut gewartet wurde, sodass es undicht wurde und verrottete. Mit dem Dach geht auch der Boden kaputt, was der Ersatzboden bestätigt.

Glücklicherweise besiegelt das Schicksal des Daches nicht notwendigerweise das Schicksal des Gebäudes, insbesondere, wenn es sich um eine Blockhütte handelt. Ich kenne ein paar alte Fallenstellerhütten in der Wildnis, deren Wände weitere fünfundsiebzig oder fünfundachtzig Jahre standen, nachdem ihre Dächer und Böden bereits wieder zu Erde geworden waren. Die Stämme waren widerstandsfähig, weil sie von alten, langsam gewachsenen Bäumen stammten. Dadurch verfügten sie über einen guten Kern aus solidem Holz, das als Kernholz bezeichnet wird. Es hat Mineralien eingelagert und ist oft mit Wasser vollgesogen, was es vor dem Verrotten schützt. Schnell wachsende Bäume bestehen hauptsächlich aus neu gewachsenem Holz oder Splintholz, das schnell verrottet.

Um eine Fährte zu hinterlassen, braucht es keine Bewegung. Eine Blockhütte ist ein lebendes Wesen, das aus lebenden Einheiten besteht, genauso wie ein Wolf. Manchmal entdecke ich eine alte Hütte in der Entfernung und höre ihr Lied. Es malt mir ein Bild von der Hütte und ihrer Umgebung, wie es vor zwanzig, fünfzig oder hundert Jahren war. Das hilft mir, mich mit den Liedern der Menschen zu verbinden, die die Hütte gebaut und in ihr gelebt haben. Ich beobachte, wie sie die Stämme auf der Lichtung entrinden und die Dreibeine und Flaschenzüge aufstellen, um die Stämme übereinanderzuschichten. Wenn dieses Lied verklingt, höre ich vielleicht das Lied des ursprünglichen Waldes aus der Zeit, bevor irgendein Euro-Amerikaner diese Lichtung betrat.

In den Tagen der ersten Trapper und Missionare war es gang und gäbe, die Hütten nicht abzuschließen. Üblicherweise waren sie nicht dauerhaft bewohnt, weil die Leute unterwegs waren und ihren Geschäften nachgingen. Sie legten weite Strecken zurück, Siedlungen gab es nur wenige und diese waren weit voneinander entfernt. Wenn also jemand auf eine Hütte stieß und eine Unterkunft brauchte, konnte er sie gerne benutzen. Wenn die Person etwas zu Essen benötigte, konnte sie sich bedienen, und wenn sie Essen übrig hatte, ließ sie welches dort. Man verließ die Hütte in dem Zustand, in dem man sie vorgefunden hatte – wenn nicht in einem besseren –, und man sägte und spaltete normalerweise etwas Feuerholz für die nächsten Leute, die vorbeikamen.

Unsere Hütte war anders – sie gehörte Holzfällerbaronen, die in der Stadt lebten. Sie waren nicht Teil der Wildnistradition. Zu ihrer Vorstellung von Sicherheit gehörte eine Tür mit einem Vorhängeschloss und vergitterte Fenster. Sie wussten offenbar nicht, dass es durchaus in Ordnung war, in eine Hütte einzubrechen, wenn es nötig war. In der Stadt mag eine verschlossene Tür jemanden abschrecken, aber in der Wildnis gibt es niemanden in der Nähe, der hört, wenn eine Tür eingetreten wird. Der Art des Holzes und des Scharniers der Ersatztür nach zu urteilen, wurde die Originaltür wahrscheinlich in den ersten ein oder zwei Jahrzehnten des Bestehens der Hütte zerstört.

Kurz danach wurde eine Kochstelle hinzugefügt, was mir sagt, dass dies wahrscheinlich erfolgreiche Jahre für die Thunder Lake Railroad Company waren. Es waren die »Roaring Twenties«*, und sie rauschten im wahrsten Sinne des Wortes durch den Wald. Am Ende des Jahrzehnts war das Holz von der Bildfläche verschwunden. Das Land versank in einer wirtschaftlichen Depression, und das abgeholzte Gebiet wurde aufgegeben und ging wieder in staatlichen Besitz über.

Zu unserem Glück legte ein erleuchteter Präsident die Gebiete zusammen und schuf einen Staatsforst. Die Eisenbahn entfernte die letzten Gleise, und das, was unsere Hütte werden sollte, stand nun verlassen da. Wahrscheinlich verrotteten das Dach und der Boden in dieser Zeit.

Der Zweite Weltkrieg brachte die Wirtschaft wieder in Schwung, und die Arbeiterklasse bekam auch endlich ein Stück vom Kuchen ab, was die moderne Ära der Nordwälder einleitete. Die Nordwälder übten eine starke Anziehungskraft auf die Stadtmenschen aus, deren Kindheit voll von Geschichten über Indianer und Fallensteller, Voyageure und Missionare waren.

* Anmerkung der Übersetzerin: Wörtlich die »Rauschenden Zwanziger«, in Europa auch als die »Goldenen Zwanziger« bekannt.

Sie fuhren in Kanus aus Birkenrinde auf malerischen Seen mit großen Fischen in den unberührten Gewässern, während Adler über ihren Köpfen segelten. Bär und Elch streiften durch die schattigen Wälder.

Das Land an den Seeufern wurde aufgeteilt, und kleine Drei-Jahreszeiten-Hütten entstanden inmitten der kräftigen, neu wachsenden Bäume. In dieser Zeit, den späten Vierzigern und frühen Fünfzigern, wurde die Hütte gekauft und mit einem neuen Dach und Fußboden ausgestattet.

Während ich über diesen Kamm gehe, eingetaucht in das Lied des Waldes und das der Hütte, wird mir klar, dass es nur ein Lied gibt. Es gibt eine Resonanz zwischen der Hütte und dem Wald, da sie buchstäblich eins sind. Schicksal und Glück der beiden waren von Anfang an miteinander verwoben und sind es auch heute noch. Dies ist der Weg des Waldes und aller, die dort leben. Der Wald gab von seinem Baumvolk, sodass die Hütte entstehen konnte, so wie das Hirschvolk von den Seinen gibt, damit Wolf leben kann. Diese Hütte, die den Geist des Waldes verkörpert, dient heute als Büro und Ausrüstungslager für die *Teaching Drum Outdoor School*, in die die Lernenden kommen, um zu erfahren, wie man im Gleichgewicht mit dem Wald lebt und wie man sein Hüter ist.

Ich gehe weiter den Grat entlang und höre wieder das Lied der Holzfällerfährte. Es durchdringt mein Sein, und ich fühle mich unwohl, so als würde ich beobachtet. Dort drüben zu meiner Rechten befindet sich der alte, mit Moos überwachsene Stumpf einer einst hoch aufragenden, fünfhundert Jahre alten Kiefer. Die beiden Holzfäller, die den Baum mit ihren zweischneidigen Äxten fällen, könnten jederzeit aufblicken und mich auf dem Bahndamm gehen sehen. Ich drehe mich um, und da steht ein Mann mit einer Spitzhacke. Er reißt die Seite des Hügels auf, um den Pfad für die Pferde zu ebnen, damit die Transportschlitten für die Baumstämme in der kommenden weißen Jahreszeit mit ihrer hoch aufgeschichteten Ladung nicht umkippen. Der Mann, der die Hacke führt, ist kaum mehr als ein Junge. Seiner Kleidung und seinen Bewegungen nach zu urteilen, ist er wohl ein Farmer. Wahrscheinlich hat er genug Brüder und Schwestern, die auf der Farm helfen, also schickte sein Vater ihn mit dem Anwerber mit, um seinen Charakter zu stärken und etwas benötigtes Geld für die Familie zu verdienen. Er arbeitet unermüdlich, konzentriert sich ganz auf seine Aufgabe, sodass er mir nur einen kurzen Blick zuwirft.

Diese Hinweise, diese Stimmen, die zu dem Lied der Holzfällerfährte beitragen, werden mit dem Alter weicher. Ihre rauen Kanten werden durch den Einfluss des Wetters und der Tiere geglättet. Die Narben werden durch Überwucherung und die Anhäufung von Waldstreu gemildert.

Wäre ich in der Gegenwart gefangen und würde das Lied der Vergangenheit nicht hören, würde mir vielleicht gar nicht auffallen, dass hier einst Holzfällerei betrieben wurde. Die Gegenwart wäre das, was meine Sinne mir mitteilen und wie mein Verstand es interpretiert. Doch die Gegenwart ist nicht nur das, was ich im Jetzt wahrnehme, und mein Verständnis ist nicht das Verständnis des Waldes. Das Lied der Fährte durchbricht diese Barrieren und nimmt mich mit in das Bewusstsein des Waldes, in die Zeitlosigkeit des Jetzt.

Im Kontinuum des Jetzt existieren Vergangenheit, Gegenwart und Zukunft gleichzeitig. Das Bewusstsein des Waldes bewahrt noch immer die Gletscher und die Holzfäller, zusammen mit dem, was noch kommen wird. Für den Wald existiert die Zukunft bereits, weil er kein Zeitkonzept besitzt. Er grübelt nicht, er wundert sich nicht, er projiziert nicht. Er *ist* einfach. Dies ist das Bewusstsein, in dem wir weilen, wenn wir in das Lied der Fährte eintauchen. And deshalb erlebe ich den Wald, wie er war, als die Holzfäller hier waren, und gleichzeitig so, wie er war, bevor sie kamen.

Während ich mich zwischen Espen und Tannen hindurchschlängele, fällt mir auf, dass ich Beklommenheit fühle, ja sogar Misstrauen. Das liegt nicht nur an dem Zeitversatz, in dem ich mich befinde, oder an der menschlichen Präsenz aus der Vergangenheit, sondern daran, dass diese menschliche Aktivität nicht im Gleichgewicht ist. Wir waren immer ein Teil der Wildnis, gemeinsam mit Puma und Baumstachelschwein. Aber die menschliche Präsenz, die ich nun spüre, erlaubt mir nicht zu fühlen, dass sie hier ist, um ein Teil des Ganzen zu sein – sie ist nur hier, um zu nehmen.

Anstatt in dem Gefühl zu verweilen, werde ich zu dem Tier, das ich bin, und winde mich zwischen den dichten Tannen und Espen hindurch, die die Stahlgleise und Lärchen-Schwellen ersetzt haben. Das befreit mich von den Fesseln der Vergangenheit und der Zukunft.

Ich komme an einem zwei Jahre alten Baumstachelschwein vorbei, das etwa fünf Schritte entfernt auf Kopfhöhe auf einem Baumstamm sitzt. Sie klettert ein paar Körperlängen höher und schaut auf mich herab. Wenn ich mit ihr voll präsent sein könnte, könnten wir eine Beziehung entwickeln. Vielleicht würden wir uns unterhalten, uns einander von unseren Reisen erzählen. Wenn ich einen Bewusstseinsschritt weitergehen würde, würde ich Baumstachelschwein werden. Ich könnte dann sehen, wie sie sieht, und das fühlen, was sie fühlt. Da ich dann ihre Erinnerungen hätte, wüsste ich, woher sie kam, und mit ihren Ambitionen wüsste ich, wohin sie gehen würde.

Dies verdeutlicht einen Unterschied zwischen dem Lesen einer Fährte und dem Hören des Liedes der Fährte. Wenn ich einen Fußabdruck lese, spricht er zu mir, und das ist schön. Ich lerne den Urheber der Fährte durch seinen Fußabdruck kennen, und zwar in der Sprache des Abdrucks. Ich könnte auch zu dem Tier werden, was mich zum Urheber des Abdrucks macht. Dieser selbst ist jetzt zweitrangig, denn ich spüre und empfinde direkt den Grund, aus dem der Abdruck gemacht wurde. Es wäre das Gleiche, als würde ich zum Seeufer gehen, um mich mit meinem Kanu abzusetzen. Ich würde den Grund für meine Bewegungen bereits kennen, weshalb es unnötig wäre, meine eigenen Fußabdrücke zu untersuchen, um diesen Grund herauszufinden. Anstatt mich mit der Vergangenheit zu beschäftigen, könnte ich bereits fischen gehen.

Das ist ein Grund, warum manche indigenen Fährtenlesenden so effektiv sind und warum das Lesen von Fährten bei ihnen so mühelos erscheinen kann. Einige von uns modernen Menschen haben das Fährtenlesen zu einer Wissenschaft gemacht, und Wissenschaft bedeutet Studium, Analyse, Daten und Verarbeitung. Für Indigene bedeutet Fährtenlesen Sein. Sie haben sofortigen Zugang zu Informationen. Sie haben eine intuitive Klarheit. Es gibt kaum Fragen, weil sie ein Wissen besitzen, das aus dem Sein kommt.

Ich folge dem Grat weitere achthundert Meter. Manchmal fängt das Aufblitzen der abgenutzten Stahlschienen im gedämpften Sonnenlicht meinen Blick ein, doch ich schenke ihm keine Beachtung. Die Schienen sind längst verschwunden, aber sie bleiben als Stimme im Lied der Fährte erhalten. Man hat mir beigebracht, dass es unhöflich ist zu starren, und in diesem Fall wäre es auch schädlich, weil die Schienen verschwinden würden. Zusammen mit ihnen könnte auch das Lied verlorengehen oder sich zumindest verändern. Wenn das Lied aus einem Chor von Stimmen besteht, können wir das Lied verändern, indem wir nur eine dieser Stimmen verändern.

Durch das Unterholz sehe ich einen hellen Bereich direkt vor mir – eine kleine Lichtung. Ich halte inne. Mitten am Nachmittag sollte es zu dieser Jahreszeit irgendein Zeichen von Aktivität geben, aber es ist unnatürlich still. Instinktiv gebe ich meine Identität auf und werde ein Baumstamm.

Und das keinen Moment zu früh. Im selben Augenblick taucht eine menschliche Gestalt aus dem Wald auf und betritt die Lichtung. Sie ist zu weit weg, als dass ich die Gesichtszüge erkennen könnte, aber ich kenne die Körperhaltung: Es ist Jacobs, ein Praktikant. Er und Kip, ein Lernender, der zwischen zwei Kursen als Volontär arbeitet, kamen mit mir hierher, um zu angeln, während ich die Gegend erkundete. Sie setzten mich etwa achthundert Meter vor dem See ab. Ich dachte, sie wären längst beim Angeln, anstatt durch den Wald zu stapfen. Vielleicht kamen sie in diese Richtung, um in der süßen, reichhaltigen Erde unter den nahe gelegenen Ahornbäumen nach Würmern zu graben. Wie ich sie kenne, wette ich, dass sie dort eine Mittagspause mit Tellerkraut, Veilchen und Myrrhenkerbel eingelegt haben.

In Anerkennung des Zustands, in dem ich mich befinde, bleibe ich als Baumstamm stehen. Befand sich Kip vor Jacobs oder hinter ihm? Oder vielleicht haben sie sich getrennt und Jacobs ist allein. Er ist von der unabhängigen Sorte, weshalb mich das nicht überraschen würde. Kip ist impulsiv, lebt sehr im Augenblick, also kann es sein, dass er sich zu einem kleinen Nebenabenteuer aufgemacht hat. Ein Baumstamm kennt keine Zeit, hat also kein Problem damit zu warten, um das herauszufinden.

Ich werde die Drossel, die auf der Spitze eines entfernten Ahornbaumes sitzt und singt; ich werde die Mücke, die mich in die Schläfe sticht. Gleichzeitig bleibe ich für jede Stimme empfänglich, die mich besser auf das Lied der Fährte einstimmen könnte. Ich bin eins mit dem Wald: immer präsent, immer aufmerksam. Ich bin weder reaktiv noch filtere oder beurteile ich, was meine Sinne und meine Intuition mir übermitteln. Es ist nicht an mir, sie zu manipulieren – sie sind die Stimmen und Gefühle des Waldes, der ich geworden bin.

Ich bin dazu nur in der Lage, weil der Baumstamm und ich willens sind loszulassen, wer wir sind, und dem zu vertrauen, dessen Teil wir sind. Wir sind ein und derselbe, jeder von uns ein Organ innerhalb des größeren Organismus namens Wald, jeder steuert seine Gaben zum Wohl des Ganzen bei. Es ist diese geteilte Resonanz, die uns erlaubt, uns nahtlos ineinander zu verwandeln.

Ist es leicht? Wenn du es einmal getan hast, wird es ein Teil deines Wesens. Das ist möglich, weil es immer da war; es musste nur wiederentdeckt werden. Es ist unser Votstellung von uns selbst, das uns davon ferngehalten hat, und wenn wir unser Selbstverständnis hinter uns lassen können, wird unser inneres Gleichgewicht deutlich. Dann verweilen wir ganz natürlich im Gleichgewicht des Waldes. Es gibt keine Grenzen, keine Unterscheidung zwischen Selbst und Anderem. Es ist das Ego, das uns als getrennt vom Rest des Lebens definiert. Um der Wald zu werden, müssen wir also das sein, was wir von Natur aus schon sind.

Alles ist Puls und Rhythmus – ein unendliches Ausdehnen, Zusammenziehen, Ausdehnen. Es ist dieser Rhythmus, oder ich sollte sagen, die Einstimmung darauf, die uns den Übergang, den Wandel der Gestalt* erlaubt. In diesem Rhythmus ist die Zunahme die Abnahme, der Jäger der Gejagte; gesättigt zu sein, ist hungrig zu sein. Du kannst dich nach Belieben über dich selbst

* Siehe Glossar (Gestaltwandeln).

hinaus ausdehnen oder dich in dir selbst zusammenziehen, denn die des Waldes sind du, und du bist die des Waldes.

Ich fühle den Ruf, mich zu bewegen, die Lichtung zu überqueren. Obwohl nicht länger ein Baumstamm, bleibe ich noch, was ich geworden bin – eine Bewegung innerhalb der größeren Bewegung, ein Wald innerhalb eines Waldes. Ich lausche dem Lied der Fährte, und ich bin das Lied der Fährte. Ich spüre meine eigene Präsenz auf die gleiche Weise, wie ich die Präsenz der Holzfäller spürte.

In der Mitte der Lichtung fühle ich mich verletzlich. Die Schatten vor mir locken mich, aber ich folge diesem Impuls nicht, weil mich das in die Zukunft projizieren und ich meine volle Präsenz im Jetzt verlieren würde. Ich akzeptiere den Anflug von Angst, den die Verletzlichkeit mit sich bringt, als etwas Gutes. Alle Gefühle haben einen Grund. Die Angst bittet meine Nebennieren, etwas Adrenalin freizusetzen, was wiederum meine Leber dazu veranlasst, den Glykogenspiegel in meinem Blut anzuheben, wodurch ich einen leichten Rausch in Kopf und Körper verspüre. Nun bin ich besonders sensibel und aufmerksam. Ich mache ein paar Schritte und fühle etwas, aber ich reagiere nicht. Nach außen gebe ich keinerlei Anzeichen preis, dass ich etwas bemerkt haben könnte. Es braucht noch ein paar Schritte, bis ich eine prickelnde Hitze auf der rechten Seite meines Hinterkopf spüre. Ohne meinen Gang zu unterbrechen, drehe ich mich um und winke in die Richtung, aus der ich die Hitze spüre. Kip, der sich in einem schnellen Versuch, sich vor mir zu verstecken, am Wegesrand zusammengekauert hat, winkt verlegen zurück.

Mein Instinkt drängt mich weiterzugehen. Wäre die Präsenz eine Bedrohung, wäre es wichtig, dass meine Bewegung die Illusion von Gelassenheit und Absicht aufrechterhält. Würde ich anhalten, könnte ich als Bedrohung wahrgenommen werden; würde ich in den Schutz der Bäume flüchten, könnte ich eine Jagd auslösen. Meine Bewegung beizubehalten, hilft auch, meine Zentriertheit zu bewahren. Ich bleibe im Zustand des Werdens.

Würde ich dagegen anhalten oder mein Verhaltensmuster verändern, würde ich zum Selbstbewusstsein zurückkehren.

Ich lernte das beim Training »Täuschen und Tarnen«*. Ich habe das immer und immer wieder unter verschiedenen Umständen geübt, sodass ich irgendwann gelernt hatte, es automatisch zu tun. Natürlich war Kip keine Bedrohung für mich. Aber ich wusste nicht, dass es sich um ihn handelte, bis ich ihn tatsächlich sah. Wegen der allgegenwärtigen Möglichkeit, dass ein Fremder auftauchen könnte, befand ich mich bereits in einem Zustand der Wachsamkeit und des Misstrauens. Auch wurde ich darauf trainiert, wie eine Frage zu sein und Schlussfolgerungen nur zu ziehen, wenn ich dazu gezwungen bin. Auf diese Weise bewahre ich mir ein Höchstmaß an Flexibilität und Anpassungsfähigkeit, unabhängig von den Umständen.

Alles, was mir in der Mitte der Lichtung bewusst war, war, dass sich dort eine Präsenz auf mich konzentrierte. Hätte ich darüber nachgedacht, hätte ich vermutet, dass es sich wahrscheinlich um Kip handelte. Aber das ist nichts, was ein Wesen im Gleichgewicht tun würde, egal ob Mensch oder nicht. Und es ist nicht das, worauf ich trainiert wurde. Warum? Weil ich, wenn ich angenommen hätte, es sei Kip, mich entspannt und mich exponiert hätte. Hätte sich herausgestellt, dass es nicht Kip war, hätte ich mich einer Gefahr ausgesetzt.

Jeder Tag ist eine Vorbereitung auf den nächsten Tag; jede Situation ist ein Training für die nächste Situation. Es gibt eine Trainingsphase – sie heißt Leben. Ich erwarte nicht, dass mein Training eines Tages vorbei ist – und ich hoffe, dass es nicht vorbei sein wird, bis ich meinen letzten Atemzug nehme. Training bedeutet zu wachsen, es bedeutet, demütig und immer aufmerksam zu sein. Meine Erfahrung auf der Lichtung – im Grunde die Erfahrung des ganzen Tages – ist ein Training für mein nächstes Mal im Wald, für meinen nächsten Tag im Leben.

---

* Im englischen Original: Stealth and camouflage training.

Am nächsten Morgen kommt Kip vorbei, um über die Erfahrung zu sprechen. Abgesehen davon, dass Fährtenlesen mit Abstand sein Lieblingsthema ist, will er wissen, was ich über diese neue Fährtenlesemethode denke, die er gesehen hat. Dabei gibt man draußen im Feld Daten in einen Handcomputer ein. »Und dann werden die Felddaten in einen Hauptcomputer übertragen«, sagt er. »Er analysiert die Daten und erstellt eine Karte, die die Dichte und Bewegungen der Tiere zeigt.«

»Welche Art von Felddaten werden gesammelt?«, frage ich.

»Oh, Dinge wie die Position von Kot und Abdrücken, Liege- und Aufenthaltsbereiche, Weideplätze und Rissstellen, Fährten. Solche Sachen, die üblichen Zeichen.«

»Mal sehen … Daten sammeln, Daten zusammenstellen, Daten analysieren … Das kommt mir seltsam bekannt vor …«

»Okay, es ist die wissenschaftliche Methode, aber vielleicht ist es eine Möglichkeit, Fährtenlesen bei den Strafverfolgungsbehörden und Wildtier-Management-Leuten zu legitimieren. Und könnte es nicht auch ein Weg zu mehr Bewusstheit sein?«, fragt er, indem er eines meiner Schlagwörter zitiert, während er mich mit einem Lächeln und einer hochgezogenen Augenbraue ansieht. »Wenigstens zieht es die Leute nach draußen«, fügt er schnell hinzu, als ich die Augen verdrehe. »Es muss einfach gut sein, um die Leute dazu zu bringen, rauszugehen und nach Spuren zu suchen.«

»Jedes Mal, wenn wir einen Zugang für das nutzen, was wir wollen«, antworte ich, »verstärkt das das Bedürfnis nach diesem Zugang. Wir sind Gewohnheitstiere. Wenn wir also glauben, wir bräuchten den Zugang, brauchen wir den Zugang. Wenn wir aus einem Zugang heraustreten, betrachten wir die Dinge aus der Perspektive eines Beobachters, der von außen nach innen schaut.«

»Ich verstehe das«, antwortet er, »aber ich verstehe nicht, was das mit einem Computer zu tun hat, der uns beim Fährtenlesen hilft.«

»Natürlich habe ich mit dem, was du beschreibst, keine Erfahrung aus erster Hand. Trotzdem klingt es für mich nach einem weiteren Versuch, wissenschaftliche Methoden an das Fährtenlesen anzupassen. Es geht immer noch darum, die Spuren zu studieren, um das Tier kennenzulernen, anstatt das Tier kennenzulernen, um die Spuren zu kennen.«

»Aber du redest über die Köpfe der meisten Leute hinweg«, erwidert Kip. »Wie viele Leute werden je das erfahren können, was ein indigener Fährtenleser erlebt? Wie viele *sehen* überhaupt ein Tier, wenn sie rausgehen? Irgendeine Spur ist meist alles, was Leute finden, und manchmal nicht mal das.«

»Ich verstehe dich«, entgegne ich. »Und ich möchte eine Sache korrigieren – ich rede nicht über ihre Köpfe hinweg, sondern zu ihrem tiefsten Inneren. Ich glaube, der intuitive Fährtenleser in jedem von uns weiß, wovon ich spreche. Wie würde ich die Angst und Verletzlichkeit, die ich gestern auf der Lichtung gefühlt habe, in den Handcomputer eingeben? Wir reden hier nicht über Beobachtungsdaten und deren Analyse. Wir reden über Intuition, Spüren und Fühlen. Und dann sind da noch die Ahnenerinnerungen – dieses Wissen aus den Tiefen unserer evolutionären Vergangenheit. Diese Informationen können wir nicht einmal bewusst wahrnehmen, und doch reagieren wir darauf. Wir sprechen hier über etwas, das über unsere alltäglichen Körper-Geist-Erfahrungen hinausgeht. Denke daran, dass es beim indigenen Fährtenlesen nicht um das Sein geht, sondern darum, dass wir etwas anderes werden als das, was wir sind. Mit anderen Worten, es basiert nicht einfach nur auf dem, was ist, sondern auch auf dem, was nicht ist. Es liegt jenseits von bewusstem Wissen, jenseits von dem, worauf wir zeigen oder was wir mit Worten und Zahlen ausdrücken können.

Moderne Methoden des Fährtenlesens können erlernt werden – man kann sie studieren und üben, und wir können einen Computer einen Teil der Arbeit für uns machen lassen. Indigenes Fährtenlesen kann nicht erlernt werden. Man kann Intuition nicht lernen, sie ist bereits da. Es muss nur der Schutt weggeräumt werden, damit sie ungehindert funktionieren kann. Die Sinne und den Instinkt kann man nicht quantifizieren. Sie in einen Computer einzugeben, wäre, als versuchte man, den Wind in einer Flasche zu fangen. Fährtenlesen erfordert Fertigkeiten, aber es ist in erster Linie eine Kunst. Künstlerin zu sein, bedeutet nicht einfach, etwas zu produzieren. Es ist eine Lebensweise. Es bezieht dein ganzes Wesen mit ein. Mit anderen Worten, die Künstlerin wird ihre Kreation. Das Gleiche gilt für das Fährtenlesen – wir hören auf, Fährtenleser zu sein, wir sind nicht länger wir selbst, wenn wir das Tier werden. Wie die Künstlerin und die Kunst sind auch der Fährtenleser und die Verfolgte eins geworden. Uns als Fährtenleser zu bezeichnen, ist damit überflüssig, denn wenn wir das Tier sind, brauchen wir ihm genauso wenig zu folgen wie uns selbst.«

»Ich bekomme flüchtige Einblicke davon«, sagt Kip, »aber was ich nicht auf die Reihe bekomme, ist, wie sich das auf mein tägliches Leben anwenden lässt.«

»Ich möchte vorschlagen, dass du das nicht als *auf dein Leben anwenden* betrachtest, sondern *als* dein Leben.«

»Jetzt sprichst du in Rätseln«, sagt Kip. »Gib mir etwas Speck, damit ich etwas zu kauen habe.«

»Okay, wie wäre es mit diesem über dem Feuer gerösteten Stück Speck?«

»Oh, du weißt, was ich mag!«, ruft Kip. »Gib her!«

»Aber sicher! Stell dir den Jäger und Sammler als Inbegriff des Menschen vor – vollkommen lebendig und vollständig entwickelt. Er ist anpassungsfähig und in der Lage, eine Reihe von Aufgaben zu erledigen, die nicht nur zum Überleben, sondern auch für das Gedeihen benötigt werden. Nun stell dir vor, du gehst in den Wald und fühlst dich dort vollkommen zu Hause. Du kennst die Pflanzen- und Tierverwandten um dich herum, du kannst ihre Sprache verstehen und du vertraust darauf, dass sie da sind, wenn du sie brauchst. Wenn du das wärst, in diesem

Seinszustand, glaubst du, du würdest dich dann nur als Fährtenleser bezeichnen?«

»Ich verstehe, worauf du hinauswillst«, antwortet Kip.

»In Ordnung. Sagen wir, wir besuchen ein indigenes Camp und wir wollen die dortige Fährtenleserin treffen. Kannst du dir die verständnislosen Blicke vorstellen, die wir ernten würden? Sicher wird es dort Personen geben, die Fährten lesen können – wahrscheinlich sogar alle –, aber ich würde mich wundern, wenn irgendeine von ihnen vortreten und sagen würde: ›Ich bin die Fährtenleserin.‹ Wenn Frauen zum Sammeln hinausgehen, nutzen sie ihre Fährtenlesekompetenz, um Stellen mit reifen Nüssen und Beeren zu finden, die Korbmacher spüren Orte mit Weidentrieben auf, die Kundschafterinnen ziehen los und finden neue Lagerplätze.«

»Aber Spezialisierung kann funktionieren«, kontert Kip. »Computergestütztes Fährtenlesen erfasst die Aktivität von Tieren. Ich habe es in Aktion gesehen – es zeigt Populationsdichte, Bewegungsmuster, Futtergrundlage und vieles mehr.«

»Du hast sicher recht«, erwidere ich. »Wenn Spezialisierung funktioniert, kann sie sehr gut funktionieren. Andererseits könnte es einfach eine evolutionäre Sackgasse sein. Wenn eine andere Fähigkeit benötigt wird, ist die Spezialistin aufgeschmissen. Wie du weißt, ist die Spezialisierung ein Zivilisationsmerkmal, und Jäger und Sammler sind Generalisten. Sie sind sehr vielseitig, nicht nur, weil sie müssen, sondern weil sie in alle Aspekte ihres Lebens eingebunden sind. Die meisten von ihnen können alles tun, was gerade gefragt ist. Eine Frau, die Beeren pflücken geht, könnte auf die Fährte eines verwundeten Hirsches treffen und am Ende Fleisch statt Obst mitbringen. Oder ihr Partner hat sich vielleicht das Bein an einem scharfen Stein aufgeschnitten und muss sofort behandelt werden, um den Blutfluss zu stoppen und eine Infektion zu verhindern. Dies sind alles Angelegenheiten des täglichen Lebens, und ob sie nun erwartet oder unerwartet, angenehm oder schmerzhaft sind, sie sind alle gleich wichtig und erfordern die gleiche Aufmerksamkeit. Wenn sich jemand nur aufs Beerenpflücken oder Bogenbauen spezialisiert, kann er vielleicht manchmal einen großartigen Beitrag leisten, aber zu anderen Zeiten ist er der Aufgabe nicht gewachsen – oder sogar eine Belastung.«

Zufrieden mit unserem Austausch wechseln Kip und ich – Generalisten, die wir sind – vom Fährtenleser zum Gerber und machen uns auf den Weg zum Hof, um einige Biber- und Kojotenfelle zu bearbeiten. Hier ist es leicht, sich im Schaben zu verlieren – das rhythmische schhh-schhh-schhh ist wie ein Trommelschlag, der uns mit einem uralten Rhythmus verbindet. Ohne es zu versuchen, werden wir die Felle fühlen, wie sie weich werden und sich öffnen, um die Gerbstofflösung aufzunehmen. Es kommt uns kein Gedanke daran, moderne Abkürzungen für dieses Handwerk zu verwenden, das sich so zutiefst befriedigend anfühlt und uns Zeit gibt, in Ruhe nachzudenken.

12

Auf den Klangspuren der Natur

Wie man die Ohren zu Augen werden lässt, die den unsichtbaren Weg sehen

Wie bei anderen beweglichen Wesen werden die Aktivitäten des Klangs von seiner Umgebung beeinflusst. Wie die Vögel reist der Klang besser mit dem Wind als gegen ihn. Klang ist kein soziales Wesen; er kommt besser allein zurecht als mit anderen seiner Art. Er ist unglaublich anpassungsfähig – er kann durch Luft und Wasser reisen, sogar durch Metall. Allerdings ist er wankelmütig, wenn es um das Wetter geht. Er verabscheut Schnee, aber wenn man ihm Wärme und ruhige Luft gibt, fühlt er sich richtig wohl. Wenn du ihn in Bestform erleben willst, solltest du ihn in einer warmen Nacht über einem großen See in den Nordwäldern erwischen. Wenn du Glück hast, entdeckst du ihn dabei, wie er die Rufe eines Seetauchers so gut überträgt, dass man meinen könnte, sie reichten bis in den letzten Winkel der Erde.

Wenn ich einen Klang im Wald höre, höre ich Leben. Ich meine nicht das Leben, das den Klang erzeugt, sondern den Klang selbst. Ich habe gelernt, dass ein Klang ein Eigenleben besitzt, unabhängig von seinem Urheber. Ist er erst einmal geschaffen, ist er ein eigenständiges Wesen.

Der Grund, warum ich Klang als Lebewesen betrachte, ist, dass ich Fährten lese. Klang ist eine der wichtigsten Spuren beim Fährtenlesen, und manchmal ist es die einzige, die mir zur Verfügung steht. Doch das muss kein einschränkender Faktor sein, denn ein einzelner Klang kann viel sagen. Je besser ich seine Sprache und seine Stimmungen verstehe, desto besser kann ich als Fährtenleser sein. Wenn ich erkennen kann, dass Klang eine eigene Persönlichkeit, eine eigene Leidenschaft und ein eigenes Gefühl der Sinnhaftigkeit besitzt, werde ich ihn ernst nehmen und ihm meine Aufmerksamkeit schenken. Wenn ich ein Schnurren oder einen Schrei höre, werde ich meine Sinne so einstimmen, dass ich jede Nuance des Charakters und der Gefühle wahrnehmen kann, die mir möglich sind.

Wenn ich ein effektiver Fährtenleser und ein verantwortungsbewusstes Mitglied des Lebenskreises sein will, muss ich Klänge verantwortungsvoll erschaffen. Es hilft, wenn ich mir bewusst mache, dass Klänge ein Eigenleben besitzen und ich keine Kontrolle über sie habe, sobald ich sie losgelassen habe. Ich muss mit dem leben, was auch immer sie bewirken und was sie mir zurückbringen.

Wir zeitgenössischen Menschen sind visuell orientiert; die meisten von uns schenken Klang wenig Aufmerksamkeit, außer wenn es sich um Sprache oder Musik handelt. Wir kennen Klang hauptsächlich als etwas, das von Punkt A nach Punkt B reist, und wir haben wenig Bewusstsein für das, was dazwischen passiert. Und weißt du was? Es ist dieser Zwischenbereich, in dem Klang die Eigenschaften aufnimmt, die zu uns Fährtenlesenden sprechen.

Alle Eigenschaften des Klangs faszinieren mich, doch was mir als Fährtenleser am meisten hilft, ist zu verstehen, wie er sich entwickelt, und das Verständnis für seine ätherische Natur. Obwohl wir die Quelle und den Effekt eines Klangs vielleicht sehen können, werden wir ihn selbst nicht sehen. Wie ein Geist kann er durch feste Objekte hindurchgelangen und Ereignisse so schnell auslösen, dass wir keine Zeit haben zu reagieren.

Für uns allein sind wir nichts. Wir werden durch unsere Beziehungen bestimmt, und das Gleiche gilt für Klang. Seine Beziehungen zu anderen Lebensformen eröffnet uns einen einfachen Weg, ihn kennenzulernen. Gleiches zieht Gleiches an; wenn der Klang also von einem lebenden Wesen kommt, besitzt er etwas von dem Leben dieses Wesens und trägt seinerseits dazu bei, mehr Leben zu schaffen. Wer würde behaupten, dass das Brautwerbezirpen einer Grille nicht noch mehr Grillen hervorbringt, oder dass das Heulen, das ein Wolfsrudel für die Jagd zusammenführt, nicht die Welpen ernährt, die eines Tages neue Rudel gründen werden?

Ohne lebendigen Klang wäre das Leben ganz anders als das, woran wir gewöhnt sind. In diesem Moment würdest du zum Beispiel nicht dieser Geschichte lauschen. Es hätte keine Erzählung gegeben und nichts, das ein Tonbandgerät hätte aufnehmen können. Selbst wenn wir zusammen wären, säßen wir entweder still zusammen oder hätten eine andere Methode zur Kommunikation entwickelt. Stell dir unsere Ahnen vor, wie sie um ein Feuer herumsitzen, ohne eine Stimme, die die Geschichten der Jagd, die Fragen der Kinder und die Weisheit der Ältesten weitertragen könnte. Stell dir vor, du hättest keine Stimme, um den Schmerz deiner Seele oder die Freude deines Herzens auszudrücken. Stell dir eine Welt ohne das Grollen des Donners und das Prasseln der Regentropfen vor.

Gleichzeitig sollten wir daran denken, dass Klang so viel mehr ist als ein eindimensionales Hörerlebnis. Donner hätte nicht annähernd so viel Kraft, und Regentropfen wären nicht so beruhigend, wenn man sie nicht ebenso fühlen und sehen wie hören könnte. Musik hat schwingende und visuelle Eigenschaften, die zu ihrem Genuss beitragen, und Sprache ist neben der Stimme auch Mimik und Gestik. Meine gehörlosen Freunde können mich genauso gut hören wie diejenigen, die nicht gehörlos sind. Der Unterschied zwischen Menschen mit und ohne beeinträchtigte Sinne besteht nicht darin, ob sie hören können oder nicht, sondern *wie* sie hören.

Menschen, die auf natürliche Weise leben, schätzen Klang genauso wie Grille und Wolf das tun, zum Teil, weil sie es müssen. Er hilft, sie zu ernähren und sie zu schützen. Er bringt ihnen Wohlbefinden und Vergnügen. Für sie ist Klang heilig.

Selbst wenn du viel vom Klang in deinem Leben als selbstverständlich ansiehst oder einen Teil davon sogar als lästig empfindest, gehe ich davon aus, dass du noch irgendeine heilige Beziehung mit Klang hast, ähnlich wie deine wilden Verwandten. Selbst wenn diese für dich vielleicht nicht so intim oder überlebenswichtig ist wie für sie, bist du ihnen immer noch sehr ähnlich. Die Beziehung mancher Menschen zu ihrer Lieblingsmusik ist fast heilig, und sie können deren Leben und Geist spüren. Wem wird nicht warm ums Herz, wenn er die Stimme eines geliebten Menschen hört, und wessen Blut gerinnt nicht, wenn er in der Nacht einen schrecklichen Schrei hört? Muss Klang nicht lebendig sein und Leidenschaft besitzen, wenn er das Leben und die Leidenschaft anderer so tief berühren kann?

Dieses Bewusstsein für die Kraft und Heiligkeit des Klangs hilft der indigenen Fährtenleserin, eine schnellere und effizientere Jägerin zu sein. Wir schenken dem Aufmerksamkeit, was wir wertschätzen, und was wir wertschätzen, verweilt in unseren Herzen und unseren Erinnerungen. Das ist der Grund, warum der indigene Fährtenleser auf die nachklingenden Stimmen des Liedes der Fährte eingestimmt ist.

Obwohl dies wie eine esoterische, mystische Erfahrung klingen mag, ist es tatsächlich so sehr ein Teil von uns, dass es schwer zu erkennen sein kann. So wie die Wirkung einer Stimme noch lange bei dir verweilen kann, nachdem die Person verschwunden ist, kann der Nachhall des Rufs eines Tieres noch lange wirken, nachdem der Ruf bereits verklungen ist. Das ist die Schattenstimme* eines Tieres. Sie verrät oft mehr über das Tier als sein erster Ruf. Das Lied eines männlichen Kardinals kann mir etwas über dessen Gesundheit sagen, ob er eine Partnerin hat oder nicht, ob sie auf Eiern oder Küken sitzt und so weiter. Doch seine Schattenstimme – die Wirkung seines Rufs – verrät mir so viel mehr. Wie ein Echo klingt sie in seinem Kreis des Lebens nach und kehrt durch andere Stimmen zu mir zurück, die mir Dinge verraten wie die Größe seines Territoriums, seine relative Dominanz im Clan der Kardinale und die Richtungen, in die er zum Sammeln von Nahrung aufbricht.

Wenn ich einen Kardinal fangen wollte, wären mir die Informationen, die ich von seiner Schattenstimme erhielte, eine größere Hilfe als das, was ich vielleicht aus seinem ersten Ruf erfahren hätte. Tatsächlich bräuchte ich den Ruf nicht einmal zu hören. So ist das mit dem Lied der Fährte: Wir waren nicht da, als das Tier dort vorbeikam, und trotzdem verweilt der Nachklang, sodass wir ihn hören können.

---

* Siehe Glossar.

Ich werde dir von einer Situation aus dem wirklichen Leben erzählen, die dir vielleicht ein Gefühl dafür gibt, wie sich dieser heilige Weg mit Klang manifestieren kann. Es ist Nacht, und die Farbe dieser besonders dunklen Nacht ist schwarz – nicht dunkel, sondern schwarz. Die dicke Wolkendecke und eine schwüle Feuchtigkeit vermitteln das Gefühl, als sei die Atmosphäre in sich zusammengefallen und versucht nun, dich zu erdrücken.

Das ist die Art Nacht, in der man mit geschlossenen Augen besser sieht. Wenn einer unserer Sinne nicht funktionieren kann, kompensieren wir das, indem wir die Energie, die normalerweise für diesen Sinn reserviert ist, den anderen Sinnen schicken.

Ich sitze mit mehreren Lernenden an einem Lagerfeuer und entscheide mich, nach Hause aufzubrechen. Als ich mich umdrehe, um zu dem Hirschpfad zu gehen, der aus dem Camp hinausführt, fragen zwei Lernende namens Kip und Amber, ob sie mich einen Teil des Weges begleiten dürfen. Wie üblich trete ich zur Seite und lasse sie vorgehen. Sie sammeln Erfahrung darin, den Weg zu finden, und ich kann in der Stille ihrer Schatten zurückbleiben (oder vom Pfad abweichen, wie ich es häufig tue).

Aus Gewohnheit hatte ich vor dem Verlassen des Feuers ein Auge für eine kurze Zeit geschlossen gehalten, damit es in der Dunkelheit sensibler für Licht sein würde. In dieser Nacht macht das keinen Unterschied, wie ich feststelle, denn beide Augen sind gleichermaßen nutzlos.

Die ersten achthundert Meter des Pfades, der kleine Hügel hinauf- und hinabführt und sich um Waldteiche windet, ist im Dunkeln recht leicht zu bewältigen, sogar für jemanden, der ihn nur ein paar Mal gegangen ist. Zum einen ist der Pfad gerade ausgetreten genug, dass man mit den Füßen fühlen kann, ob man sich auf ihm befindet. Zum anderen steigt, fällt und biegt er nach links und rechts auf eine rhythmische Art und Weise, durch die es ist, als würde man die Schritte eines vertrauten Tanzes ausführen, während man ihm folgt.

Nicht so beim nächsten Teil des Pfades. Er führt aus einem dichten Bestand von Hochlandkiefern heraus in einen ebenen, offenen Ahornwald. Die Laubstreu ist durch die schwere Schneedecke, die gerade erst geschmolzen ist, flach gedrückt, sodass es für unsere Füße schwierig ist, das komprimierte Laub auf dem Pfad von dem Waldboden im Allgemeinen zu unterscheiden.

Es dauert nicht lange, bis Amber und Kip vom Weg abkommen, sie nach rechts, er nach links. Sie verlieren den Kontakt zueinander, was durch den dichten und stetigen Nieselregen begünstigt wird, der genau dann einsetzte, als wir aus dem Kiefernwald kamen. Unsere Regeln für Nachtwanderungen befolgend, schweigen sie, was es noch unwahrscheinlicher macht, dass sie sich wiederfinden.

Kip strahlt Selbstvertrauen aus, und so überrascht es nicht, dass er auf eigene Faust unterwegs ist. Amber hingegen wird oft von Angst gepackt. Gleichzeitig hat sie das Bedürfnis, sich zu beweisen, weshalb ich bezweifle, dass sie um Hilfe rufen wird.

Viele Klänge der Nacht sind subtil, und unser Schweigen schafft die Möglichkeit, sie zu hören. Wenn es zu dunkel ist, um einander zu sehen, hilft uns die Stille, verbunden zu bleiben, da wir die Bewegungen der anderen hören können. Wenn es still genug ist, ist es sogar möglich, den Aufenthaltsort der anderen zu fühlen. Würden wir miteinander reden, um in Kontakt zu bleiben, könnten wir einander nicht so leicht fühlen, und wir würden die anderen Nachtklänge übertönen.

Ich habe kein Problem damit, dass die beiden vom Weg abkommen, denn ich weiß, dass beide die Herausforderung auf ihre Weise genießen. Die Nacht ist warm, und sie haben beide genug gelernt, um bis zum Morgengrauen auf sich selbst aufzupassen, falls sie es nicht schaffen würden, den Weg zur Straße zu finden. Ich vermute, dass Amber dies als eine großartige Gelegenheit ansieht, sich ihrer Angst zu stellen, und vielleicht wird Kips Selbstsicherheit genügend gedämpft, dass er eine andere Perspektive einnehmen kann.

Ich kann die Richtung in der Dunkelheit erkennen, und ich kann dem Pfad mithilfe anderer Sinne als dem Sehsinn folgen, also mache ich mir keine Sorgen um mich. Ich lasse mich zurückfallen und horche auf das gelegentliche Knacken eines Stocks, das mir ihren Aufenthaltsort preisgibt, bis sie außer Hörweite sind.

Irgendwann schafft es Amber bis zur Straße und geht zurück, um Kip zu helfen.

»Wie konntest du auf dem Pfad bleiben?«, fragt Kip mich.

»Ich konnte einfach keinen guten Grund finden, ihn zu verlassen«, antworte ich.

»Hm. Ich denke, es ist nicht unmöglich, auf dem Pfad zu bleiben, aber für mich war es schwierig. Wie hast du es angestellt?«

»Da fragst du den Falschen«, erwidere ich. »Frag die Nacht; sie hat mich geführt.«

Ich muss ihre Gesichter nicht sehen, um zu wissen, dass sie darüber die Augen verdrehen. Sie haben das sicherlich kommen sehen, aber manchmal fragen sie trotzdem, nur um zu sehen, ob sie vielleicht etwas aus mir herausbekommen können.

»Im Ernst«, sage ich. »Ich schlage vor, ihr geht den Weg, den ihr gerade gegangen seid, noch einmal durch. Stellt euch vor, wie ihr aus dem Kiefernwald in den Ahornwald wechselt. Die Mutter der Nacht wartet dort auf euch, sie wartet, um euch zu führen. Werdet sie, werdet die Nacht, fühlt die Sinneseindrücke. Was hat euch berührt? Was habt ihr gehört, und was hat eure Intuition gesagt? Das sind die Finger von Mutter Erde, die euch sanft liebkosen und euch zu Sicherheit und Geborgenheit leiten.«

Für eine Weile sind wir alle ruhig. Dann flüstert Amber: »Das ist cool. Diesmal fühlt es sich anders an – ich bin entspannter. Als ich das erste Mal aus dem Kiefernwald kam, hatte ich Angst. Ich fühlte mich verloren und begann herumzutasten. Es ist seltsam – ich hatte Angst, obwohl ich wusste, dass ihr zwei in der Nähe wart und ich euch jederzeit hätte rufen können. Aber das hatte ich nicht vor – ich wollte das alleine machen.«

»Ich war frustriert«, fügt Kip hinzu. »Ich kam mir blöd vor, als ich über Totholz stolperte, obwohl ich wusste, dass der Pfad nur ein paar Schritte entfernt sein musste.«

»Okay, ihr seht den Unterschied in eurem Zustand von vorhin und jetzt. Nehmt eure ursprünglichen Gefühle mit in eure Vorstellung auf. Noch einmal: Ihr geht gerade aus dem Kiefernwald hinaus in den Ahornwald. Anstatt vorwärtszudrängen, anstatt euch selbst in eure Angst und Ungewissheit zu zwingen, bleibt einfach stehen, seid einfach. Gewinnt eure Zentriertheit zurück, und dehnt euch von dort aus über euch selbst hinaus aus. Euer physisches Selbst ist nicht länger eure physische Grenze. Lasst die Nacht eure Augen, Ohren und Hände sein. Werdet für eine Weile die Nacht, und sagt mir, was sie euch sagt.«

Amber ist die Erste, die spricht. »Ich fühle den Nieselregen auf meinem Gesicht. Es muss eine leichte Brise wehen, denn der Regen trifft mich auf der linken Seite etwas stärker. Ich höre den Nieselregen auf die Blätter am Boden vor mir rieseln, und hinter mir fallen dicke Tropfen von den Kiefern herunter. Und ich höre die Frösche im Hintergrund. Ah, Tamarack, das ist es – ich glaube, ich hab's! Ich könnte den Klang der Wassertropfen hinter mir behalten und den Regen meine linke Seite treffen lassen, und ich würde geradewegs zur Straße gehen. Ha, wer braucht schon einen Pfad?«

»Wie lange könntest du die tropfenden Kiefern hören? Und was, wenn der Wind sich legt?«

»Gute Fragen«, sagt Amber. »Ich vermute, ich würde mich wieder verirren.«

»Also was kommt nach den Kiefern?«, fragt Kip. »Es sollte noch etwas anderes geben.«

»Mehrere Dinge«, antworte ich. »Die Nacht streckt eine starke, führende Hand aus, und du hältst dich nur an ihrem kleinen Finger fest. Ich gebe dir einen Hinweis – es ist etwas so eklatant Offensichtliches in dieser Jahreszeit, dass du es wahrscheinlich als selbstverständlich ansiehst.«

»Die Frösche?«, fragt Kip.

Er hat es, aber sie können nicht alles zusammensetzen. Wir stellen uns vor, dass wir wieder dort auf dem Pfad sind, wo wir uns der Moorbucht nähern. Der Chor wird mit jedem Schritt lauter, bis wir am Rand des Moores stehen, wo er so schrill ist, dass unsere Ohren schmerzen. Jeder andere Klang ist ausgelöscht: unsere Schritte, unser Atem, die Person vor uns, die Eule, die in der Ferne ruft – alles.

Wir gehen weiter auf dem Pfad, lassen das Moor hinter uns, und die Intensität nimmt langsam ab. Mit jedem Schritt rückt die Welt um uns herum weiter in den Fokus, während andere Klänge sich zu dem Froschchor hinzugesellen. Und doch ist er immer da.

»Beachtet, wie ihr genau erkennen könnt, wo sie sind«, fordere ich sie auf. »Ihr Gesang hat eine scharfe, durchdringende Qualität, die kein Echo erzeugt und leicht zu orten ist. Dafür gibt es einen Grund, den ich jetzt nicht weiter vertiefen werde. Ich möchte es euch überlassen, das herauszufinden. Wie ihr wisst, hat alles seinen Grund. Wenn ihr also der Frosch werdet und versteht, warum ihr singt, wird euch wahrscheinlich klar werden, warum euer Gesang diese kuriose Eigenschaft besitzt.

Nun zurück zum Thema ›Auf dem Weg bleiben‹. Wie ihr von der Orientierungsarbeit wisst, die wir in der Vergangenheit gemacht haben, müssen wir zwei Dinge wissen, um irgendwo hinzugelangen – woher wir kommen und wohin wir gehen …«

»Aha!«, sagt Kip. »Die Frösche sagen uns, woher wir kommen, und wenn wir aus dem Kiefernwald heraustreten, schauen wir bereits in die Richtung, in die wir gehen wollen. Sagen wir also, wir behalten den Froschchor in unserem Rücken, dann sollte uns das geradewegs zur Straße führen.«

»So einfach ist das«, sage ich. »Tatsächlich ist es sogar noch einfacher. Wenn wir erst einmal unser indigenes Selbst erweckt haben, wissen wir intuitiv, was zu tun ist, um auf Kurs zu bleiben. Wir strecken im Vertrauen unsere Hände aus, und die Mutter der Nacht wird sie nehmen und uns führen.«

13

Adlergeist und die Blechbüchse

Eine Vorbereitung auf das Finden unsichtbarer Fährten in Himmel und Wasser

»Du willst mir erzählen, das sei ein Kanu?«, sagt mein alter Freund Steve. »Sieht für mich eher nach einem Stück Altmetall aus.«

»Steve, wie unhöflich!«, entgegnete ich scherzhaft. »Das ist eine Älteste! Rückst du anderen Ältesten auf die Pelle und sagst ihnen, in welcher Verfassung sie sind? Wie wäre es mit etwas Respekt?«

Das Boot – oder das, was laut Steve einmal ein Boot war – liegt umgedreht unter einem Gebüsch hinter meiner Hütte. Es ist Spätsommer, der Wildreis ist reif, und Steve ist vorbeigekommen, um zu fragen, ob er ein Kanu ausleihen kann, um Reis ernten zu gehen. Ich nehme seine Reaktion nicht persönlich – so ist Steve eben. Gleichzeitig habe ich das Gefühl, dass er meine Wertschätzung für das klassische Wasserfahrzeug, für das ich ihm das Privileg der Nutzung gewähre, vielleicht nicht teilt.

Er beugt sich über den Rumpf und nimmt die Falten und Dellen der alten Dame unter die Lupe, als würde er tatsächlich ihre Seetauglichkeit infrage stellen. Wäre er ein gewöhnlicher Mensch, würde man erwarten, dass er mit einem anerkennenden Lächeln einen Schritt zurücktritt und den Anblick eines so alten Gefährts genießt, das schon viele Gewässer gesehen und zahlreiche Abenteuer miterlebt hat. Okay, vielleicht ist seine Reaktion etwas, das man von einem normalen Menschen erwarten würde, aber ich denke, ich werde mich hiermit trotzdem noch ein bisschen länger amüsieren. Ich frage mich auch, ob Steve das sehen kann, was ich in diesem Kanu sehe.

»Was du dir da anschaust, sind Zeichen der Weisheit«, fahre ich fort. »Diese Dame hat auf ihrer Reise viele Lehren erhalten, viele Lektionen gelernt. Sie trägt ihre Narben mit Stolz.«

»Eine Lektion, auf die ich gern verzichte«, sagt Steve, »ist die, in der Mitte eines Reisfeldes in dieser alten Blechbüchse zu sitzen, während mir das Wasser langsam über die Knöchel kriecht.«

»Lass mich dir ihre Geschichte erzählen«, fahre ich fort. »Komm, wir setzen uns hier drüben unter die Kiefern, und danach kannst du entscheiden, ob du sie mit zum Reisernten nehmen willst oder nicht. Aber lass zuerst ihre Ausstrahlung auf dich wirken. Sie erzählt uns jetzt gerade ihre Geschichte – wir müssen nur zuhören.«

»In Ordnung, Tamarack, normalerweise bin ich für eine Geschichte zu haben, aber es muss eine gute sein. Und eine kurze, denn der Reis ist reif und ich kann es kaum erwarten rauszugehen.«

»Ja, er ist soweit«, antworte ich, »und die Ernte fällt dieses Jahr üppig aus. Ich habe so eine Ahnung, dass du einfach wissen wirst, ob die alte Bessie bestimmt ist, deine Begleiterin für die Reisernte zu sein oder nicht, nachdem du diese Geschichte gehört hast. Sie könnte ihre Geschichte besser erzählen als ich, und du könntest wahrscheinlich einen großen Teil davon ohne meine Hilfe hören. Diese Dellen und Beulen, die du mit einer hochgezogenen Augenbraue begutachtest, sind ihre Stimme. Sie erzählt dir gerade die Geschichte, wann und wo sie entstanden sind.«

»›Geschichte‹, sagst du? Das sieht mehr nach einem Albtraum aus. Sie muss bei Pearl Harbor untergegangen sein.«

»Hey, ich dachte, du wolltest zuhören! Aber in einem Punkt hast du recht – es ist mehr als eine Geschichte. Es ist eine Saga, die du hören würdest, wenn du zurücktreten und lange genug still sein könntest, um ihr Lied zu hören. Da gibt es alle diese Stimmen, wie das Alter des Bootes, die Zulassungs- und Parkaufkleber, die Reparaturen und wie sorgfältig sie ausgeführt wurden sowie der Ton der Farbe und wie und warum sie abblättert. Und dann sind da noch die Kratzer, die zeigen, über welche Art von Felsen sie gefahren ist, wie stark die Strömung war, wie viel Fracht sie getragen hat und wie gut ihre Paddelnden waren. Alle diese Stimmen, und weitere, die nicht so offensichtlich sind, erzählen die Geschichte, wo sie war und was sie gesehen hat.«

»Moment«, sagt Steve. »Mit einer Geschichtsstunde kriegst du mich nicht in dieses Ding. Wo ist die Geschichte?«

»Wenn du mir ein paar Minuten geben könntest, ohne mich zu unterbrechen«, fauche ich ihn an, »würdest du es herausfinden. Wenn du dem Lied der alten Bessie zuhörst, lernst du ihren Geist kennen, ihre Bedürfnisse und Wünsche, ihre Fähigkeiten. Sie würde dir sagen, ob sie ein Boot für die Reisernte ist, und ob sie mit dir dorthin möchte oder nicht. So wie du hat auch sie Bedürfnisse, und sie spricht ihre genauso klar aus, wie du das getan hast, als du ankamst und fragtest, ob du ein Boot leihen könntest. Sie singt ein wunderschönes Lied, hoch und melodisch. Leihen wir ihr unser Ohr.«

»Drei Minuten«, antwortet Steve. »Du kannst viel Ketchup und Zwiebeln draufmachen, aber keine Poesie.«

Ich habe den Eindruck, dass die meisten guten Geschichten einen Anfang haben, der in den Nebel der Zeit gehüllt ist, und diese ist keine Ausnahme. Dieses Kanu liegt hier wegen eines anderen Kanus, und eines anderen Kanus davor. Das ist der Weg der Beziehungen, die Teil des größeren Flusses unseres Lebens sind. Eine Beziehung mit einem Individuum mag einen Anfang und ein Ende haben, und doch ist der Fluss der Beziehung der Fluss des Lebens selbst. Ich glaube, dass Bessie und ich von dem Moment an, als sie nach dem großen Krieg in irgendeiner umgebauten Flugzeugfabrik geboren wurde, dazu bestimmt waren, zusammen zu sein. Als ich zu jung war, um es besser zu wissen, und auf jenem Eisblock den rauschenden Schmelzwasserbach hinunterfuhr, begannen dieses Boot und ich unsere Reise aufeinander zu. Ein paar Winter später, als ich mir ein Boot aus ein paar Reifenschläuchen, ein paar Holzresten und einer alten Tischdecke als Segel baute, schrumpfte der Abstand zwischen diesem Kanu und mir noch ein wenig mehr.

Als ich meinen ersten Vollzeitjob bekam, war eines der ersten Dinge, die ich tat, mir ein echtes Kanu zu kaufen. Ich war überwältigt von der Tatsache, dass ich mir tatsächlich eines leisten konnte. Daher kümmerte es mich nicht, dass es schon zwei Leute einige Mühe kostete, das Ding anzuheben. Vielleicht war das der Grund, warum wir sie aus einem Gewirr aus Büschen herausziehen mussten, als ich sie kaufte, und es ist definitiv der Grund, warum sie ein paar Jahre hinter meiner Garage lag. Irgendwann nahm ich mir endlich die Zeit, ihr Lied anzuhören, und sie sagte mir, dass wir nicht zusammengehörten.

Was die Kosten pro Pfund betrifft, war sie zweifellos ein gutes Geschäft. Ich wäre der Schrecken jedes Kanu-Zerstörungs-Derbys, falls es so etwas gibt. Ich vermute, dass sie wahrscheinlich eines der ersten Kanus aus Glasfaser war, und ihr Erbauer wusste nicht, wann er aufhören sollte. In diesem Boot war mindestens genug Material für drei Kanus verbaut. Kein Wunder, dass sie so viele Jahre als Unterschlupf für die Baumwollschwanzkaninchen im Hinterhof diente.

Zu dieser Zeit kannte ich niemanden sonst, der gern abgelegene Bäche in der Wildnis erkundete, um Biberkolonien zu finden, deren Bewohner noch nie zuvor Menschen gesehen hatten. Niemand wollte zu einer vergessenen Insel hinauspaddeln, um einige Zeit mit Tieren zu verbringen, die wenig Angst zeigten, weil sie nie beschossen oder von Hunden gejagt worden waren. Ich konnte nicht allein fahren, weil ich das Boot alleine kaum handhaben konnte. Ich weiß heute, dass es für mich nicht die Zeit war, mit anderen hinauszugehen. Ich musste allein sein, damit ich erst einmal im Gleichgewicht mit meinen Pflanzen- und Tierverwandten wachsen konnte. Ich hatte viel zu lernen, oder sollte ich sagen, zu verlernen? Anstatt zu paddeln, schwamm, rannte, kletterte und krabbelte ich allein.

Ich verkaufte das Schlachtschiff an einen Mann mit einer jungen Familie. Sie suchten ein solides, stabiles Boot, und sie hatten die Energie, es zu handhaben, also waren sie glücklich, und mir ging es genauso. Irgendwie wusste ich, dass das für mich bestimmte Boot und ich uns finden würden, wenn die Zeit reif war. Daher suchte ich nicht nach einem Ersatz. Ich war damit zufrieden zu warten.

Etwa ein Dutzend Jahre später lebte ich in einem Wigwam, versteckt im Wald. Eines Tages kehrte ich von einem Ausflug zurück und wurde von meinem Nachbarn Larry begrüßt, der in dem kleinen, alten Gehöft lebte, das etwa anderthalb Kilometer entfernt an der Straße lag. Er sagte, dass einige meiner Freunde etwas für mich abgegeben hätten, während ich fort war. Nicht viele Leute wussten, wie man meine Hütte finden konnte. Wenn Freunde von außerhalb vorbeikamen, hielten sie bei Larry, und er führte sie zu mir hinaus.

»Was haben sie mir dagelassen?«, fragte ich.

»Ich bin nicht sicher«, sagte Larry. »Vielleicht magst du mitkommen und es dir selbst ansehen.«

Es war Liebe auf den ersten Blick. »Das ist sie!«, rief ich. »Das Boot, auf das ich gewartet habe!«

»Wie bitte?«, antwortete Larry. »Das, mein Herr, ist ein Haufen Altmetall. Wo siehst du ein Boot?«

»Meine Worte!«, unterbrach Steve.

»Rate, was ich geantwortet habe.«

»Ah, du hast Larry gesagt, er sei respektlos gegenüber einer Ältesten oder so, richtig?«

»Nicht ganz.«

»Oh, du, der du wenig siehst.« Das habe ich gesagt. »Wenn wir deinen Wagenheber und eine Brechstange, eine Rohrzange, einen Hammer nehmen würden ... was auch immer du hast, ich wette, wir könnten dieser Blechbüchse wieder zu ihrem alten Glanz verhelfen. Weißt du, dieses Boot und ich gingen getrennte Wege. Jeder von uns hat gewartet, sich auf diesen Moment vorbereitet, wenn wir vereint sein würden. Ich kann sehen, wer sie wirklich ist, wer sie wieder sein will.«

Larry pfiff und schüttelte seinen Kopf, ich glaube, mehr aus Mitleid für mich als für das Boot.

Meine Freunde, die das Boot vorbeibrachten, waren hartgesottene Kanufahrer, die regelmäßig Ausflüge zum Boundary-Waters-Kanugebiet im Norden Minnesotas machten. Das ist eine riesige Wildnis mit vielen Seen und Flüssen; mit anderen Worten: ein Paradies für Paddelbegeisterte. Dieses Boot hatte sie im Laufe der Jahre auf vielen Fahrten begleitet, und es sah so aus, als hätten sie sie auf dieser letzten Fahrt um einen Felsen zu viel gewickelt. Bei dem Zustand, in dem sie sich befand, war ich überrascht, dass sie sich überhaupt die Mühe gemacht hatten, sie zurückzubringen.

Hier kam der Mitleidsfaktor ins Spiel. Sie kannten meine finanzielle Situation. Man braucht Geld, um eine finanzielle Situation zu haben, richtig? Sie wussten, dass ich gerne bastle, und sie wussten, dass ich es hasse, wenn irgendetwas auf einer Mülldeponie landet. Also dachte ich mir, dass sie daher die Inspiration hatten, mir das zerknitterte Chaos zu überlassen. Oh, und dann ist da noch der Grund, warum sie wahrscheinlich nicht viel darüber geredet haben –, um sich das schlechte Gewissen zu ersparen, ihr zuverlässiges Ross nach vielen Jahren im Stich zu lassen.

Aber mir machte das nichts aus – ich hatte ein Boot. Tatsächlich war ich dankbar. Und ich war begeistert. Larry ging und holte seine Werkzeuge, was ich mehr als ein Zeichen seiner Freundschaft deutete als eine Zustimmung, dass das Boot wiederhergestellt werden könnte. Das war okay, da ich wusste, dass sie wieder schwimmen würde.

»Ah, Tamarack«, unterbricht Steve, »hast du nicht vor ungefähr einer halben Stunde ›drei Minuten‹ gesagt?«

»Gib mir nur noch eine Minute – wir sind fast am Ende.«

»Ja, am Ende des Tages.«

»In Ordnung – ich werde schnell zum Ende kommen. Versprochen!«

Larry und ich arbeiteten den ganzen Nachmittag. Zuerst hebelten wir die Dollborde auseinander, sodass sie wieder auf gegenüberliegenden Seiten des Bootes lagen. Dann benutzten wir jegliches Werkzeug, das am besten geeignet war, um die Falten und Beulen in etwas zu verwandeln, dass den Konturen eines Kanus ähnelte. Während wir arbeiteten, bezeichneten wir sie unter anderem als eine Blechbüchse. Und ob du's glaubst oder nicht – der Name Blechbüchse blieb haften. Bis heute nenne ich sie immer noch Blechbüchse, und alle, die sie kennen, tun das auch.

Die Blechbüchse bestand aus Aluminium, was – wie wir herausfanden – eine unangenehme Eigenschaft hat: Es dehnt sich aus. Obwohl wir die ursprüngliche Form des Bootes recht gut wiederhergestellt hatten, war ein großer Teil ihrer Außenhaut noch mit kleinen Dellen und Wellen bedeckt, die einfach unmöglich zu glätten waren. Sie sah aus wie einer dieser schlappohrigen Jagdhunde mit zu viel Haut auf dem Körper.

Aber hey, ich hatte nichts zu beanstanden. Offensichtlich konnte ich nur ihre Schönheit sehen. Ich betrachtete ihre Dellen auf die gleiche Weise wie ich meine Narben ansah und mich gern an die Abenteuer erinnerte, die sie mir beschert hatten. Dieses Boot und ich waren wirklich vom selben Schlag.

Die Sonne stand bereits tief am Himmel, als wir fertig waren, und wir hatten noch nichts gegessen. Trotzdem fragte ich Larry, ob er Lust hätte, eine Einweihungspaddeltour zu unternehmen.

»Sicher«, sagte er ohne Zögern, also schnappten wir uns was zu knabbern, beluden das Kanu und los ging's.

Damals erkundete ich die Gegend nach einem neuen Lagerplatz. Ich wollte tiefer hinein in die Wildnis ziehen, und da ich nun ein Boot hatte, sollte mein Camp auf dem Wasserweg erreichbar sein. Ich hatte das Quellgebiet eines Flusses erkundet, das etwa eine Stunde entfernt war, und jetzt, mit einem Boot, wollte ich unbedingt sehen, wie die Gegend vom Fluss aus aussah.

»Aber es ist spät«, protestierte Larry.

»Spät wofür?«

»Spät am Tag, es wird bald dunkel!«

»Na und?«

Nach kurzem Zögern zuckte er mit den Schultern und sagte: »Ja, kein Ding. Es ist ja nicht das erste Mal, dass wir nach dem Dunkelwerden draußen unterwegs sind.«

Eine alte Forststraße brachte uns in Sichtweite des Flusses, und wir hatten noch etwa eine Stunde Tageslicht übrig, als wir begannen, stromaufwärts in die untergehende Sonne zu paddeln. Wir glitten lautlos an Bibern, Bisamratten, Enten und Reihern vorbei, die ihren üblichen Beschäftigungen nachgingen. Der Fluss wurde schmaler und wir mussten uns über einen umgestürzten Baum nach dem anderen ziehen. Ziemlich genau bei Sonnenuntergang erreichten wir den Eingang eines Canyons, wo der Fluss für uns zu felsig und die Strömung zu stark wurde, um mit dem Boot weiterzufahren. Wir gingen zu Fuß weiter.

Nach weniger als hundert Schritten fanden wir uns auf den massiven Wurzeln einer riesigen Weißkiefer wieder, die direkt am Flussufer wuchs. Ich fühlte den Drang, in die Vertiefung zwischen zwei Wurzeln zu schauen, und dort lag eine Adlerfeder – eine große Feder aus der Mitte des Schwanzes des Weibchens. Wie du weißt, sind die Weibchen eineinhalbmal so groß wie ihre Partner, sodass es nicht allzu schwer ist, eine Flügel- oder Schwanzfeder dem richtigen Geschlecht zuzuordnen.

»Das ist ein gutes Omen«, sagte ich zu Larry. »Wenn ich einen Adler sehe, betrachte ich mich als gesegnet. Wenn ein Adler mir eine Feder wie diese schenkt, ist das noch bedeutungsvoller.«

Ich schaute mich um und sah mehrere kleinere Körperfedern. Hier musste noch etwas anderes vor sich gehen. Und tatsächlich: Wir schauten in den Baum hinauf und ganz oben ruhte eine riesige Nestplattform. Es war ein guter Platz für mein neues Camp.

Ein paar Tage später kehrte ich zurück und folgte einem Hirschpfad, der an einem kühlen, kristallklaren Nebenbach entlang zu einem von Felsen gesäumten Teich führte. Genau dort baute ich eine Schwitzhütte*, und auf der Böschung darüber er-

* Siehe Glossar.

richtete ich ein Wigwam. Mein erstes vollwertiges Camp tief in der Wildnis!

Jedes Mal, wenn ich den Fluss hinauf- oder hinunterpaddelte, kam ich an dem Adlernest vorbei. Wir lernten uns kennen. Wenn die Saison wechselte und ihre Fischgründe zufroren, machten sie sich zu offenem Gewässer auf, und wenn der Schnee schmolz, kehrten sie zurück, um ihre Jungen aufzuziehen. Gelegentlich sah ich einen von ihnen in der tiefsten weißen Jahreszeit und fragte mich, warum sie zu dieser Jahreszeit vorbeikamen und was sie fraßen.

Als ich an einem knackig-kalten Nachmittag mit Schneeschuhen durch einen offenen Zedernsumpf lief, hörte ich das Glucksen zufriedener Raben vor mir. Es klang, als würden sie sich an einem vom Winter getöteten Hirsch gütlich tun. Der Schnee war tief, und Zweige, die so dick waren wie mein kleiner Finger, waren alles, was die Hirsche an Fressbarem erreichen konnten. Sie füllten ihre Bäuche, aber Holzfasern haben keine Kalorien, um ein Tier warm zu halten.

Der Wächter-Rabe bemerkte mich, gab einen Alarmruf von sich, und alle fünf flogen hoch in die Baumkronen, von wo sie mich sehen konnten. Bei ihnen saß ein Adler, nicht der typische Gefährte von Raben. Und es war nicht irgendein Adler. Ich erkannte ihn daran, wie er fest auf seinem linken Bein stand, während er mit dem rechten Fuß herumfühlte, um seine Sitzposition anzupassen. Manchmal hob er gleichzeitig seinen rechten Flügel. Ich erkannte auch seine Färbung; seine schokoladenbraunen Körperfedern waren nur eine Nuance heller als die seiner Partnerin.

Die Gegend um mein Camp herum war so reich an Seen und Bächen, dass ich praktisch überall, wo ich hinwollte, hinpaddeln konnte. Daher verbrachte ich eine Menge Zeit auf dem Wasser. Mehr als einmal war ich überrascht, die Adler in Seen fischen zu sehen, die Kilometer von ihrem Nest entfernt waren, selbst wenn es in der Nähe gute Fischgründe gab.

Und das galt nicht nur für Adler. Ich entdeckte fortwährend, dass verschiedene Arten von Tieren mehr Gemeinsamkeiten als Unterschiede aufwiesen. Eine Biene flog von Blüte zu Blüte, um Nektar aufzunehmen. Dabei trank sie hier ein bisschen und da ein bisschen, anstatt eine Blüte leer zu saugen. Ein Hirsch bewegte sich beim Äsen vorwärts, statt einen Busch komplett kahl zu fressen. Sie alle versorgten sich mit einer abwechslungsreichen und ausgewogenen Ernährung. Zugleich minimierten sie ihren Einfluss, während sie stutzten und bestäubten, um sicherzustellen, dass auch ihre Nachkommen Nahrung haben würden.

Mit der Zeit begann ich, den Geist von Adler am Nistplatz zu spüren, unabhängig davon, ob die Adler in der Nähe waren oder nicht. Ihre Beziehung zu ihrem Nest schien der meinen mit meiner Hütte sehr ähnlich zu sein. Sie streiften umher, verbrachten manchmal Zeit an verschiedenen Orten, aber sie kamen immer zurück, um sich wieder mit ihrem Partner zusammenzutun und ihre Jungen gemeinsam aufzuziehen. Ihr Leben drehte sich um ihr Nest – es war das Zentrum ihres Universums – also verweilte ihr Geist dort.

»Hey Tamarack, ich unterbreche nur ungern«, sagt Steve. »Das ist eine großartige Geschichte und so, aber ich verstehe nicht, was das noch mit deiner Blechbüchse zu tun hat. Oder mit der Reisernte. Ich bin hergekommen, um ein Kanu für die Reisernte zu leihen, erinnerst du dich?«

»Kannst du noch ein paar Sekunden erübrigen? Ich glaube, du wirst sehr bald sehen, worauf ich hiermit hinauswill.«

»›Sehr bald‹, klar. Wo habe ich das schon mal gehört?«

»Ich springe ein paar Jahre vor und komme zum Ende, okay?«

Steve rollt mit den Augen.

»Kurz und knapp, Steve«, versichere ich ihm. »Es geht los.«

An einem Frühlingstag, mehrere Jahreszeitenwechsel später, kam ich unter dem Nistbaum vorbei und erblickte eine Feder, die in einem kleinen, ruhigen Tümpel schwamm. Es war eine

Feder aus der großen, oberen Handdecke – eine mittellange Feder aus der Randdecke, wo der Flügel am Körper ansetzt. Und es war eine Adlerfeder, aber irgendetwas an ihr war anders. Etwas sehr Subtiles, das sie von den Federn unterschied, die ich in der Vergangenheit unter diesem Nest gefunden hatte.

Ich nahm die Feder mit ins Sonnenlicht und begutachtete sie aus verschiedenen Blickwinkeln. Ich legte sie auf den Boden und trat ein paar Schritte zurück, um sie aus der Entfernung zu betrachten, aber ich konnte noch immer nicht sagen, was das Besondere an ihr war. Möglicherweise war es nur das Gefühl der Feder in meiner Hand, oder vielleicht war sie ein kleines bisschen schmaler oder glänzte geringfügig mehr, als ich es gewohnt war. Ich hatte nicht das dringende Bedürfnis, den Unterschied genau festzustellen – es fühlte sich gut genug an, dass ich sagen konnte, dass es einen Unterschied gab.

An diesem Nachmittag saß ich flussaufwärts neben einem weiten, flachen Areal, das ein Überbleibsel eines alten Biberteiches war. Ich hörte einen Ruf, dann noch einen. Zwei Adler segelten über die Baumwipfel und hinaus über das angrenzende Sumpfgebiet. Sie riefen immer weiter, anscheinend beunruhigt ob meiner Anwesenheit. Ich nahm an, dass sie in der Hoffnung gekommen waren, im seichten Wasser jagen zu können.

Ihre Rufe … irgendetwas an ihnen klang einfach nicht richtig. Es schien das Paar zu sein, das ich von dem Nest flussabwärts kannte, und der Ruf des Weibchens bestätigte das. Doch der des Männchens war ein ganz kleines bisschen anders als der, den ich gewohnt war zu hören. Wie die Feder, die ich zuvor gefunden hatte. Ich überlegte: Könnte Krankheit oder Vergiftung, oder vielleicht eine Verletzung die Mauser beeinflussen oder die Stimme verändern? Könnte es hormonell bedingt sein? Oder das Ergebnis des Alterns?

Im Laufe der folgenden Mondin beobachtete ich das Paar aus der Entfernung, um zu sehen, ob ich noch etwas Ungewöhnliches entdecken konnte.

Ich vermied es bewusst, mich zu fokussieren oder zu analysieren, um einen Überblick zu behalten und für jede Nuance und jeden Impuls offen zu sein. Ich wusste aus Erfahrung, dass ich, sobald ich aufhörte, wie eine Frage zu sein, und versuchte, eine klare Antwort zu finden, in meinem rationalen Verstand stecken bleiben würde und nicht mehr in der Lage wäre, von meinen Sinnen, meiner Intuition und meinen Ahnenerinnerungen zu profitieren.

Allmählich wurde mir bewusst, dass eher etwas fehlte, als dass etwas Neues hinzugekommen wäre. Das Männchen passte seine Sitzposition nicht mit diesem eigenartigen Rechter-Fuß-Tanz an. Es war ein anderes Männchen!

Aber spielte das im Gesamtbild der Dinge eine Rolle? Es gab noch immer ein Paar, das Nest, und es würde das Zentrum des Lebens bleiben. In jeder Saison würde Fisch gefangen werden und Adlerküken würden schlüpfen. Das Alter der toten Baumkrone und der Zustand eines heruntergefallenen Teils des Nests zeugte davon, dass ein Adlerpaar dieses Nest für fast hundert Jahre sein Zuhause nannte. Ich hatte nicht daran gedacht zu hinterfragen, wie das möglich sein könnte. Nun stellte ich mir vor, wie das Weibchen alt und unfruchtbar wurde und das Männchen mit einer anderen Partnerin zum Nest zurückkehren würde, oder wie das Männchen einen Fisch greift, der zu groß ist, um ihn aus dem Wasser zu heben, und ertrinkt, weil er nicht loslassen kann, und seine Witwe sich dann mit einem heranwachsenden Adlermann zusammenschließt, der nach einem Nest sucht. Auf diese Weise kommen und gehen die einzelnen Vögel, während das zeitlose, alterslose Paar, der Geist des Adlers, weiterlebt. Es war dieser Geist, dessen Heimat das Nest war, und die einzelnen Vögel waren lediglich die aktuellen Manifestationen des Geistes.

Nachdem der euphorische Rausch der Entdeckung abgeklungen war, blieb mir ein tiefes Gefühl der Verbundenheit mit diesen beiden Vögeln und allen Adlern. Mir wurde klar, dass das Lesen der Fährte von Adler nicht bedeutet, die Fährte eines bestimmten Adlers zu lesen, sondern die des Adlergeistes – das unvergängliche Kontinuum des Adlerlebens. Wie die Feuerstelle eines indigenen Clans und der Stock eines Bienenvolkes, ist das Nest das Zentrum des Lebens einer Adlerfamilie. Ohne ein Nest wandert ein einzelner Adler einfach umher und stirbt, ohne eine Spur zu hinterlassen, ohne etwas zum Geist seiner Spezies beizutragen.

Wenn wir die Fährte eines Tieres im Matsch oder die Spuren auf dem Rumpf eines Kanus lesen, erhaschen wir nur einen flüchtigen Blick auf ihr Kontinuum, ihren Geist. Wenn wir uns auf das Lied ihrer Fährte einstimmen, verbinden wir uns mit ihrem Kontinuum – wir werden zu Geist-Fährtenlesenden*.

Ich drifte in die stille Welt meiner eigenen Gedanken ab, und es sieht so aus, als ginge es Steve genauso.

»Ach ja, eine Sache möchte ich noch erwähnen«, sage ich nach einer Weile. »Ich glaube, als ich begann, das Leben und das Fährtenlesen aus einer größeren Perspektive zu betrachten, half mir das zu verstehen, warum meine indianischen Freunde und Ältesten in Zeremonien den Geist des Adlers und nicht den tatsächlichen Adler ehrten. So ist es auch mit mir und diesem Kanu. Ihr Geist mag bei unseren Vorfahren gewesen sein, die vor langer Zeit auf den Gewässern paddelten, um zu fischen und Reis zu sammeln, und ihr Geist könnte mit den Kindern unserer Kinder auf Paddelabenteuer gehen … Nun, das war's, Steve. Ende der Geschichte. Ich schätze, ich bin ein wenig übers Ziel hinausgeschossen, was?«

»Yep.«

»Und? Willst du nun die alte Blechbüchse nehmen?«

»Gibt es eine gute Schwimmweste dazu?«

---

* Siehe Glossar.

14

Der Fährte des Fluges folgen

Und nun der Test:
Die Spuren lesen, die
Flügel in der Luft hinterließen

»Phil und ich saßen vorhin draußen vor unserem Lean-to*«, sagt Antoine in seinem kanadischen Buschakzent, »und dieser Falke fliegt über unsere Köpfe hinweg und landet im …«

»Warte«, unterbreche ich ihn, wobei ich mein Hemd aufknöpfe, um mich von dem Lauf ins Camp abzukühlen. »Wenn ich darf, sage ich dir, was passiert ist. Er kam aus Nordosten, flog über die Lichtung und landete dort drüben in der toten, schiefen Tanne. Und dann flog er in Richtung Erdbeerwiese, im Tiefflug auf, hm, ich würde sagen ungefähr Schulterhöhe.«

»Woher weißt du das?«, fragt Phil. »Du warst doch nicht hier!«

»Bist du sicher?«

»Naja, wir haben dich nicht gesehen«, antwortet Antoine. »Bist du herumgeschlichen?«

»Diesmal nicht«, erwidere ich.

»Dann weißt du wohl auch, was für eine Art Falke er war, oder?«

»Ich weiß vielleicht, welche Art *Vogel* er war. Seid ihr sicher, dass er ein Falke war?«

»Ich denke schon«, fährt Antoine fort. »Er hatte spitz auslaufende Flügel wie ein Falke, weißt du? Aber vielleicht war er keiner. Zieh keine voreiligen Schlüsse, richtig?«

»Könnt ihr ihn beschreiben?«

»Ja«, sagt Phil. »Was meinst du, war er so groß?«

Phil hält seinen Unterarm hoch und deutet vom Handgelenk zum Ellenbogen. Antoine nickt.

»Er hatte eine breite Brust«, fährt Antoine fort. »Er war weiß, oder vielleicht ein sehr helles Braun, oder Phil? Und er war braun gesprenkelt. Sein Rücken war auch braun, oder, Phil? Und er hatte einen schwarz gestreiften Schwanz.«

---

* Anmerkung der Übersetzerin: Diesen Begriff erklärt der Autor folgendermaßen: Ein Lean-to ist eine schnell errichtete, einfache Schutzkonstruktion, die aus einem schrägen Dach mit Seitenwänden und einer offenen Vorderseite besteht. Üblicherweise gefertigt aus Stöcken, Baumstämmen oder was auch immer in der unmittelbaren Umgebung zu finden ist.

Phil und Antoine sind Freunde aus derselben Gegend in Kanada, was man an ihrem Akzent erkennen kann – und der wird nur noch stärker, wenn sie zusammen sind. Sie sind ein gutes Team, in dem Antoine der Extrovertierte und Phil der Nachdenkliche ist. Phil hatte eine schwierige Kindheit und ist hier auf der Suche nach dem Sinn des Lebens, während der lebensfrohe Antoine sich um nichts auf der Welt Sorgen zu machen scheint.

Ich setze mich mit ihnen an die Feuerstelle des Lean-to, bitte um ein Stück Papier und zeichne die Flugsilhouette unserer drei üblichen Greifvogelfamilien. Es gibt die Buteos, die segelnden Bussarde, die lange und breite, rechteckige Flügel und kurze, aufgefächerte Schwänze haben. Und es gibt die Habichte und Sperber (Accipiter), die Greifvögel der Wälder, mit ihren kurzen, breiten Schwingen und langen, schmalen Schwänzen, mit denen sie durch die Bäume manövrieren können. Falken (Falco) sind die schnellen Verfolger – sie haben schmale, spitze Flügel und lange, sehr schmale Schwänze.

»Unser Verstand ist darauf ausgelegt, Symbole zu erkennen«*, erkläre ich, während ich zeichne. »Wir tun es intuitiv – wir sind darauf programmiert, Formen und Umrisse zuzuordnen. Das gilt für die meisten Tiere. Ein kleiner Vogel reagiert nicht auf den Greifvogel selbst, sondern auf dessen Silhouette. Habt ihr schon mal ein großes Fenster mit einem Aufkleber einer Greifvogel-Silhouette gesehen? Die Leute kleben sie dorthin, um zu verhindern, dass Vögel gegen die Fenster fliegen. Sobald ein Vogel eine gut gestaltete Silhouette sieht, haut er die Bremse rein und macht sich aus dem Staub. Leider sind die meisten Silhouetten unwirksam, weil ihnen Bewegung und Schatten fehlen, worauf Beutetiere sehr sensibel reagieren.«

Hätten unsere Jäger-Sammler-Vorfahren einen Vogel-Feldführer herausgebracht, wäre dieser nicht nach Familie, Gattung und Art geordnet. Es wäre wahrscheinlich eine Sammlung von

---

* Mehr zum Symbol-Fährtenlesen findest du in Anhang 3.

Silhouetten gewesen, zusammen mit den Gewohnheiten und Verhaltensmustern der Vögel, die zu ihnen passen. Indigene Menschen teilten Vögel nicht in Gattungen und Arten ein. Sie verwendeten die persönlichen Beziehungen, die sie zu den Vögeln hatten. Im Gegensatz dazu richten wir uns danach, was jemand anderes uns zu ihren Verwandtschaftsverhältnissen sagt. Obwohl Kraniche und Reiher genetisch nicht eng miteinander verwandt sind, sehen die Ojibwe in meiner Gegend sie als verwandt an, weil sie eine ähnliche Größe und Gestalt haben und gemeinsam in Feuchtgebieten leben.

Dennoch verlassen wir uns in unserem Alltag noch immer auf eine Form von Silhouette, und zwar in hohem Maße. Silhouetten, die Objekte, Gedanken und Gefühle darstellten, waren die Grundlage für unsere ersten Schriftformen. Im Laufe der Zeit entwickelten sich die Silhouetten und wurden abstrakter, bis zu dem Punkt, an dem sie für sich allein keine Bedeutung mehr besaßen. Was sie repräsentierten, musste auswendig gelernt werden, um sie zur Kommunikation zusammensetzen zu können.

Als ich die Silhouetten fertig habe, halte ich sie hoch und frage, ob sie ihren Vogel sehen.

Sie identifizieren ihn beide als Accipiter.

»Wieso das?«, frage ich, um sie zu animieren, die Unterschiede in den Symbolen zu erfassen.

»Es ist die Kombination aus langem Schwanz und kurzen, abgerundeten Schwingen«, antwortet Antoine. »Kann nichts anderes sein.«

»Also liefen die Flügel eures Vogels doch nicht spitz zu.«

»Vermutlich nicht«, sagt Phil. »Ich dachte nur, sie würden spitz zulaufen, weil sie, verglichen mit den segelnden Bussarden, so kurz waren. Ah, wenn ich mir die Umrisse anschaue, müssen das Buteos sein. War unserer jetzt ein Falke oder ein Accipiter, hey?«

»Möchtet ihr ihm einen Namen geben?«, frage ich.

»Warum? Er hat schon einen Namen«, antwortet Antoine.

»Ich meine einen persönlichen Namen«, antworte ich. Der

in den Büchern sagt in der Regel nichts über ihn aus. Ich wette, wenn ihr ihm einen Namen geben würdet, würde er sicher den Vogel widerspiegeln. Und er hätte für euch eine Bedeutung. Ein weiterer Grund, aus dem ich vorschlage, ihm einen Namen zu geben, ist, dass wir so viel Wert darauf legen, den richtigen Namen zu lernen, dass wir, sobald wir ihn kennen, glauben, etwas über das Tier zu wissen. Das dämpft unsere Neugierde.«

»Ja, da hast du recht«, entgegnet Antoine.

»Ich weiß nicht, ob ich recht oder unrecht habe«, antworte ich. »Es ist nur ein Blickwinkel – einer von vielen.«

»Wir lassen dich wissen, was uns einfällt«, sagt Phil. »Jetzt gerade interessiert mich etwas anderes. Als der Greifvogel angeflogen kam, stänkerten die Vögel auf der einen Seite der Lichtung herum, und die auf der anderen machten ihr Ding, als sei der Greifvogel gar nicht da. Das ergibt für mich keinen Sinn.«

»Die Vögel auf der gegenüberliegenden Seite der Lichtung«, stelle ich fest, »waren die, die sich aufregten, und die in den Fichten den Hügel hinunter waren diejenigen, die ruhig blieben. Ist das richtig?«

»Ey, warum machen wir uns überhaupt die Mühe, dir unsere Geschichten zu erzählen?«, sagt Antoine mit einem übertriebenen Grummeln.

»Das ist zwar eine rhetorische Frage, aber ich denke, ich werde sie euch trotzdem beantworten. Zunächst mal kenne ich nicht alle Geschichten – im Gegenteil. Und bei denen, die ich kenne, lerne ich jedes Mal, wenn ich sie höre, etwas Neues dazu. Ihr schenkt mir eure Augen, die anders sehen als meine, weshalb ihr einige Dinge erfasst, die ich übersehe. Ihr nehmt Dinge anders wahr als ich, was mir hilft, meine Beschränkungen zu überwinden. Auf diese Weise wachse ich durch eure Erfahrungen. Ich wüsste nicht, wie ich jemals müde werden könnte, immer wieder dieselbe Geschichte zu hören.«

»Ich weiß, was du meinst«, sagt Antoine, während er Holz aufs Feuer legt, um die Kühle des Abends zu vertreiben. »Es ist gut zu wissen, dass wir nicht deine Zeit verschwenden. Kannst du uns jetzt vielleicht auf die Sprünge helfen, warum diese kleinen, wehrlosen Vögel einfach normal weitermachten, als wäre Greifvogel nicht da?«

»Dieses Geheimnis werde ich euch überlassen, denn ich glaube, ihr wisst genug, um es bald selbst herausgefunden zu haben. Ein Hinweis: Beachtet, wann und wo diese Vögel auf euch in der gleichen Weise reagieren wie auf Greifvogel. Denkt daran, es geht hier nicht um euch und die Vögel, es geht um die Verwandtschaft mit Greifvogel. Wenn ihr beginnt, das zu fühlen, wird der Lebenstanz von Greifvogel euer Tanz werden, und es wird euch klarwerden, warum einige Vögel euch ignorieren – das heißt, euch zu ignorieren *scheinen* – während andere im Schwarm ausflippen.«

»Okay, ich kann warten«, antwortet Antoine. »Aber etwas anderes an dieser Greifvogel-Sache beschäftigt mich noch mehr. Wenn du nicht hier warst, woher wusstest du dann, woher er geflogen kam, dass er auf diesem bestimmten Ast gelandet ist und dann Richtung Erdbeerwiese weiterflog? Hast du das früher schon einmal gesehen und angenommen, dass es der gleiche Vogel war, der aus Gewohnheit das Gleiche wieder tat?«

»Ja und nein. Ich weiß nicht, ob ich diesen bestimmten Vogel schon einmal gesehen habe, aber ich kenne diese Art Vögel, und ich weiß, dass es ein Weibchen war. Das heißt natürlich, soweit ich überhaupt etwas weiß. *Wie eine Frage sein*, ihr wisst schon. Und übrigens, der Ast, auf dem sie gelandet ist, war nur eine fundierte Vermutung.«

»Aber woher konntest du bloß Art *und* Geschlecht wissen?«, fragt Phil.

»Weil ich im Schatten des Vogels fliege.«

»Was?«

»Ein bestimmter Vogel«, erkläre ich, »ist nur die derzeitige Manifestation seiner Art, und jedes Individuum fliegt auf den Spuren seiner Art. Wenn ein Vogel stirbt, wird ein anderer geboren, nimmt die Spur auf und beschattet den Vogel vor ihm. Üblicherweise zum selben Baum, manchmal zum selben Ast. Dann fliegt er in dieselbe Richtung, auch wenn der Vogel vor ihm das vielleicht Tage oder sogar Jahreszeiten vorher getan hat. Er folgt dem Vogel also nicht wörtlich, aber er schlüpft in den verweilenden Schatten des Vogels, weshalb man es Schatten-Fährtenlesen nennt. Manche nennen es Geist-Fährtenlesen, weil es keine sichtbaren Zeichen gibt, nach denen man sich richten könnte.«

»Was du beschreibst, klingt nach einem choreographierten Tanz«, sagt Phil, während er seine Hände vorstreckt, um sie zu wärmen. »Nur sind die Partner nicht zur selben Zeit zusammen auf dem Tanzboden.«

»Das kann eine hilfreiche Metapher sein«, antworte ich. »Es veranschaulicht, warum ich es manchmal einen Tanz nenne. Und warum der Tanz dieses Greifvogelweibchens der Tanz aller weiblichen Greifvögel ihrer Art ist, die in ihre Fußstapfen treten. Sie kennen alle die Bewegungen, weil sie in ihrem genetischen Gedächtnis eingeprägt sind, und jedes Greifvogelweibchen kann der Tänzerin vor ihr folgen, weil sie alle die angeborene Fähigkeit haben, die Schattenfährte* ihrer Vorgängerin zu lesen.«

»Dann ist das nichts, was die Eltern ihren Kindern beibringen?«, will Antoine wissen.

»Nicht wirklich. Der Geist von Vogel wird von allen Vögeln seiner Art geteilt, also teilen sie all den gleichen Geist-Weg. Sie besitzen die gleiche Art zu sehen und nicht zu sehen, die gleiche Art zu agieren und zu reagieren, die gleiche Art, Schutz zu suchen und ihre Jungen aufzuziehen. Und sie haben die gleiche Art, auf eine Lichtung zu fliegen und einen Ast mit bestimmten Eigenschaften auszusuchen.«

»Das ist für mich schwer zu begreifen«, sagt Antoine. »Ich dachte, Vögel fliegen einfach herum und tun irgendwie, was ihnen einfällt – frei wie ein Vogel halt, weißt du? Was du be-

* Siehe Glossar.

schreibst, ist irgendwie wie eine andere Realität. Ich verstehe, was du sagst, aber wow … Ich schätze, ich muss mich daran gewöhnen. Schatten-Fährtenlesen ist ziemlich abgefahrenes Zeug.«

»Weißt du, Fährtenlesen ist Fährtenlesen«, gebe ich ihm zur Antwort, »egal, ob du oder ein Vogel es tut. Dieselben Fähigkeiten, dieselben Prinzipien. Im Grunde genommen folgen diese Vögel einer Fährte. Ob man sie nun Schattenfährte oder Geistfährte nennt, spielt keine Rolle – es ist eine ganz normale Fährte, wie jede andere auch. Dieses Greifvogelweibchen folgte ihrer Intuition, lauschte dem Gesang der Fährte und las die Spuren genau wie wir, genau wie jeder andere Jäger auch.

Lasst mich die Schattenfährte ein wenig genauer beschreiben; vielleicht hilft das. Wenn ihr eine Fährte erkennt, könnt ihr ihr folgen. Ich werde die Fährte des Greifvogels als Beispiel nehmen. Sie existiert an zwei Orten: im Himmel und im Vogel. Tatsächlich sind diese beiden eher separate Dimensionen, weil sie so unterschiedlich sind. Und doch passen sie zusammen wie eine Hand und ein Handschuh. Erstens: Die Schattenfährte zieht sich über den Himmel. Eine Fährte am Himmel ist für einen Vogel genauso sichtbar wie eine Spur am Boden für uns. Ein Vogel kann das Lied der Fährte hören und ihm folgen. Er kann die Spuren lesen – er kann die Fährte des Vogels, der vor ihm geflogen ist, ›sehen‹. Und zweitens existiert die Schattenfährte im Vogel. Sie ist instinktiv, könnte man sagen. Sie ist so klar im genetischen Gedächtnis gespeichert, dass das erste Greifvogelweibchen, als die Lichtung entstand, genau wusste, wie sie in die Lichtung hineinfliegen musste, auf welchen Ast sie sich setzen und auf welchem Weg sie sie verlassen musste.«

»Ich brauche noch ein Beispiel«, sagt Antoine. »Wie wäre es mit etwas anderem als Vögel?«

»Sicher. Stellt euch vor, man setzt Fische in einen See, in dem es noch nie welche gab. Sie wüssten, wo sie Nahrung finden könnten und in welchen Fluss sie schwimmen müssten, um zu laichen, selbst wenn keiner ihrer Art es je zuvor dort getan hätte.

Und ihr wüsstest es auch, wenn ihr den Tanz der Fische kennen würdet. Ihr könntet ihn genau bestimmen, so wie ich es mit eurem Greifvogel getan habe. Da gibt es kein großes Geheimnis.«

»Das ist gut«, sagt Antoine. »Das erklärt, warum Greifvogel tat, was sie tat, aber das erklärt noch nicht, woher du es wusstest – woher du ihren Tanz kanntest, wie du wahrscheinlich sagen würdest.«

»Wie würdet *ihr* vorgehen, um das zu lernen?«

»Hm … wenn ich einer dieser Greifvögel wäre, hätte ich wahrscheinlich kein Problem damit. Abgesehen davon habe ich keine Ahnung.«

»Und genauso habe ich es gemacht«, erkläre ich. »Ich wurde einer von ihnen. Immer wieder habe ich sie beobachtet, aber das war nicht genug. Ich war noch immer von ihnen getrennt – ich kannte sie immer noch nicht.

Einmal konnte ich durch ihre Augen sehen, ich konnte ihre Art des Schatten-Fährtenlesens und ihren Tanz lernen. Kurz darauf war ich Greifvogel.«

Antoine und Phil lehnen sich vor, um mehr zu hören.

»Ich fühlte ihren Hunger und ihre Angst und ihr Bedürfnis, ihre Jungen zu beschützen, und das wurde zu meinem Hunger, meiner Angst und meinem Bedürfnis. Ich fand heraus, dass sich ihr Tanz gar nicht so sehr von meinem unterschied. Er existierte bloß in einem anderen Reich, der Himmelswelt, die ich nicht kannte. Sobald ich diese Grenze überschritten hatte, waren wir verwandt. Wir kannten einander; wir flogen und jagten zusammen. Ob wir Haare oder Federn hatten, spielte keine Rolle mehr, denn wir tanzten gemeinsam.

Wenn ich den Tanz unseres Greifvogelweibchens mittanze, lerne ich alle Greifvögel kennen, die diese Wiese in der Vergangenheit besucht haben, und ich lerne die Greifvögel kennen, die in der Zukunft kommen werden. Sie sind alle ein Vogel, ein Geist. Es ist lediglich unser Verstand, der sie durch Zeit und Raum voneinander trennt. Auf die gleiche Weise bin ich Hirsch,

Maus, Farn und Espe, wenn ich diese Wiese betrete. Ich lese ihre Schattenfährten und tanze ihren Tanz, nicht meinen. Ich bin nicht länger ich – ich bin nur das, woraus ich gemacht bin. Würde das, was Sonne, Wasser und Erde mir gaben, fortgenommen, wäre ich nichts. Ohne Wild und Beeren, ohne Träume und gelernte Lektionen, wäre ich nur eine Hülle.

Wenn mir klar wird, dass ich nicht wirklich ich bin, werde ich frei, das zu werden, woraus ich gemacht bin. Ich kann Maus sein, und ich kann Greifvogel sein, weil ich bereits sie bin. Nun habe ich kein Problem zu fliegen. Es fällt mir nicht schwer zu erkennen, wie meine Greifvogel-Schwester eine Flugbahn wählt, auf der sie unauffällig bleibt, um die kleinen Vögel nicht zu erschrecken, mit denen sie ihre Jungen füttern will. Es ist offensichtlich, warum ich kurze Flügel und einen langen Schwanz habe – sie erlauben mir, zwischen Ästen hindurchzufliegen und die engen Flugmanöver auszuführen, die nötig sind, um flinke, kleine Vögel zu fangen. Aus dem Blickwinkel meines Sitzplatzes, den ich genau aus diesem Grund gewählt habe, kann ich in der Ferne Öffnungen im Blätterdach sehen, die mir verraten, wo sich weitere Lichtungen befinden. Würde ich von oben in die Lichtung fliegen, könnte meine Silhouette alle in Panik versetzen. Wenn ich tief und leise herabstürze, kann ich mich manchmal materialisieren, als sei ich schon immer da gewesen.

Wenn ich, Tamarack, mein innerer Greifvogel werde, brauche ich nicht auf die Tanne zu klettern, um die abgenutzte Stelle auf dem Ast zu sehen, wo das Greifvogel-Weibchen immer landet. Ich muss nicht nach Kot oder Federn unter dem Sitzplatz suchen, um zu bestätigen, von wem er genutzt wird. Man muss mir nicht länger die Details einer Geschichte erzählen – manchmal nicht einmal die Geschichte –, damit ich weiß, was ihr gesehen habt. Nach euren ersten paar Worten könnte ich übernehmen und den Rest der Geschichte erzählen, weil ich sie bin.«

Das ist das Geheimnis, wie Indigene gemeinsam lautlos jagen. Wenn sie alle den Tanz des Tieres kennen, welches sie jagen, besteht kaum Bedarf an Kommunikation, abgesehen davon, miteinander in Kontakt zu bleiben. Jeder von ihnen übernimmt seine Rolle bei der Jagd, genau wie die Wölfe eines Rudels. Bei Wolf und Mensch genügt meist ein Blick oder ein leichtes Zucken des Kopfes, um die Jagd zu koordinieren.

Solch subtile und doch höchst effektive Kommunikation wird dadurch ermöglicht, wie ein Schatten zu sein, im Bewusstseinszustand des indigenen Jägers. Der moderne Mensch verweilt im Allgemeinen in einem Ego-Zustand, der zu einer hauptsächlich auf sich selbst fokussierten Kommunikation führt. Dieser Zustand dominiert das Bewusstsein und macht die Person unempfänglich für die subtilen Schattierungen des Schattens. Aus der Ego-Perspektive kann der Schattenjäger als distanziert und ausdruckslos erscheinen. Daher auch das Klischee des stoischen, unnahbaren Indigenen. In Wirklichkeit unterscheidet er sich nicht von dem Greifvogel-Weibchen, dessen Verhalten ebenfalls zurückhaltend und ausdruckslos ist. Gleichzeitig tobt in beiden ein Sturm der Leidenschaft und Verbundenheit. Der *stoische Indigene* ist nicht nur ein Oxymoron, sondern auch ein Ausdruck eines der fundamentalen Missverständnisse hinter den Vorurteilen gegenüber indigenen Menschen.

Wenn Phil und Antoine den Tanz des Greifvogels kennen würden, bräuchten sie nur zu dem Ast hinaufsehen, auf den Greifvogel sich niederließ, und ich wüsste, was sie beobachtet haben. Nachdem wir diese Erfahrung in einem Moment der Klarheit geteilt hätten, würden wir drei wahrscheinlich in ein Lächeln gemeinsamer Bewusstheit ausbrechen. Für andere würde es so wirken, als seien wir still, während wir in Wirklichkeit auf tiefster Ebene miteinander kommunizieren würden.

Für diejenigen, die dies nicht selbst erlebt haben, kann das schwer zu begreifen sein. Wir neigen dazu, Urteile auf Grundlage unserer eigenen Erfahrungen zu bilden, was uns weit von der Realität abbringen und dazu führen kann, dass wir ungewollt falsche Stereotypen aufrechterhalten.

Wir haben uns bis weit in die Nacht unterhalten, das Feuer ist heruntergebrannt und die beiden jungen Fährtenleser sind still geworden. Die Tage hier in der Wildnis sind intensiv und erfüllt, und es ist Zeit für sie, schlafen zu gehen.

So leidenschaftlich sie auch erwachen wollen, ich fürchte, dass ich sie manchmal überfordere. Es ist ein ständiger Balanceakt für mich, ihnen verlockende Häppchen zu reichen und aufzuhören, bevor sie mehr bekommen, als sie verdauen können. Wenn das passiert, müssen sie es entweder ablehnen oder glauben. Die erste Option ist gesund – die zweite gefährlich. Im Reich der Natur ist glauben tödlich. Wenn es für dich nicht real ist – wenn du es nicht gesehen oder selbst erlebt hast –, ist es vermutlich am besten, bei dem zu bleiben, was du weißt. Vielleicht wird der Tag kommen, an dem es in den Bereich deiner Erfahrung gelangt, aber bis dahin, lass es sein.

Ich verlasse Phil und Antoine mit diesen Abschiedsworten: »Denkt daran, dass das, was ich mit euch teile, nicht in Stein gemeißelt ist. Es ist einfach das, was ich gelernt habe, und zwar so, wie ich es gelernt habe. Ich verpasse mehr, als ich mitbekomme, und es gibt Dinge, die ich verdrehe, weil ich sie nicht richtig erfasse. Jemand anderes würde das, worüber wir heute Abend gesprochen haben, vielleicht anders beschreiben. Das ist ganz natürlich, da wir alle verschiedene Augen und unterschiedliche Erfahrungen haben, aus denen wir schöpfen können. Also hört auf das, was sich richtig anfühlt, und lasst los, was nicht passt. Dann breitet eure Flügel aus und tanzt mit.«

15

Menschen nachspüren auf Bärenart

Bär, der Meisterlehrer im Menschen-Fährtenlesen, zeigt, wie man Menschen findet und ihnen nachspürt

Werbefachleute und Motivationsredner haben die Maxime »Herausforderungen sind Chancen« totgeredet, aber wo es ursprünglicher zugeht, ist sie noch überaus lebendig. Man könnte sie sogar als den Leitsatz der Wildnis bezeichnen. Jeder dort lebt danach, und Neuankömmlinge übernehmen sie entweder oder sie verschwinden. Für diejenigen, die mit dem Weg der Natur nicht vertraut sind, mag das grausam und bedrückend klingen, aber diejenigen, die sie kennen, stellen fest, dass die Annahme dieser Maxime Angst in Neugier und Mangel in Fülle verwandelt.

Mike ist gerade aus dem Flugzeug gestiegen. Da er aus dem Nordwesten ist, fühlt er sich an diesem kühlen, regnerischen Morgen gleich wie zu Hause. Es ist der erste Tag des Jahreskurses, und Mike hat unmittelbar die Gelegenheit, eine Chance in einer Herausforderung zu finden. Zusammen mit neun Fremden, die genauso unerfahren sind wie er, bereitet er sich auf eine neuneinhalb Kilometer lange, sehr feuchte Wanderung durch unwegsames Gelände vor. Ihr Ziel ist das primitive Camp aus Rinden- und Strohhütten, wo sie den nächsten Jahreszeitenwechsel verbringen werden. Rick, mein Assistent, wird sie führen, und nur er weiß, dass ich der Gruppe folgen werde.

Nach etwa anderthalb Kilometern sagen mir die Spuren, dass die Gruppe sich aufgeteilt hat. Ich bin außer Sicht- und Hörweite, daher kenne ich nicht alle Einzelheiten. Ich sehe anhand der Spuren, dass eine Frau – es sieht nach Mia aus – zurückgefallen ist. Einige wenige am Ende der Reihe wurden ebenfalls langsamer, wahrscheinlich, um ihr Gesellschaft zu leisten. Ich vermute, dass Rick dies für einen guten Zeitpunkt hielt, um eine Pause zu machen. Rabe und Häher erzählen mir, dass sie von dort in zwei Gruppen aufgebrochen sind, vermutlich, um die unterschiedlichen Gehgeschwindigkeiten zu berücksichtigen. Die nächsten drei Kilometer führen an einem See entlang und folgen einem Bach, daher besteht kaum die Gefahr, dass sich jemand verirrt.

Mike macht sich allein auf den Weg. Das überrascht mich

nicht, wenn ich seine unabhängige Ader bedenke, die schon kurz nach seiner Ankunft aufgrund seiner tadellos organisierten Ausrüstung und augenscheinlichen Unnahbarkeit offensichtlich wurde. Ich wusste es jedoch besser, da ich ihn bereits letztes Jahr während seines einwöchigen Besuchs im Programm kennengelernt hatte.

Jetzt gerade weiß er nicht, dass ich seine Schattenfährte lese. Ich bleibe stehen, um Rabe dabei zu beobachten, wie sie sich leise ihrem Nest nähert, um ihre Jungen zu füttern. Es sieht so aus, als hätte Mike das auch getan. Ich erblicke einen Specht, der links von mir an einer toten Espe arbeitet, und frage mich, ob Mike ihn auch gesehen hat.

Da ich weiß, dass er nicht sicher war, wohin er gehen sollte, halte ich nach einer Stelle Ausschau, an der er möglicherweise angehalten hat, um sich zu orientieren. Der niedrige Kamm, den er fand, war von dichtem Bewuchs umgeben und nicht der ideale Platz, um zu sehen, was vor ihm lag. Dennoch war es die beste vorhandene Aussicht. Ich habe das Gefühl, dass er dorthin gegangen ist. Ich gehe zu der Stelle hinüber, zu der er sich höchstwahrscheinlich hingezogen fühlte. Es war eine winzige, von Haselnusssträuchern überwucherte Öffnung zwischen zwei jungen Tannen.

Ich kann seine Anwesenheit genau hier auf dem Scheitelpunkt des Kamms fühlen. Es macht keinen Unterschied, ob er mit mir hier ist oder ob er vor Kurzem hier war, oder sogar am Tag zuvor. Sein Schatten verweilt, und ich weiß, wie dieser sich anfühlt, weil ich inzwischen seit etwa anderthalb Kilometern in ihm laufe.

Wenn ich dem Lied der Fährte lausche – und besonders, wenn ich ihm folge – stelle ich fest, dass das Festhalten an einem Zeitkonzept einfach nur hinderlich ist. Ich muss völlig im Jetzt sein, um das ganze Lied zu hören, weil es in der Gegenwart gesungen wird, aus der Vergangenheit widerhallt und in die Zukunft strahlt. Wäre ich nicht im Jetzt, könnte ich einen Stern ansehen und sagen: »Vielleicht gibt es ihn nicht mehr. Das Licht, das ich jetzt sehe, brauchte Millionen von Jahren, um mich zu erreichen, und der Stern könnte in der Zwischenzeit ausgebrannt sein. Wenn ich den Stern verfolgen würde, würde ich vielleicht nur leeren Raum finden.«

Nichts davon ist wichtig, wenn ich im Jetzt bin. Der Stern existiert, weil er Teil meiner derzeitigen Realität ist. Und in diesem Zustand der Präsenz kann ich am besten Fährten lesen. Jegliche Distanz, die ich zwischen der Zielperson und mir schaffe, indem ich darüber nachdenke, wie weit wir zeitlich voneinander getrennt sind – etwa wie lange es her ist, dass er an dieser Stelle vorbeikam –, beeinträchtigt meine Fähigkeit, das Lied der Fährte zu hören. Es besteht das Risiko, dass ich aus meinem tiefsten Inneren in meinen Kopf wechsle und aufs analytische Fährtenlesen umschalte. Wenn ich mich vergewissern muss, wie viel Zeit vergangen ist, um ein Gefühl dafür zu bekommen, wo meine Zielperson nun sein könnte, tue ich das schnell und kehre sofort in die Gegenwart zurück. In diesem Fall will ich Mike sein, genau hier und jetzt, und genau wie er fühlen, denken und handeln. Ich könnte das nicht, wenn ich die Zeit im Auge behalten würde, da Zeit ein mentales Konstrukt ist, das mich von der Realität des Jetzt trennt.

Der Dunst und der Nieselregen schränken die Sicht ein, und ich fühle seine Anspannung. Alle Richtungen sehen gleich aus. Nervös strecke ich die Hand aus, um einen toten Zweig abzubrechen, um etwas zum Herumfummeln zu haben.

Genau da, wo ich hingreife, ist bereits ein Zweig abgebrochen. Er ist nach oben abgerissen, so wie es aussieht, wenn ein Mensch ihn entfernt hat. Es handelt sich um einen Nebenzweig und keine Spitze, wie sie höchstwahrscheinlich von einem vorbeistreifenden Tier abgebrochen worden wäre. Die Stelle ist auf der richtigen Höhe für Mike. Und die Bruchstelle ist noch trocken, was darauf hinweist, dass sie erst kürzlich entstanden ist.

Die Route, die er nimmt, ist vorhersehbar, sodass er trotz seines momentanen Unbehagens nicht in Eile gerät. Er strahlt Zuversicht aus, und er weiß, dass er sich für die Wanderung den größten Teil des Tages nehmen kann. Ich schlage einen Bogen und gehe voraus, um mir einen Platz oder zwei zu suchen, wo ich neben dem Pfad, den er meiner Meinung nach nehmen wird, unsichtbar werden kann. Ich werde das nächste Jahr mit ihm verbringen, sein Erwachen anleiten und für sein Wohlergehen verantwortlich sein. Daher möchte ich alles über ihn erfahren, was ich kann. Wie er ist, wenn er sich allein im Wald befindet, ist für mich weitaus aufschlussreicher, als sein Verhalten, wenn er mit anderen zusammen ist.

Falls Mike sich jemals verirren sollte und ich ihn aufspüren müsste, wäre die Wahrscheinlichkeit hoch, dass er allein ist. Zuversichtlich oder nicht, jemand, der sich verirrt hat, ist allein normalerweise in größerer Gefahr als in Begleitung. Wenn es ein Geheimnis gibt, wie man sich davor schützen kann, sich zu verirren, dann ist es: Versuche nicht, dir durch Nachdenken einen Weg hinaus zu suchen. Der Weg hinaus ist in den Spuren zu finden, nicht im Verstand. Emotionen vernebeln den Verstand, Spuren hingegen sind klar, objektiv und verlässlich. Diejenigen, die Ruhe bewahren, die Spuren lesen – und ihnen trauen – können in der Regel auf sich selbst aufpassen. Leider wenden sich die meisten Verirrten an ihren Verstand, der zu einer Gefahr wird, weil er die Perspektive untergräbt, noch bevor die Panik einsetzt. Menschen geraten viel häufiger in Panik, wenn sie allein sind, als wenn sie mit jemanden zusammen sind, weil ihnen der Trost eines Bezugspunktes fehlt.

Ich sehe Bewegung vor mir: Etwas schwankt vor und zurück. Sein schwankender Gang verrät ihn, bevor ich ihn überhaupt ausmachen kann, als er aus dem Wald auf eine Lichtung kommt. Er geht in die Mitte der Lichtung, um zu pinkeln. Ich vermute, er fühlt sich dort sicher, weil er alles um sich herum sehen kann.

Was er nicht zu erfassen scheint, ist, dass er nur sehen kann, was sich auf der Lichtung befindet. Es ist schwer, von einem hellen Bereich in die Dunkelheit zu sehen. Was sich also im Schatten des Waldes verbirgt, ist für ihn schwer auszumachen. Ich stehe völlig sichtbar etwa dreißig Schritte von ihm entfernt, und er kann mich nicht erkennen. Es ist viel leichter, aus der Dunkelheit ins Licht zu sehen, wie in einem Kino. Denk daran, wie leicht es ist, nachts durch ein Fenster in ein Haus zu schauen und zu sehen, was vor sich geht. Gleichzeitig könnte es einem Menschen drinnen schwerfallen, dich visuell wahrzunehmen.

Mike spiegelt lediglich seine städtische Herkunft, bei der er sich daran gewöhnte, dass die Bereiche draußen von Straßen- und Gartenlampen beleuchtet werden. Viele Menschen glauben, dass nächtliche Beleuchtung die Sicherheit gewährleistet. Das Seltsame daran ist, dass sie das Gegenteil bewirkt, indem sie Schatten erzeugt, in denen sich skrupellose Menschen leicht verbergen können. Gleichzeitig macht das Licht es schwieriger, solche Leute zu sehen. Auch wenn die Beleuchtung eine gewisse Hilfe sein mag, schafft sie eine deutliche doppelte Gefahr.

Was sind Mikes Optionen? Wäre er ein Indigener, ob zwei- oder vierbeinig, würde er sich wahrscheinlich am Rand aufhalten, wo Lichtung und Wald aufeinandertreffen. Knapp innerhalb der Baumgrenze wäre er nicht exponiert, und von dort könnte er sowohl in den schattigen Wald als auch in die helle Lichtung sehen. Im Moment sieht er zwar gut, was auf der Lichtung vor sich geht, aber er bemerkt mich nicht, obwohl ich nur ein paar Schritte vor der Waldgrenze zwischen den Bäumen stehe und mir keinerlei Mühe gegeben habe, mich zu verbergen.

Wir brauchen selten Tarnung, um unsichtbar zu werden, wenn wir die Lebensweise derjenigen kennen, denen wir folgen. Ich schlüpfe in blinde Flecken und nutze Bewegungsmuster, Annahmen und Ablenkungen als meine Tarnung, wie ich es bei Mike getan habe. Diese Art der Tarnung ist jederzeit verfügbar, und ich mag sie besonders, weil sie mir hilft, das Wesen zu werden, dessen Fährte ich folge.

Auch auf dem Wasser tendieren Indigene dazu, am Rand zu bleiben. Wenn man dicht am Ufer paddelt, ist man wesentlich unauffälliger für jemanden, der sich am See befindet, als wenn man sich draußen auf dem offenen Wasser aufhält. Und wie beim Rand auf dem Land findet man an der Uferlinie und dem angrenzenden Flachwasser das meiste Leben. Bei ablandigem Wind kann das Wasser im Uferbereich ruhig sein, selbst wenn der Rest des Sees unruhig ist. Die Ojibwe meiner Gegend nutzen folgenden Gesang, um beim Paddeln im Rhythmus zu bleiben: *jeemanakaganakeego; jeemanakagananodin.* Das bedeutet: *Paddel dein Kanu dicht am Ufer entlang; paddel mit deinem Kanu dort, wo kein Wind ist.*

Erneut schlage ich einen Bogen und gehe voraus, wobei ich dieses Mal einen Beobachtungsposten an einer schmalen Stelle in einem dichten Erlensumpf wähle, von dem ich annehme, dass Mike ihn durchqueren wird. Ein alter, verrotteter Biberdamm überbrückt die Engstelle und ist gerade hoch genug, um seine Füße trocken zu halten. Etwa zehn Schritte von der Seite des Damms entfernt befindet sich ein kleiner Zedernwald mit dichten, überhängenden Ästen. Weiche, bernsteinfarbene Nadeln bedecken den moosigen Boden, der mich einlädt, mich hinzusetzen, rücklings an einen Baum zu lehnen und ein Nickerchen zu machen. Es ist ein ruhiger Tag mit ausgezeichneten Klangübertragungseigenschaften – hohe Luftfeuchtigkeit, stehende Luft, niedrige Wolkendecke –, und so bin ich relativ sicher, dass sein Herannahen mich aufwecken wird.

Als er an mir vorbeigeht, fühle ich mich wie ein Gnom, der unter einem Baum sitzt und die Aktivitäten einer Welt betrachtet, die nicht weiß, dass es mich gibt. Aber er schaut in meine Richtung, ja, er schaut mich direkt an, als spüre er etwas und wolle wissen, was es ist.

Obwohl er mich nicht sieht, empfinde ich mich als bloßgestellt. Wäre ich ganz im Jetzt und im Schattenmodus gewesen, hätte er nichts mitbekommen dürfen. Betrachte ich mich als Versager? Im Gegenteil. Ich bin immer im Training, und ich bin dankbar für diese neue Gelegenheit zu lernen, wie ich meinem inneren Fährtenleser weniger im Weg stehen kann.

Für den Rest der Wanderung lasse ich mich weit hinter Mike zurückfallen, wo ich seine Bewegungen vorhersehen kann, bevor ich nach Hinweisen suche, um sie zu bestätigen.

Als ich mich durch ein Erlendickicht winde, fällt mir auf, dass meine Taschen sich füllen. Hey, was wäre ein Fährtenlese-Abenteuer, wenigstens für mich, ohne Erinnerungsstücke? Dieses Mal ist es ein Biberschädel, der Unterkiefer eines lange verlorenen Jagdhundes, eine Tasche voller Moosbeeren und ein paar Federn, die ihre eigene Fährtenlesegeschichte zu erzählen haben. Die Tierteile stammen von vor langer Zeit zerstörten Rissstellen, sonst hätte ich sie liegen lassen. Diese Andenken sind Requisiten für die Geschichten, die ich mit zurückbringe, aber die heben wir uns für ein anderes Mal auf. Jetzt gerade möchte ich dir lieber von dem Fährtenleselehrer erzählen, den Mike im kommenden Jahr haben wird. Nein, ich bin es nicht. Ich mache meine Sache gut, wenn ich nicht im Weg stehe und jemanden mit einem richtigen Lehrenden zusammenbringen kann. Diese Person zu finden – einen waschechten Fährtenleser, der von seinem Handwerk lebt –, ist in der heutigen Zeit eine schwierige Aufgabe. Es gibt nur noch sehr wenige Orte, an denen Fährtenleser ihre traditionellen Methoden anwenden können.

Einer dieser Orte, die Kalahari-Wüste in Südafrika, ist noch mit der Anwesenheit weniger traditioneller !Kung San gesegnet, die die Spuren aller Bewohner ihres Camps identifizieren können. Als sei das nicht genug, können diese Meister anhand der Spuren ihrer Camp-Gefährten erkennen, wie es ihnen geht und was sie vorhaben. Zumindest behaupten außenstehende Beobachtende, dass diese Informationen allein von den Spuren stammen. Wenn diese Außenstehenden den Gesang der Fährte nicht kennen, ist es nicht verwunderlich, dass sie das, was sie sehen, mit dem in Zusammenhang bringen, was sie wissen.

So beeindruckend die Demonstration der Kunstfertigkeit im Fährtenlesen auch sein mag, die !Kung San haben es auf jeden Fall leicht, die Fährten ihrer eigenen Leute zu lesen. Und ich hatte es leicht, Mikes Fährte zu lesen, einer meiner eigenen Leute. Einzelne Fälle wie diese sind die Ausnahme. Meiner Erfahrung nach zählen Menschen inzwischen zu den Tieren, deren Fährte am schwierigsten zu lesen ist.

Der Beruf des Menschen-Fährtenlesens wird üblicherweise als »Mantracking« bezeichnet. Das ist kein Begriff, den ich gern verwende, nicht nur, weil er sexistisch ausgelegt werden kann, sondern auch, weil er irreführend ist. Männer, Frauen, Kinder und ältere Menschen hinterlassen jeweils ihre typischen Fährten, und jeder dieser Typen erfordert einen eigenen Fährtenleseansatz. Frauen neigen beispielsweise dazu, sich auf dem Fußballen zu drehen, während Männer dies häufig auf der Ferse oder den Zehen tun. Schau dir die Abnutzungsmuster von Schuhen an, daran solltest du das erkennen können. Allerdings ist das nicht ganz richtig, da es hauptsächlich auf urbanisierte Männer zutrifft. Wenn indigene Männer sich überhaupt drehen, dann eher auf dem Fußballen.

Ich halte es für notwendig, das Lesen der Fährten indigener Menschen von dem urbanisierter Menschen zu trennen. Obwohl es Überschneidungen gibt, sind verschiedene Fähigkeiten erforderlich. Nicht nur die Fährten unterscheiden sich, sondern auch die Bewegungsmuster. Jede Art von Lebewesen ist auf seine eigene Weise vorhersehbar, so auch die Menschen. Und dennoch werden dir viele, die sowohl Erfahrung im Lesen der Fährten von Indigenen als auch von urbanisierten Menschen haben, sagen, dass es ist, als würde man die Fährten zweier völlig verschiedener Arten lesen. Lernt man, die Fährte der einen zu lesen, ist das beim Lesen der Fährten der anderen etwa so hilfreich, wie die Fressgewohnheiten eines in Gefangenschaft lebenden Wolfes beim Kennenlernen des Fressverhaltens eines wilden Wolfes.

Als würde das das Menschen-Fährtenlesen nicht schon verwirrend genug machen, gibt es keine klaren Grenzen zwischen männlichen und weiblichen Fährten sowie denen von Indigenen und urbanen Menschen. Es gibt moderne Menschen mit

Tendenzen zu indigenem Gang und umgekehrt. Manche Männer und Frauen haben ähnliche Charaktereigenschaften und einen ähnlichen Körperbau, was zu ähnlichen Fährtenmustern führt.

Im Gegensatz zum Lesen der Fährten Erwachsener kann das Lesen der Fährten von Kindern manchmal erfrischend einfacher sein – aber manchmal auch sehr viel verwirrender. Je jünger sie sind, desto schwieriger ist es, ihr Geschlecht zu bestimmen, und desto mehr ähneln Stadtkinder in ihren Bewegungen den indigenen. Bis zu einem Alter von sechs Jahren ist es schwer, sie anhand ihrer Fährten zu unterscheiden. Das gilt sowohl für ihren Laufstil als auch für ihre Bewegungsmuster. Erst wenn Hormone, das Tragen von Schuhen und Unterschiede im Lebensstil ihre Physiologie verändern, werden Unterschiede sichtbar. Ich weiß noch, wie überrascht – und manchmal regelrecht frustriert – ich als Kind war, als sich diese Veränderungen bei meinen Spielkameraden zu zeigen begannen. Wo wir uns früher alle gemeinsam in unsere Wald- und Sumpfabenteuer stürzten, begannen wir uns nach Geschlechtern zu trennen und danach, wie schmutzig wir werden wollten.

Wenn ich über das Lesen von Menschenfährten spreche, dehne ich die Definition des Begriffs »indigen« aus, um diejenigen mit einzuschließen, die sich mit der Natur wie Indigene verbunden fühlen. Das schließt einige Stadtmenschen mit ein, die Zeit in den Wäldern verbracht haben. Damit meine ich nicht die Zeit, die nur mit der Uhr oder dem Kalender gemessen wird, und ich meine auch nicht die Zeit beim Camping, Wandern oder Jagen. Diese Art von Zeit trägt nicht viel dazu bei, die Muster der Fährten zu ändern, wenn Menschen die Stadt mit in den Wald nehmen. Ich spreche von eingestimmter Zeit, wenn die Zeit zeitlos wird und der Wald und das Selbst eins werden. Nachdem ich den Fährten von Menschen für ein paar Hundert Meter oder so gefolgt bin, kann ich sagen, welche Art Zeit sie verbracht haben.

Man sagt, der Hund stamme vom Wolf ab, aber wenn sich ihre Pfotenabdrücke nicht ähneln würden, könnte man durch Fährtenlesen kaum erkennen, dass sie verwandt sind. Wäre ich gut darin, die Fährten von Hunden zu lesen, und würde versuchen, Wolfsfährten zu lesen, würde ich vermutlich denken, Wölfe wären die am schwersten zu fassenden Geschöpfe überhaupt. Das hat wenig mit der Klugheit von Wolf zu tun, sondern eher mit der Unerfahrenheit des Fährtenlesers.

Das Gleiche gilt für urbanisierte und indigene Menschen. Ein Stadtmensch, der die Fährten seiner eigenen Leute lesen kann, sagen wir ein Fährtenleser eines Such- und Rettungsteams, könnte möglicherweise an seine Grenzen stoßen, wenn er versuchte, die Fährten eines indigenen Menschen zu lesen.

Alle diese Punkte machen den Menschen zu einem der berechenbarsten Lebewesen, einem, dessen Fährte besonders leicht zu lesen ist, und gleichzeitig zu einem der verwirrendsten.

Und hier kommt der Fährtenleselehrer von Mike ins Spiel, den ich bereits erwähnte. Dieser Kerl ist der beste Lehrer im Menschen-Fährtenlesen, den ich gefunden habe. Er vereinfacht das Ganze, indem er uns hilft zu verstehen, warum wir tun, was wir tun. Aber es gibt ein paar Haken: Er spricht unsere Sprache nicht gut, er ist launisch, man muss ihn zur richtigen Zeit erwischen – wenn man ihn überhaupt findet – und aus einer Laune heraus hält er einen Kurs mitten in einem Sumpf oder auf einer Müllhalde ab.

Dieser Typ war, nebenbei bemerkt, für eine Weile mein Lehrer, und mir machen seine Eigenarten nichts aus. Alles in mir sagte, ich solle losziehen und von den Besten lernen, also habe ich das getan. Und ich hoffe, ich kann Mike mit demselben Lehrer zusammenbringen. Dieser Kerl ist Bär. Nein, das ist kein Spitzname, und ich nehme dich nicht auf den Arm. Ich rede vom vierbeinigen, pelzigen Bären – er lehrt dich Menschen-Fährtenlesen wie kein Mensch es kann. Brauchst du einen Beweis? Frage jemanden, der Bärenfährten liest, und er wird dir wahrscheinlich bestätigen, dass Bären-Fährtenlesende großartige Menschen-Fährtenleser sind, und umgekehrt. Das liegt daran, dass Bär einer unserer nächsten Verwandten ist.

Ich weiß, das steht im Widerspruch zu dem, was man dir beigebracht hat: dass unsere nächsten Verwandten die Affen seien. Hier sind die Gründe, warum die Ojibwe meiner Gegend sowie Indigene fast überall auf der Welt, die mit Bär leben, ihn »Bruder« nennen. Wie wir ist er ein Allesfresser. Er frisst Früchte, Nüsse, zartes Grünzeug, Insekten, Fleisch – alle die Dinge, die wir natürlicherweise essen würden. Wir nehmen die gleiche Medizin wie Bär, wenn wir krank sind. Indem wir Bär beobachten, können wir neue Nahrungsmittel, Medizin und Nahrungssuchmethoden kennenlernen. Wenn wir am Verhungern sind, können wir ihm folgen und er gibt uns zu essen. Als nachlässiger Esser lässt er normalerweise genug übrig, das wir ergattern können. Er kann uns wiederum auch ernähren, indem er unsere Nahrung wird. Wenn wir ihm folgen, lernen wir seine Gewohnheiten und Verhaltensmuster kennen, die uns helfen werden, ihn zu jagen. Und es ist nicht schwer, ihm zu folgen, da wir die gleichen Wege mit ungefähr der gleichen Geschwindigkeit nutzen. Außer wenn es ein Wettrennen ist, dann gewinnt Bär.

Lass mich ein paar Dinge klarstellen, bevor wir weitermachen. Erstens: Ich rede von Schwarzbären, nicht Grizzlys, und ich sage dir warum. Grizzlybären sind kurzsichtig, sodass man sie überraschen kann, wenn man auf sie zugeht. Und sie mögen das gar nicht. Aber sie hören sehr gut, weshalb Menschen in Grizzly-Gebieten sich angewöhnt haben, kleine Glöckchen zu tragen, um die Bären wissen zu lassen, dass sie kommen. Das hat sich als eine große Hilfe herausgestellt, um festzustellen, ob Grizzlys in der Gegend sind oder nicht. Man muss nur einen Blick auf den Bärenkot werfen, der leicht zu finden ist. Wenn er Fruchtkerne und Haare enthält, ist er vom Schwarzbär, und wenn er kleine Glöckchen enthält …

Ich meine das ernst. Grizzlybären sind normalerweise ruhige Geschöpfe, die sich um ihre eigenen Angelegenheiten kümmern. Gleichzeitig sind sie die stärksten landlebenden Raubtiere des Kontinents, und sie haben keinen Grund, irgendein anderes Tier zu fürchten. Wenn ein Grizzly aus irgendeinem Grund wütend wird, will man nicht in seiner Nähe sein. Schwarzbären töten zwar genauso viele Menschen wie Grizzlys – innerhalb der letzten zwanzig Jahre wurden beiden Spezies je fünfundzwanzig Todesfälle zugeordnet –, jedoch sind nur relativ wenige Menschen den Grizzlys in ihren abgelegenen Verbreitungsgebieten in der Wildnis ausgesetzt.

Dieser Unterschied hat wahrscheinlich mehr mit dem Charakter als mit der Größe zu tun. Als Spitzenraubtiere haben Grizzlys wenig zu befürchten. Obwohl sie im Allgemeinen größer sind als Schwarzbären, wiegen Grizzlys in Zentralalaska im Durchschnitt nur etwa 230 Kilogramm, während Schwarzbären in meiner Gegend bis zu 320 Kilogramm erreichen.

Hier in Nordamerika haben wir ein drittes Mitglied der Familie – Polarbär. Er wird seinem Namen gerecht: Sein Verbreitungsgebiet ist zirkumpolar, also kann jeder auf der Welt, der weit genug nach Norden wandert, ihm begegnen. Er kann genauso gefährlich sein wie Grizzly, daher sollte man wissen, wie man ihn identifizieren kann. Wenn Bär dich auf einen Baum jagt und dir hinterherklettert, ist er ein Schwarzbär. Wenn er den Baum umhaut, um dich zu erwischen, ist er ein Grizzly. Wenn es keinen Baum zum Raufklettern gibt, ist er ein Polarbär.

Das Zweite, was ich gern klären möchte, ist, dass mir klar ist, dass die meisten von euch Bär nicht Schatten-Fährtenlesen können, weil er nicht in eurer Nähe wohnt. Das ist allerdings kein Grund für euch, euch ausgeschlossen zu fühlen, während ich beschreibe, wie man das macht. Ihr könnt Bär immer noch als Lehrer haben, indem ihr Orte besucht, an denen er lebt, und dort seinen Spuren folgt. Das allein kann eine lehrreiche, erhellende Erfahrung sein. Filme von Bär in seinem natürlichen Lebensraum sind eine gute Möglichkeit, ein Gefühl dafür zu bekommen, wie er sich bewegt. Und dann wäre da noch das Lernen durch Handeln – du kannst Bär werden und seine Lebensweise aus erster Hand erleben. Sich etwas vorzustellen, funktioniert für viele Menschen gut, weil es überall getan werden kann. Wenn du dir etwas einbilden oder in deiner Fantasie ausmalen kannst, kannst du es dir auch vorstellen. Ich glaube, wir haben diese Fähigkeit entwickelt, um die Jagd zu vereinfachen. In unserem modernen Leben nennen wir das Fantasieren oder Einbildung. Das Entscheidende ist, dass wir eine solche Übereinstimmung mit Bär haben, dass so ziemlich alles, was du dir aussuchst, Resultate bringen wird.

Da Bären und Menschen ähnliche Bewegungsmuster haben, ist es für Indigene recht leicht, einem Bären zu folgen. Die meisten anderen von uns werden anfangs Schwierigkeiten haben, bis wir ein bisschen lockerer werden. Wenn wir erst einmal den Anfang gemacht haben, sollte es von selbst immer einfacher werden. Es ist wirklich ein Kinderspiel. Der Grad der Leichtigkeit ist unser Barometer dafür, wie nahe wir unserer natürlichen Bewegungsweise kommen. Wenn sie zur zweiten Natur wird, wissen wir, dass wir in unseren natürlichen Zustand zurückgekehrt sind.

Diese Leichtigkeit der Bewegung ist der Weg der indigenen Fährtenleserin. Wenn sie das Tier wird, das sie jagt, ist die Jagd nicht länger Arbeit, nicht länger der Kampf des Jägers gegen den Gejagten. Wie eine gesunde, fürsorgliche Beziehung mit einem geliebten Menschen, wird sie mühelos, bereichernd und angenehm.

Manche der Lernenden, mit denen ich arbeite, sind überrascht, wenn sich ihre Ahnenerinnerungen und intuitiven Befähigungen sowie ihre Fährtenlesefähigkeiten im Allgemeinen gleichzeitig mit ihrer Begabung, sich wie ein natürlich lebender Mensch zu bewegen, verbessern. Es scheint eine innere Verbindung zwischen natürlicher Bewegung und unserem inneren Fährtenleser zu bestehen.

Das ist mein Hauptargument dafür, angehende Menschen-Fährtenlesende zu ermutigen, zunächst zu lernen, wie man Fährten von Indigenen oder Bären liest, auch wenn sie solche Fährten nie in Wirklichkeit lesen werden. Wenn sie erst einmal die Norm verstehen, können sie auch die Abweichungen davon – in diesem Fall die Bewegungsmuster urbanisierter Menschen – besser nachvollziehen.

Egal, ob du dich für Überleben in der Wildnis, Jagen, Fallenstellen oder Beerenpflücken begeisterst, du kannst darin besser werden, indem du Bär eine Weile folgst. Er wird dir nicht nur zeigen, wie man die besten Gebiete findet, er wird dich auch dorthin bringen. Noch mal: Du musst Bär nicht wörtlich beschatten; seinen Spuren zu folgen, ist genauso gut. Aber stell sicher, dass es ein Bärenpfad ist. Stadtmenschen neigen dazu, Hirschpfaden zu folgen, und wenn du weißt, was die essen, weißt du, dass nicht viel davon für den menschlichen Verzehr geeignet ist. Die Nahrung der Hirsche enthält so wenig Fett und Eiweiß – zwei lebenswichtige Brennstoffe für den menschlichen Organismus –, dass wir uns nicht lange davon ernähren könnten.

Junge Stadtkinder folgen dagegen eher den Bärenpfaden und bewegen sich durch natürliche Lebensräume wie Bär. Je älter sie werden, desto eher wählen sie hoch gelegenes, offenes Gelände, statt tief gelegenes mit Bewuchs. Sie bevorzugen trockenes Gelände gegenüber Feuchtgebieten. Die Pfade, auf die sie stoßen, sind hauptsächlich die von Huftieren: Hirsche, Wapitis, Ziegen und so weiter. Ich passe meinen Fährtenlesestil dem Kind an, indem ich wie Bär denke, um verlorene junge Kinder zu finden, und wie ein Stadtbewohner, um ältere Kinder zu finden.

Es gibt noch einen weiteren Grund, warum die Mensch-Bär-Verbindung für manche Menschen nicht auf Anhieb funktioniert: Hollywood. Von Tarzan, der sich durch die Bäume schwingt, bis hin zu schreienden Kriegern auf dem Pferderücken wird uns ein Bild vermittelt, das alles andere als lässig und bedächtig ist. In Wahrheit befolgen viele indigene Kriegergesellschaften Sprichwörter wie »trainiere wie eine Katze, bewege dich wie ein Bär«. Katzen springen typischerweise auf Felsen und umgestürzte Baumstämme, die sich auf ihrem Weg befinden, während Bären darum herum oder unter ihnen hindurchgehen. Auch wenn Indigene problemlos in der Lage sind, sich wie eine Katze zu bewegen – also so, wie Hollywood sie gerne darstellt – tun sie das normalerweise nur, wenn es notwendig ist. Wenn sie im Tarnmodus oder auf der Pirsch sind, wollen sie so unauffällig wie möglich bleiben, was bedeutet, unten zu bleiben und sich wie Bär zu bewegen. Außerdem würde eine Kriegerin nicht riskieren, sich den Knöchel zu verstauchen, wenn es nicht wirklich notwendig wäre – ihre Leute verlassen sich in so vieler Hinsicht auf sie.

Wir wissen das intuitiv, weil wir uns durch die Evolution so entwickelt haben. Wenn wir in unserem tiefsten Inneren zentriert sind und das Lied der Fährte hören, bewegen wir uns natürlicherweise so wie Bär und lesen auch Fährten so wie er.

Wenn ich Fährten intuitiv lesen möchte, werde ich oft Bär. Ich folge den Konturen des Landes und bleibe am Rand der tief gelegenen Gebiete. Ich achte nicht auf die Richtung; ich lasse meinen Instinkt und die Landschaft vorgeben, wohin ich gehe und was ich vermeide. Wenn ich die Fährte eines modernen Menschen lese, wechsle ich in den Ego-Modus und ziehe eine Grenze zwischen mir und der Natur. Ich vertraue dem nicht, was ich fühle und sehe. Ich bleibe auf hoch gelegenem Land, wenn ich kann, ich achte auf die Zeit und die Richtung, und ich denke viel darüber nach, was ich tue und wohin ich gehe. Ich mache mir Sorgen um meine Leistung, und manchmal fühle ich mich unwohl und fehl am Platz. Ich mag es nicht, mich zu bücken und um Dinge herumzugehen; ich bleibe aufrecht und schiebe mich durch Hindernisse.

Ich werde auch Bär, wenn ich verhindern möchte, dass jemand mir folgt. Manche Menschen finden es schwer zu glauben, dass ich dorthin gehe, wohin ich gehe. Sie können nur sehen, wie ich kalt, nass und schmutzig werde und mich verirre. Das erlaubt mir, Orte zu erreichen – manchmal direkt vor ihrer Nase –, wo vermutlich kein Mensch seinen Fuß hingesetzt hat, seit die Indigenen die einzigen waren, die hier lebten. Das sind die Orte, an denen ich mich verstecken kann, ohne dass jemand auf die Idee käme, dort nachzusehen. Einige davon sind kleine, übersehene Wildnisgebiete mit Tierfamilien, von denen Leute nicht glauben würden, dass sie so nah bei uns leben.

Inzwischen dürften einige von euch sich fragen, wie man denn nun Bär wird. Wenn ihr zugehört habt, passiert das wahrscheinlich bereits jetzt. Ich würde euch gern mit einer kleinen Geschichtsstunde weiterhelfen. Keine Sorge, es ist Naturgeschichte. Bär kann im Nahbereich sehr gut sehen, während seine Fernsicht nur mittelmäßig ist. Andererseits kann er viel besser hören und riechen als wir. Viel besser – er übertrifft den besten Fährtenspürhund um ein Vielfaches.

Er bewegt sich nicht nur in einer Geschwindigkeit, die es uns leicht macht, mit ihm zusammen zu gehen, er gewöhnt sich auch schnell daran, andere Verwandte in seiner Nähe zu haben, uns eingeschlossen. Er kann sehr großzügig sein, wenn es um seine Beute geht, und erlaubt Geiern und anderen, direkt neben ihm zu fressen. Diese Eigenschaften erlauben es einem Menschen, dauerhaft in seiner Sichtweite zu sein, während er seinen täglichen Aktivitäten nachgeht, als sei niemand anwesend.

Plane viel Zeit für Meditation, Stricken oder sonst etwas ein, da Bär gerne Nickerchen macht. Ich meine damit nicht einfach ein Nachmittagsschläfchen, sondern mehrere Nickerchen über den Tag verteilt. Der derzeitige Rekordhalter ist ein Bär, den ein Freund von mir dabei beobachtet hat, wie er achtzehn Nickerchen an einem Tag hielt! Das ist sogar noch beeindruckender, wenn man bedenkt, das Bär normalerweise ein tagaktives Tier ist und nachts schläft. Gleichzeitig schätzt er aber auch seinen Frieden, und wenn er von Menschen gestört wird, wird er nachtaktiv.

Eine Schwarzbärin mit kleinen Jungen entfernt sich selten weit von einem großen Baum mit rauer Rinde. Die Furchen in der

Rinde machen den Baum zu einem sicheren und einfachen Kletterbaum für die Jungen. Im Falle einer Gefahr ist der Baum der Zufluchtsort der Jungen, und er dient als Platz für Nickerchen. Wenn man bedenkt, wie häufig Bären Nickerchen machen, kann man sich vorstellen, wie wichtig es ist, einen solchen Baum in der Nähe zu haben.

Es ist nicht ganz ungefährlich, Bär zu folgen, auch wenn die Gefahr nicht darin besteht, woran die meisten Leute denken. Und sie ist minimal, wenn du Bär kennst. Behalte im Hinterkopf, dass Bär ein großes und starkes Raubtier ist, und dass gelegentlich auch Menschen zu Opfern werden.* Bevor du auf eigene Faust losziehst, lass dich von jemandem unterweisen, der an Bären gewöhnt ist oder professionell Bärenfährten liest. Mike und seine Mitstreiter wurden gründlich in die Verhaltensregeln in Bärengebieten eingeführt, bevor sie mit dem Fährtenlesen begannen.

Wenn du Bär beschattest oder Bär wirst, denke daran, dass er das, was er tut, aufgrund seiner Natur und seiner Bedürfnisse tut. Nur seine Bewegung nachzuahmen, wird dir kein Gefühl dafür geben; du musst die Welt durch seine Augen sehen und seinen Hunger fühlen. Begib dich auf seine Ebene, sowohl körperlich als auch emotional. Sei auf seine Art unterwegs, suche Nahrung auf seine Weise.

Es gibt noch eine weitere Überlegung, und die habe ich bis zum Schluss aufgehoben, weil hier unsere persönlichen Geschichten ins Spiel kommen. Ich beobachte einige Leute, die die Ökologie und die Spuren von Bären studieren, wobei sie immer einen respektvollen Abstand einhalten. Warum? Aus Angst. Wenn wir Bär fürchten, wird Angst die Grundlage unserer Beziehung zu ihm. Um unserer Angst gerecht zu werden, passen wir uns an und ändern unser Verhalten in seiner Gegenwart. Wir sehen alles durch eine Linse der Furcht; das verzerrt unsere Wahrneh-

* Informationen zur Sicherheit in Gegenwart von Bären befinden sich in Anhang 4.

mung seiner Gewohnheiten, Bewegungen und Beweggründe. Stell dir vor, welches Potenzial deine Beziehung mit deiner besten Freundin oder deinem Liebhaber hätte, wenn sie auf Angst basieren würde.

Als wäre das nicht schon genug, macht uns unsere Furcht blind für die Ängste von Bär. Wenn wir wüssten, was er schätzt und was er verabscheut, was ihm Sicherheit gibt und was ihn nervös macht, könnten wir das Individuum hinter dem Erscheinungsbild sehen. Genau wie wir hat jeder Bär eine einzigartige Persönlichkeit. Wenn wir seine Gedanken lesen und seine Bewegungen vorhersehen könnten, hätten wir die Möglichkeit, eine interaktive statt einer reaktiven Beziehung mit ihm aufzubauen. Wir könnten buchstäblich unter Bären wandeln und sicher sein. (Das gilt in der Theorie, wohlgemerkt. Denk nicht einmal daran, das auszuprobieren, es sei denn, du kennst Bär so gut wie deine Mutter.)

Angst ist, wie Mike in seinem Kurs erfahren wird, nur ein Mangel an Wissen. Er mag die Geräusche der Nacht fürchten, bis er herausfindet, dass es sich nur um das Rascheln von Mäusen und die Rufe von Eulen handelt. Es gibt ein Sprichwort, das besagt: *Dich zu kennen heißt, dich zu lieben*. Bär zu kennen, kann uns helfen, ihn dafür zu lieben, wer er ist. Indem wir Bär werden, können wir uns selbst kennen und dafür lieben lernen, wer wir sind.

Ich bin der stolze Nachfahre eines Geschlechts von Jäger-Sammler-Fährtenlesenden auf beiden Seiten der Familie. Tatsächlich haben wir alle eine solide Jäger-Sammler-Abstammung – während der gesamten Geschichte der Menschheit bis zum kürzlichen Beginn der Landwirtschaft gab es keine andere Art zu leben. Das Geschenk von Bär, welches ich am meisten schätze, ist, dass er mich nicht nur lehrte, die Fährten meiner eigenen Art zu lesen, sondern mir auch zeigte, wie ich die Fährten meiner Ahnen lese. Sie lebten mit Bär, und ich sehe mich diese geheiligte und zeitlose Tradition fortführen, sodass sie fortleben kann, um die Kinder meiner Kinder zu grüßen.

16

Der Bote

Eine Grenze öffnet sich:
Der Fährtenleser knüpft eine Beziehung
zu einem scheuen Raubtier

»Ich habe gerade mit zwei Frauen gesprochen, die einen Puma gesehen haben«, ruft Lety aus, als wir uns am Beginn des Pfades zum Camp treffen. Sie hat meine ungeteilte Aufmerksamkeit.

Geheimnisvoller Puma, der stille Pirschjäger, dessen geisterhafte Präsenz das Symbol für einige der abgelegensten und ursprünglichsten Gebiete ist, die es auf diesem Kontinent noch gibt. Es ist ein Jahrhundert her, seit der letzte überlebende Puma in der Region der großen Seen erschossen wurde, und ich bin immer sofort zur Stelle und versuche, jegliche Berichte über Sichtungen in meiner Gegend zu überprüfen, von denen ich höre. Ob es sich um Trittsiegel, Haarproben oder Bilder handelt, sie entpuppen sich unweigerlich als die von Rotluchsen, gelben Labradoren oder räudigen Kojoten – sogar Hauskatzen, ob du's glaubst oder nicht.

Gleichzeitig hat mich das Training, das ich von Ojibwe-Ältesten erhalten habe, gelehrt, alle möglichen Optionen zu berücksichtigen und nach der tieferen Wahrheit hinter dem zu suchen, was ich sehe oder von anderen höre. An diesem kühlen, nieseligen Tag gegen Ende der Brombeer-Mondin würde ich am liebsten glauben, dass diese Frauen tatsächlich einen Puma gesehen haben, nur ein paar Hundert Meter die unbefestigte Straße hinunter von dort, wo wir stehen. Vor nur vier Wintern schenkte uns diese Straße die ersten Spuren, die bestätigten, dass Wölfe nach jahrzehntelanger Abwesenheit zurückgekehrt waren.

»Welche Geschichte haben dir die Frauen erzählt?«, frage ich Lety.

»Sie hielten an der Bootsanlegestelle an«, antwortet sie, »wo ich gerade Beeren pflückte, kurz bevor ich hierherkam, um dich zu treffen. Sie sagten, sie seien die Straße hinuntergefahren, um Pilze zu suchen, und nur ein Stückchen weiter hinten sei diese große, goldfarbene Katze mit einem langen Schwanz vor ihnen aus dem Wald getreten.«

»Hast du gefragt, ob das vielleicht ein Hund oder ein Kojote gewesen sein könnte?«

»Sie schworen, sie hätten einen Puma gesehen«, antwortet Lety. »Sie sagten, er sei viel größer als ein Hund, dass er lang und schlaksig war und einen kleinen, katzenartigen Kopf besaß.«

Klingt nach einem Puma. Andererseits erinnere ich mich daran, wie meine Fantasie aus einem großen Saugkarpfen, den ich als Kind gefangen hatte, als ich den Unterschied nicht kannte, eine Muskellunge* machte. Mir wurde beigebracht, dass die Muskellunge der König der Fische sei, und der Saugkarpfen ein minderwertiger Bodenfresser, also wollte ich, dass mein erster großer Fisch königlich war. Die Macht der Suggestion funktioniert ähnlich – wenn jemand in der Nachbarschaft berichtet, einen Herumtreiber gesehen zu haben, beginnen andere, unschuldige Fremde zu verdächtigen.

»Hast du ihre Namen und Adressen bekommen?«, frage ich. »Ich würde gern eine genaue Ortsangabe von ihnen bekommen, und ich möchte ihnen noch weitere Fragen stellen, um herauszufinden, ob es vielleicht ein anderes Tier war.«

»Hm, ich wünschte ich hätte«, stöhnt Lety. »Ich erinnere mich, dass sie sagten, sie lebten beim Wigwam-Lake, und die jüngere Frau nannte sich … äh … Laura, glaube ich. Sie sah aus, als sei sie in den Fünfzigern. Die andere hieß Madeline. Sie hatte einen starken Akzent und war wahrscheinlich siebzig oder achtzig Jahre alt.«

»Wie sieht es mit der Autonummer aus? Wir könnten sie auf diese Weise finden.«

»Nein, aber ich erinnere mich an das Fahrzeug. Es war auffällig – es war eins von diesen kleinen jeepartigen Fahrzeugen, königsblau.«

»Das sollte reichen, um sie zu finden«, antworte ich. »Es gibt nicht viele Hütten am Wigwam-Lake.«

»Wollen wir nicht zuerst nach den Spuren suchen«, schlägt

---

* Anmerkung der Übersetzerin: Ein großer Fisch aus der Gattung der Hechte.

Lety vor, »für den Fall, dass es wieder regnet oder jemand darüberfährt?«

»Gute Idee. Die Wahrscheinlichkeit, dass die beiden später zu Hause sind, ist ohnehin größer.«

Ein frühmorgendlicher Regen hat den Sand aufgeweicht, und der bedeckte Himmel hat ihn feucht gehalten – perfekt, um eine Spur zu erhalten. Darüber hinaus kommen so wenige Fahrzeuge die Straße hinunter, dass die Spuren manchmal tagelang erhalten bleiben.

Wenn wir jetzt eine Pumaspur finden würden, was würde das beweisen? Lediglich, dass wir die Fährte eines Pumas gefunden haben. Die offiziellen Stellungnahmen des Ministeriums für natürliche Ressourcen und des Forstdienstes* lauten, dass es in Wisconsin keine wilden Puma-Populationen gibt, und dass alle bestätigten Hinweise von Haustieren stammen, die entweder entlaufen sind oder in der Wildnis ausgesetzt wurden. Ich glaube, dass ihre Haustier-Theorie in vielen Fällen zutrifft.

Aber ist das wichtig? Jeder, der seine im Haus aufgezogene Katze draußen frei herumlaufen lässt, weiß, dass es nur eine Frage von Tagen ist, bevor sie sich auf Mäuse stürzt und Vögel aus der Luft schnappt wie jede wilde Katze. Selbst, wenn man ihnen die Krallen gezogen hat, werden sie pirschen und töten. Hauskatze oder Puma, ich denke nicht, dass es darauf ankommt. Klar, sie unterscheiden sich in der Größe, aber sie haben eine grundlegende Eigenschaft gemein: ihre Leidenschaft für die Jagd. Diese ist bei der Katze so ausgeprägt, dass praktisch alles, was sie tut, irgendwie mit der Jagd zu tun hat. Es zeigt sich schon bei kleinen Kätzchen, wie die meisten von euch schon gesehen haben. Sobald sie laufen können, stürzen sie sich aufeinander und attackieren den zuckenden Schwanz der Mutter. Selbst die schüchternste Hauskatze wird nach etwas schnappen, schlagen, jagen oder damit ringen. Das ist alles Training für – du hast es erfasst

* Anmerkung der Übersetzerin: Department of Natural Resources and Forest Service.

– die Jagd. Ich wette, dass Katzen, falls sie träumen, nur von der Jagd träumen.

Die Familie der Katzen entwickelte sich als reine Fleischfresser. Sie haben keine Backenzähne zum Kauen, nur spezialisierte Zähne zum Greifen und Zerschneiden von Fleisch. Die einzige Abweichung der Katzen von der reinen Eiweißkost besteht aus einigen gelegentlichen Grashalmen zum Reinigen der Eingeweide. Und sie bevorzugen nicht einfach Fleisch, sondern lebendes Fleisch. Anders als ihre hündischen Verwandten fressen sie normalerweise kein Aas, und im Gegensatz zu den meisten Hundeartigen jagen sie auch, wenn sie genug zu fressen haben. Das liegt in ihrer Natur; was könnten sie sonst tun?

Dadurch ist es möglich, Pumas als adulte Tiere auszuwildern, auch wenn sie von Geburt an in Gefangenschaft gehalten wurden. Sie überleben nicht nur, sondern werden wieder zu einem wilden Tier in seinem natürlichen Habitat. Einige Wildtierbeauftragte vertreten die Ansicht, dass ausgewilderte Pumas nicht den Grundstock für eine wilde Zuchtpopulation bilden können. In diesem Punkt muss ich mich dem anschließen, was Puma mir sagt.

Ein Grund, warum Puma sich so leicht wieder in die Natur einfügen kann, ist, dass er eine Ausnahme ist. Spezialisierung, wie bei Pumas Ernährung, ist generell ein einschränkender Faktor im Reich der Natur, und doch hat Puma das größte Verbreitungsgebiet aller großen Tiere in Amerika. Man findet ihn von Küste zu Küste und vom nördlichen British Columbia bis nach Feuerland. Ein Grund dafür ist, dass Fleisch sehr nahrhaft, reich an Mineralien und leicht verdaulich ist, weshalb er nur gelegentlich töten und fressen muss. Pflanzenfresser, die sich von nährstoffarmen und schwer verdaulichem Grünzeug ernähren, müssen einen großen Teil ihrer Zeit mit Fressen verbringen.

Ich kannte Puma nicht, als er noch ein regulärer Bewohner der Nordwälder war, aber ich fühle seine Abwesenheit. Er war schon seit Äonen hier, zusammen mit Elch, Wolf und Hirsch. Wenn eine Gemeinschaft ein Mitglied verliert – besonders ein Spitzenraubtier wie Puma – ist der gesamte Kreis des Lebens betroffen. Puma ist dafür gemacht, Hirsche zu jagen und zu fressen, und er lebt fast ausschließlich von Hirschen, wenn sie verfügbar sind. Hirsche brauchen Puma ebenso. Er hält sie gesund, indem er die Kranken, Alten und die überzähligen Jungen aussortiert.

Das gesamte Ökosystem des Waldes profitiert von dieser wechselseitigen Beziehung. Pflanzen werden nicht übermäßig abgeweidet, Aasfresser von Rabe bis Bär haben Kadaver zum Fressen, und es gibt genug Futter für andere äsende Tiere wie Elche und Wapitis. Raufußhühner und Biber profitieren davon, wenn junge Espen, ihre bevorzugte Nahrungsquelle in der weißen Jahreszeit, nicht von einer Horde verhungernder Hirsche ausgelöscht wird. Der schaurige Schrei von Puma gehört ebenso zu den Nordwäldern wie der schrille Chor des hiesigen Laubfrosches und das gespenstische Stöhnen des Streifenkauzes. Puma ist nicht freiwillig gegangen, und vielleicht kommt er ja doch wieder zurück. Seine Verwandten im Wald, mich eingeschlossen, vermissen ihn sehr. Sobald es für mich klar ist, dass er zurückgekehrt ist, werde ich ihm zu Ehren ein Willkommensfest veranstalten.

Manche Menschen glauben, dass wir Puma mit Wolf als Wächter von Hirsch nicht benötigen. Es ist wahr, dass Wolf und Puma die gleiche ökologische Nische besetzen, und doch sind sie in vielerlei Hinsicht so verschieden wie Tag und Nacht. Puma ist ein Solitärjäger, der gerne von oben zuschlägt, während Wolf im Rudel jagt und die Verfolgungsjagd genießt. Wie schafft er das allein? Mit enormen athletischen Fähigkeiten. Mit einiger Anstrengung kann Wolf sich über ein Hindernis ziehen, das so hoch ist, wie eine große Person hinaufreichen kann. Man müsste diese Höhe verdoppeln, um Puma herauszufordern, und er ist sogar noch besser bei einem horizontalen Sprung. Und das bei einem Tier, das nicht größer ist als du oder ich. Weibchen wiegen zwischen 40 und 55 Kilogramm, und Männchen sind etwa eineinhalbmal so groß. Wie schaffen sie das dann? Kein Problem, wenn man im Verhältnis die größte Hinterhand aller Katzen hat.

Der männliche Puma hat einen weiteren Vorteil im Überlebenskampf seiner einzelgängerischen Art: einen muskulösen Penis, mit dem er die Unterseite von Blättern und Ästen besprühen kann. Auf diese Weise ist sein Geruch vor den Elementen geschützt. Dies ist genauso wichtig wie seine sportlichen Fähigkeiten, da es ihm hilft, sowohl sein weitreichendes Jagdgebiet als auch die Reviere der Weibchen innerhalb seines Reviers effektiv zu markieren und zu erhalten.

Die Wege von Wolf und Puma treffen sich selten, da Wolf ein ausgesprochen sichtbares Rudeltier und Puma allein, langsam und heimlich unterwegs ist. Pumas scharfe Sinne und leise Art halten ihn in den Schatten und fern von Ärger. Er ist das Phantom des Waldes und in der Lage, jahrelang in einem Gebiet zu leben, bevor irgendein Mensch das mitbekommt, falls das überhaupt geschieht. Das Revier eines Weibchens kann klein sein, gerade groß genug, dass es reicht, um Hirsche zu finden. Ein Wolfsrudel muss weit umherstreifen, um alle seine Mitglieder zu ernähren. Um eine angemessene Nahrungsgrundlage zu sichern, erhält das Rudel sein Revier durch regelmäßige Patrouillen und Markierung der Grenzen aufrecht. Für Wolf ist das kein Problem, denn er kann mit seinem langsamen Galopp den ganzen Tag unterwegs sein, ohne zu ermüden.

Darin liegt ein grundlegender Unterschied in den Jagdmethoden – Wolf sucht aktiv nach seiner Beute, während Puma seine zu sich kommen lässt. Gleichzeitig ist da eine grundlegende Ähnlichkeit, da sowohl Wolf als auch Puma ihren Verstand einsetzen müssen, um zur richtigen Zeit am richtigen Ort zu sein.

Sie unterscheiden sich nicht nur in der Distanz, die sie zurücklegen, sie bewegen sich auch unterschiedlich. Der geschmeidige und sehnige Puma fließt über die Landschaft wie Wasser. Er ist kein Läufer, sondern geht behutsam vorwärts und wählt jeden Schritt sorgfältig. Seine weich gepolsterten Pfoten hinterlassen eine Spur, die nur für erfahrene Fährtenlesende sichtbar ist. Wolf ist steif und federnd gebaut, eher wie ein gespannter Bogen. Wenn er läuft, fliegt er über den Boden wie ein Pfeil, wobei seine Pfoten mit ihren Krallen oft leicht zu findende Spuren hinterlassen.

Das ist also die Geschichte, warum es so schwer ist, an handfeste, fotografische Beweise für Pumas Anwesenheit zu kommen. Die meisten vermeintlichen Puma-Fotos zeigen ein entferntes, unscharfes Tier, das durch Schatten unkenntlich ist. In der weißen Saison kann seine Anwesenheit am leichtesten entdeckt werden, und zwar durch seine Spuren im Schnee. Allerdings gibt es – ganz seiner Natur entsprechend – einen weiteren Haken: Da er ein Lauerjäger ist und sich langsam fortbewegt, sind seine Spuren selten und liegen weit auseinander.

Es gab früher drei wesentliche Hindernisse für Pumas Rückkehr: geeigneter Lebensraum, eine Nahrungsgrundlage und unsere Angst.* Als die Nordwälder von Holzfällern abgeholzt wurden, rotteten professionell Jagende und Wilderer Hirsch, Elch, Wapiti und Karibu praktisch aus, und Kopfgeldjäger holten sich die Raubtiere, die den Holzfällern und Siedlern entgangen waren. Heute sind die Wälder nachgewachsen, und die Hirschpopulation ist auf ein Niveau angewachsen, das die Nordwälder noch nie gesehen haben. Nur die negative Einstellung gegenüber Raubtieren hält sich wie eine schwärende Wunde, die nicht heilen will. Selbst einige von uns, die Wolfs Rückkehr begrüßt haben, schaudert es bei dem Gedanken an eine große Katze, die lautlos durch die Wälder schleicht und sich von einem überhängenden Ast auf alles stürzt, was vorbeikommt – uns vielleicht eingeschlossen. Die Vorstellung, dass einem diese schraubstockartigen Kiefer auf der Stelle das Genick brechen können, kann schon beunruhigend sein. Wir sind schließlich zu seltsamen Verbündeten derjenigen geworden, die Wölfe bei Sichtkontakt erschießen und

* Informationen zur Sicherheit in Gegenwart von Pumas befinden sich in Anhang 5.

nicht langsamer werden würden, wenn einer vor ihnen die Straße überqueren würde.

Hier kommen unsere Landes- und Bundesbehörden für Wildtiere ins Spiel. Sie sind mit dem Wohlergehen unserer einheimischen Pflanzen und Tiere betraut, und gäbe es sie nicht, wären Adler, Elch, Fichtenmarder und etliche andere typische Bewohner der Nordwälder heute nicht mehr hier. Leider neigen diese Behörden dazu, mit typisch bürokratischer Geschwindigkeit zu reagieren, wenn schnelle Hilfe vonnöten wäre. Manchmal unterstützt ihre Trägheit vernünftiges Handeln, z. B. wenn sie sicherstellen, dass solide Daten gesammelt und bewertet werden, bevor sie Richtlinien ändern. Das Ergebnis ist, dass Puma nur dann als ansässige Art anerkannt wird und im Rahmen des Artenschutzgesetzes Schutz und andere Vorteile erhalten kann – eine Maßnahme, die ich befürworte –, wenn unterstützende Daten vorliegen. Der Ruf eines Pumas in der Nacht reicht nicht aus, wenn er nicht bezeugt, aufgezeichnet und einer Stimmanalyse unterzogen wird. Ein Foto ist nicht besser, es sei denn, es ist Teil einer Fotoserie, die den Ort und die Zeit belegt. Fährten und Trittsiegelabgüsse stehen ziemlich weit unten auf der Liste, da Trittsiegel leicht zu fälschen sind und Zeit und Ort bei Abgüssen nicht verifiziert werden können. Meiner Meinung nach besteht das größte Problem bei Fährten darin, dass nur wenig behördliches Personal Fährtenlesekompetenzen besitzt. Die meisten von ihnen könnten eine Fährte nicht eindeutig identifizieren, wenn sie eine sehen würden. Eine Wildtierbiologin sagte mir direkt, dass Puma keine Spuren hinterlässt.

Kot, der Fell von der eigenen Körperpflege enthält, gilt als solides Beweismittel, da Haare durch DNA-Analyse zugeordnet werden können. Es ist der zuverlässigste und anerkannteste Nachweis, abgesehen von einem Kadaver oder einem lebend gefangenen Tier. Selbst ohne Fell ist Kot in der Regel die am leichtesten zu beschaffende Quelle für genetisches Material. Allerdings liefert nicht jeder Pumakot Puma-DNA, da sich nur wenige Zellen von der Darmwand lösen.

Ich befürworte DNA-Tests, weil ich glaube, dass sie irgendwann die Überzeugung vieler Wildtierfachkundigen ausräumen wird, dass es sich bei allen Pumas in den Nordwäldern um freigelassene Haustiere handelt, die aus Mittel- und Südamerika stammen. Für die Pumas selbst wäre das kein Problem, abgesehen davon, dass sie einer anderen Unterart angehören als unsere einheimischen Tiere und damit nicht unter den Schutz des Artenschutzgesetzes fallen.

Ein weiteres Argument gegen die Existenz einer einheimischen, sich fortpflanzenden Population ist, dass es typischerweise die Männchen sind, die fortwandern und sich in neuen Gebieten niederlassen. Wenn es in diesen Gebieten keine ansässige weibliche Population gibt, findet natürlich keine Fortpflanzung statt. Wenn wir in Wisconsin, Michigan und Minnesota eine einheimische, sich fortpflanzende Population haben – und ich denke, das ist der Fall –, dann könnte das daran liegen, dass private Gruppen illegal Weibchen im Westen gefangen und hier freigelassen haben. Vertrauliche Quellen haben mir gegenüber angedeutet, dass dies geschehen sein könnte.

Vergessen wir nicht die politische Situation. Auch wenn eine Behörde vorgibt, objektiv zu sein und die meisten Beschäftigten engagierte Fachleute sind, wird sie politisch gesteuert und finanziert. Das spielt eine Rolle bei Entscheidungen, die das Puma-Management betreffen, was für die wählende Bevölkerung ein sensibles Thema ist.

Jetzt gerade sind solche Belange das Letzte, was mir im Kopf herumgeht. Lety, die offensichtlich genauso aufgeregt ist wie ich, fragt, ob ich sehen will, wo die Katze die Straße überquert hat, und wir gehen in diese Richtung.

Es könnte sein, dass einer oder mehrere Pumas in der Gegend sind, da es nur achtundvierzig Kilometer von hier entfernt eine Reihe von gemeldeten Sichtungen gegeben hat. Drei benachbarte Staaten westlich von uns hatten gerade ihre ersten bestätigten Sichtungen, also ist es nur eine Frage der Zeit, bis das auch in

Wisconsin passieren wird. Diese Katzen verbreiten sich wahrscheinlich von den Pumabeständen in Colorado und den Black Hills Richtung Osten. Dies stellt eine dritte mögliche Quelle für unsere ansässigen Katzen dar, neben den ausgesetzten Haustieren und den anderswo illegal gefangenen und hier freigelassenen Tieren.

Um sicherzugehen, dass wir die Fährte finden, beginnen Lety und ich unsere Suche bereits ein paar Hundert Meter vor der Stelle, an der die Frauen das Tier gesehen haben wollen. Wir nehmen uns jeder eine Seite der Straße vor und arbeiten uns langsam bis zur Bootsanlegestelle vor. Dieser Straßenabschnitt besteht aus festgefahrenem Sand und Steinen; nur die äußersten Ränder sind weich genug, um darin deutliche Spuren zu hinterlassen. Um einen Überblick zu behalten, sodass wir auch Anzeichen von Bewegung erkennen können, anstatt nur den Rand nach tatsächlichen Spuren abzusuchen, bleiben wir ein, zwei Schritte neben der Straße.

»Wir suchen eine Nadel in einem Heuhaufen«, kommentiere ich, nachdem wir etwa die Hälfte der Strecke hinter uns haben. »Wir finden eine Menge Hinweise auf andere Tiere, und wir verpassen wahrscheinlich immer noch mehr als wir erwischen.«

Ich sehe mich um und stelle fest, dass dieses Gebiet weder wie ein Puma-Korridor aussieht noch sich so anfühlt. Es gibt keine vernünftige Deckung, und wenn der Puma hier über die Straße gelaufen wäre, wäre er direkt in den See gelaufen. „Ich frage mich«, sage ich zu Lety, »ob wir nicht weiter die Straße hinunter suchen sollten, wo es einen geeigneteren Lebensraum für Puma gibt.«

»Und wir wissen, was ein ›paar Hundert Meter‹ heißt«, ergänzt Lety. »Er könnte weiter unten die Straße überquert haben.«

Während wir reden, beginnt es zu nieseln. Wir sind besorgt, dass der Regen die Spuren beeinträchtigen könnte, und wir wissen nicht, wie groß der Bereich ist, den wir noch zu erkunden haben. Also entscheiden wir uns, zum Ausgangspunkt zurückzukehren und unsere Fahrräder zu holen. Wir fahren langsam und lauschen dem Lied von Pumas Fährte.

Nach etwa anderthalb Kilometern erreichen wir einen dichten Streifen aus Haselnusssträuchern und jungen Balsamtannen, der als Übergangszone zwischen dem hoch gelegenen Laubwald und dem Fichten-Zedern-Sumpf dient. »Nun, das schreit förmlich ›Puma‹«, sage ich zu Lety. »Es fühlt sich an, als würde ich hierhergehören, wenn ich mir vorstelle, Puma zu sein und mich auf meinem Weg zur Straße hier durchzuwinden.«

Gerade kommt mir ein Traum in den Sinn, den ich letzte Nacht hatte. Darin kam Puma klar und deutlich auf mich zu. Ich konnte seine Zielstrebigkeit spüren, als er mit Entschlossenheit voranschritt. Gleichzeitig war er nicht aufdringlich oder bedrohlich. Die Art, wie er in sich selbst zentriert war und sich wie ein Schatten bewegte, faszinierte mich. Er kam näher und näher, sah sich um und durch mich hindurch, blickte mich aber nicht direkt an, daher hatte ich keine Angst.

Es ist verrückt, dass der Traum in der Nacht vor diesem Puma-Abenteuer aus dem Nichts kam und ich mich erst jetzt daran erinnere. Anstatt ihn infrage zu stellen oder zu versuchen, etwas hinein zu interpretieren, akzeptiere ich ihn einfach und bleibe im Moment.

Gerade als ich meinen Satz beende, entdecke ich direkt vor uns die Spuren eines Fahrzeugs, das langsam Richtung Straßenrand fährt. »Schau, wie sie nach rechts hinübergezogen sind«, bemerke ich, »als ob sie etwas auf der linken Seite gesehen hätten.«

Die Reifenspuren passen zu der Beschreibung des Fahrzeugs, das die beiden Frauen fuhren. Ich stehe dort, wo das Fahrzeug angehalten hat, werde die Frauen und schaue nach links. Da ist die Katze, direkt neben der Straße, und schaut zu uns herüber. Dann werde ich die Katze, bevor das Fahrzeug auftaucht. Ich nähere mich der Straße und bleibe neben der großen Rotkiefer stehen, um die Fahrbahn zu begutachten, bevor ich aus dem Wald trete. Ich höre ein Fahrzeug herankommen und warte, bis es in der Kurve auftaucht. Es ist leise und nähert sich sehr langsam, also gibt es keinen Grund zur Beunruhigung. Ein paar Schritte und ich bin auf der Straße. Ich schaue zunächst nach links, um mich zu vergewissern, dass das Fahrzeug keine Bedrohung darstellt, und wende mich dann nach rechts, um das offene Feuchtgebiet auf der anderen Straßenseite zu umgehen. Als ich auf der anderen Seite der Straße und sicher in Deckung bin, halte ich inne, um zurückzublicken und nach dem stehengebliebenen Fahrzeug zu schauen.

Ich kehre zu meiner eigenen Identität zurück und gehe dorthin, wo ich, als ich Puma war, die Böschung herunterkam und auf die Straße trat, und da sehe ich seine Fährte.

Mein Traum, das Pumageheimnis, die Kontroverse um seine Rückkehr, meine allererste Pumaspur – all das trifft mich auf einmal wie eine Schockwelle und hinterlässt ein berauschendes, fast schwindelerregendes Gefühl, wie die Nachwirkungen eines Adrenalinschubs.

»Tamarack«, ruft Lety ein paar Fahrradlängen weiter hinten. Ihre Stimme dringt zu mir durch und holt mich in den Moment zurück. Sie steht auf der anderen Seite der Straße und schaut auf etwas hinunter. »Wonach sieht das für dich aus?«, fragt sie.

Ich bemühe mich, meine Aufregung zu zügeln, sodass ich ganz bei ihr und dem, was sie gefunden hat, sein kann. Als ihr Gefährte ist mir klar, dass ihre Entdeckung die meine ist, genauso wie meine die ihre. Wir haben uns an die Synchronizitäten in unserem Leben gewöhnt, und so überrascht es mich kaum, dass wir beide gleichzeitig auf etwas gestoßen sind.

Die Spur, die sie gefunden hat, ist tief und deutlich, auch wenn sie größtenteils mit fluffigem Sand gefüllt ist, den die Katze beim Anheben ihrer Pfote aufgeworfen hat. Wir sprechen kein Wort, als wir einen Moment der Dankbarkeit teilen.

Wir gehen meine Spur anschauen, wobei wir einen weiten Bogen schlagen, um die mögliche Fährte zwischen den beiden Trittsiegeln nicht zu stören. Meine ist schwer zu sehen – es ist nur eine Lageveränderung von Kiefernnadeln auf hartem Untergrund. Ich zeichne sie mit meinem Finger nach.

Wir treten zurück, um einen Überblick zu gewinnen, entspannen uns und lassen die Pfotenabdrücke zwischen ihrem und meinem aus den wahllosen Nadeln und den verstreuten, erbsengroßen Steinchen entstehen. Die Fährte ist so vage, dass sie auftaucht und wieder verschwindet, und bei erneutem Hinschauen wieder auftaucht. Aber da ist sie, jeder Abdruck methodisch platziert. Die beiden Abdrücke, die wir anfangs gefunden haben, erweisen sich als der erste und der letzte ihrer Straßenüberquerung.

Wir markieren die Pfotenabdrücke mit Stöcken, die vom Fahrbahnrand aus auf sie zeigen, und machen uns auf den Heimweg.

»Wie sicher bist du, dass die Abdrücke von einem Puma stammen?«, fragt Lety.

»Etwa 79,3 Prozent«, antworte ich. Sie weiß, dass ich meine Schätzungen immer absichere, sodass ich andere Möglichkeiten nicht ausschließe. Wenn andere Zeichen oder andere Beobachter bestätigen, was wir glauben, gesehen zu haben, wird mein Prozentsatz steigen, sage ich ihr. »Natürlich«, füge ich hinzu, »könnte auch das Gegenteil eintreten.«

Etwas weiter die Straße hinunter treffen wir Rick, meinen Assistenten, der auf dem Weg zum See ist. »Was habt ihr denn so gemacht?«, erkundigt er sich.

»Oh, wir haben gerade ein paar frische Fährten bemerkt, die die Straße überqueren«, antworte ich sachlich und zwinkere Lety unauffällig zu. »Da waren mehrere Hirsche, ein paar Fischermarder, ein paar Bären, ein Puma, Kojoten …«

Rick reagiert mit einem ausdruckslosen Gesicht, nur für den Fall, dass ich ihn auf den Arm nehmen will. Lety und ich können unsere ernsten Gesichter nicht länger bewahren, also erzählen wir die Geschichte.

»Kann ich die Spuren sehen?«, fragt er.

Er hat Schwierigkeiten, meinen Pfotenabdruck zu sehen, und ich stelle fest, dass es mir genauso geht, wenn ich darauf starre. Wenn ich mich bewege, um den Blickwinkel zu ändern, und noch einmal hinschaue, taucht er wieder auf.

»Wie wär's, Freddy zu fragen, ob er herkommt und es sich ansieht?«, schlage ich Rick vor.

»Ich habe das Gleiche gedacht«, antwortet er.

Ricks Mentor, Freddy Kenbridge, lernte als Kind Fährtenlesen, weil er jagen musste, um seine Familie zu unterstützen. Später wurde er ein Fährtenleser für Wildtiere und Forensik. Nach seiner Pensionierung wurde er Fährtenlese-Ausbilder. Er ist einer der wenigen Menschen im Land, der die Spuren eines Fahrzeugs, das auf eine asphaltierte Straße aufgefahren ist, erkennen und deren Alter bestimmen kann.

Leider konnte ich Rick und Freddy nicht zum Fundort begleiten. »Er glaubt, es war ein Weibchen«, berichtet Rick, als er Freddies Untersuchung beschreibt. »Er sagte, es gäbe auch eine geringe Chance, dass es ein jugendliches Männchen von etwa vierzig Kilogramm war. Er half mir zu sehen, wo sie zwischen den Tannen herunterkam, neben diesem großen Baum saß, und dann auf die Straße hinaustrat. Er hatte überhaupt keine Schwierigkeiten, die Spuren zwischen deiner und Letys zu sehen, obwohl sie auf dem festen Untergrund in der Mitte der Straße lagen. Ich konnte eine irgendwie sehen, wenn er darauf deutete, aber ich war nicht sicher. Dann zeigte er mir, wo sie sich umgedreht hat, um zu dem Fahrzeug zurückzuschauen, nachdem sie die Straße überquert hatte. Darüber hinaus konnte ich nichts sehen, also zeigte er mir, wonach ich suchen muss, und ich konnte ihrem Weg in den Wald allein folgen.

Er sagte, Pumas bewegen sich durch die Vegetation wie ein Fisch durch Wasser«, fügt Rick hinzu, »und das ist der Grund, warum es so schwierig sein kann, ihrer Fährte zu folgen. Nachdem sie hindurchgegangen sind, schließen sich die Pflanzen hinter ihnen wieder, so, als seien sie nie dagewesen.«

Während Rick seine Geschichte erzählt, wird mir bewusst, welche Verbundenheit Freddy und ich empfinden. Ich kenne nicht viele Leute, die sich so auf das Lied der Fährte eingestimmt haben. Freddy sagt, dies sei erst der zweite Puma gewesen, dessen Fährte er gefolgt sei, und doch habe er es gewusst. Hier war intuitives Fährtenlesen am Werk. Fantastische Abdrücke mit Zehenabständen von fast dreizehn Zentimetern waren nur wenige Seiten der Geschichte, die er dort las. Keine Worte, die ich zustande bringen könnte, würden die Bilder von Puma angemessen wiedergeben, die Freddy vor Ort wahrscheinlich geholfen haben: Eindrücke, die von seinen fährtenlesenden Vorfahren in seine Ahnenerinnerungen gemalt wurden. Keine meiner Erklärungen könnte vermitteln, wie die Tatsache, dass er einmal seine Hauskatze wurde und als diese den Wohnzimmerboden überquerte, ihn darauf vorbereitete, Puma die Straße überqueren zu sehen, einen Tag nachdem sie dort war. Wie meinen Traum kann ich auch dieses Ereignis nur akzeptieren. Gleichzeitig erfüllt mich die Erkenntnis mit Ehrfurcht, dass alles, was ich über Fährtenlesen weiß und noch zu lernen habe, bereits ein Teil der gemeinsamen menschlichen Erfahrung ist.

Sechs Tage später erzählen Kip und Justin, beide ehemalige Lernende, die inzwischen seit ein paar Jahren zum Team gehören, Rick und mir von seltsam aussehendem Kot, den sie am Rand einer unbefestigten Straße, etwa anderthalb Kilometer von der Pumakreuzung entfernt, entdeckt haben.

»Lasst uns nachsehen«, schlage ich vor.

»Hattet ihr nicht gesagt, es sei hier in der Nähe gewesen, gleich westlich der Schneemobil-Kreuzung?«, fragt Rick sie, als wir nach dem Absuchen des Straßenrandes mit leeren Händen dastehen. Wir gehen noch hundert Schritte weiter, und finden immer noch nichts.

Ich erinnere mich an einen Nachmittag vor ein paar Tagen, als sich die »paar Hundert Meter die Straße hinunter« bis zur Pumakreuzung als anderthalb Kilometer herausstellten.

Ich blicke über das Gebiet, um zu sehen, wo ich vielleicht unterwegs wäre, wenn ich Puma wäre, und fühle mich zu einem buschigen Rand auf der anderen Seite des schmalen Moores hingezogen, durch das die Straße weiter vorne hindurchführt. Ich laufe dorthin, finde den Kot und winke mit den Armen, um den anderen zu signalisieren, zu mir zu kommen.

»Was denkt ihr?«, frage ich, als sie sich bei mir versammeln.

»Es hat definitiv dieses ›Tootsie Roll‹*-Aussehen«, sagt Justin. Damit bezieht er sich auf die für Katzenkot charakteristischen ringförmigen Einkerbungen, die ihn unterteilen und so aussehen lassen, als würde er auf dem Weg nach draußen wiederholt gequetscht werden. Das macht es leicht, den Kot auf einen Blick von dem Hundeartiger zu unterscheiden, der normalerweise eine glatte Oberfläche hat. Der Kot, den wir uns anschauen, besitzt etwa zwei Drittel des Durchmessers von dem eines erwachsenen Pumamännchens. Diese Größe passt zu Freddys Einschätzung der Fährte, die er als von einem Weibchen oder jungem Männchen stammend betrachtete. Der Stopfen, der erste Teil des Kots, der zum Vorschein kommt, hat die typische Kegelform und ist dunkel, trocken und komprimiert, genau wie das Segment, das ihm folgte. Das deutet darauf hin, dass es eine Weile im Dickdarm verweilte und austrocknete. Der Rest des Kots ist weich und hat eine helle, rauchig-braune Farbe, was bedeutet, dass es von einer kürzlichen Mahlzeit stammt. Diese Uneinheitlichkeit ist untypisch für eine Katze. Als reine Fleischfresser haben Katzen ein Verdauungssystem, das darauf ausgelegt ist, Nahrung schnell durch den Körper zu befördern, was zu weitgehend gleichförmigem Kot führt.

Manche Katzen setzen Kot in kleinen Vertiefungen ab, die sie für diese Gelegenheit ausscharren. Andere Katzen nehmen es sehr genau damit, ihren Kot zu bedecken, vielleicht um ihre Anwesenheit zu verschleiern. Wieder andere lassen ihren Kot deutlich sichtbar liegen, was für mich entweder nach einer Reviermarkierung oder einem Zeichen für Dominanz aussieht.

---

* Eine bestimmte Sorte Karamell-Kaubonbons aus den U.S.A.

Ein Hundeartiger macht eine andere Art von Kratzspur, indem er mit seinen Hinterpfoten scharrt, nachdem er seinen Kot abgesetzt hat. Das wird hauptsächlich von Männchen gemacht, um die Stelle mit Duft aus Drüsen zwischen den Zehen zu markieren. Gelegentlich tritt er währenddessen den Kot durch die Gegend, aber normalerweise befindet sich die Kratzspur neben dem Kot. Da Hundeartige Kot als Reviermarkierung verwenden, platzieren sie ihn oft wiederholt an derselben Stelle – was diese zu einem wunderbaren Ort macht, um die Alterung von Kot zu studieren. Katzenartige markieren ihr Revier eher mit Urin, wahrscheinlich weil ihr nährstoffreicher Kot bei einigen Aasfressern ein beliebtes Gericht auf der Speisekarte ist. Diejenigen von euch, die Katzen und Hunde gleichzeitig hatten, haben vielleicht bemerkt, wie sehr ein Hund es liebt, für den Nachtisch das Katzenklo aufzusuchen.

Es hat sich herausgestellt, dass neben Hunden auch Puma-Forschende Kitty-Tootsie-Rolls schätzen. Ich schicke Fotos des Kots, den wir gefunden haben, per E-Mail an unseren regionalen Puma-Experten. Seine Antwort kommt augenblicklich – die Wahrscheinlichkeit ist hoch, dass das, was wir gefunden haben, von Puma stammt, und ob wir ihm bitte sofort ein Stück schicken würden. »Es ist ein bisschen alt«, antworte ich. »Ein frisches Stück wäre vielleicht etwas schmackhafter.«

Eine Woche vergeht, und Lety ist gerade von ihrem Ojibwa-Sprachkurs im nahe gelegenen Reservat zurückgekehrt. Sie erzählt mir, dass sie gerade die Ojibwe-Namen für die einheimischen Tiere lernen. »Die meisten Teilnehmenden sind selbst Ojibwe, und sie lernen nur die Namen auswendig«, sagt Lety, »weil sie die meisten Tiere gar nicht kennen. Nicht einmal die häufigen Vögel.«

Ihre Worte lasten schwer auf meinem Herzen. Die Namen der Tiere sind nur die Spitze des Eisbergs. Seit die Missionare und Internate begannen, sie »bessere Lebensweise« zu lehren, ist so viel verlorengegangen – und das in nur wenigen Generationen.

Am Abend kommt Karl Vanderzen vorbei, ein alter, nicht indianischer Freund, der bei den ortsansässigen Ojibwe lebt. Er bringt das Thema *Mishibizhiw*, Ojibwe für Puma, auf, weil er von Sichtungen in dieser Gegend gehört hat. Er sagt, dass Mishibizhiw, die einst eine wichtige Verwandte für sie war, heute fast vergessen ist. »Es gibt eine alte Prophezeiung der Ojibwe«, erzählt Karl, »die von der Zeit handelt, in der sie aus dem Norden zurückkehren wird.«

Ich frage, wo er die Prophezeiung gehört hat.

»Ich bin genauso begeistert von Pumas Rückkehr wie du«, sagt er, »also bin ich zu einem Ältesten gegangen und habe ihn danach gefragt. Er hat mir von der Prophezeiung erzählt. Sie besagt, dass die Rückkehr von Mishibizhiw ein Zeichen dafür ist, dass eine neue Gruppe von Menschen vortreten wird, die die Hüter von Mutter Erde werden.«

Der Schatten von Puma verweilt genauso wie der von Wolf es tat, nachdem er ausgerottet worden war. Mir wird klar, dass diese Prophezeiung der sehr ähnlich ist, die das Schicksal und Glück von Wolf und Mensch verbindet. Plötzlich trifft mich das gleiche Gefühl, das ich hatte, als Lety und ich die ersten Spuren fanden. Was ist hier los? Wieder das Gefühl der Synchronizität mit dem Traum, den beiden Frauen, den Spuren und nun der Prophezeiung. Es steht im Einklang mit meiner Lebensaufgabe, mit anderen zusammenzuarbeiten, um uns an unsere uralte Lebensweise zu erinnern. Allerdings ist es nur der Anfang, nur ein Portal. Wie die Sonne plötzlich durch die Wolken bricht und die Wiese mit Licht flutet, werde ich mir meiner Verwandtschaft bewusst – der menschlichen Verwandtschaft – mit Wolf und Puma. Wir drei sind die Spitzenraubtiere, die ihren Platz im Kreis des Lebens als Wächter der Verwandten verloren haben, und nun kehren wir gemeinsam zurück, um unsere Rolle wieder einzunehmen. Und das zu meinen Lebzeiten!

Wenn ich jetzt in die Nähe eines Felsvorsprungs komme oder unter einem großen, überhängenden Ast entlanggehe, schaue ich hoch, um zu sehen, ob Puma vielleicht dort ist. Wenn ich einem Hirschpfad folge, wird mir klar, dass ich vielleicht in Pumas Fußstapfen trete. Meine Beziehung zu dieser Wildnis und zu mir selbst hat sich für immer verändert.

Ohne diese einzelne Fährte wäre es vielleicht nicht dazu gekommen. Ich bin dankbar für das Privileg dieser aufkeimenden Beziehung zwischen mir und unserem ansässigen Puma. Mein Gefühl sagt mir, dass es sich um ein Weibchen handelt. Sie bewegt sich mit dem Selbstvertrauen und der Gewandtheit eines ausgewachsenen, einheimischen Tieres, und sie ist anscheinend zu klein, um ein ausgewachsenes Männchen zu sein. Es ist unwahrscheinlich, dass ein junges Männchen sich so weit von seinem mutmaßlichen Geburtsort in den Black Hills oder den Rockies entfernt hat. Pumas sind von Natur aus Einzelgänger. Daher stört es sie wahrscheinlich nicht, dass sie die Wildnis für sich allein hat. Das könnte sich nächstes Frühjahr ändern, wenn sie Junge hat, und ich würde es als große Ehre empfinden, sie zu treffen. Aber das ist mir nicht so wichtig; worum es mir wirklich geht, ist, dass die Schatten des Waldes Puma wieder einhüllen.

Zwei Wochen sind vergangen, und Mark, unser angestellter Schreiner, ist auf dem Weg zum Camp, um beim Bau eines Wigwams zu helfen. Er verlässt den Pfad, um sich im Dickicht zwischen dem Kiefern- und dem Ahornwald zu erleichtern. Dabei stößt er auf einen toten einjährigen Hirsch, der neben dem Stamm eines umgestürzten Baumes liegt. »Es ist eine seltsam aussehende Rissstelle«, sagt er zu Rick, als er im Camp ankommt. »Es gibt kein Blut, und das Tier ist teilweise mit Laubstreu bedeckt.«

Neben mehreren Mitarbeitern arbeiten sieben Lernende an der Hütte, und alle wollen los und die Rissstelle begutachten.

»Lasst uns warten, bis ich zurückkomme«, schlägt Rick vor.

»Ich werde mit Tamarack über die Stelle sprechen, und ich bringe meine Kamera mit, sodass wir Fotos machen können, bevor der Ort gestört wird.«

Lety und ich sind bereits auf dem Weg zum Camp und treffen Rick auf der Straße, ziemlich genau wie vor ein paar Wochen, als wir die Spuren fanden. Nur hat er dieses Mal eine Geschichte zu erzählen. Und wer hätte es gedacht: Er erzählt sie mit unbewegter Miene.

Während er uns aufklärt, spüre ich, wie mich ein Gefühl des Klein-Seins überkommt. Nicht das Klein-Sein der Unbedeutsamkeit, sondern die Erkenntnis, dass ich nicht der Herr meines Lebens bin. Es ist, als würde ich im Schatten von etwas leben: einer alten, alten Geschichte eines längst vergangenen Volkes, eines mysteriösen Tieres. Ich habe das Gefühl, dass ich mich innerhalb einer größeren Bewegung bewege, die mir Identität und Sinn verleiht.

Während Rick seine Kamera holt, schleichen Lety und ich uns zu der Stelle. Wir wollen jeden Hinweis erfassen, der später von der Gruppe gestört werden könnte, und wir wollen herausfinden, wie wir sie mit den geringsten Auswirkungen an die Fundstelle heranführen können. Wir nähern uns von Norden, um die Schatten der Bodenspuren bestmöglich zu erkennen. Es gibt keine bessere Jahreszeit, um sie aufzuspüren, als jetzt, wo die Sonne tief am südlichen Himmel steht.

Unserer Gewohnheit entsprechend, umrunden wir die Fundstelle in Sonnenrichtung und bleiben dabei etwa zwanzig Schritte vom Kadaver entfernt. Das verschafft uns einen guten Eindruck davon, wer wann zu der Stelle kam und ging. Indem wir den umgestürzten Baum als einen Pfad zum Kadaver nutzen, können wir nahe an ihn heran, ohne irgendwelche Spuren auf dem Boden zu verändern.

»Es sieht so aus, als wäre die Rissstelle im Moment nicht der richtige Ort für uns«, sage ich zu der Gruppe im Camp. »Der Kadaver sieht nach dem typischen Halswürge-Hinterhalt eines

Pumas aus, und Pumas Rückkehr ist nicht nur ein Geschenk für alle Verwandten, sondern könnte auch ein Zeichen für kommende Dinge sein. Pumas bleiben normalerweise in der Nähe ihrer Beute, und es sieht so aus, als sei dieser abgehauen, als Mark ihm für seinen Geschmack zu nahe kam. Es könnte einen Grund geben, warum er sich in unserer Nähe aufhält, und vielleicht können wir das am besten wertschätzen und ihm helfen, sich willkommen zu fühlen, indem wir ihn in Frieden lassen. Vielleicht können wir uns die Rissstelle in ein paar Tagen gemeinsam ansehen.«

Alle stimmen zu.

»Wie hat es sich angefühlt, zu der Rissstelle zu kommen?«, frage ich Mark.

»Es war seltsam«, erklärt er, »als sei ich gleichzeitig aufgeregt und verschreckt. Ich wusste nicht, ob der Beutegreifer noch in der Nähe war oder nicht.«

Viele Menschen berichten, dass sie sich in der Nähe der Rissstelle einer Großkatze so fühlen wie Mark. Wölfe jagen im Rudel und reißen an einem Tier, um es zu Fall zu bringen. Manchmal beginnen sie sogar zu fressen, bevor das Tier tot ist. Die Jagd und der Kampf hinterlassen eine Menge offensichtlicher Spuren, wie aufgerissenen Boden, Blut und Fellstücke. Die Geschichte ist leicht zu lesen, was den Geist beruhigt.

Bei einem Pumariss ist das anders. Wie alle Katzen außer Löwen, ist Puma ein Solitärjäger, der sich auf niemanden außer sich selbst verlassen kann. Eine Hetzjagd ist keine gute Strategie, weil es niemanden gibt, der ihn ablösen könnte, und es gibt auch niemanden, der ein Tier abfängt, wenn es im Zickzack läuft, um zu entkommen. Selbst wenn Pumas gemeinschaftlich jagen würden, könnten sie keine Hetzjagd aufrechterhalten, da sie nicht für das Laufen über große Entfernungen ausgelegt sind.

Stattdessen ist Puma ein Meister des Sprungs. Er liegt auf der Lauer und springt genau im richtigen Moment auf kräftigen, überdimensionierten Hinterbeinen los, wobei sich sein langer, geschmeidiger Körper wie eine Sprungfeder entfaltet. Mit ein oder zwei Sprüngen landet er auf dem Rücken des Tieres und erstickt sie, indem er seine Kiefer um ihren Hals schließt. Es ist oft ein sehr sauberer Riss, bei dem nur wenig oder gar kein Blut zu sehen ist, kaum ein Zeichen für einen Kampf und natürlich kein Hinweis auf eine lange Verfolgungsjagd.

Stell dir vor, du stößt zufällig auf ein totes Tier, bei dem die Todesursache nicht offensichtlich ist. Wenn sich noch niemand an dem Kadaver gütlich getan hat, kann der Ort sogar noch mysteriöser wirken. Zu allem Überfluss kommt dazu noch das Gefühl, dass dich jemand von hinten beobachtet, was bei Puma der Fall sein kann, da er dazu neigt, sich in der Nähe seiner Beute aufzuhalten – oft sehr nahe. Auch wenn er dort wäre, wäre die Wahrscheinlichkeit hoch, dass du ihn nicht sehen würdest. Selbst wenn du ihn sehen würdest, würde er vielleicht so auf seine Tarnung vertrauen, dass du ihn direkt ansehen und sogar fotografieren könntest, und er würde trotzdem still sitzenbleiben.

Inzwischen sind drei Tage vergangen, und Lety führt die Lernenden und drei Teammitglieder auf dem Weg, den sie und ich anfangs genommen haben, zu der Fundstelle. Um die Störung möglichst gering zu halten, gehen sie im »Wolfsgang«*. Lety bittet sie, den umgestürzten Baumstamm zu nutzen, um dicht an die Beute heranzukommen. »Verhaltet euch still und schleicht euch hin«, empfehle ich. »Das wird helfen, euch zu sensibilisieren. Bleibt in einem Zustand umfassender Aufmerksamkeit, damit ihr einen Überblick gewinnen könnt und euch nicht in Details verliert. Später werden wir uns das Ganze genauer ansehen.«

Einer nach dem anderen schleicht sich an die Rissstelle heran. Nachdem alle an der Reihe waren, bedeutet Lety den Anwesenden, sich von der Stelle zu entfernen, und wir setzen uns in einem

* Siehe Glossar.

Kreis zusammen, um unsere Beobachtungen auszutauschen. Niemand spricht lauter als ein Flüstern.

»Was ist euch aufgefallen?«, frage ich.

»Es ist offensichtlich, dass es ein Gerangel gegeben hat«, sagt Ingrid, »aber ich habe keine Spuren an der Hirschkuh gesehen. Es sieht aus, als sei sie einfach umgefallen.«

»Ich habe etwas verfilztes Fell am Hals gesehen«, fügt Ryan hinzu. »Und ihr Hinterteil war etwas angekaut.«

»Also, wie wurde die Hirschkuh getötet?«, fragt Matthew.

»Ich glaube, Ryan hat das beantwortet«, erwidert Rick. Er erklärt, wie Puma seine Beute erstickt, eine Tatsache, die wir die Lernenden normalerweise durch ihre eigenen Nachforschungen herausfinden lassen würden. Aber sie müssen es jetzt wissen – natürlich nur, wenn hier tatsächlich ein Pumariss vorliegt –, um ein Gefühl für das Drama zu bekommen, das sich hier abgespielt hat.

»Bekommt ihr ein Gefühl dafür, warum Mark nervös war, als er hier hineingestolpert ist?«, frage ich.

Mehrere Leute nicken.

»Habt ihr das Fell auf der anderen Seite des Baumstamms gesehen?«, fragt Hans.

»Es war nicht viel«, antwortet Kip. »Und ein paar von diesen Büscheln sahen nicht nach Hirschhaar aus.«

»Ja«, fügt Scott hinzu, »es war heller und feiner. Woher glaubst du, stammt das, Tamarack?«

»Wir senden eine Probe zur Analyse ins Labor«, ist meine einzige Antwort.

Würde ich ihnen noch mehr Informationen geben, könnte das ihre Wissbegierde dämpfen. Schlimmstenfalls würden sie mein Wort als die einzige Wahrheit betrachten und aufhören, Fragen zu stellen. Meine Rolle ist die eines Krimiautors, der Hinweise gibt, aber das Verbrechen erst auf den letzten Seiten aufklärt. Die Lernenden übernehmen die Rolle von Meister-Fährtenlesenden, die nichts anderes sind als Meisterdetektive. Es gibt immer eine

Wende in der Handlung, und genau wie Schriftstellerinnen müssen Detektive und Fährtenlesende mit einer endgültigen Bewertung warten, bis sie dem allerletzten Hinweis nachgegangen sind.

»Es sieht so aus, als hätte derjenige, der die Hirschkuh getötet hat, keinerlei Spuren hinterlassen«, bemerkt Kip. »Wie kann das sein?«

»Irgendwelche Ideen, Leute?«

»Naja, wenn es eine Katze war«, sagt Monique, »dic haben gepolsterte Pfoten mit einziehbaren Krallen, also könnten sie über diese Blätter und Nadeln gehen, ohne viele Spuren zu hinterlassen.«

Hier haben wir ein gutes Beispiel dafür, wie es der Gruppe helfen kann herauszufinden, wie viel kollektives Wissen sie bereits besitzen, wenn man eine Frage an sie zurückgibt. Da ist Clanwissen am Werk. Jede Person trägt ein Stückchen Information. Wenn diese Informationsteile zusammengeführt werden, können sie eine kollektive Intelligenz entfalten, die selbst aus den überzeugtesten Individualisten Gläubige machen könnte.

»Es gibt etwas Wichtiges bei diesem Riss«, merke ich an, „etwas, das ein wichtiger Aspekt bei allen Rissen ist, und das ist das ›Warum hier?‹ Wenn ihr lernen wollt, wie man ein guter Jäger wird, oder einfach wie man Rissstellen zum Lernen findet, dann ist das die Frage, die ihr euch immer wieder stellen müsst.«

Darauf folgt eine lange Stille.

»Werdet der Beutegreifer«, schlage ich vor. »Wir sind nicht sicher, ob ein Puma dieses Tier getötet hat – es geht immer noch darum, ›wie eine Frage zu sein‹. Aber lasst uns für diese Übung annehmen, dass es Puma war. Begebt euch in ihn hinein, sodass ihr erfahren könnt, was er in Erwägung gezogen hat, als er beschloss, sich genau an diesem Ort auf die Lauer zu legen.«

Lety, Rick und ich geben den Lernenden einige grundlegende Informationen, um ihnen zu helfen, das Tier zu werden. Wir erklären, dass Puma ein Lauerjäger ist, er sich also vorstellen muss, wo seine Beute wann sein wird.

Die Jagd aus dem Hinterhalt erfordert eine Brillanz, über die Hundeartige, die ihre Beute durch Hetzjagd zur Strecke bringen, nicht verfügen. Diese Fähigkeit ist einer der Gründe, warum Katzen als Einzelgänger gedeihen. Selbst die Hauskatze, so anhänglich sie auch sein mag, hört immer noch auf eine Stimme, die ganz und gar ihre eigene ist. Es ist eine Stimme, die sie oft in Konflikt mit ihren Menschen bringt. Katzen sind der Inbegriff von Eigenständigkeit und unabhängigem Denken. Sie sind hervorragend auf ihre Umgebung eingestimmt, kennen ihren Platz und wissen genau, wie sie darin funktionieren können.

Wir Menschen sind insofern einzigartige Raubtiere, da wir über die Intelligenz von beiden verfügen – Katze und Hund. Wir können eine koordinierte Verfolgungsjagd veranstalten und sogar Antilope, die in der Lage ist, Gepard zu entkommen, durch Laufen zur Strecke bringen. Alternativ kann eine Einzelne von uns Antilope erlegen, indem sie die Zeit und den Ort bestimmt, wo sie sich auf die Lauer legt, bis sie vorbeikommt. Vielleicht ist unsere Doppelbegabung der Grund dafür, dass viele Fährtenlesende sich sowohl mit Hundeartigen als auch mit Katzenartigen verbunden fühlen, und auch der Grund, warum Hunde und Katzen unsere beliebtesten Haustiere sind.

Die Lernenden tun sich mit der Frage »Warum hier?« schwer, was mir sagt, dass wir das Problem kleinschrittiger angehen müssen. Ich verwende die schrittweise Vorgehensweise regelmäßig beim Lösen von Problemen sowohl für die Lernenden als auch für mich selbst. Schließlich ist ein großes Projekt nichts weiter als eine Kombination von kleinen Projekten. In diesem Fall beginne ich mit der Frage, ob jemand den Kot gesehen hat, in den wir beinahe getreten wären, als wir den Kadaver umkreisten.

Zwei Leute nicken.

»Und wie ist es mit dem abgeknabberten Riedgras und den Himbeeren?«

Niemand antwortet.

»Ah, hier gibt es Futter für die Hirsche«, sagt Ingrid mit ihrem schwedischen Akzent. »Sie kommen hierher, um zu fressen, und die Katze weiß das.«

»Wessen Kot ist das?«, frage ich, »und wie alt ist er?«

Wir gehen hin, um nachzusehen, und sie erkennen es als Hirschkot. Bezüglich des Alters sind die Einschätzungen ziemlich unterschiedlich, daher frage ich Rick nach seiner Meinung. Nochmals, sie brauchen diese Information jetzt; normalerweise würden wir sie ermutigen, es selbst herauszufinden.

»Er ist vermutlich von heute Morgen«, erklärt Rick, »gemessen daran, wie sehr er glänzt. Die Köttel sind fest und wohlgeformt, was bedeutet, sie sind reich an Ballaststoffen. Hirsch musste von zarten, neuen Trieben auf robustes Gras und Zweige wechseln. Die Fraßstellen an den Himbeeren sehen auch ziemlich frisch aus, als ob sie von letzter Nacht oder heute früh stammen könnten. Ich richte mich nach dem Wetter und danach, wie verschrumpelt und oxidiert sie sind.«

»Ja, Futter ist ein Grund, warum sie hier sind«, stelle ich fest, »aber es gibt auch anderswo Nahrung. Es gibt noch ein paar andere sehr wichtige Gründe dafür, dass Hirsch durch dieses Gebiet wandert.«

»Nun, es ist anders«, beginnt Monique zaghaft. »Auf einer Seite ist der Ahornwald, der im unteren Bereich sehr offen ist, und auf der anderen Seite ist Kiefernwald, der auch ziemlich offen ist. Aber hier zwischen den beiden ist alles dicht mit Büschen und kleinen Balsamtannen bewachsen.«

»Warum würde sie das hierherziehen?«

»Weil sie Schutz finden?«, bietet Ingrid an.

»Ein sehr wichtiger Aspekt für ein Beutetier«, antworte ich. »Dies ist Randhabitat, das typischerweise üppig und buschig ist. Es gibt noch einen weiteren Grund, warum sich Tiere zu Rändern hingezogen fühlen«, fahre ich fort, »und dieser Rand ist ein gutes Beispiel. Ihr seid nun schon einen halben Jahreszeitenwechsel hier, und ihr kennt das Gebiet gut. Was ist euch aufgefallen, was Tiere zu diesem Streifen locken würde?«

Die Lernenden können bei dieser Frage nur herumraten, was ich erwartet habe. Meine Absicht war, einen Samen zu pflanzen, um ihre Neugier zu wecken. Ohne einen Samen hat der Entdeckungsprozess keinen Ausgangspunkt, und die Lernenden geraten oft ins Stocken und sind schließlich frustriert. In den kommenden Tagen werden sie, wenn nötig, mit ein paar zusätzlichen Hinweisen von uns, erkennen, dass dieser Rand ein natürlicher Korridor für Hirsche ist. Sie wandern zwischen dem Seeufer nördlich von uns und dem hoch gelegenen Terrain auf der anderen Seite des großen Moores im Süden hin und her. Sie benutzen diesen Streifen so oft, dass jemand zwangsläufig Stellen entdecken wird, an denen der Pfad ausgetreten genug ist, um offensichtlich zu sein.

»Hier gibt es noch weitere Abdrücke und Spuren«, fahre ich fort, »nur sind sie viel schwerer zu sehen als das, was Hirsch uns hinterlassen hat. Eine große Katze scheint hier Richtung Süden durchgekommen zu sein und ist direkt an dem Hirschkot vorbeigegangen, den wir uns gerade angesehen haben. Und es gibt noch weitere Anzeichen für Katze um die Rissstelle herum.

»Kannst du uns einige zeigen?«, fragen mehrere Leute gleichzeitig.

Rick und Freddy Kenbridge waren schon früher am Tag hier vor Ort, und wieder konnte ich mich ihnen nicht anschließen. Rick zeigt den Lernenden, wo Freddy auf zwei Kiefern hingewiesen hatte, die die Katze markiert hatte, indem sie sich aufrichtete und sie mit ihren Krallen zerkratzte. Die Kratzspuren sehen für niemanden besonders auffallend aus, wenn man bedenkt, dass sie von einem Tier mit rasiermesserscharfen Krallen und der Kraft stammen, einen erstklassigen einjährigen Bock zu Fall zu bringen. Jemand sagt, es sähe nach einem halbherzigen Versuch aus.

Vielleicht war es das, und gleichzeitig weise ich darauf hin, dass es auch andere Gründe geben könnte. Wenn ihre Neugier geweckt ist, werden die Lernenden nachforschen und hoffentlich entdecken, dass Katzen nicht gerne Nadelbäume markieren, weil das Harz ihre Krallen überzieht und reizt. In diesem Fall waren die einzigen nahe gelegenen Bäume Nadelbäume, weshalb sie keine Wahl hatte, als diese zu benutzen, wenn sie überhaupt etwas markieren wollte. Außerdem könnte es sich bei dieser Katze um ein junges Tier handeln, das nicht den hormonellen Drang hat, eine auffällige Markierung zu hinterlassen.

An diesem Abend schauen Rick, Lety und ich uns die Haarproben genau an, die wir für die Laboranalyse gesammelt haben. »Das ist Rotluchs«, ist meine unmittelbare Reaktion. Das Fell hat eher rußige Nuancen anstelle der klaren sandfarbenen Töne, die typisch für Puma sind. Es wird eine Weile dauern, bis wir es herausfinden, da unser regionales DNA-Analyse-Labor notorisch langsam ist.

»Sei wie eine Frage«, sage ich zu mir selbst und gehe die Geschichte des Risses noch einmal durch. Schnelle Einschätzungen wie die meinige beruhen auf Vorwissen, weshalb man ihnen nicht trauen kann, weil sie ausschließlich auf früheren Erfahrungen aufbauen und neue Informationen nicht berücksichtigen.

Zwei Dinge fallen auf: Die Kratzspuren am Baum und die Hirschkuh. Die Kratzspuren könnten halbherzig erscheinen und sich weiter unten am Baum befinden, als ein Puma sie anbringen könnte, weil sie von einem kleineren und schwächeren Tier als einem Puma verursacht wurden, wie zum Beispiel von einem Rotluchs. Die Wahrscheinlichkeit, dass ein Rotluchs einen Hirsch in seiner jugendlichen Blütezeit tötet – oder das auch nur versucht –, ohne dass der Hirsch entweder verletzt ist oder im Schnee festsitzt, gehen jedoch gegen Null. Vielleicht kam ein haarender Rotluchs nach dem Riss vorbei. Oder das Fell könnte von einem sehr jungen Puma stammen. Jungtiere behalten ihre rotluchsähnliche Zeichnung in der Regel etwas sechs Monate, und gelegentlich sogar bis zu einem Jahr.

Da ich mich dankenswerterweise daran erinnert habe, wie eine Frage zu sein, habe ich nun eine Reihe von Möglichkeiten, die zu allen auffälligen Spuren passen. Eine Möglichkeit, die sich aus dem Prozess des Hinterfragens ergeben hat, ist, dass unser Puma kein adultes Weibchen ist. Ich wäre überhaupt nicht enttäuscht, weil er, wenn er ein Jungtier wäre, eine Mutter hätte, was bedeuten könnte, dass wir ein ausgewachsenes, sich fortpflanzendes Weibchen in der Gegend haben sowie weitere Jungtiere. Dies ist ein Paradebeispiel dafür, dass Fragen sich mehr lohnen können als Antworten.

Verwirrende Spuren scheinen bei Puma an der Tagesordnung zu sein. Menschen verwechseln seinen Ruf häufig mit dem eines zwitschernden Vogels. Das unaufhörliche Jaulen eines läufigen Weibchens – man muss es hören, um es zu glauben – liegt irgendwo zwischen dem Zischen eines undichten Reifenventils und jemandem, der versucht, mit einer Halsentzündung zu schreien. Du wirst dir über das Geräusch den Kopf zerbrechen, es sei denn, du hattest schon mal eine läufige Hauskatze um dich. Nicht einmal nächtliche Sichtungen, die auf Pumas leuchtenden Augen basieren, sind zuverlässig. Normalerweise wird angenommen, dass die Reflexion seiner Augen leuchtend gelbgrün ist, aber sie kann von blaugrün bis goldfarben variieren, je nach Pumas Alter und dem Winkel, der Quelle und der Intensität des Lichts.

Eine Woche ist vergangen, und ich finde mich tief in einer Galaxie großer, wattiger Schneeflocken wieder. Sie treiben auf einer sanften östlichen Brise und sorgen für ein erfrischendes Prickeln auf meinen Wangen. Was für eine lyrische Art für die Erdenmutter, ihre schützende Decke für die kommende weiße Jahreszeit auszubreiten.

Beim ersten Licht am nächsten Morgen trete ich nach draußen und sehe, dass der nasse Schnee knöcheltief liegt und die Sonne verspricht, hell und einladend aufzugehen. Rick und ich hatten geplant, zum Camp hinauszugehen und mit den Lernenden einige Bewusstseinsübungen zu machen. In Anbetracht der idealen Fährtenlesebedingungen frage ich ihn, ob er die Gelegenheit nutzen und sofort aufbrechen möchte. Dies ist eine der Situationen, in denen es sich einfach nicht lohnt, wie eine Frage zu sein, denn ich bekomme immer die gleiche begeisterte Antwort. Manche Menschen sind einfach so berechenbar! Aber ich frage trotzdem, einfach der Form halber.

Rick lässt mich knapp fünf Kilometer vor dem Camp aussteigen, ziemlich genau dort, wo Justin und Kip vor wenigen Wochen den Kot gefunden haben, der nach Puma aussah. Rick fährt weiter, um der Fährte einer Hirschfamilie zu folgen, die er gerade kennenlernt. Ich stehe in der Nähe des südlichen Endes eines Moores, das sich zweieinhalb Kilometer Richtung Nordosten erstreckt und in einen See mündet, der etwa einen Kilometer lang ist. Zusammen schaffen die beiden eine Feuchtgebietsbarriere, die die Ost-West-Bewegung der Tiere in dieser Gegend erheblich beeinflusst.

Als ich mir meinen Weg zwischen den Lärchen hindurchbahne, die an das Moor grenzen, wird mein Wollhemd zu gelbbraunem Fell und meine Stiefel zu gepolsterten Pfoten. Meine kognitive Funktionsweise wechselt von rational basiert zu sensorisch-intuitiv, und mein Hunger nach Können und Wissen verwandelt sich in eine Konzentration auf Spuren und eine Begeisterung für die Jagd. Gedanken an die Welt, aus der ich komme, verschwinden, und ich werde eine Kreatur des Waldes und der Bewegung.

Am Rande des Moores halte ich inne und prüfe die Luft. Hunger ist meine treibende Kraft – ich muss zu meinem Jagdrevier auf der anderen Seite des Moores gelangen. Allerdings fühle ich mich unwohl dabei, eine so lange, offene Fläche zu überqueren.

Auf der gegenüberliegenden Seite des Moores entdecke ich eine bewaldete Halbinsel, die ins Moor hineinragt, und von meiner Seite streckt sich ihr eine weitere Halbinsel entgegen. Zusammen halbieren sie die Strecke durch das Moor. Was für ein Glücksfall! Ich stelle mir den Verlauf der Landzungen vor und sehe einen

Pfad, der sich dazwischen erstreckt. Mein Herz schlägt schneller und meine Sinne schärfen sich, als ich direkt nach Norden gehe, um auf den Pfad zu treffen.

Als ich ihn erreiche, fühle ich mich sofort in die Vereinigung mit dem Jetzt gezogen. Das liegt nicht an dem malerischen Weg, der sich tief in das samtige Moos gesenkt hat und von goldenem Labrador-Porst* beschattet wird, sondern an den Pfotenabdrücken einer sehr großen Katze. Ehrfürchtig setze ich meine Füße in die Spuren, und wir gehen als Einheit leise zur anderen Halbinsel. Wir denken und fühlen dasselbe; uns trennt nur das kurze Intervall zwischen der Zeit kurz vor der Morgendämmerung, als sie hier durchkam, und jetzt, wo ich ihr Schatten bin. Im großen Ganzen betrachtet, ist der Zeitunterschied unbedeutend.

Jeder Schritt erfolgt mit Bedacht, da er mir die Möglichkeit – und die Notwendigkeit – bietet, meine Umgebung aus einer neuen Perspektive zu betrachten. Neben Bedrohungen gibt es auch immer die Möglichkeit einer unerwarteten Mahlzeit. Und dann ist da noch der Weg selbst, den ich mir für das nächste Mal, wenn ich in diese Gegend komme, einpräge. Es ist nicht nur ein Weg durch das Moor, den ich im Gedächtnis behalte. Ich werde in der Lage sein, meine Durchquerung wie eine Erfahrung in einer virtuellen Realität wiederzugeben, komplett mit Geräuschen, Gerüchen und Gefühlen.

Um meine menschliche Fährtenleser-Perspektive beizubehalten, schlüpfe ich immer wieder ins »Katze-Sein« hinein und heraus. Manchmal trete ich wörtlich in ihre Fußstapfen, manchmal laufe ich parallel dazu, entweder, um einen Überblick zu bekommen, oder um die Spur zu erhalten.

Völlig exponiert zu sein und die Füße in eisigem Schneematsch zu haben, ist nicht gerade die bevorzugte Art der Fortbewegung dieser Katze, also bewegen wir uns mit besonderer Vorsicht. Wir werden sogar noch langsamer, als wir das hoch gelegene Land

---

* Anmerkung der Übersetzerin: Eine Pflanze aus der Gattung Rhododendron innerhalb der Familie der Heidekrautgewächse.

erreichen, das mit einem dichten Dach aus Hemlocktannen und Zedern bedeckt ist und darunter von jungen Tannen erstickt wird. Dies ist ein großartiger Korridor für Tiere, die nach Norden oder Süden wandern, und wir sind neugierig, wer kürzlich hier vorbeigekommen ist. Wir sehen Spuren von Fuchs, Kojote, Hirsch und Schneeschuhhasen. Zufrieden hocken wir uns hin, um zu pinkeln, und machen uns auf den Weg ins Landesinnere.

Ich verweile einen Moment, um an dem Urin zu riechen, der die gleiche helle Farbe und den gleichen milden Uringeruch aufweist wie der an der Hirsch-Rissstelle. Definitiv kein ausgewachsenes Männchen. Streich das – es könnte sich um ein kastriertes, ausgesetztes Haustier handeln. Alle, die schon einmal am Katzenklo eines unkastrierten, ausgewachsenen Katers gerochen haben, wissen ziemlich genau, wie der Urin einer männlichen Wildkatze riecht. Wenn dir dieser Geruch im Wald begegnet, folge deiner Nase und du wirst wahrscheinlich eine Markierungsstelle finden.

Der Schnee schmilzt, und die Lernenden werden mich bald erwarten, daher ist es Zeit, schnell vorwärtszukommen. Meine Pfoten werden wieder zu Händen und Füßen, und mein Fell verwandelt sich in grüne Wolle. Um schnell ein großes Gebiet abzudecken und den Pfad im Auge zu behalten, laufe ich in einem Zickzackmuster. Wenn ich den Pfad finden will und mich in die falsche Richtung wende, habe ich das Gefühl, dass mir kälter wird, und wenn ich in Richtung des Pfades laufe, fühle ich, wie mir wärmer wird. Meine allgemeine Richtung wird durch die verräterischen Manöver eines Raben vor mir bestimmt, der mir sagt, dass ich möglicherweise dabei bin, den Spurenverursacher einzuholen. Und dann sind da die subtilen Stimmen, die ständig im Spiel sind und nicht bewusst registriert werden. Dennoch beeinflussen sie jeden Gedanken, jedes Gefühl und jede Bewegung.

Für einen Beobachter mag es so aussehen, als seien Puma und ich durch einige Hundert Meter und eine Artgrenze getrennt, und dass wir auf unterschiedliche Informationen reagieren. Aber mir ist klar, dass wir beide uns in dieselbe Richtung bewegen, um dieselben Urbedürfnisse nach Wissen, Geborgenheit und Nahrung zu erfüllen. Wir sind miteinander verbunden; unsere Bewegungen sind eine Bewegung.

In einem offenen, schneebedeckten, grasigen Bereich unter erhabenen Kiefern stoße ich auf eine Pumakratzspur, die so lang ist wie ich groß bin und fast genauso breit. Ich möchte sie mir ansehen, sie aber gleichzeitig nicht beeinträchtigen, also bleibe ich zurück und lausche ihrer Stimme. Hier ist kein Kot. Vielleicht hat sich der Puma zum Pinkeln hingehockt und die Stelle viel deutlicher markiert als die am Rande des Moores, weil er hier nicht abgelenkt ist. Nein, abgelenkt ist nicht das richtige Wort – er war das Gegenteil davon. Er wurde von dem ungestümen Chor aller Verwandten eingenommen, die diesen Korridor benutzten. Hier ist es ein offener, ebener Wald ohne Deckung und mit nur wenigen Anzeichen für tierische Aktivitäten.

Warum also eine so große Kratzspur nur für eine Harnausscheidung – noch dazu eine mit so schwachem Geruch? Vielleicht ist es ein junges Männchen, das noch nicht die hormonelle Reife hat, stark riechenden Urin zu produzieren. Vielleicht hockt er sich hin, weil er kein festes Revier hat, das er markieren kann, und damit keinen Grund, eine Duftmarke zu setzen. Und doch ist er übermütig genug, um eine aggressive Kratzspur zu hinterlassen. Oder handelt es sich um ein Weibchen, das etwas für sein Geschlecht Untypisches tut?

Unabhängig von Alter oder Geschlecht wiederholt das Lied der Fährte dieser Katze in diesem Kiefernwald immer wieder dieselbe Strophe: *Sie bewegt sich mit Ruhe, sie bewegt sich mit Selbstvertrauen.* Ihre langer, entschlossener Schritt zeigt weder Verwirrung noch Zögern und schon gar keine Angst. Sie ist wachsam, sicher, aber nicht auf der Hut oder besonders neugierig. Sie mag hungrig sein, aber sie wirkt nicht, als müsste sie so schnell wie möglich etwas finden.

Mit zwei Stiefellängen ist ihre Schrittlänge beeindruckend – offensichtlich eine große Katze! Ich habe noch keinen Rotluchs gesehen, dessen Schrittlänge dem nahekommt – normalerweise liegt seine Schrittlänge bei etwa einer Stiefellänge, eventuell ein bisschen länger. Ich trage PAC-Stiefel der Größe neun, die etwa dreißig Zentimeter lang sind. Und die Spurbreite dieser Katze liegt durchgehend bei einer Handlänge – um die achtzehn Zentimeter –, was wiederum von einem zielstrebigen und selbstbewussten Tier zeugt. Wenn das hier ein Rotluchs wäre, hätte er sicherlich die breiteste Brust aller Rotluchse, denen ich je begegnet bin.

Ich trage generell kein Messgerät bei mir und benutze auch keines, da es meiner Beziehung zum natürlichen Reich einen klinischen Aspekt verleihen würde. Ich könnte mir nicht vorstellen, meine Beziehung mit meinen Freundinnen zu vertiefen, indem ich ihre Maße nähme. Bei meinen nicht-menschlichen Verwandten geht es mir genauso. Es gibt eine rationale Komponente in der natürlichen Welt, aber die ist nicht rational begründet. Berechnungen und graphische Darstellungen ziehen mich in die alte, rationale Denkweise zurück, die mir während meiner Studienzeit mit Hauptfach Wildtiermanagement eingetrichtert wurde. Dennoch erkenne ich an, dass es einen Platz für den studierten Ansatz gibt; aber wenn wir den nutzen, sollten wir uns bewusst sein, dass er dazu neigt, Distanz zu schaffen.

Die übliche indigene Art, Maß zu nehmen, ist, einen Teil unseres Körpers wie unseren Finger, Arm oder Fuß zu verwenden. Dadurch wird die Beziehung mit unseren Pflanzen- und Tierverwandten persönlicher. Wenn ich die Breite meiner Hand mit der Breite einer Pfote vergleiche, haben wir eine gemeinsame Basis.

Mit seiner perfekten Konsistenz zum Formen von Kugeln etc. ist der Schnee von heute Morgen zusammen mit der spärlichen Vegetation hier unter den Kiefern ideal für Fußabdrücke. Die Trittsiegel der Vorderpfoten dieser Katze zeigen die für Katzen typische runde Form, bei der die inneren Zehen weiter nach vorne ragen als die äußeren. Der Auswurf, d. h. die Schleifspur, die die Vorderpfote macht, wenn sie durch den Schnee angehoben wird, ist breit und rund – ebenfalls typisch für Katzen. Ich vergleiche den Fußballen mit meinen Fingern; er ist drei Finger breit, was etwa sechseinhalb Zentimetern entspricht. Sie geht nicht Fuß in Fuß, was bedeutet, dass ihre Hinterpfote nicht genau in den Abdruck der Vorderpfote tritt. Das ist charakteristisch für ein Tier mit langem Körper wie Puma. Rotluchs und Luchs gehen im Schnee normalerweise Fuß in Fuß. Die Hinterpfote der Katze, deren Fährte ich lese, tritt genau hinter der Vorderpfote auf, und meistens gibt es eine leichte Überlappung. Die Spuren ihrer Hinterpfoten zeigen, dass sie leicht geduckt läuft – ein weiteres Merkmal von Puma.

»Könnte das Luchs sein?«, frage ich mich selbst. Für den Tiefschnee im hohen Norden haben sie eingebaute Schneeschuhe, auch bekannt als übergroße Pfoten, die in die Größenkategorie der Pumapfoten fallen. Allerdings wiegt ein Luchs im Durchschnitt nur ein Drittel dessen, was ein weiblicher Puma wiegt, und er hat eine geringere Schrittlänge. Pumas Abdrücke der Zehenballen zeigen sich deutlich im Schnee, während die von Luchs, wie man mir sagte, durch Fell undeutlich gemacht werden. Bei diesen Spuren sind die Ballen deutlich zu erkennen. Und doch wette ich, dass es immer noch Luchs sein könnte. Unter diesen Bedingungen könnte das nasse, zusammengedrückte Fell zwischen den Ballen vielleicht dazu führen, dass sich diese klar abzeichnen. Die Fährte von Luchs, ebenso wie die von Rotluchs, windet sich, wohingegen diese hier ziemlich gerade ist, was typisch für Puma ist. Darüber hinaus ist Luchs in diesem Teil der Wälder sehr selten. Tatsächlich habe ich noch keine entsprechenden Spuren gefunden.

Hier trennen die Katze und ich uns. Sie setzt ihren Weg nach Nordosten durch das Sekundärwaldgebiet aus Espen fort, das die zerklüftete Gletscherlandschaft bedeckt, und ich gehe direkt nach Norden, um mich Rick und den Lernenden im Camp am See anzuschließen. Gleichzeitig bleibe ich auf das Lied ihrer Fährte eingestimmt und folge ihr weiter.

Ich werde den Lernenden nichts von meinem Vormittag erzählen. Es ist eine sehr persönliche Erfahrung, und ich möchte Zeit haben, mit ihr zu sein. Gleichzeitig weiß ich, dass ich die Geschichte nicht für immer für mich behalten soll. Wir lernen durch Geschichten, weshalb ich glaube, dass die Geschichte der Jagd für einen Fährtenleser ein noch größerer Dienst an seinem Volk sein kann als die Früchte der Jagd. Eines Tages werde ich die Geschichte von Puma mit den Lernenden teilen, damit auch sie in ein gelbbraunes Fell schlüpfen und auf gepolsterten Füßen dahingleiten können.

Anhang 1

Für Lehrkräfte, Naturvermittelnde und Ausbildende im Fährtenlesen

Dieses Buch ist ein Aufruf zu einer neuen Art des Lernens, bei der natürliche Rhythmen das Tempo bestimmen, nicht Fristen und Semester. Wo die Natur der Klassenraum ist und Beispiele und Erfahrungen die Methoden. Wo die Lernenden durch Neugier und Leidenschaft motiviert werden, nicht durch Belohnung und Bestrafung. Wo die Lehrkräfte den Lernenden dienen, anstatt dass die Lernenden versuchen, die Lehrkräfte zufriedenzustellen.

Das Einzige, was an naturbasiertem und schülerzentriertem Lernen neu ist, ist, dass die meisten Menschen nicht damit vertraut sind. Unsere Vorfahren haben es fast während der gesamten menschlichen Existenz praktiziert und erst an der Schwelle zum sesshaften Zeitalter verworfen. Als sie ihre nomadische Lebensweise als Jäger und Sammler aufgaben und zu Farmern, Hirten und Dorfbewohnern wurden, begannen sie, sich von der Natur mit Zäunen und Routinen zu isolieren. Sie vergaßen, dass unsere Natur Natur ist, und ließen einen Teil dessen zurück, was es bedeutet, Mensch zu sein.

Der Grundstein des naturbasierten Lernens besteht in der Anleitung durch ein Team, wobei das Team aus den Lernenden, den Steinen, Pflanzen und Tieren, dir als Vermittler und jeglichen Situationen oder Entdeckungen besteht, in die ihr alle verwickelt seid. Alle arbeiten synergistisch zusammen, wobei du eine unterstützende Rolle als Katalysator, Wegweiser und Informationsquelle spielst.

Deine wichtigste Aufgabe besteht jedoch darin, das zu *unterlassen*, was du vielleicht als unumstößliche Regel betrachtest: Fragen zu beantworten. Erhält eine Lernende eine Antwort, ist sie zufrieden. Sie verliert die Motivation, weiterzuforschen und geht zu etwas anderem über. Zum Schluss steht sie vielleicht mit einer beeindruckenden Ansammlung von Wissen da, dem jedoch häufig die Tiefe fehlt, und ihr mangelt es an Einsicht und Weitblick.

Um aus einem der Berichte in diesem Buch zu zitieren: »Eine gute Frage ist so viel wert wie eine Handvoll Antworten.« Anstatt mit Antworten reagiert eine Lehrkraft geschickt mit Fragen, die darauf ausgelegt sind, die Lernenden auf ihrer Suche nach ihren eigenen Antworten anzuleiten. Der Prozess schürt ihre Leidenschaft: Er belebt die Sinne, regt ihren Verstand an und bereichert ihre Erfahrungen mit emotionaler Würze. Sobald sie sich an diesen Ansatz gewöhnt haben, reagieren sowohl Kinder als auch Erwachsene meistens mit Begeisterung, da es ihre natürliche Art zu lernen ist.

Es mag den Anschein erwecken, als sei es einfacher, Fragen zu stellen als Antworten zu finden. Für mich ist in der Regel das Gegenteil der Fall: Lernende anzuleiten, fordert meine kreativen Ressourcen stärker als das Unterrichten. Ich könnte den ganzen Tag lang Standardantworten geben, ohne zu zögern, aber einer Person wirklich zuzuhören und eine Frage zu formulieren, die sie direkt auf ihren eigenen Pfad der Entdeckung zurückführt, ist eine tiefgreifende Verantwortung, die überaus herausfordernd sein kann.

Gleichzeitig finde ich das auch ausgesprochen erfüllend – viel mehr als meine Erfahrung mit den Standardlehrmethoden. Was für eine Freude, jemanden dabei zu beobachten, wie er erkennt, dass es keine wirklichen Antworten gibt – dass eine Frage zur nächsten führt, und dann zu einer weiteren. Die Wurzel des Wortes *question* (Frage) ist *quest* (Suche). Das Ziel ist nicht länger die Meisterschaft, sondern die Verfolgung einer kontinuierlichen

Entdeckungsreise – ein endloses Fährtenlese-Abenteuer. Mein höchstes Ziel als Mentor ist erreicht, wenn die Lernenden der Fährte Lernende des Lebens werden. Dann sehen sie sich nicht länger als meine Lernenden, sondern sie haben sich fest in die Hände der Lehrenden überall um sie herum begeben.

Die Herangehensweise der Naturvermittelnden erweitern

Die Lebensweise von Tieren und Pflanzen zu studieren, kann eine schöne und lohnende Erfahrung sein. Es hat das Leben vieler Menschen bereichert, indem es ihr Verständnis der natürlichen Welt vertieft hat. Und doch ist diese Methode möglicherweise nicht genug für diejenigen, die die Tiere, die sie erforschen, wahrhaftig kennenlernen wollen. Die Methode hält einen Abstand aufrecht, was die Entwicklung einer Beziehung mit dem Tier behindert. Stell dir vor, du sagst deinem neuen Liebhaber, du willst ihn näher kennenlernen, indem du ihn mit Instrumenten untersuchst, in Büchern über ihn recherchierst und Abstand zu ihm hältst, um sein Verhalten zu beobachten. Nun stell dir vor, wie weit dich diese Vorgehensweise bringen wird.

Über die Verfolgung einer Spur hinauszugehen und mit dem intuitiven Fährtenlesen zu beginnen – es in deinen Knochen zu spüren –, erfordert die Überschreitung der Grenze zwischen dir selbst und der, deren Fährte du folgst. Du beginnst, so zu denken, zu fühlen und dich zu bewegen, wie sie es tut. Ihre Natur wird zu deiner, die die Natur selbst ist. Sie lebt nicht länger in einer Welt und du in einer anderen. Du fühlst dich nicht länger als ein Besucher.

Ich habe in einer Jäger-Sammler-Sprache nie ein Wort für *wild* gefunden. Allein das Konzept ist diesen Menschen fremd – für sie ist es unmöglich, über eine natürliche Gegend oder eine Wildnis zu sprechen, wie wir es tun. Sie können nicht hinaus in die Natur gehen. Für uns ist die Natur das unberührte Reich, das dort draußen hinter den Grenzen der Städte und Farmen liegt; sie haben jedoch keine Städte und Farmen, über die sie hinausgehen könnten. Die Natur, wie wir sie kennen, ist ihre gesamte Welt.

Und das Gleiche gilt für die intuitiven Fährtenlesenden. »Wolf werden« wird deine Lernenden dazu anleiten, eine innige Beziehung zur natürlichen Welt zu entwickeln, ganz ähnlich der, die sie mit ihrer engsten Freundin haben. Sie werden sich der Art und Weise sowie der Geheimnisse der Pflanzen und Tiere bewusst sein, als seien sie ihre eigenen. Die Lektionen, das Bewusstsein und die Beispiele werden ihnen helfen, vom Beobachten zum Eintauchen überzugehen, vom Studieren des Tieres zum Werden des Tieres.

Zur Verwendung dieses Buches

Die Welt des Fährtenlesens wird für viele deiner Lernenden neu sein. Um sie mit den Konzepten und der Terminologie des Fährtenlesens sowie den indigenen Methoden der Wahrnehmung vertraut zu machen, überlege dir, ob du mit ihnen die Begriffe des Glossars durchgehst, bevor du mit irgendeiner Arbeit aus dem Buch beginnst. Die Schilderungen in diesem Buch führen in drei Fertigkeiten ein, die für das Fährtenlesen und umfassende Umweltstudien grundlegend sind, und entwickeln diese weiter:

- **Sich etwas vorstellen**: Die Szene in deiner Fantasie nachstellen, um die Ereignisse nachzuspielen, die zu dem Riss oder einer anderen Störung führten, die die Lernenden entdeckt haben. Dies ist individuell gestaltete, lebendige Geschichte – die Vergangenheit wird lebendig und in die Gegenwart geholt – und es ist ein wesentliches Werkzeug für das Verständnis von Beziehungen zwischen Ursache und Wirkung.

- **Werden**: In die Rolle des Tieres schlüpfen, um seine Gefühle und Beweggründe zu erfahren. Das bezieht die Person als Ganzes in den Entdeckungsprozess ein, in dem physische, mentale, emotionale und sensorische Fähigkeiten eingesetzt werden. Es fungiert als Schlüssel für die Transformation der Lernerfahrungen von intellektuell auf erfahrungsbezogen.
- **Hinterfragen**: Sich allen Möglichkeiten öffnen, egal ob sie Sinn ergeben oder nicht. Dieser Ansatz offenbart die Schönheit und das Geheimnisvolle in dem, was ansonsten als alltäglich erscheinen würde. Es befreit die Lernende von den Begrenzungen ihres derzeitigen Wissens und Könnens. Sie wird ihre eigene Mentorin und motiviert sich selbst, was die Lernerfahrung persönlicher gestaltet.

Diese Fertigkeiten werden zu Beginn des Buches eingeführt und im Laufe des Buches nach und nach weiterentwickelt. Finde die Kapitel, in denen Training für eine bestimmte Fertigkeit vorgestellt wird, durch Hinzuziehen der Zusammenfassungen unten. In fast allen Kapiteln ist die Darstellung einer traditionellen Mentoring-Beziehung zu finden. In den Zusammenfassungen werden mehrere beachtenswerte Beispiele genannt. Die Mentoring-Techniken werden anhand von konkreten Fährtenlese-Szenarien detailliert beschrieben und dargestellt. Dies vermittelt ein lebensnahes Gefühl dafür, wie die Methoden im Feld funktionieren, und macht es dir leicht, sie an ähnliche Szenarien mit deinen Lernenden anzupassen. Du könntest darauf hinweisen, dass die Charaktere Neulinge sind wie sie selbst, um sie zu ermutigen, sich mit den Figuren zu identifizieren und Fortschritte zu machen.

Diejenigen unter euch, die Erfahrung im Bildungswesen haben und über etablierte Programme verfügen, besitzen höchstwahrscheinlich bereits die erforderlichen Voraussetzungen, um die Erzählungen zu nutzen und die Lektionen einzubauen. Falls du neu in diesem Beruf bist, findest du hier einige Vorschläge für den Anfang:

- Verwende das Buch als Grundlage für einen Fährtenlesekurs.
- Wähle bestimmte Kapitel zur Ergänzung der praktischen Erfahrungen.
- Baue Übungen anhand der Vorlagen im Buch auf.
- Gestalte die Erfahrungen persönlicher, indem du deine eigenen Fährtenlesegeschichten erzählst und die Lernenden bittest, ihre ebenfalls zu teilen.

Denke daran, dass dies nicht einfach nur ein Buch über das Fährtenlesen ist – es ist dazu gedacht, die Entwicklung tieferer Beziehungen zu fördern, als es die reine Naturforschung vermag. Nutze die Anekdoten über Tierkunde und Naturgeschichte als Inspiration und Ausgangspunkt für Erkundungen. Textpassagen, die für dich persönlich aufschlussreich sind, können als Leitfaden für die Erforschung der inneren Natur dienen.

Um dir zu helfen, das Kapitel oder den Auszug zu finden, der für dich und deine Lernenden am besten geeignet ist, findest du hier das zentrale Thema jedes Kapitels, zusammen mit den darin enthaltenen Lektionen.

Eins: Farnmyrten-Rendezvous

Eine Übung zur Aufgabe deiner eigenen Identität, um der Fährte die volle Aufmerksamkeit zu widmen und die Wahrnehmung zu schärfen. Zeigt, wie man eine Szene realistisch nachstellen kann, indem man Spurenlesen, Naturgeschichte und das Lied der Fährte kombiniert.

Zwei: Frosch-Romanze

Das Kapitel ist eine Einführung in das Sich-etwas-Vorstellen und zeigt, wie anders eine Szene aussehen kann, wenn man sie durch die Augen des Tieres betrachtet. Es zeigt, wie die Sinne beim Spurenlesen einander kompensieren können. In diesem Fall vermittelt das Gehör ein Bild eines Ereignisses, das man nicht sehen kann.

Drei: Der geheimnisvolle Bärenstumpf

Ausführliche Anleitung in den drei grundlegenden Fährtenlesefertigkeiten: Sich-etwas-vorstellen, Werden und Wie-eine - Frage-sein. Verwende die Geschichte als Grundlage für ein Fertigkeiten-Seminar. Ausführliche Darstellung schülerzentrierter Bildungsmethoden mit Beispielen dafür, wie sie die Lernenden ermächtigen.

Vier: Ein Hund bleibt ein Hund

Aufbauend auf dem Kapitel »Frosch-Romanze« zeigt diese Übung, wie ein Sinn einen anderen kompensiert, wenn dieser beeinträchtigt ist. Sie zeigt, wie ein kleines bisschen Wissen in Kombination mit viel Rationalisierung zu Verwirrung führen kann und wie eine Mentorin dem Lernenden helfen kann, Klarheit zu finden.

Fünf: Auf der Spur von Schildkröte

Einführung und Anwendung von Fertigkeiten zum Lesen von Rissstellen bei großen Ereignissen wie Naturkatastrophen. Zeigt, wie man die dazugehörigen, oft komplexen und verwirrenden Zeichen liest. Beinhaltet eine Anleitung für die grundlegende Pirschfertigkeit, unsichtbar zu werden, obwohl man sich in direkter Blickrichtung befindet.

Sechs: Fährtenlesen lernen von einem der großartigsten Jäger

Das Beherrschen der Pirsch entsteht durch tägliche Übung, und dieses Kapitel stellt eine der besten und am leichtesten verfügbaren Lehrmeisterinnen vor. Beinhaltet eine Anleitung zum Netz-Fährtenlesen, eine Übung, um ein Tier zu werden, und ein umfassendes Unsichtbarkeitstraining.

Sieben: Ein Winterrätsel

Unterweisung in Kotanalyse sowie Lektionen zur Vermeidung von Annahmen, übermäßiger Rationalisierung und voreiligen Schlussfolgerungen.

Acht: Augen, die leuchten

Lehrt, welche Nachteile es hat, ausschließlich auf der Grundlage von bereits vorhandenem Wissen zu handeln, am Beispiel einer Situation, in der Tarnung zu einer Gefahr werden kann. Training für fortgeschrittene Anfänger darin, ein Tier zu werden, sowie Methoden, die Lehrkräfte verwenden können, um Eigenmotivation und Initiative zu fördern.

Neun: Großvaterwellen

Lektionen in der grundlegenden Fertigkeit des Fährtenlesens, Zeit auf die gleiche Weise wahrzunehmen wie deine Beute, und wie man verhindert, dass die persönliche und kulturelle Perspektive die Geschichte der Fährte vernebelt. Ein Leitfaden für den Übergang vom beobachtenden Analysieren zum In-Beziehung-Sein.

Zehn: Wolf werden

Fortgeschrittenes Training, um sich ein Szenarium vorzustellen und ein Tier zu werden. Praktische Beispiele dafür, wie schnell ein Fährtenleser einer Fährte folgen kann – und oft auch muss. Beinhaltet zwei Darstellungen davon, wie man verhindern kann, dass das mentale Geplapper das Lied der Fährte übertönt.

Elf: Alte Lieder sterben nie

Eine Lektion zur Verwendung von Fährtenlesefertigkeiten für die Rekonstruktion geschichtlicher Ereignisse. Beinhaltet Beurteilungen von technischen Methoden zum Fährten- und Spurenlesen zur Einschätzung der Gesundheit des Waldes.

Zwölf: Auf den Klangspuren der Natur

Eine Einweisung in die Klangdynamik sowie eine Demonstration von Methoden zum akustischen Fährtenlesen. Stellt eine geführte Übung zum Sich-etwas-Vorstellen vor, die leicht nachgemacht werden kann. Ein klares Beispiel für Anleitung statt Unterricht.

Dreizehn: Adlergeist und die Blechbüchse

Zwei Lektionen zum Zurückverfolgen einer Spur (Backtracking) – eine anspruchsvolle Aufgabe selbst für erfahrene Fährtenlesende. Behandelt Verfahren zum Backtracking von belebten und unbelebten Objekten. Beinhaltet eine Übung für die spezielle Fertigkeit des Lesens von Federn.

Vierzehn: Der Fährte des Fluges folgen

Das gesamte Training aus vorangegangenen Kapiteln, zusammengefasst im schwierigsten Fährtenlesefall des Buches, der nur sehr wenige sichtbare Hinweise enthält. Bietet einen kompakten Kurs im Schatten-Fährtenlesen.

Fünfzehn: Menschen nachspüren auf Bärenart

Training in den Feinheiten des Schatten-Fährtenlesens und des Werdens, basierend auf einer Erfahrung im Lesen von menschlichen Fährten. Stellt einige einzigartige Merkmale menschlicher Bewegungsmuster und Zeichen vor, und zeigt, wie man das Lesen menschlicher Fährten von Bären lernen kann.

Sechzehn: Der Bote

Eine Einweisung in die Beziehung der Fährtenleserin mit der Welt im Allgemeinen, einschließlich widersprüchlicher persönlicher und gesellschaftlicher Werte, der Herausforderungen und Möglichkeiten, mit Bürokratie und indigenen Traditionen zu arbeiten. Beinhaltet Übungen zu Puma-Bewegungsmustern, Jagdmethoden und zum Lesen von Rissstellen.

Anhang 2

Entmystifizierung der Spurenerkennung bei Hundeartigen

Nach den Wieseln sind meiner Ansicht nach die Mitglieder der Hundeartigen die Säugetiere, bei denen eine Unterscheidung anhand ihrer Fährten am schwierigsten ist. Für Neulinge ist das oft schwer zu glauben, da Füchse, Kojoten und Wölfe sich in ihrer Größe deutlich zu unterscheiden scheinen. Gleichzeitig ist Justin mit Situationen wie der seinen in Kapitel 4, »Ein Hund bleibt ein Hund«, nicht allein. Dort sagt er: »Nun … Kojote, denke ich … sie scheinen mir zu groß für einen Rotfuchs … es kann kein Wolf sein, es sei denn, es ist ein kleiner … ein Hund! Nein, das kann nicht sein.«

Um dir ein Bild des Problems zu machen, wirf einen Blick auf die Überschneidung von Gewicht und vorderer Trittsiegellänge in der Tabelle auf der nächsten Seite.* Die Maße der Trittsiegellängen berücksichtigen nicht die Krallen, da diese häufig keine Abdrücke hinterlassen.

* Alle Tabellen beruhen auf aktuellen Recherchen und Feldnotizen des Autors.

Größenvergleich verschiedener Hundeartiger

Art	Gewicht	Trittsiegel	Tipps zur Identifikation
Kitfuchs/ Swiftfuchs *(Vulpes macrotis/V. velox)*	1,4–3,2 kg (3–7 lbs)	2,5–4,4 cm (1–1¾ Zoll)	Lange Beine und ein langer Körper können ihn so groß erscheinen lassen wie Graufuchs.
Graufuchs *(Urocyon cinereoargenteus)*	3,2–6,8 kg (7–15 lbs)	3,2–5,1 cm (1¼–2 Zoll)	Kurzbeiniger und gedrungener als Rotfuchs. Wirkt kleiner, auch bei gleichem Gewicht.
Rotfuchs *(Vulpes vulpes)*	2,7–10 kg (6–22 lbs)	3,8–7,3 cm (1½–2⅞Zoll)	Seine Schlaksigkeit lässt ihn wie einen Kojoten erscheinen. Beinknochendichte 30 Prozent geringer als die von Hund.
Westlicher Kojote *(Canis latrans latrans)*	6,8–15,9 kg (15–35 lbs)	3,8–7,3 cm (1½–2⅞ Zoll)	Kleine Trittsiegel können leicht mit denen von Füchsen verwechselt werden.
Östlicher Kojote *(Canis latrans lupus oder C. l. rufus)*	13,6–27,2 kg (30–60 lbs)	6,4–8,9 cm (2½–3½ Zoll)	In den meisten Fällen können Trittsiegel anhand der Länge von Rotfuchs und Wolf unterschieden werden.
Rotwolf *(Canis rufus)*	18,1–36,3 kg (40–80 lbs)	7,6–10,8 cm (3–4¼ Zoll)	Leicht zu verwechseln mit Kojote, der in der Abstammung von Rotwolf eine wichtige Rolle spielen könnte.
Timberwolf *(Canis lupus lycaon)*	22,7–45,4 kg (50–100 lbs)	8,9–14 cm (3½–5½ Zoll)	Gewicht und Trittsiegellänge variieren stark, sogar im selben Rudel.
Nördlicher Rocky-Mountain-Wolf *(Canis lupus irremotus)*	31,8–59 kg (70–130 lbs)	8,9–15,2 cm (3½–6 Zoll)	Größe und Trittsiegel können nur mit Haushund verwechselt werden.
Haushund *(Canis lupus familiaris)*	1,4–79,4 kg (3–175 lbs)	2,5–12,7 cm (1–5 Zoll)	Große Variabilität, Verwechslungsgefahr mit allen wilden Hundeartigen, einschließlich Hund-Kojote-Wolf-Mischlingen.

Im größten Teil des Landes kommen Rotfuchs, Grauwolf und Kojote nebeneinander vor, was die Überschneidung der Trittsiegellänge zu einem Thema macht. Noch schwieriger ist es in den Gebieten im Westen der USA, wo sich die Verbreitungsgebiete von Kojote und zwei oder sogar drei Fuchsarten überschneiden. Probleme treten im Nordosten und Südosten auf, wo große Kojoten mit Rot- und Timberwolf koexistieren. Die Schrittlängen, Gangarten und Spurbilder vieler Hundeartiger überschneiden sich. Wenn wir dann noch Haushunde dazunehmen, deren Fährten mit allen wilden Hundeartigen verwechselt werden können, haben wir das Durcheinander, in dem Justin sich befand.

Der erste Schritt, um den Nebel zu lichten, besteht darin zu verstehen, warum es eine solche Bandbreite bei den Gewichts- und Trittsiegelspannen gibt. Nehmen wir den Timberwolf als Beispiel. In Minnesota und Wisconsin hat er eine durchschnittliche Trittsiegellänge von 11,4 cm, die aber auch gut 2,5 cm länger oder kürzer sein kann. Das liegt an mehreren Faktoren:

- **Sexualdimorphismus.** Männliche Wölfe und Kitfüchse sind im Durchschnitt 20 Prozent schwerer als die Weibchen, während Kojotenmännchen nur etwa 10 bis 15 Prozent größer sind. Graufüchse zeigen keine signifikanten Unterschiede.
- **Breitengrad.** Die sogenannte Bergmannsche Regel besagt, dass 80 Prozent der Tierarten an Größe zunehmen, je weiter nördlich sie vorkommen. Der Mexikanische Wolf (*Canis lupus baileyi*) wiegt zwischen 27,2 und 36,3 kg (60–80 Pfund), während der Polarwolf (*Canis lupus arctos*) zwischen 45,4 und 56,7 kg (100–125 Pfund) liegt.
- **Hybridisierung.** Im Osten der USA gibt es »Kojoten«, die so groß oder größer sind als manche der dortigen Rot- und Timberwölfe. Das Gewicht von Kojoten steigt von West nach Ost, was den Grad der Hybridisierung anzeigt. Die Kojoten Minnesotas wiegen durchschnittlich 11,3–15,9 kg (25–35 Pfund), die in Wisconsin bis zu 20,4 kg (45 Pfund)

und die in Neuengland bis zu 27,2 kg (60 Pfund), wobei Tiere über 22,7 kg (50 Pfund) selten sind. Diese Steigerungsrate ist viermal so hoch wie die der Bergmannschen Regel. Während die Kojoten an Größe zunehmen, werden die Wölfe jedoch kleiner: Die Wölfe im kanadischen Algonquin Park wiegen im Durchschnitt 4,5 kg (10 Pfund) weniger als die in Minnesota.

- **Entwicklungsrate.** Weibliche Wölfe brauchen zwei Jahre, um ihre volle Größe und Geschlechtsreife zu erreichen, männliche drei. Dies geht aus den Gewichtszunahmen vom Jährling zum ausgewachsenen Tier in der nachstehenden Tabelle hervor. Kojotenweibchen werden innerhalb eines Jahres geschlechtsreif, und Männchen brauchen wie die Wolfsmännchen ein weiteres Jahr.

Die Tabelle, die auf den Gewichtsmessungen von 158 kürzlich lebend gefangenen Wölfen aus Minnesota basiert, zeigt, dass der Sexualdimorphismus bei Jährlingen unbedeutend ist, wobei die Weibchen im Durchschnitt 27,7 kg (61 Pfund) wiegen, die Männchen 28,6 kg (63 Pfund). Bei erwachsenen Wölfen gibt es jedoch einen Gewichtsunterschied von 17 Prozent, und eine Studie an Wölfen in Wisconsin ergab 19,5 Prozent.

Entwicklungsrate des Timberwolfs in Minnesota

Alter und Geschlecht	Anzahl Tiere	Gewichtsspanne	Durchschnittsgewicht	Gewichtszunahme Jährling bis adultes Tier
Jährling, weiblich	20	20,9–35,8 kg (46 – 79 lbs)	22,7 kg (61 lbs)	–
Ausgewachsenes Weibchen	59	22,7–40,8 kg (50 – 90 lbs)	29 kg (64 lbs)	5%
Jährling, männlich	16	19,5–37,2 kg (43 – 82 lbs)	28,6 kg (63 lbs)	–
Ausgewachsenes Männchen	63	23,6–47,2 kg (52 – 104 lbs)	34,9 kg (77 lbs)	18%

Sobald du die wilden Hundeartigen deiner Region und ihre Fährten kennst, kannst du Diagramme erstellen, die dir helfen, die Arten rasch anhand der sie unterscheidenden Merkmale zu identifizieren. Auf Grundlage meiner Untersuchung von fast 1000 Pfotenabdrücken fertigte ich Abbildung A2.1 an, die helfen soll, die Trittsiegel von Kojote schnell von denen von Rotfuchs und Wolf in der Region des Yellowstone-Glacier-Nationalparks unterscheiden zu können. Ich wählte ein besonderes Merkmal des Kojotentrittsiegels, das sich in der Linie zeigt, die von Spitze zu Spitze der äußeren Zehenballen verläuft. Diese Linie verläuft durch die mittleren Zehenballen, während sie bei den Trittsiegeln von Fuchs und Wolf die mittleren Zehenballen nicht berührt. Da sich die Trittsiegel von Fuchs und Kojote häufig in der Größe überschneiden, hilft mir diese Technik, viele von ihnen auf einen Blick zu erkennen. Das Gleiche gilt für Trittsiegel von Kojote und Wolf, obwohl der Größenunterschied hier so groß ist, dass ich selten unsicher bin.

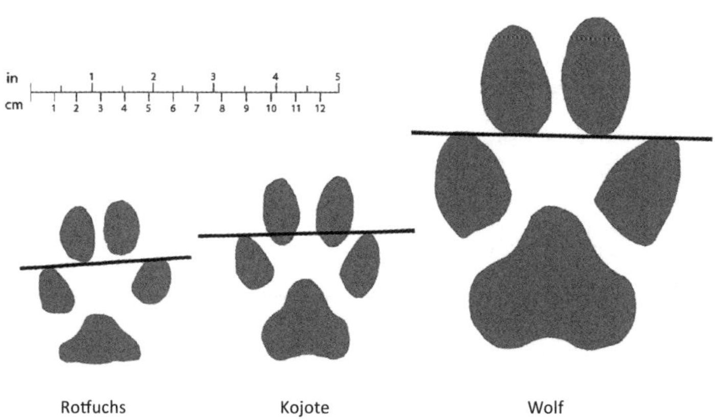

Abbildung A2.1. Identifikation von Trittsiegeln der Hundeartigen der nördlichen Rockies

Der Vergleich in Abbildung A2.1 mag in deiner Gegend anwendbar sein oder auch nicht, da ich regionale Unterschiede bei den Trittsiegeln mancher Arten gefunden habe. Der Genauigkeitsgrad der Methode liegt in den nördlichen Rockies bei etwa 80 Prozent für Trittsiegel von Fuchs und Kojote und bei 70 Prozent für Wolf. Es funktioniert für Trittsiegel von Fuchs und Wolf auf allen Untergründen, bei Kojote-Trittsiegeln aber nur auf weichem Untergrund. Ich definiere weichen Untergrund als jedes Medium, in dem die Pfoten einsinken. Auf hartem Untergrund werden Kojotentrittsiegel in der Regel mit gestreckten Mittelzehen abgebildet, genau wie bei Fuchs und Wolf. (Die mittleren Zehen von Hundeartigen tendieren im Allgemeinen dazu, sich auf weichem Untergrund kürzer abzuzeichnen, auf hartem Untergrund länger.) Zum Glück für diese Methode finden sich die meisten Trittsiegel mit ausreichend klaren Details auf weichem Untergrund.

Warum nicht den Abdruck der Hinterpfote verwenden?

Die meisten Beutegreifer haben ausgeprägte Vorderbeine mit gut entwickelter Muskulatur und großen, beweglichen Pfoten, die bei der Jagd und dem Töten helfen; daher erzählt der Abdruck der Vorderpfoten die eindeutigste Geschichte. Beutetiere wie Kaninchen und Hirsch haben dagegen eine kräftige Hinterhand, die eine schnelle Flucht ermöglicht, wobei die Hinterfüße größer sind als die Vorderfüße.

Die Anwendung dieser Methode im Osten der USA ist wegen der Vermischung von Wolf und Kojote schwierig. Abgesehen davon, dass Mischlingspopulationen Fährtenlesende im Osten der USA gehörig verwirren, stellen sie auch den Schutzstatus der Populationen infrage, die einst als Restbestände oder wiederhergestellte Wolfspopulationen galten. Mischlinge gelten möglicherweise nicht als schutzwürdig, insbesondere solche mit einem hohen

Anteil an Kojotenblut. In den meisten Gebieten ist die Jagd auf Kojoten ganzjährig erlaubt, und Jäger haben jetzt schon Schwierigkeiten, große Kojoten von kleinen Wölfen zu unterscheiden.

Genetische Studien liefern allmählich Antworten, sowohl für Fährtenleserinnen als auch für Wildtiermanager. Aber schauen wir uns zuerst das Problem an. Abbildung A2.2 zeigt vereinfachte Versionen zweier verbreiteter Evolutionsmodelle für Wolf und Kojote.

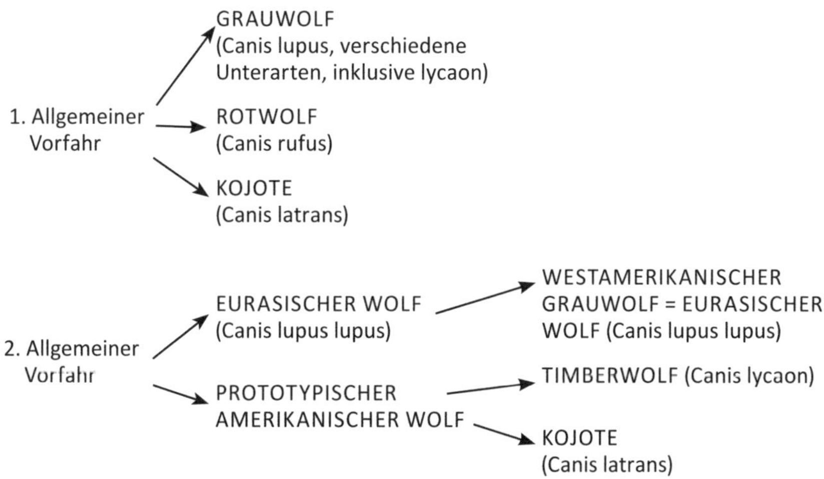

Abbildung A2.2. Evolutionäre Beziehung zwischen Wolf und Kojote

Modell 1 zeigt Grauwolf, Rotwolf und Kojote als verschiedene, parallele Arten. In Modell 2 ist der Timberwolf näher mit Kojote verwandt als mit dem westamerikanischen Wolf. Diese Beziehung wird als Erklärung dafür herangezogen, warum Rotwölfe sich mit Kojoten vermischen und westamerikanische Wölfe nicht.

Ein drittes Modell beginnt sich aus den neuesten genetischen Forschungen zu entwickeln. Es zeigt nur zwei Genpools – Wolf und Kojote – wobei der Wolf der westlichen großen Seen, der Algonkin-Park-Wolf, der Rotwolf und der östliche Kojote alle zu unterschiedlichen Anteilen Wolf-Kojote-Mischlinge sind.

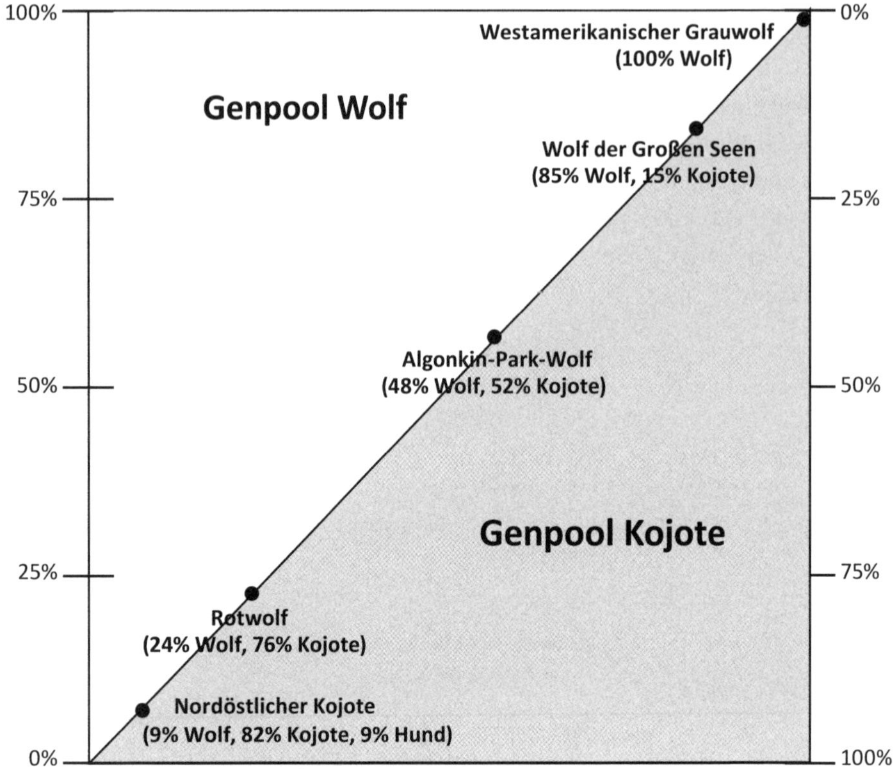

Abbildung A2.3. Wolf-Kojoten-Hybridisierung

Falls weitere Tests diese Ergebnisse untermauern, muss der Rotwolf eventuell als Kojote mit einem kleinen Anteil an Wolfsblut anerkannt werden, ähnlich wie der Nordöstliche Kojote. Ironischerweise fand man heraus, dass manche Nordöstlichen Kojoten mehr Wolfsblut in sich haben als die meisten Rotwölfe und viele der Algonquin-Park-Wölfe. Da der Algonquin-Park-Wolf fast zur Hälfte Kojote ist, sollte er vielleicht besser Kojotenwolf genannt werden.

Behalten wir im Hinterkopf, dass die Prozentzahlen in Abbildung A2.3. Durchschnittswerte sind. Mitglieder von Mischlingspopulationen besitzen normalerweise unterschiedliche Anteile der Gene der beiden Elterntiere. Ein Tier kann einen großen

Anteil der wölfischen Seite des genetischen Spektrums besitzen, während das nächste hauptsächlich Kojote ist. Selbst mit gleicher genetischer Herkunft, wie bei Wurfgeschwistern, können Individuen entweder stärker dem Kojoten oder dem Wolf ähneln. Diese Unterschiede waren in meiner persönlichen Erfahrung deutlich erkennbar, als ich in den 1970er-Jahren fünf Jahre lang mit einem Rudel Wölfe der westlichen Großen Seen zusammenlebte. Das Alpha-Weibchen wog etwa 22,7 kg (50 Pfund) und hatte den zierlichen Körperbau, die schmale Schnauze und die spitzen Ohren eines Kojoten. Ihr Bruder, das Alpha-Männchen, lag bei 34 kg (75 Pfund) und besaß hauptsächlich wölfische Merkmale. Und dann war da noch der 45,4 kg (100 Pfund) schwere Bruder, der mit seinem robusten Körperbau, der kantigen Schnauze und den abgerundeten Ohren durch und durch wie ein Wolf aussah.

Wie der Wolf, so der Fuchs

In West-Texas gibt es Hinweise darauf, dass Rotfüchse sich mit Kitfüchsen kreuzen. Europäische Unterarten des Rotfuchses wurden im 18. Jahrhundert in Amerika eingeführt und kreuzten sich mit den einheimischen amerikanischen Populationen. Füchse können sich nicht mit Kojoten, Hunden oder Wölfen fortpflanzen.

Genetische Daten zeigen zwei Ereignisse, in denen sich Kojoten und Wölfe vermischten: Vor 600 bis 900 Jahren in der Gegend der westlichen Großen Seen und vor 50 Jahren im Algonquin Park. Die Algonquin-Wölfe werden wahrscheinlich weiterhin ihre genetische Abstammung sortieren, bis sie die richtige Mischung für ihre Umgebung gefunden haben.

Beachte, dass in Abbildung A2.3 der genetische Anteil an Hund für den nordöstlichen Kojoten mit 9 Prozent angegeben wird. Auch viele Wölfe besitzen einen genetischen Anteil an Haushund. Die genetische Mutation, die zu melanistischen (schwarz pigmentierten) Wölfen führt, stammt ursprünglich von Hunden, und schwarze Wölfe sind in Südkanada und Minnesota weitverbreitet. Ungefähr die Hälfte der Yellowstone-Wölfe sind schwarz. Das Melanismus-Gen kommt auch bei Rotwolf- und Kojotepopulationen vor.

Angesichts dessen scheint es, dass wir Abbildung A2.3 einen dritten Genpool hinzufügen sollten. Vor 1993 hätten wir das sogar tun müssen, da der Haushund als *Canis familiaris* klassifiziert wurde, eine eigenständige Art. In jenem Jahr wurde der Hund jedoch neu klassifiziert als *Canis lupus familiaris* – eine Unterart des Wolfes. Der Großteil der wissenschaftlichen Belege deutet darauf hin, dass alle Hunde von Wölfen abstammen, und diese Entwicklung begann erst vor 15.000 bis 40.000 Jahren, was aus evolutionärer Sicht recht wenig ist. Es ist schwer sich vorzustellen, dass ein kleines Schoßhündchen mit Zottelfell oder ein Bernhardiner ein Wolf sein könnten. Allerdings besitzen alle Hunde einige nicht wolfsähnliche physische Merkmale und Verhaltensweisen. Hier die Gründe dafür:

- Hunde sind hochspezialisierte Wölfe. Selektive Zucht verstärkte bestimmte Wolfsmerkmale. Zum Beispiel ist die Fähigkeit, einer Witterung zu folgen, bei Bluthunden zehnmal besser als bei Wölfen.
- Bei Hunden bleiben die mutierten Gene erhalten, was zu Merkmalen wie kurzen Beinen und gestauchten Gesichtern führt.
- Viele Wolfsmerkmale sind bei Hunden vermindert. Ein Bluthund ist viel besser im Verfolgen einer Witterung als ein Wolf, aber er ist nicht annähernd ein so guter Läufer.

Es gibt Hinweise darauf, dass sich Wölfe und Hunde in den meisten Gebieten der Welt, in denen beide nebeneinander vorkommen, vermischen. Wahrscheinlich hat diese Kreuzung schon immer stattgefunden. Wenn eine Wolfspopulation mit Hundegenen durchsetzt wird, werden die Gene, die das Überleben in der Welt der Wölfe behindern, eliminiert. Gelegentlich wird eine Genmutation beibehalten, wie zum Beispiel bei waldbewohnenden Wölfen, bei denen das Gen für Melanismus einen adaptiven Vorteil bietet (möglicherweise schützende Färbung und Krankheitsresistenz).

Dieses Wissen über Genetik und Hybridisierung bei Hundeartigen hat mir erheblich beim Fährtenlesen und der Artenbestimmung geholfen. Ich fühle mich nicht mehr verpflichtet, Spuren in Gebieten, in denen es ein Mischmasch aus Wolf-Kojote-, Wolf-Hund- und Dreifach-Kreuzungen gibt, mikroanalytisch zu untersuchen. Wölfe mit Hundegenen sind nun einfach Wölfe. Timberwolf, Rotwolf und östlicher Kojote sind Mitglieder derselben Hybridfamilie und unterscheiden sich nur darin, zu welcher Seite ihrer Abstammung sie neigen.

Die Unterscheidung von Fährten wild lebender Hundeartiger von denen von Haushunden kann genauso schwierig sein wie die von Fährten verschiedener wild lebender Hundeartiger. Es gibt Hunde, deren Trittsiegel und Verhaltensweisen mit denen jedes anderen wilden Hundeartigen auf dem Kontinent verwechselt werden können. Hier sind einige Rätsellöser:

- Nutze die in den Büchern über Fährtenlesen von Elbroch, Halfpenny, Lowery, Moskowitz, Murie und Rezendes dargelegten Leitlinien.
- Mache dich mit den Verbreitungsgebieten, Lebensräumen und Verhaltenscharakteristika der wild lebenden Hundeartigen in deinem Gebiet vertraut.
- Verwende die Dreierregel: Finde drei nicht zusammenhängende Hinweise, die sich gegenseitig bestätigen.

Ich hoffe, die hier vorgestellten Informationen und Methoden werden dazu beitragen, deine Fertigkeiten im Erkennen von

Fährten zu entwickeln. Wenn du ein Neuling bist, erinnere dich daran, dass du umso besser wirst, je mehr du übst. Der Prozess wird dir auch helfen, deine intuitive Fährtenlesekompetenz zu wecken. Es ist nicht unrealistisch, dir vorzustellen, dass du eines Tages die meisten Fährten auf einen Blick erkennst. Auf dem Weg dorthin wirst du die Freude haben, die lebendige Fährte kennenzulernen – und dabei einige gute Geschichten zu sammeln, die du dann erzählen kannst.

Anhang 3

Fährtenlesen auf einen Blick

Eine Einführung in das Lesen von Symbolen

In Kapitel 14, »Der Fährte des Fluges folgen«, identifizierten Phil und Antoine ihren Greifvogel nicht deshalb so leicht, weil ich oder jemand anderes ihnen das beigebracht hätte, sondern aufgrund ihrer angeborenen Fähigkeit, Symbole zu erkennen. Das ist ein gutes Beispiel für den einen Grund, weshalb wir diese Fähigkeit in so hohem Maße entwickelt haben, nämlich um unsere Beute so schnell und zuverlässig wie möglich zu finden. Leider wird das Symbol-Fährtenlesen in der Fährtenleseliteratur nur gestreift, daher gebe ich hier einige grundlegende Informationen.

Details von Trittsiegeln und Zeichen geben uns präzise und verlässliche Informationen; es kann allerdings mehr sein, als wir benötigen, um auf der Fährte zu bleiben. Außerdem müssen wir immer wieder anhalten, um sie zu lesen. Mit Symbolen können wir die Informationen, die wir brauchen, oft auf einen Blick erhalten und müssen dafür nicht langsamer werden.

Symbole sind leicht zu identifizierende Formen, die für mehr stehen, als die Form selbst. Ein achteckiges Stoppschild und eine erhobene Faust sind Symbole. Wir interpretieren Symbole andauernd – und augenblicklich: Wörter, Gesichtsausdrücke, Wolkenformationen und so viel mehr. Der Grund, warum wir sie auf der Stelle interpretieren können, ist, dass wir sie nicht bewusst wahrnehmen müssen. Jetzt gerade interpretierst du Worte, ein gängiges Symbol für Gedanken und Gefühle, ohne dir Gedanken über den Vorgang zu machen.

Symbole auf einer Fährte funktionieren auf die gleiche Weise, wie ein Blick auf die Gesichter von Menschen diese sofort identifiziert. Ich brauche mich nicht an die Farbe ihrer Augen und die Formen ihrer Nasen zu erinnern, weil ich ihr symbolisches Bild bereits in meinem Gedächtnis eingeprägt habe. Ich brauche nur einen kurzen Blick, um ein Gesicht einem Symbol zuzuordnen. Das geht viel schneller und genauer, als Messungen vorzunehmen und Verhältnisse zu vergleichen, um Menschen zu identifizieren. Wie bei Pfotenabdrücken können die Maße auf mehr als eine Person zutreffen. Phil und Antoine schlossen ihren Fall sofort ab, als sie das Symbol sahen.

Die meisten Symbole sind in das eingebettet, was sie repräsentieren, wie das X, das zwischen den Zehen und den Mittelhandballen eines Hundeartigen geformt wird (siehe Abbildung A3.8, Seite 341). Andere Symbole werden nur durch den Abdruck angedeutet, wie das Trapez, das durch die Abdrücke in Abbildung A3.6 (Seite 338) gebildet wird.

Viele moderne Fährtenlesende neigen dazu, die Fährte buchstäblich zu lesen – sie sehen sie als ein Buch, das man aufschlagen muss. Lesen benötigt allerdings Zeit. Ein Grund, warum indigene Fährtenlesende eine Fährte so schnell verfolgen können, ist, dass das Symbol einer Spur einen Eindruck im Verstand hinterlässt, der sofort »gelesen« werden kann. Das ist möglich, weil der Verstand die Welt geometrisch in Beziehung bringt. Wenn wir die Sterne betrachten, sehen wir Beziehungsmuster, die nicht nur Sterne sind. Manche Menschen nennen diese besondere Beziehung, die wir mit dem Kosmos haben, *heilige Geometrie*. Ohne sie wären die Sterne nichts weiter als ein Haufen heller Punkte. Mit ihr sprechen die Sterne. Und das gilt auch für die Fährte.

Manchmal sind Zehen- und Ballenabdrücke – selbst der Umriss eines Trittsiegels – schwer auszumachen, aber das Trittsiegel-Symbol bleibt sichtbar. Das war der Fall an jenem Morgen, als ich auf ein Fleckchen trockenen, zuckrigen Sand stieß. Über die Ecke am anderen Ende verlief, was wie ein paar Abdrücke aussah. Da ich davon ausging, dass sie stark verzerrt sein würden, beschloss ich, mir ein bisschen Spaß zu gönnen, indem ich sie zunächst einem guten, analytischen Blick unterzog. Der Sand war so weich, dass er in die Spuren zurückfiel und kaum mehr als runde Vertiefungen zurückließ. Von Größe und Schrittlänge* her hätte das Tier eine große Hauskatze, ein kleiner Fuchs oder ein weiblicher Fischermarder sein können. Die Spurbreite wirkte groß für einen Fuchs oder eine Katze, aber dann fiel mir ein, dass ich auf weichem oder rutschigem Substrat selbst meine Schrittweite vergrößere. Und es waren nur zwei Abdrücke – nicht genug, um Schrittlänge oder -breite ordentlich zu bestimmen. Einer der Abdrücke sah aus, als könnte es sich um ein unsauberes »Fuß in Fuß« handeln, was bei Katzen oder Füchsen auf weichem Untergrund untypisch ist. Aber andererseits war dies Zuckersand, der gleichermaßen rutschig wie weich ist. Ich überlegte, um welches andere Tier es sich handeln könnte.

Und so analysierte ich, bis ich das Gefühl hatte, dem rationalen Ansatz gerecht geworden zu sein. Dann entfernte ich mich von der Sandfläche, zentrierte mich und näherte mich erneut. Ich ging an der Stelle vorbei, warf nur einen Blick auf die Abdrücke und da war sie – eine undeutliche Sandpyramide dort, wo die beiden Linien des X, ein Trittsiegel-Symbol der Hundeartigen, sich kreuzten. Nichts anderes war erkennbar außer diesem Symbolüberbleibsel – das ich erkennen konnte, wenn ich nicht zu genau hinsah.

Wie Symbole funktionieren

Manche Symbole, wie zum Beispiel Gesichtsausdrücke, sind wahrscheinlich in unserem genetischen Gedächtnis verankert. Ein Säugling scheint automatisch zu wissen, was ein Lächeln, ein Stirnrunzeln oder ein überraschter Gesichtsausdruck bedeutet.

* Siehe Glossar.

Vermutlich haben wir symbolische Formen wie diese von unseren vormenschlichen Vorfahren geerbt. Die gleiche Fähigkeit habe ich bei jungen Vögeln und Hundeartigen beobachtet, die ich getrennt von ihren Artgenossen aufgezogen habe. Das ist nicht überraschend, wenn man bedenkt, dass wir das gleiche Stammhirn besitzen wie Vögel und andere Säugetiere, und das wir alle von unserem gemeinsamen Reptilienvorfahren geerbt haben. Dieses Gehirn kümmert sich um die Selbsterhaltung, die Fortpflanzung und grundlegende emotionale Reaktionen. Es schenkt uns die Fähigkeit, ein Tier, dessen Fährte wir folgen, zu werden und es zu beschatten, und es beherbergt unsere Symbolbibliothek.

Es scheint, dass wir die Symbolprägung von zumindest einer Familie von Tieren erben, und sie damit instinktiv erkennen – Schlangen. Menschen aller Kulturen fürchten sie, ohne ihnen je ausgesetzt gewesen zu sein, und sie bezeichnen sie oft als schleimig, obwohl sie in Wirklichkeit trocken und schuppig sind. Eine erklärende Theorie besagt, dass wir irgendwann in unserer evolutionären Vergangenheit an den Ufern eines flachen Meeres lebten, wo beißende Aale häufig waren. Wir mussten schnell auf den Anblick eines beißenden Aals reagieren, also prägten wir uns seine Form ein, um instinktiv zu reagieren. Da Schlangen eine ähnliche Form haben wie Aale, reagieren wir auf Schlangen genauso.

Ein anderes vererbtes Symbol scheint der Schatten zu sein. Viele Tiere, wir eingeschlossen, reagieren instinktiv mit Angst auf einen unerwarteten Schatten, besonders, wenn er sich bewegt. Manche Menschen kleben Greifvogel-Silhouetten an Fenster, um kleine Vögel davon abzuhalten, dagegen zu fliegen. Es wird allgemein angenommen, dass die Vögel auf die Silhouette reagieren, weil sie die Form eines Greifvogels hat. Tatsächlich aber funktioniert das mit einer Reihe von Formen, solange sie die Größe eines Greifvogels haben, dunkel sind, um einen Schatten nachzuahmen, und sich zumindest etwas bewegen. Eine Attrappe oder ein Bild eines Greifvogels ist nicht so effektiv wie eine Silhouette. Ein Bild muss verarbeitet werden, was Zeit erfordert, und die Reaktion auf ein Symbol erfolgt augenblicklich. Auch Worte müssen verarbeitet werden. Eine erhobene Faust verursacht eine sofortige Reaktion, wohingegen verärgerte Worte Zeit erfordern, bis man sie versteht.

Die erste Aufzeichnung einer verbalen Äußerung erfolgte in Form von Symbolen, allgemein bekannt als Piktogramme. Es handelte sich um universelle Symbole, die Geschichten erzählten, die alle Lesenden auf eine für sie sinnvolle Weise interpretieren konnten. Unsere zeitgenössischen schriftlichen Geschichten erfordern dagegen ein gewisses Maß an Lesekompetenz, was im Wesentlichen das Auswendiglernen und Anwenden neuer Symbole bedeutet.

Dank der Gedächtniskapazitäten und der Plastizität (Veränderungsfähigkeit) unseres zweiten Gehirns, auch bekannt als Säugetiergehirn, können wir unserer Bibliothek Symbole hinzufügen. Eines der ersten Symbole, die Säuglinge ihrem Repertoire hinzufügen, sind die Gesichtszüge ihrer Mutter. Frisch geschlüpfte Entenküken werden ebenfalls auf die Mutter geprägt, nur dass es sich dabei nicht um eine Ente handeln muss. Hunde, Katzen, Eulen, Menschen und sogar Spielzeuge haben diese Nische schon ausgefüllt.

Mit unserem Primatengehirn können wir Menschen einen Schritt über die Kapazität unseres Säugetiergehirns hinausgehen und uns mit der anspruchsvollen Kommunikation, Planung und Vorstellungkraft beschäftigen, die uns zu den bemerkenswerten Fährtenlesenden macht, die wir sind. Genauso unglaublich ist die Fähigkeit, die uns unser Primatengehirn verleiht, so viele Dinge mit unserer Beute zu tun, die über das einfache Füllen unserer Bäuche hinausgehen, wie die Verwendung der nicht essbaren Teile zur Herstellung von Werkzeugen, Kleidung, Unterkünften und Musikinstrumenten.

Tipps für das Symbol-Fährtenlesen

Wenn wir unsere Fähigkeit zum Symbol-Fährtenlesen nicht nutzen, lassen wir einen Teil dessen außer Acht, was uns zu Menschen macht. Und wir behindern uns selbst beim Fährtenlesen. Denke daran, dass wir einer Fährte schnell folgen können, wenn wir die Trittsiegel auf einen Blick identifizieren und interpretieren können, anstatt anhalten zu müssen, um Spuren und Zeichen zu lesen. Wenn Fährtenlesen ein Hobby ist, nimm dir Zeit. Wenn du Fährten liest, um dich zu ernähren, sind Geschwindigkeit und Effizienz entscheidend.

Nicht so schnell

Wenn Symbole auf den ersten Blick leicht verständliche Informationen liefern, sind unerfahrene Menschen oft versucht, sie ohne weiteres Nachdenken zu übernehmen. Dies mag bei der Jagd oder als Reaktion auf einen Schatten notwendig sein, aber erinnere dich zu anderen Zeiten daran, wie eine Frage zu sein.

Um dich daran zu gewöhnen, das Symbol zu erfassen, ignoriere die Details der Spur. Sie sind normalerweise ohnehin nicht klar, da die meisten Fährten über einen schlechten Fährtenleseuntergrund verlaufen und Details der erste Teil der Spur sind, der erodiert. Schau über sie hinaus in die Seele der Spur – das Symbol –, das in der Regel den Körper der Spur überdauert.

Wie in den folgenden Abbildungen zu erkennen ist, sehen die meisten Symbole überhaupt nicht wie die Spur aus. Der rationale Verstand verwirft sie gewöhnlich, weshalb es wichtig ist, dich auf deinen ersten Eindruck, deine intuitive Stimme zu verlassen. Wenn es sich richtig anfühlt – nicht, wenn es Sinn ergibt – kannst du relativ sicher sein, dass du das Symbol erkannt hast und ihm folgen kannst. Die Beziehung zwischen Symbol und Spur ist wie die zu einer anderen Person: Wenn es richtig ist, fühlt es sich einfach richtig an, egal, was der Verstand sagt.

Stell dir ein Spursymbol als ein Piktogramm vor. Symbol-Fährtenlesen bedeutet, dem Piktogramm in der Spur zu erlauben, sich mit dem Piktogramm zu verbinden, das bereits in unserem Geist existiert. Beachte, dass ich »erlauben« gesagt habe. Da die Symbole bereits da sind, ist unsere einzige Aufgabe, ihnen nicht im Weg zu sein. Wir können diesen Prozess unterstützen, indem wir den Teil unseres Reptiliengehirns, der die Symbole enthält, wiederbeleben. Hier sind zwei Möglichkeiten:

- Zeichne das Symbol des Abdrucks auf den Boden direkt neben den eigentlichen Abdruck. Der Prozess kann neuronale Kanäle öffnen und helfen, das Spursymbol einzuprägen.
- Stell immer wieder eine visuelle Verbindung zwischen Abdruck und Symbol her, bis es irgendwann automatisch passiert. Nachfolgend findest du Beispiele für mehrere Symboltypen, die du für diesen Prozess verwenden kannst.*

Sich zu sehr anstrengen

Manchmal ist das Symbol so offensichtlich, dass wir es übersehen – besonders, wenn wir uns intensiv auf die Spur konzentrieren. Wir erlauben dem Verstand nicht, das zu tun, was er am besten kann, also zu beobachten und frei zu assoziieren. Stattdessen zwingen wir ihn zu analysieren, was das überdeckt, wozu wir uns intuitiv hingezogen fühlen würden.

---

* Alle Abbildungen und Daten stammen vom Autor, aus persönlichen Sammlungen und denen von Mitarbeitenden, Feldnotizen und Fotos.

Silhouetten

Für kleine Beutetiere ist das Reagieren auf Silhouetten eine Lebensweise. So viele Generationen kleiner Vögel wurden von Greifvögeln verfolgt, dass ein dunkler Schatten, der über sie hinwegfliegt, ihren Kampf-Flucht-Mechanismus auslöst. Ein Greifvogel, der auf einem Ast sitzt, wird nicht annähernd eine so starke Reaktion auslösen wie sein sich bewegender Schatten. Die Reaktion ist so unmittelbar, dass das Schattensymbol in ihrem genetischen Gedächtnis verankert sein muss. Meine Beobachtungen legen nahe, dass der Schatten nicht die Form eines Greifvogels haben muss; er muss sich nur bewegen und etwa die Größe eines Greifvogels haben.

Trotzdem können die Silhouetten von Greifvogel-Familien* für uns eine hilfreiche Bestimmungshilfe sein. Manchmal ist die Silhouette – oder Teile davon – das einzige, was wir wahrnehmen, wenn ein Vogel durch unser Blickfeld flitzt. Mithilfe der Silhouetten kann die Form des Schwanzes oder die Breite des Flügels alles sein, was wir brauchen, um den Vogel zu identifizieren. Wie bei allen Zeichen arbeiten Kenntnisse der Gewohnheiten, des Lebensraumes und des Verbreitungsgebietes Hand in Hand mit den Silhouetten bei der Identifizierung des Vogels. In Abbildung A3.1 sind die Silhouetten der drei gängigen Greifvogelfamilien abgebildet: Bussarde (*Buteo*), Habichte und Sperber (*Accipiter*) und Falken (*Falco*). Mache dich mit ihnen vertraut, bis du sie auf Anhieb erkennen kannst. Dann lass dich von jemandem abfragen, der alles bis auf ein Merkmal abdeckt, wie zum Beispiel den Schwanz oder eine Flügelspitze.

---

* Anmerkung der Übersetzerin: Als Erinnerung: Der Autor verwendet den Begriff »Familie« in diesem Buch nicht im zoologischen Sinn, sondern mehr im Sinne von »Gruppe«.

Bussarde (*Buteo*)

Habichte und Sperber (Accipiter)

Falken (Falco)

Abbildung A3.1. Greifvogel-Silhouetten

Formen

Baue

Die meisten kleinen und manche mittelgroßen Säugetiere nutzen Baue als Unterschlupf, als Vorratslager und zur Fortpflanzung. Die Form und Größe ihrer Bauöffnungen bilden Symbole, mit deren Hilfe ihre Besitzer auf einen Blick erkannt werden können. Das Alter und die Nutzung des Baus kann anhand des Erosionsgrades des ausgeworfenen Materials, dem Alter der Vegetation, die darauf wächst, und anderen Zeichen wie Fell und

Nahrungsreste bestimmt werden. Die Lernenden in Kapitel 6, »Fährtenlesen lernen von einem der großartigsten Jäger«, geben eine gute Demonstration der Altersbestimmung, auch wenn sie einige der hier genannten Dinge übersehen haben. Schau dir die Geschichte noch einmal an und versuche herauszufinden, was ihrer Aufmerksamkeit entging.

Zwei Baue, die häufig verwechselt werden, sind die von Dachs (*Taxidea taxus*) und Rotfuchs (*Vulpes vulpes*). Rick beschreibt einen Dachsbau in Kapitel 9, »Großvaterwellen«. Abbildung A3.2 zeigt die Symbole für Baueingänge, gefolgt von einer Tabelle, die Beschreibungen und andere Unterscheidungsmerkmale enthält. Größe und Form eines Baueingangs variiert je nach Gefälle, Bodenbeschaffenheit und dem einzelnen Tier.

Liegeplätze

Ein schneller Blick auf das Bett eines Tieres, auch Liegeplatz genannt, kann eine Fülle an Informationen bereithalten. Ort, Größe und Symbol identifizieren die Art, und der Zustand gibt preis, wann es benutzt wurde. Oft ist es möglich herauszufinden, um welches Tier es sich handelte, und warum sie den Liegeplatz genutzt hat. Vielleicht für eine Rast, als Unterschlupf, als Versteck, zum Stillen oder um sich auf die Lauer zu legen. Liegeplätze befinden sich typischerweise an Orten, die Sicherheit und einen guten Überblick aufweisen. Sie können gegebenenfalls auch Wärme, Unterschlupf oder Schutz vor beißenden Insekten bieten.

Liegeplätze findet man am leichtesten im Schnee, in weicher Vegetation und im Sand, obwohl auch andere Substrate Abdrücke von Liegeplätzen aufweisen können. In Abbildung A3.3 befinden sich Symbole für einen Hirschliegeplatz sowie den Liegeplatz eines Hundeartigen im Schnee. Beide sind typisch für die jeweilige Familie und variieren in der Größe abhängig von Art und Alter. Winterliegeplätze von Weißwedelhirschen erstrecken sich zwischen 75 und 110 cm. Stell dir das liegende Tier mithilfe der Beschriftungen für die Körperteile vor.

Mit einiger Übung an verschiedenen Liegeplätzen solltest du das Symbol auf den ersten Blick erkennen und dann das Tier innerhalb des Symbols sehen können.

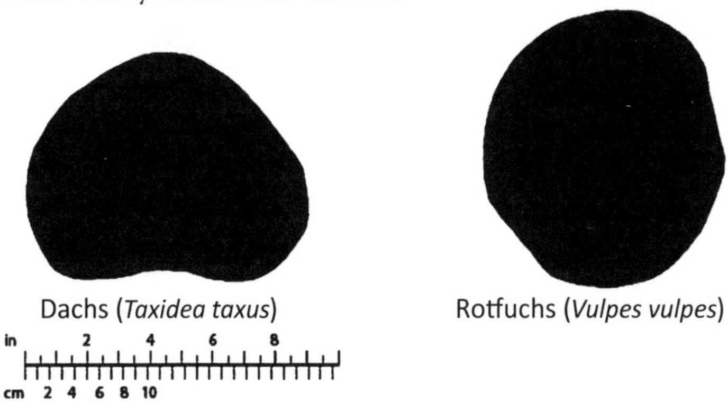

Abbildung A3.2. Bauöffnungen

Art	**Dimensionen**	**Einzigartige Merkmale**	**Kann verwechselt werden mit ...**
Dachs	Elliptisch, durchschnittlich 25 cm (10 Zoll) breit und 20 cm (8 Zoll) hoch.	Oft an der Basis am breitesten, Buckel in der Mitte der Öffnung, ausgeworfenes Material fächerförmig verteilt wegen des Grabstils »Brustschwimmen«.	Waldmurmeltier (*Marmota monax*) im angrenzenden Kanada (oberer Mittelwesten und West-Zentralkanada), wo ihre Verbreitungsgebiete überlappen. Dachsbaue besitzen oft Krallenspuren an den Seitenwänden. Die Vordereingänge beim Waldmurmeltier besitzen hohe Auswurfhügel, die Fluchtausgänge keine.
Rotfuchs	Oval, durchschnittlich 22 cm (9 Zoll) im Durchmesser, oft höher als breit.	Sehr variable Form, manchmal schmaler in der Nähe der Basis.	Kojote (*Canis latrans*): Bauöffnungen ähnlich, doch 1,5 bis mehr als doppelt so groß im Durchmesser. Wolf noch 1,5-mal größer.

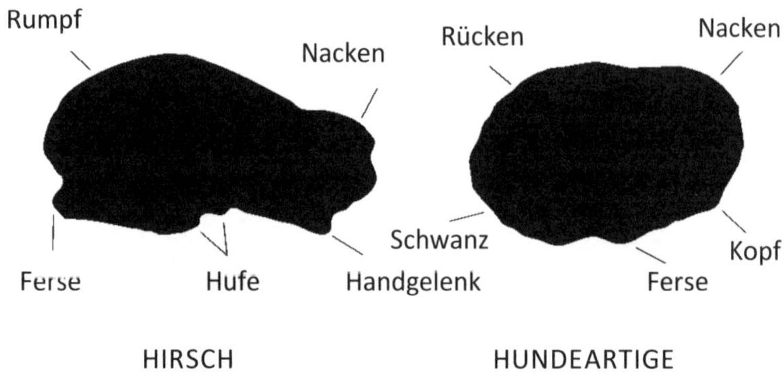

Abbildung A3.3. Liegeplätze

Fraßspuren

Die Schneidezähne – die großen, paarweise angeordneten Vorderzähne – von Nagern und Hasentieren – hinterlassen charakteristische Fraßspuren, die man schnell erkennen kann, wenn man mit ihnen und den zugehörigen Zeichen vertraut ist. Diese Tiere nagen nicht nur an Pflanzen, Knochen und Geweihen, um Nahrung zu erhalten, sie müssen auch nagen, um ihre ständig wachsenden Schneidezähne abzunutzen.

Abbildung A3.4 zeigt Fraßspuren-Symbole für sechs Tierarten, die in meiner Gegend häufig vorkommen.* Füge die Symbole deiner örtlichen Nage- und Hasentiere hinzu, die hier nicht abgebildet sind, und frage dich selbst ab, bis du sie auf einen Blick identifizieren kannst. Dann lass dich von jemand anderem abfragen, der alles bis auf einen kleinen Teil des Symbols abdeckt.

Fraßspuren überschneiden sich häufig oder sind nur teilweise zu erkennen, und je tiefer sie sind, desto breiter erscheinen sie. Du wirst sie nicht oft so gut definiert finden wie hier. Kenntnisse der Nahrungs- und Lebensraumpräferenzen sowie Kot und

* Alle Daten und Abbildungen stammen aus der Bioregion des Lake Superior. Daten aus anderen Gebieten geben entsprechend deren abweichende Populationen wieder.

Trittsiegel geben zusätzliche Hinweise für die Identifizierung des Tieres.

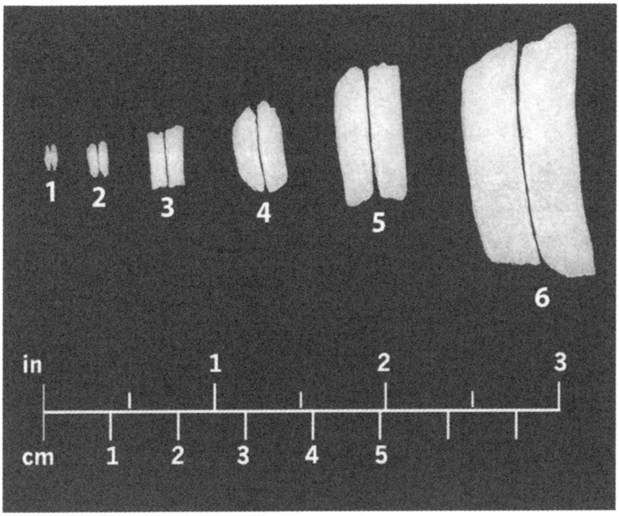

Abbildung A3.4. Fraßspuren

1. Hirschmaus (*Peromyscus maniculatus)*
2. Gemeines Rothörnchen (*Tamiasciurus hudsonicus)*
3. Schneeschuhhase *(Lepus americanus)*
4. Bisamratte *(Ondatra zibethicus)*
5. Urson *(auch Baumstachelschwein, Baumstachler) (Erethizon dorsatum)*
6. Kanadischer Biber *(Castor canadensis)*

Mitglieder der Familien der Hirsche und Ziegen fressen Baumrinde; jedoch fehlen ihnen die oberen Schneidezähne, um saubere Schnitte zu machen. Daher schaben und zerren sie mehr, als dass sie nagen. Sie arbeiten sich von unten nach oben, also achte auf den charakteristischen, zerfetzten Rand oben. Ein ausgewachsener Weißwedelhirsch in meiner Gegend kann mittlere Schneidezähne besitzen, die jeweils 13 mm breit sind, aber normalerweise sind es die kleineren, seitlichen Schneidezähne, die sich abzeichnen.

Die Fraßspuren von Nagern verlaufen in der Regel senkrecht zum Zweig oder Stamm, während die der Hirsche parallel verlaufen. Neben den ordentlichen Reihen von Nagespuren eines Nagers sehen die Fraßspuren eines Hirsches chaotisch aus. Nager schneiden Äste sauber und schräg ab, während Ziegen und Hirsche sie abreißen, wobei sie ein ausgefranstes Ende hinterlassen. Die Höhe der Fraßspuren ist unter Umständen kein zuverlässiger Indikator für die Art, da große Tiere am Fuß eines Baumes nagen und kleine Tiere durch tiefen Schnee angehoben werden.

Die Tabelle auf der nächsten Seite enthält zusätzliche Informationen, die bei der Identifizierung dieser Fraßspuren im Feld helfen. Um diese zu erweitern, sammle deine eigenen Daten, die die Artenvielfalt deiner Gegend widerspiegeln werden. Nutze die Forschung anderer und füge Arten hinzu, die in deinem Gebiet endemisch sind.

Denke daran, dass diese Daten nur Richtwerte sind, da Zeichen oft unvollständig und unmöglich zu messen sind. Genau wie beim Menschen gibt es auch beim Gebiss jeder einzelnen Tierart große Unterschiede. Du wirst breite und schmale Schneidezähne finden, manche mit Abstand zueinander, andere eng beieinander. Die unteren Schneidezähne sind im Allgemeinen schmaler als die oberen, aber ich habe einen Schneeschuhhasen gefunden, bei dem die unteren Schneidezähne die oberen um 20 Prozent übertrafen.

Beachte, dass der Unterschied in der Breite zwischen oberen und unteren Schneidezähnen bei kleinen Nagern am stärksten ausgeprägt ist, aber im Allgemeinen nicht so groß, dass die Maße einer Art innerhalb der Parameter einer anderen liegen. Eine Geschlechtsbestimmung für die aufgelisteten Tiere anhand der Breite der Fraßspuren ist nicht möglich, da sie bei Männchen und Weibchen nahezu identisch sind.

Art	Durchschnittliche Breite des oberen Schneidezahn-Paares	Differenz oben zu unten	Sexualdimorphismus widergespiegelt in Schneidezähnen
Hirschmaus	1,2 mm ($^1/_{16}$ Zoll)	–10%	Vernachlässigbar
Gemeines Rothörnchen	2,5 mm ($^1/_8$ Zoll)	–15%	Vernachlässigbar
Schneeschuhhase	5 mm ($^3/_{16}$ Zoll)	–4%	Vernachlässigbar
Bisamratte	6,5 mm ($^1/_4$ Zoll)	–12%	Vernachlässigbar
Urson (auch Baumstachelschwein)	8 mm ($^5/_{16}$ Zoll)	Vernachlässigbar	Vernachlässigbar
Kanadischer Biber	15 mm ($^9/_{16}$ Zoll)	Vernachlässigbar	Vernachlässigbar

Erfahrung kann allmählich den Platz deines Lineals einnehmen, und du wirst in der Lage sein, Fraßspuren mit bloßem Auge zu erkennen.

Auf in den Schnee!

»Suche immer nach der Spur im Schnee; sie ist die unschätzbare, unantastbare Aufzeichnung des Lebens und Denkens der Kreatur, in der ältesten Schrift, die auf der Erde bekannt ist.« – Ernest Thompson Seton

---

Symbol-Fährtenlesen lässt sich am leichtesten im Schnee erlernen. Dort fanden wir alle Trittsiegel und Symbole des folgenden Abschnitts. Beachte, dass alle Umrisse von Spuren von der originalen Schneeoberfläche genommen wurden, wobei jeglicher aufgeworfener Schnee ignoriert wurde.

Spurbilder

Hanteln

Das Symbol, das entsteht, wenn ein Tier durch tiefen Schnee läuft, ähnelt oft einer Hantel. Der Fuß dringt in den Schnee ein, der schmale untere Teil des Beines schiebt sich nach vorne und der Fuß hebt sich heraus, was die Hantel vervollständigt. Abbildung A3.5 (auf der nächsten Seite) zeigt vier verschiedene Weißwedelhirsch-Hanteln.

Hanteln zeigen:

- **Bewegungsrichtung**. Stell dir bei Hantel 1 vor, Wasser würde von der Hochebene auf die Ebene fließen, und du hast die Richtung. Das linke Ende von Hantel 3 zeigt die flachen Unterseiten der Vorder- und Hinterhufe, die in den Schnee gleiten, während des rechte Ende das gerundete Handgelenk abbildet, das sich herauszieht.
- **Alter**. Hantel 1 entstand, bevor die Schneeoberfläche gefror, Hantel 2 danach. Das Alter von Hantel 4 lässt sich anhand der Geschwindigkeit bestimmen, mit der der Schnee schmilzt. Die scharfen Kanten einer Hantel werden durch die Verdunstung des Schnees allmählich runder. Lerne die Verdunstungsrate kennen, indem du die Auswirkungen von Wind, Temperatur und Feuchtigkeit im Laufe der Zeit beobachtest.
- **Rechter oder linker Fuß**. Der Sattel ist ein zuverlässiger Hinweis entweder für die Innen- oder die Außenseite der Hantel, und ich überlasse es dir, herauszufinden, für welche.

Mit ein wenig Übung solltest du in der Lage sein, eine Hantel auf einen Blick zu lesen. Beachte, dass bei allen vier Illustrationen – selbst bei der stark zerfallenen vierten – das Plateau, die Ebene und der Sattel zu erkennen sind.

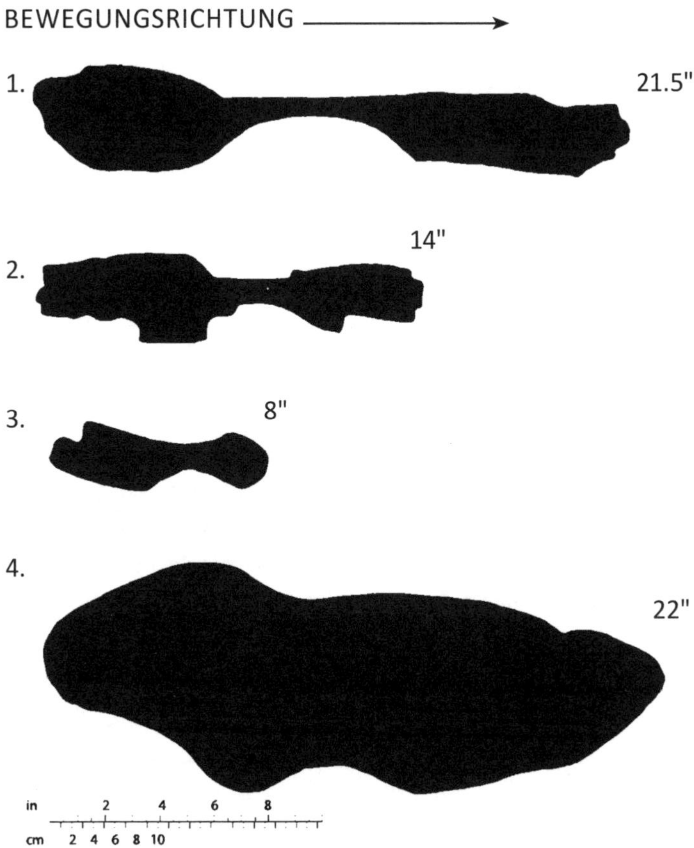

Abbildung A3.5. Weißwedelhirsch-Hanteln

1. Ein langer Schritt in weichem Schnee
2. Ein Schritt in eisverkrustetem Schnee (beachte die scharfen Winkel)
3. Ein kurzer Schritt
4. Ein alter, zurückgeschmolzener Schritt

Trapeze

Tiefer Schnee ist ein großartiger »Ausgleicher« für die Tiere unseres Nordens. Die großen mögen einen anmutigen Gang, einen unermüdlichen Trab oder einen schnellen Galopp haben, aber schultertiefer Pulverschnee kann sie dazu zwingen, sich ihren kleinen Verwandten anzuschließen und zu springen. Ein Tier springt, indem es auf den Vorderfüßen landet, die Hinterfüße um diese herumsetzt und sich dann mit den Hinterfüßen abstößt, um in die Flugphase zu gelangen.

Immer die Ausnahme

Elch kann sich aufgrund seines beträchtlichen Gewichts, seiner stelzenartigen Beine und der Fähigkeit, seine Hinterbeine genauso aus dem Schnee zu heben, wie sie hineingetreten sind, besser durch tiefen Schnee bewegen als die meisten anderen großen Tiere. Baumstachelschwein scheint den Schnee gar nicht zu bemerken – sie watschelt genauso dahin wie immer, nur dass sie dabei eine Furche pflügt.

Einmal traf ich auf die Spuren eines Kojoten, der eine Hirschkuh durch einen gemischten Nadel-Laub-Wald jagte. Der knietiefe Schnee reichte nicht aus, um den Galopp der Hirschkuh zu unterbinden, aber er verlangsamte sie genug, dass Kojote aufholte. Die Hirschkuh bog abrupt in das offene Moor ab, nur war der Schnee dort schultertief. Kein Problem – sie flog mit einer Serie von großen Sechsmeter-Sprüngen darüber. Kojote blieb mit seinen kurzen Beinen und dem geringen Gewicht in dem fluffigen Schnee stecken. Auf der anderen Seite des Moors verlangsamte die Hirschkuh ihren Gang direkt zum Schritt, weil sie wusste, dass Kojote sich irgendwo da draußen abstrampelte.

Kleine Nager und Hasentiere sind dafür ausgelegt zu springen, und sie sind nicht schwer genug, um komplett im Schnee zu versinken wie Kojote. Daher kommen sie in tiefem Schnee relativ gut zurecht. Abbildung A3.6 (auf der nächsten Seite) zeigt die Umrisse der Fußabdrücke von sechs häufig vorkommenden Tierarten der Nordwälder in flachem Schnee, tiefem Schnee und Pulverschnee. Denke daran, dass diese Umrisse an der Schneeoberfläche erscheinen.

Beachte, wie die Abdrücke im tiefen Schnee einem unten offenen oder geschlossenen V ähneln. Sie entstehen, wenn die Ferse des Hinterfußes einsinkt und mit dem Abdruck des Vorderfußes verschmilzt, sodass Mulden entstehen. Pulverschneeabdrücke, die wie ein ♡ aussehen, manchmal unten offen, entstehen dadurch, dass der Körperabdruck mit den Mulden verschmilzt. Wenn du diese Informationen mit dem Wissen über das örtliche Wetter vereinst, kannst du das Alter der Abdrücke bestimmen. Ein ♡ wurde kurz nach einem frischen Schneefall hinterlassen, ein V nachdem sich der Schnee etwas verfestigt hatte, und einzelne Pfotenabdrücke prägen sich in fest gepacktem Schnee oder einer dünnen Lage Neuschnee auf einer alten Schneekruste ein.

Das allgemeine Symbol für alle diese Spuren ist das Trapez: ⏢. Wenn du das weißt, kann dir ein Blick auf eine Spur im Schnee sagen, ob ein Tier in diese Gruppe passt, und wenn ja, wird dir die folgende Information die Art verraten. Das Trapez von Maus hat die Standardform, während das von Spitzmaus flacher ist: ⏢. Der gleiche Unterschied zeigt sich zwischen den Eichhörnchenarten. Man kann sie durch einen Blick auf die Platzierung der Vorderfüße schnell von den Hasenartigen unterscheiden: Bei Eichhörnchen stehen sie nebeneinander, während Kaninchen und Hase in der Regel einen vor den anderen setzen (was typisch für Bodenbewohner ist). Das V von Spitzmaus ist im Allgemeinen zusammengedrückt, das von Eichhörnchen kann weit gespalten sein, und die Linien des Vs der Hasenartigen tendieren dazu, fast parallel zu stehen. Die beiden Eichhörnchenarten besitzen variable ♡-Spuren, die sich beträchtlich in der Größe unterscheiden, genau wie die besser geformten Spuren von Baumwollschwanzkaninchen und Schneeschuhhase (siehe Abbildung A3.6).

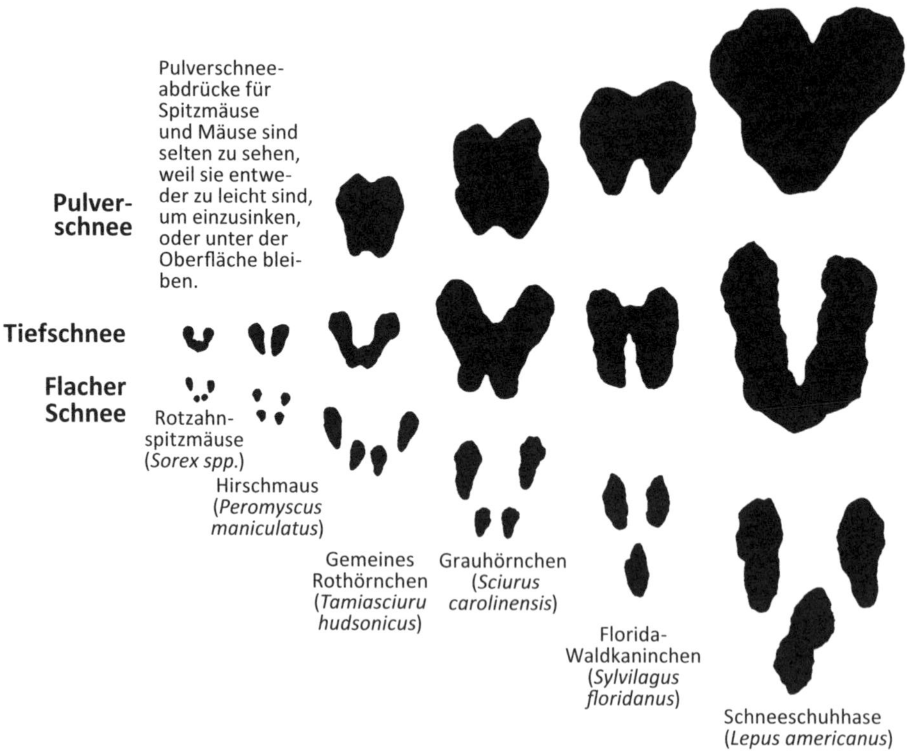

Abbildung A3.6. Trapeze

Verwende lebensgroße Illustrationen

Um »Fährtenlesen auf einen Blick« zu lernen, vergrößere Illustrationen von Spuren auf Lebensgröße. Die Symbole werden sich in dein Gedächtnis einprägen und damit eine schnelle Identifizierung im Feld ermöglichen, da der Verstand sie nicht mehr verarbeiten muss, um den Größenunterschied wettzumachen.

Obwohl aufgrund von Überschneidungen nicht ganz zuverlässig, kann die Spurbreite – der durchschnittliche Abstand der Hinterfüße (gemessen von Außenkante zu Außenkante) auf der Schneeoberfläche – bei der Identifikation der Arten eine zusätzliche Hilfe sein. Die folgende Tabelle gibt den allgemeinen Schwankungsbereich der Spurbreiten in meiner Gegend an.

Art	Spurbreite, flacher Schnee	Spurbreite, tiefer Schnee
Rotzahnspitzmäuse, verschiedene Arten	1,9–3,2 cm (¾–1¼ Zoll)	Identisch
Hirschmaus	2,2– 4,1 cm (⅞–1⅝ Zoll)	Identisch
Gemeines Rothörnchen	6,5–9 cm (2½–3½ Zoll)	6,5–9,5 cm (2½–3¾ Zoll)
Grauhörnchen	7–10 cm (2¾–4 Zoll)	8–13 cm (3½–5 Zoll)
Florida-Waldkaninchen	6,5–11,5 cm (2½–4½ Zoll)	8–14 cm (3½–5½ Zoll)
Schneeschuhhase	10–16,5 cm (4–6½ Zoll)	15–19 cm (6–7½ Zoll)

In Pulverschnee kann die Spur eines Schneeschuhhasen bis zu 21,5 cm (8½ Zoll) breit sein. Nimm deine eigenen Messungen vor, um dich mit den Spurbreiten in deiner Region vertraut zu machen. Man braucht ein Minimum von zehn, um einen verlässlichen Durchschnitt zu erhalten. Überlege dir, vielleicht deine Hand anstatt eines Lineals zu verwenden. Mit der Zeit wirst du nur noch dein Augenmaß brauchen.

Wo ein Mensch Trapeze und Vs sieht, sieht ein anderer Schmetterlinge und Herzen. Hier ist eine Spur für Romantiker, die ein Mitglied unseres Teams fotografiert hat (Abbildung A3.7). Die Form der obersten Spur gibt Hinweise darauf, wie ein Herz entsteht.

Abbildung A3.7. Eine Reihe von Herzen

Kreise und Sechsecke

Wenn Hunde, Kojoten und Füchse dasselbe Gebiet durchqueren wie Hauskatzen und Rotluchse, können unerfahrene Fährtenlesende Schwierigkeiten haben, die Spuren der Hundeartigen von denen der Katzen zu unterscheiden. Da beide vier Zehen und einen Fußballen haben und oft etwa gleich groß sind, ist eine gewisse Verwirrung vorprogrammiert. Gleichzeitig gibt es Unterschiede, die erfahrenen Fährtenlesenden erlauben, sie relativ leicht auseinanderzuhalten.

Es gibt ein Symbol, das den Trittsiegeln der Vorderpfoten von Katzenartigen gemein ist, und ein anderes, das in denen der Hundeartigen zu finden ist. Ob wir Unerfahrene oder Experten sind, diese beiden Symbole können für uns schnell die Erkennungsarbeit leisten. Das Symbol der Katzenfamilie ist ◯, das der Hundefamilie ist ⬡. Sie variieren je nach Art ein wenig, und auch mit den Faktoren, die bei der Entstehung der Abdrücke im Spiel waren. Manchmal sind die Symbole selbst bei erodierten oder Teilabdrücken sichtbar. Um das Symbol zu erkennen, tritt zurück und lass die Fährte sprechen. Versuch es mit den Abdrücken in Abbildung A3.8. Wenn das Symbol nicht offensichtlich ist, zeichne es um die Spur herum, um dir bei der Zuordnung zu helfen.

Die meisten Menschen haben keine Schwierigkeiten damit, das Kreissymbol in den Trittsiegeln der Katzenfamilie zu sehen, aber bei den gespreizten Zehen der Vorderpfotenabdrücke von Graufuchs und vielen Haushunden kommt es zu Verwirrung. Tatsächlich können alle Hundeartigen einen kreisförmigen Abdruck hinterlassen, wenn sie die Zehen spreizen, um auf weichem Untergrund Halt und Bodenhaftung zu finden. Wenn du dir bei der Spur nicht sicher bist, tritt zurück. Wenn sie einem Hundeartigen gehört, sollte ein gleichseitiges Sechseck ⬡ auftauchen, geformt von den vier Zehen und den beiden unteren Ecken des Fußballens.

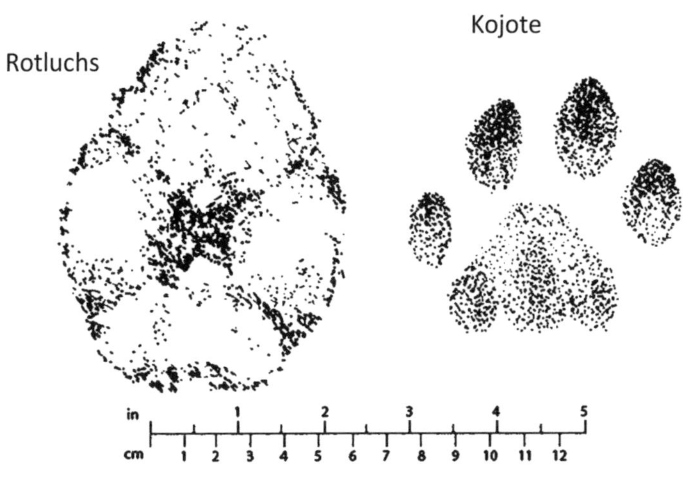

Abbildung A3.8. Kreise und Sechsecke

Beachte bei dem Kojotentrittsiegel in Abbildung A3.8 (rechts), dass eine der äußeren Zehen höher sitzt als die andere. Dieses Merkmal ist ein Hinweis darauf, ob es sich um einen rechten oder linken Fuß handelt, und das gilt auch bei östlichen Timberwölfen. Du kannst durch Betrachtung von Trittsiegeln und Fotos von Trittsiegeln lernen, es zu verwenden. Trittsiegel von Rotluchs und Puma zeigen ein ähnliches Merkmal – beachte bei dem Trittsiegel von Rotluchs in Abbildung A3.8 (links) die Ausrichtung der Zehen zu einer Seite.

Rissstellenmuster

Die besten Krimis, die ich je gelesen habe, wurden mit Federn, Fell, Knochen und Blut geschrieben. Wenn ich im Wald auf einen dieser Krimis stoße, bleibe ich manchmal stehen und lese jede Seite, und manchmal erschließt sich mir die Geschichte auf einen Blick. In diesen Fällen habe ich ein Symbol entdeckt, das mit einer Geschichte zusammenhängt, die ich bereits kenne. Wenn es sich bei der Beute um einen Vogel handelt, ist das Symbol in das Federarrangement auf dem Esstisch des Beutegreifers eingebettet. Abbildung A3.9 zeigt die häufigsten Federkonfigurationen, ihre Symbole und die dazugehörigen Geschichten.

Den Symbolen Namen zu geben, kann dir helfen, dich an sie zu erinnern. Ich nenne sie:

1. Kranz , 2. Kreis , 3. Ei , 4. Durcheinander . Oder wenn du Schwierigkeiten hast, dich an irgendetwas anderes zu erinnern als deine nächste Mahlzeit, versuch es mit: 1. Donut, 2. Keks, 3. Schokoladenei, 4. Honig-Nuss-Granola.

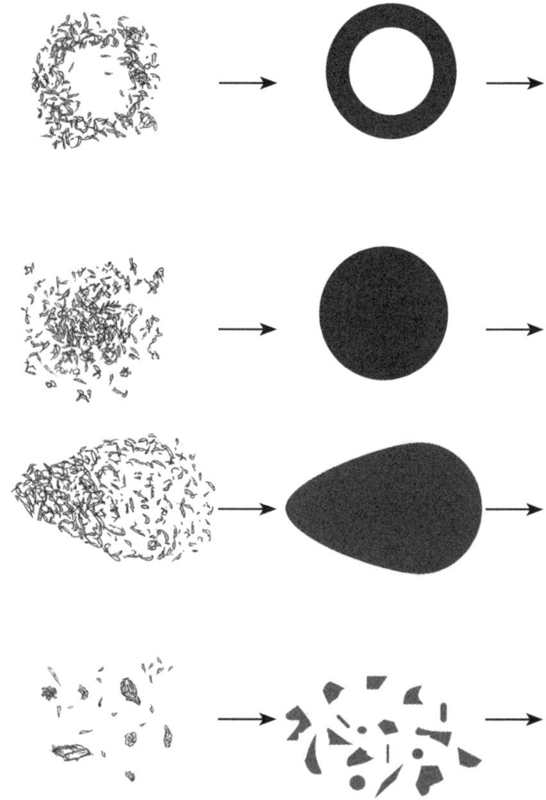

1. Ein erlegter Vogel wurde auf dem Boden von einem Greifvogel gerupft, der zu klein war, um den Kadaver an einen sichereren Ort zu bringen. Umgeben von einem Kranz aus sauberen, gerupften Federn mit Schnabelabdrücken könnte er weggetragen worden sein, nachdem er teilweise verzehrt worden war.

2. Eine Federansammlung unter dem Fressplatz eines Greifvogels. Je weiter die Ausdehnung, desto höher der Sitzplatz. Um den Sitzplatz ausfindig zu machen, halte nach Kot und Federn in den Ästen Ausschau.

3. Bei einer Brise fächert sich Nr. 2 auf, wobei sich die leichtesten Federn am weitesten verteilen und den größten Abstand zueinander haben. Das schmale Ende des Ovals zeigt in Richtung der Futterstelle.

4. Eine zerfleddert aussehende Sammlung von Hautfetzen mit anhaftenden Federn, abgekaute Federn mit Blut und Speichel und verschmiertes Blut auf dem Untergrund deuten auf den Riss oder die Aasverwertung eines Säugetiers hin.

Abbildung A3.9. Federsprache

Bei den nummerierten Hinweisen 1 und 4 in Abbildung A3.10 kann es sich entweder um einen Rissplatz oder einen Futterplatz handeln, da Beutegreifer getötete Tiere zum Verzehr oft an einen sicheren Ort bringen. Möglicherweise kannst du anhand des Musters des umgebenden Blutes erkennen, worum es sich handelt. Wenn die Blutflecken auf glattem Untergrund wie Schnee und Fels klar sichtbar sind, kann deren Symbol dich regelrecht anspringen. Auf unterbrochener Bodenbedeckung wie Gras oder Laubstreu ist die Form zunächst vielleicht nicht zu erkennen. Verändere deinen Blickwinkel, um durch die Oberflächenschicht zu sehen und eine dreidimensionale Perspektive zu erhalten. Achte auf verräterische Unterschiede in Farbe und Glanz.

Abbildung A3.10 zeigt die vier klassischen Symbole, die man bei Flecken findet: 1. Kleckse, 2. Punkte, 3. Schlieren, 4. Tropflinie.

Wie die Federgruppierungs-Symbole erzählt jedes Blutsymbol eine Geschichte von seiner Beziehung mit dem Riss. Die Tabelle unten gibt dir den Anfang der Geschichte, und deine Erfahrung wird sie weitererzählen.

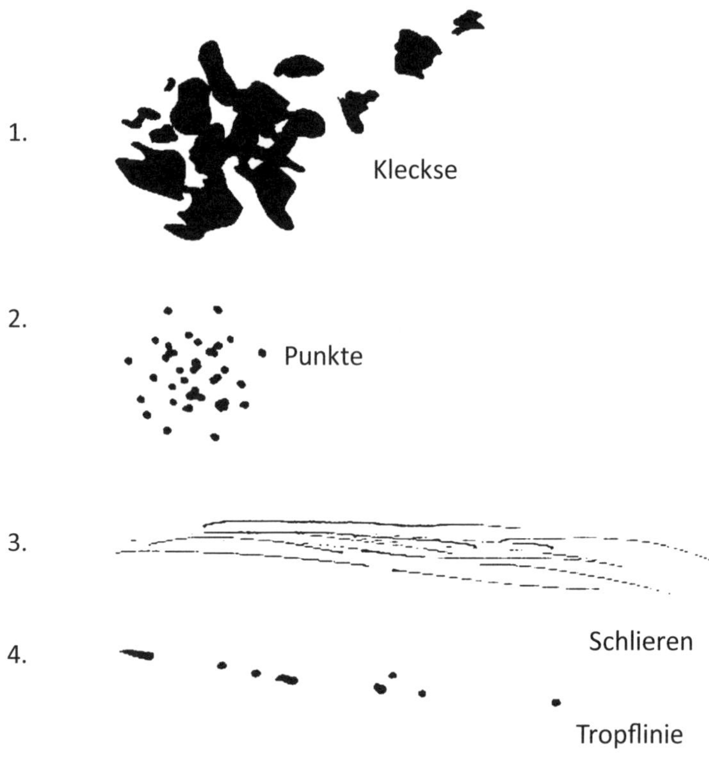

Abbildung A3.10. Kaltes Blut, heiße Spur

Symbol	Zusammenfassung der Geschichte	Suche nach
Kleckse	Mehrere Kleckse weisen darauf hin, dass ein Tier vor Ort getötet, geschlachtet und/oder gefressen wurde.	Schlieren oder Tropflinien. Wenn sie ankommen, wurde das Tier anderswo getötet oder zerstückelt.
Punkte	Wie Einschusslöcher auf einer Zielscheibe angeordnete Punkte zeigen an, dass ein Riss von einem Greifvogel oder einem kletternden Säugetier zu einem Sitzplatz direkt darüber gebracht wurde.	Blut am Baumstamm, was darauf hinweisen kann, dass das Tier hinaufgetragen und nicht geflogen wurde.
Schlieren	Ein Riss, möglicherweise teilweise gefressen und zu groß, um ihn zu tragen, wurde von einem Ort zu einem anderen gezogen.	Störungen durch das Schleppen, um die Bewegungsrichtung zu bestimmen. Die Zurückverfolgung der Spur führt dich zur Rissstelle.
Tropflinie	Ein getötetes Tier oder ein Teil davon, klein genug, um aufgenommen zu werden, wurde von einem Ort zu einem anderen getragen.	Weiteres Zeichen, um zu sehen, ob das Blut von einem Kadaver oder einem verwundeten Tier stammt.

Die häufigsten Fehler bei der Interpretation einer »Rissstelle« sind:

- anzunehmen, dass es sich um Rissstellen handelt,
- anzunehmen, dass Aasfresser Beutegreifer sind, und
- anzunehmen, dass Tiere, die aus anderen Gründen gestorben sind, von Beutegreifern getötet wurden.

Denke daran, dass alles, was aus einer Annahme folgt, falsch sein könnte, und dass die erfolgreichsten Fährtenlesenden die meisten Fragen stellen.

An Rissstellen – und auch allen anderen Orten – gibt es mehr zu lesen, als ein Blick und ein Symbol vermitteln könnten. Wenn du Zeit hast, lass alles hinter dir und werde zu dem Ort. Nimm, was das Symbol dir gibt, lies das Zeichen und lausche dem Lied der Fährte. Werde das Raubtier – fühle den Hunger, die Schärfe deiner Sinne. Dann werde die Beute – wachsam und misstrauisch, getrieben von Hunger. Die beiden Kräfte treffen aufeinander, und du findest dich in einem sich entfaltenden Drama auf Leben und Tod wieder. Du bist jetzt ein Fährtenleser.

Nun geh zurück ...

... und besuche noch einmal die Rissstelle in Kapitel 7, »Ein Winterrätsel«. Vielleicht siehst du etwas, das du beim ersten Mal übersehen hast. Und sei auf der Hut, wenn es zu ruhig ist, um sich gut anzufühlen, sonst bist du vielleicht der Nächste, dessen Federn zu einem hübschen Kranz arrangiert werden.

Anhang 4

Verhalten in der Nähe von Bären

Als unser nächster Verwandter kann Bär uns viel über das Lesen von Menschenfährten beibringen, wie ich in Kapitel 15, »Menschen nachspüren auf Bärenart«, berichtete. Es ist für unser Training eine glückliche Fügung, dass Bär in der Nähe von so vielen von uns lebt und man ihm dicht folgen kann. Allerdings würde ich als Lehrer und Wildnismentor unverantwortlich handeln, wenn ich nicht erläutern würde, was er mir über die sichere Vorgehensweise diesbezüglich vermittelte. Wenn du dich nicht an diese Richtlinien und Warnungen hältst und kein angemessenes Training absolvierst, setzt du dein Leben aufs Spiel.

Aus Sicherhcitsgründen ist Schwarzbär die einzige nordamerikanische Bärenart, die du in Betracht ziehen solltest, wenn du lernen möchtest, Bär zu folgen. Beginne damit, etwas über seinen Charakter, seine Gewohnheiten und seinen bevorzugten Lebensraum zu lernen. Mit einem Verbreitungsgebiet, das über 50 Prozent des nordamerikanischen Kontinents abdeckt, kann man ihn zu jeder Zeit und jeder Jahreszeit sehen, besonders im Süden, wo Nahrung das ganze Jahr über verfügbar ist. Selbst im Norden wird ein Winterruhe haltender Bär an einem warmen Nachmittag der weißen Jahreszeit herauskommen, um sich zu strecken. Bären sind von der Mitte der grünen Jahreszeit bis zum ersten Schnee sehr aktiv, wenn sie alle Nahrung, die sie finden können, in sich hineinstopfen, um sich Winterspeck anzufuttern. Während dieser Zeit ist die Wahrscheinlichkeit für Waldwandernde hoch, einem Bären zu begegnen. Sie ist sogar noch größer, wenn die Bären während der Jagdsaison unruhig werden und wenn Jäger Hunde trainieren, indem sie sie Bären jagen lassen.

Das Erste, was ich gelernt habe, ist, dass vieles von dem, was allgemein über den Charakter von Bären geglaubt wird – vom väterlichen Smokey, dem Bären,* bis zum einfältigen Trampel – ein Mythos ist. Bär so zu kennen, wie er tatsächlich ist, ist wahrscheinlich das Beste, was wir tun können, um in seinem Reich vernünftig zu handeln und uns sicher zu bewegen.

Das vielleicht Wichtigste, was man über den Schwarzbären wissen muss, ist, dass er alles andere als halb blind und schwerfällig ist. Wenn er schlank ist, kann er etwa fünfzig Kilometer pro Stunde laufen und so schnell wie ein Eichhörnchen auf einen Baum hinaufflitzen. Seine breiten, gepolsterten Füße erlauben ihm, sich sehr leise zu bewegen, wenn er will. Sein Gehör ist zwar meiner Meinung nach nicht so gut wie das von Wolf oder Hirsch, aber besser als deines oder meines. Er ist nicht so kurzsichtig, wie viele denken; normalerweise kann er mich aus etwa neunzig Meter Entfernung sehen. Im Nahbereich verlässt er sich gleichermaßen auf sein Sehvermögen und seinen Geruchssinn. Allerdings ist Letzterer, anders als sein Sehvermögen, außergewöhnlich. Seine lange Schnauze deutet darauf hin – je länger die Schnauze eines Tieres ist, desto besser ist in der Regel sein Geruchssinn, weil es mehr Platz für Geruchssensoren gibt.

Was die Bedrohung für uns betrifft, blufft er fast ausschließlich. Wenn er zu lautem Schnauben und Zähneklacken übergeht, geschieht das eher aus Nervosität und Angst als aus Aggression. Selbst wenn er auf den Boden schlägt und in unsere Richtung stürmt, tut er nur so, als wolle er uns angreifen. Er sagt dir: »Geh weg«, weil er sich bedrängt fühlt. Denke daran, dass wir hier von Schwarzbären sprechen, nicht von deren Cousin, dem Grizzly. Mit ihm ist das eine ganz andere Sache – denke nicht einmal daran, diese Taktiken bei ihm anzuwenden.

---

* Anmerkung der Übersetzerin: Ein amerikanisches Maskottchen des U.S.-Forstdienstes, das helfen soll, Waldbrände zu vermeiden.

Und dann ist da noch der beliebteste Mythos – dass eine Bärenmutter jemanden angreift, der sich zwischen sie und eines ihrer Jungen stellt. Ganz gleich, was für eine Schau sie abzieht und wie laut ein Junges schreit, es ist höchst unwahrscheinlich, dass sie angreift. Um ihrer anderen Jungen willen wird sie sich nicht selbst in Gefahr bringen. Noch einmal: Wir sprechen hier von Schwarzbär, nicht Grizzly. Ich kenne Forschende, die selbst brüllende Jungtiere ohne Probleme handhaben, aber verstehe das bitte nicht so, als würde ich das empfehlen.

Gibt es also irgendetwas zu befürchten bei Schwarzbären? Oh ja. Stille! Fast alle tödlichen Angriffe auf Menschen erfolgten nicht durch bettelnde Bären auf dem Campingplatz, sondern durch echte Jäger, die sich lautlos an ihre Beute heranpirschten und sie angriffen. Bären sind Raubtiere. Merke dir: Sichtbar und mürrisch = sicher; leise und heimlich = gefährlich. Ich weiß, dass das nicht nur dem Allgemeinwissen widerspricht, sondern auch dem gesunden Menschenverstand. Dennoch, wenn wir im Land der Bären sicher sein wollen, müssen wir unsere falschen Vorstellungen aufgeben und auf das hören, was Bär uns sagt.

Sich tot zu stellen, wenn man angegriffen wird, ist ein weiterer schlechter Rat, der häufig gegeben wird. Tote Beute ist genau das, was ein Raubtier will. Warum sollte man also versuchen, wie eine verzehrfähige Mahlzeit auszusehen? Wenn du leben willst, musst du den Bären mit seinen eigenen Waffen schlagen. Steh auf und plustere dich auf. Knurre, tritt ihn, schlag ihn, prügle ihn mit einem Stock, haue ihn mit einem Stein – egal was, Hauptsache du zeigst, dass du größer und böser bist als er. Vor allem, LAUF NICHT WEG. Das ist ein Zeichen, das ein Raubtier als »Ich bin Beute, ich bin verletzlich, komm und hol mich« versteht. Es gibt nichts, was ein Raubtier mehr genießt als die Jagd.

Manche Leute denken, sie seien sicher, wenn sie auf einen Baum klettern. Wenn du nicht schneller bist als ein Eichhörnchen, würde ich es nicht versuchen. Du wirst den Bären nur in Versuchung bringen, direkt hinter dir her zu klettern. Trotzdem haben wir ihm gegenüber einen Vorteil. Er mag das intelligenteste vierbeinige Raubtier sein, aber die meisten Menschen sind schlauer. Wenn wir wie ein Bär denken, sollten wir in der Lage sein, diesen Meister des Bluffens zu überlisten und sogar an die Wand zu spielen.

Bärs Gewohnheiten können von Region zu Region variieren. Frage eine erfahrene Fährtenleserin oder einen Förster nach den örtlichen Wander- und Campingrichtlinien.

Anhang 5
Sicherheitstipps für Pumagebiete

Wie bei Schwarzbär (s. Anhang 4) empfehle ich dringend, dass sich alle, die sich in ein Pumagebiet wagen, zuvor sehr gut über die Sicherheitsrichtlinien informieren. Obwohl es nachlässig von mir wäre, das Thema nicht zu behandeln, und obwohl Angriffe von Pumas auf Menschen in den letzten Jahren eskaliert sind, möchte ich die Dinge ins rechte Licht rücken, indem ich darauf hinweise, dass die Angelegenheit durch den Medienrummel unverhältnismäßig aufgebauscht wird. Durch Pumas verursachte Todesfälle belaufen sich im Durchschnitt auf einen pro Jahr, und es taucht überall in den Nachrichten auf. Gleichzeitig hat man Glück, wenn man auch nur irgendetwas von den etwa fünfundzwanzig Leuten hört, die von Hunden getötet wurden, den hundert durch Bienen zu Tode Gekommenen oder die noch höhere Zahl an Menschen, die durch Hirsche starben. Diese viel gefährlicheren, aber beliebten Tiere machen einfach keine gute Presse.

Puma hat sich von den Bergstaaten Richtung Osten ausgebreitet, um sein früheres Verbreitungsgebiet wieder zu besiedeln, das die gesamten unteren achtundvierzig Staaten der USA umfasst. In den letzten fünfzehn Jahren gab es bestätigte Sichtungen in den meisten Staaten östlich der Rocky Mountains.

Doch nur wenige Menschen habe das Glück, einen Puma zu sehen, was das Kennenlernen nicht viel einfacher macht als einen Yeti kennenzulernen. Ich lebe direkt im Epizentrum der Sichtungen in Wisconsin und habe bisher nur Zeichen entdeckt. Pumas sind viel schwerer auszumachen als andere Beutegreifer ähnlicher Größe, wie zum Beispiel Wölfe, weil sie … nun ja … katzenartig sind.

In Kapitel 16, »Der Bote«, hast du gelesen, wie schwer es sein kann, auch nur ihre Spuren zu finden. Sie sind einzelgängerische, nachtaktive Tiere, die sich in dichter Vegetation aufhalten, einziehbare Krallen besitzen, fast nie rennen und ihren Kot vergraben, sodass sie kaum Spuren ihrer Anwesenheit hinterlassen. Es sei denn, man stößt auf eine ihrer Rissstellen, wie unser angestellter Schreiner Mark.

Warum also der Anstieg der Angriffe auf Menschen? Ich stellte diese Frage Puma-Experten aller Art, von Don Myers, der seit 1948 lebende Tiere für Zoos fängt, bis zu Interessengruppen wie die Mountain Lion Foundation, und fand zwei vorherrschende Theorien:

- Da Pumas in den meisten westlichen Staaten geschützt sind, zwingt die wieder ansteigende Population junge Männchen größere Entfernungen zurückzulegen, um eine freies Revier zu finden. (Wie bei Bär und Hirsch bleiben weibliche Pumas in der Nähe ihrer Mütter.)
- Sie waren schon immer da, und wir dringen in ihr Territorium ein. Dies wird dadurch verschärft, dass wir begonnen haben, wilde Tiere zu füttern, was Raubtiere anlockt.

Der Medienrummel um die Angriffe heizt die Anti-Pumahysterie an. Doch mit gesundem Menschenverstand und etwas Verständnis für die Lebensweise von Puma können wir friedlich koexistieren. Hier sind einige Tipps, die ich von Puma-Experten aus der Forschung und meiner Erfahrung mit Wölfen und anderen Raubtieren erhalten habe, um unseren goldbraunen Bruder zu ehren:

Draußen in freier Wildbahn

- Halte dein Camp sauber.
- Halte dich von toten Hirschen oder Elchen fern, besonders,

wenn sie frisch oder mit Bodenstreu/Schnee bedeckt sind – Pumas verteidigen ihre Beute. (Als wir die Rissstelle in der Nähe unseres Camps begutachteten, nahmen wir die Lernenden als Gruppe mit.)

- Campiere oder wandere mit einem Freund – niemals allein.
- Behalte Kinder in der Nähe.

In Wohngebieten

- Füttere Haustiere nicht draußen und behalte sie über Nacht drinnen.
- Füttere keine Wildtiere, besonders keine Hirsche.
- Geh nicht alleine joggen – Jogger sind nach Kindern die zweithäufigsten Opfer von Angriffen.
- Lass Kinder in Gruppen spielen und behalte sie ab der Dämmerung drinnen.

Wenn du einen Puma triffst

- Bleib stehen – nicht rennen.
- Nimm Kinder auf den Arm. Ihre unberechenbaren Bewegungen, ihre schrillen Stimmen und ihre Tendenz davonzulaufen rufen »Beute!«
- Gehe nicht näher heran, besonders wenn er frisst oder Jungtiere dabei hat, die bereits im Alter von acht Wochen an einer Rissstelle auftauchen können.
- Lass ihm einen Fluchtweg offen.
- Geh langsam rückwärts.

Wenn der Puma aggressiv ist

- Halte Augenkontakt und bleibe dem Puma zugewandt.
- Stehe aufrecht, mache dich größer – öffne deine Jacke, Arme hoch, halte Äste
- Wedle mit den Armen, rufe, wirf Steine, Stöcke – überzeuge den Puma, dass du eine Bedrohung bist und keine Beute.

Wenn du angegriffen wirst

- Bleibe auf den Füßen.
- Kämpfe aggressiv – ziele auf die Augen, stoße ihm deine Faust in den Hals.
- Schütze deinen Hals.

Ein Zoowärter gab mir folgenden Rat: »Stell dich mit dem Rücken an einen Baum. Damit siehst du größer aus und er kann dir nicht auf den Rücken springen – seine bevorzugte Angriffsmethode.«

Und vor allem, benutze deinen gesunden Menschenverstand. Einer meiner Lernenden erzählte mir von seinem Schwager, der auf einen Puma zuging, den er in einem Busch versteckt sah. Glücklicherweise wurde der Mann nicht verletzt. Gleichzeitig verlieh er der Aussage eines Wildtierpflegers zusätzliche Glaubwürdigkeit. Der Pfleger sagte mir einmal: »Tiere sind intelligenter als wir, weil sie nichts zu beweisen haben.«

Glossar

Ungewöhnliche und für das Fährtenlesen spezifische Begriffe aus dem Text werden hier erläutert.

Ahnenerinnerungen	Die Gebräuche und Verhaltensweisen unserer entfernten Vorfahren, die sich als so wichtig für ihr Überleben und ihre Lebensqualität erwiesen, dass sie genetisch selektiert und an die Nachkommen weitergegeben wurden. Auch bekannt als *genetisches Gedächtnis*.
Alter Weg	Die Lebensweise und Praktiken, die indigenen Jäger-Sammler-Völkern aller Ethnien und geografischen Regionen gemein sind. Auch bekannt als *Weg der Ahnen* oder traditionelle, indigene, ursprüngliche bzw. primitive Lebensweise.
Beschatten	Siehe **Schattenwerden**.
Brombeer-Mondin	Etwa August. Siehe **Mondin**.
Clanerinnerungen	Die gesammelten Erfahrungen und Lehren einer Gruppe, die von Generation zu Generation weitergegeben werden, meistens von den Ältesten durch Geschichten und Beispiele.
Clanwissen	Die kollektive Intelligenz einer Gruppe, die sich zeigt, wenn Einzelpersonen ihre Fähigkeiten, ihre Erinnerungen und ihr Denkvermögen vereinen. Es ermöglicht der Gruppe, besser zu funktionieren als jedes einzelne Mitglied.
Donnerwesen	Große, adlerähnliche Vögel aus den Überlieferungen amerikanischer Indianer, die über den Wolken leben und für ihre Fähigkeit respektiert werden, das Wetter zu beeinflussen und insbesondere Donner, Blitz und Regen zu verursachen.
Ego	Der Aspekt der Persönlichkeit, der Selbstbewusstsein und eine individuelle Identität hervorbringt. Die Dominanz des Egos kann die Entwicklung der Beziehung zwischen Fährtenlesenden und jenen, deren Fährten gelesen werden, behindern.
Einssein	Ein Seinszustand, in dem man sowohl tief entspannt also auch sensibel auf die Umgebung eingestimmt ist. Für die meisten in sich selbst ruhenden Wesen der Normalzustand.

Erdbeer-Mondin	Etwa Juni. Siehe Mondin.
Geist-Fährtenleser	Eine Person, die das **Lied der Fährte** hören kann (siehe Definition).
Gestaltwandeln	Sich in eine andere Lebensform verwandeln.
Gleichgewicht	Der Zustand natürlicher Ordnung und des harmonischen Funktionierens eines Organismus oder Systems.
Grüne Jahreszeit	Sommer. Viele Indigene im Norden meiner Gegend kennen traditionell nur zwei Jahreszeiten, die grüne Jahreszeit und die weiße Jahreszeit (Winter). Frühling und Herbst sind Übergangszeiten zwischen den beiden Hauptjahreszeiten.
Indigen/Indigene	Pflanzen oder Tiere, die ein natürliches Leben in ihrem natürlichen Habitat leben. Wird auch für **Jäger-Sammler** verwendet.
Jäger-Sammler	Siehe **Indigene**.
Jahreszeitenzyklus	Ein Jahr.
Kreis des Lebens	Die Wechselbeziehungen zwischen Pflanzen, Tieren und geographischen Merkmalen eines Gebietes. Die unmittelbare ökologische Unterstützungsgemeinschaft eines Bewohners. Indigene leben nach der Prämisse, dass alle ihre Bedürfnisse, seien sie physischer, beziehungsmäßiger oder spiritueller Natur, innerhalb ihres Lebenskreises, d. h. in Gehweite erfüllt werden können.
Lehrender Weg	Der Weg zu Entdeckung und Wissen, den man findet, wenn man die ausgetretenen Pfade verlässt oder gezwungen wird, sie zu verlassen.
Lied der Fährte	Die größere Stimme, die einen Fährtenleser leitet; setzt sich zusammen aus primären Zeichen (Trittsiegel, Kot, Fell, Kratzspuren, Fraßspuren), sekundären Zeichen (auch *Umweltabdruck* genannt: veränderte Verhaltensmuster, beschädigte Spinnennetze und Vegetation), unsichtbaren Zeichen (die veränderten Rufe anderer Tiere), die **Schattenstimme** (siehe Definition), **Ahnenerinnerungen** (siehe Definition), intuitiver und instinktiver Führung, Vorwissen und Erfahrung sowie ständigem Hinterfragen.

Mondin	Die indigene Entsprechung eines Kalendermonats. Umfasst einen vollen neunundzwanzigtägigen Mondzyklus, der normalerweise von Neumondin zu Neumondin gerechnet wird. Gewöhnlich nach einem bedeutenden Ereignis während der Mondin benannt, was in der Region des Lake Superior z. B. die Beerenernte (Blaubeer-Mondin, etwa Juli) oder ein Wechsel der Jahreszeiten (Mondin der fallenden Blätter, etwa Oktober) sein kann. Im Deutschen verwenden wir in Tamaracks Büchern die weibliche Form (Mondin), da er sich – wie bei den Indigenen seiner Gegend sowie vielen anderen Sprachen unserer Zeit üblich – auf die Mondin als weiblich bezieht.
Mondin der Schneeschmelze	Etwa April. Siehe **Mondin**.
Mondin der sprossenden Blätter	Etwa Mai. Siehe **Mondin**.
Mondin, die Schneeschuhe bricht	Etwa März. Siehe **Mondin**.
Natürlich	Einer Art oder einem System innewohnend.
Schatten-Fährtenlesen	Jemanden beschatten (siehe **Schattenwerden**), ohne dass er anwesend ist, indem man dem **Lied der Fährte** (siehe Definition) lauscht.
Schattenstimme	Die verweilenden Nachwirkungen des Rufs eines Tieres.
Schattenwerden	Jemandem folgen und dessen Spiegelbild werden, indem man sich bewegt, denkt und fühlt wie dieses Wesen. Auch »beschatten« genannt.
Schwitzhütte	Eine kleine, kuppelförmige Struktur, die mit den Stämmen junger Bäume gebildet und mit Planen, Häuten, Rinde oder anderem Material bedeckt wird. Sie ist indianischen Ursprungs (Nordamerika) und wird für saunaähnliche Dampfbäder verwendet, die weltlicher, zeremonieller oder heilender Natur sein können.
Sich-etwas-vorstellen	Gedanklich ein Szenario erschaffen, um dessen Eigenschaften oder Ausgang zu erkunden, ohne es direkt beobachten, erleben oder dessen Zeichen lesen zu müssen.
Sonnenrichtung	Von Osten nach Westen; in einem Kreis von Osten über Süden nach Westen nach Norden; im Uhrzeigersinn.

Spurbreite	Die durchschnittliche Breite des Gangbildes eines Tieres, gemessen von der Mitte des rechten Fußabdrucks zur Mitte des linken. Die Mitte wird ermittelt, indem man eine Linie in Laufrichtung mittig durch den Abdruck legt.
Schrittlänge	Die durchschnittliche Länge eines einzelnen Schrittes. Vom rechten zum linken Fuß, von Zehen zu Zehen oder Ferse zu Ferse gemessen, je nachdem, was sich am deutlichsten abzeichnet.
Tiefstes Inneres (heart of hearts)	Das Zentrum des eigenen Wesens und der Sitz des persönlichen **Gleichgewichts** (siehe Definition), wo Gefühle, Intuition, Ahnenerinnerungen, die Sinne und mentale Beiträge zusammenkommen, um Perspektive und Anleitung zu geben.
Umschlag	Eine Situation, in der es zwei gleichzeitig stattfindende Ereignisse gibt, von denen das eine nicht sichtbar ist, weil es vom anderen umschlossen oder anderweitig verdeckt wird.
Verwandte/ Verwandtschaft	Alle Pflanzen und Tiere, die im eigenen **Kreis des Lebens** (siehe Definition) leben.
Weiße Jahreszeit	Winter. Siehe **grüne Jahreszeit**.
Werden	Eine andere Identität annehmen, um aus erster Hand intime Kenntnisse der Gefühle, Gedanken, Motivationen und Umstände des entsprechenden Wesens zu erlangen.
Wolfsgang	Eine Methode der Gruppenwanderung, bei der eine Anführerin einen Weg bahnt und die anderen in ihren Fußstapfen folgen. Die Anführerin lässt sich zurückfallen, wenn sie müde wird, und wird durch einen neuen Anführer ersetzt. Wird verwendet, um in tiefem Schnee Energie zu sparen, Störungen in ökologisch sensiblen Gebieten zu minimieren und die Anzahl Personen in einer Gruppe zu verschleiern.

Danksagung

Wenn ich Fährten lese, bin ich ein Beobachter. Das Tier, dessen Fährte ich lese, bestimmt, wo es langgeht. Sie neckt und verblüfft mich, während ich versuche, sie zu erreichen. Sie ist die Kluge – diejenige, vor der ich mich in Demut üben und die ich genau kennen muss, wenn ich auch nur die geringste Chance haben will, sie zu überlisten. Ohne mich geht ihr Leben seinen gewohnten Gang. Ohne sie bin ich ein Fährtenleser ohne eine Fährte, der ich folgen kann. Als meine Lehrerin hat sie meinen Respekt und meine Bewunderung gewonnen, indem sie ihre tiefgreifende Intelligenz eindrucksvoll unter Beweis stellte. Als Quelle und Inspiration für so vieles, das ich über Fährtenlesen weiß, gebührt ihr meine tiefste Dankbarkeit.

Wie du bin ich ein geborener Fährtenleser. Und doch musste ich die Sprache der Fährte lernen. Die Unterweisung durch indigene Völker, insbesondere durch die Ojibwe meiner Gegend, war von unschätzbarem Wert, ebenso wie die Unterstützung durch die australischen Gandangara-Aborigines-Ältesten. Möge ich ihre großzügige Art nie vergessen.

Obwohl ich weiß, dass meine Wahrnehmung nicht auf das beschränkt ist, was ich allein beobachte, bin ich immer noch begeistert davon, wie meine Welt sich erweitert, wenn ich eng mit Menschen zusammenarbeite, die Fährtenlesen lernen. Je mehr ich in der Lage bin, durch ihre Augen zu sehen, desto mehr Perspektiven gewinne ich und desto besser werde ich als Fährtenleser. Ihre Abenteuer ermöglichen es mir, vergessene Lektionen und verpasste Lernmöglichkeiten wieder aufzugreifen. Die entscheidende Rolle, die diese Lernenden bei meinem Erwachen spielen, macht meine Geschichte auch zu ihrer.

Es heißt, das Schreiben sei eine Einzelbeschäftigung, doch

habe ich festgestellt, dass es andere braucht, die für Unterstützung und eine ruhige Umgebung sorgen. Ich bin mit einem großartigen Team gesegnet, das mir beides gewährt und zu meiner erweiterten Familie geworden ist: Susan Bean, Evan Cestari, Bärbel Ehrig, Marcus Gardner, Stephanie und Justin Lowthorp, Stephanie und Sam Ross, Carl Rounds, Rachel Sems und April Winchell sowie frühere Teammitglieder und Ehrenamtliche. Besondere Anerkennung für Forschung und Feldstudien gebührt meinem langjährigen Assistenten Chris Bean sowie den Teammitgliedern Matt Nelson, Tim Nelson und Thomas Seibold. Ich bin den Spendenden, die mein Schreiben und meine Forschung durch die *Old Way Foundation* unterstützen, überaus dankbar.

Auch wenn eine Geschichte scheinbar mühelos fließt, ist das Geschichtenerzählen eine anspruchsvolle Fertigkeit. Die Geschichte selbst ist zwar wichtig, aber die Fähigkeit des Erzählenden, präsent zu sein und zu begeistern, ist weitaus wichtiger. Meine vielseitig begabte Chefredakteurin Jessica Leah Moss arbeitete während des gesamten Projektes mit mir zusammen und scheute nie davor zurück, das Beste aus mir herauszulocken. Die Lektorin Margaret Traylor, selbst eine begnadete Geschichtenerzählerin, hat maßgeblich dazu beigetragen, dass dieses Buch den Reiz einer live erzählten Geschichte einfängt. Mein Dank geht an die Praktikumskräfte Laura Ofstad, Rachel MacFarland und Matthew Neall, sowie an die Lesenden Tim Cronin, Stacey Ginsburg, Natalie Morse-Noland, Claire Shefchik, Robin Sneed, Luke Somers und andere, die zu zahlreich sind, um sie alle hier zu nennen, für ihre Beiträge. Ihre Einsichten halfen uns, blinde Flecken zu finden und raue Kanten zu glätten. Die endgültige Form des Buchs, mit ihrem ausgewogenen Verhältnis von Erzählung und Technischem, ist der visionären Gabe meiner Agentin Rita Rosenkranz zu verdanken. Vom Titel über die Umschlaggestaltung bis zum Layout ist die ansprechende Aufmachung der Verdienst des Kreativteams von Inner Traditions – Bear & Company*. Die leitende Redakteurin Jeanie Levitan, die Redakteurin für Sonderprojekte und die Redakteurin Mindy Branstetter haben sich dieses Projektes angenommen, als sei es ihr eigenes, und dazu beigetragen, meine Träume für dieses Buch zu verwirklichen. Und dann gibt es da noch dich, und mich, die wir jeder hier genannten Person ein dankbares Nicken schulden, denn es waren sie alle zusammen, die dir ein gut ausgearbeitetes Buch bescherten und mich als Autor ziemlich gut aussehen lassen.

Die Gesten und Betonungen, die dazu beitragen, eine Erzählung lebendig werden zu lassen, gehen verloren, wenn eine Geschichte niedergeschrieben wird. Ich sah eine Möglichkeit, sie zurückzubringen, in der Illustration auf einer Grußkarte, auf die ich stieß. Leider war die einzige angegebene Kontaktinformation *Webster.* Es brauchte mehr Hartnäckigkeit als Fährtenlesefertigkeit, um den Künstler ausfindig zu machen. Zu meiner Freude war er nicht nur daran interessiert, *Den Geheimnissen der Natur auf der Spur* zu illustrieren, es war auch ein Vergnügen, mit ihm zu arbeiten. Dank Mark Webster und seinen klassischen Tusche-Feldskizzen besitzt diese Geschichte etwas von der Lebendigkeit einer Live-Erzählung.

Eine Person ragt besonders heraus, weil sie an der Entstehung dieses Buches in allen Aspekten besonders beteiligt war. Meine Gefährtin und regelmäßige Begleiterin beim Fährtenlesen, Lety Seibel, übertrug den größten Teil des Textes von Live-Aufnahmen und setzte ihre Talente überall dort ein, wo sie gebraucht wurden. Ihre leidenschaftliche Präsenz ist auf jeder Seite zu spüren.

Übersetzen ist nicht nur ein Handwerk, sondern auch eine Kunst. Es genügt nicht, einfach nur die Worte zu übersetzen, den Sprachstil des Autors zu treffen und – in meinem Fall – kreative

---

* Bezieht sich auf die amerikanische Originalausgabe.

Lösungen für meine ungewöhnliche Verwendung von (teilweise erfundenen) Wörtern und Grammatik zu finden. Ohne Sensibilität für die Seele des Buches und das, was zwischen den Zeilen steht, kann eine Übersetzung nicht das vermitteln, was das Original ausdrückt. Kai Petra Stich hat es mit ihrer Übersetzung nicht nur geschafft, all dies umzusetzen; ich bin auch immer wieder begeistert davon, mit wieviel Herz, Integrität und Einsatz sie an die Arbeit geht.

Wenn sich gelegentlich einige Worte partout nicht übersetzen lassen wollten, wurde Kai Petra vom Rest »meines« Übersetzungsteams unterstützt. Dabei verdienen Elisabeth Demeter und Jenni Schulte hier besondere Erwähnung für ihre unermüdliche Unterstützung, die weit über das Übliche hinaus ging. Dr. Rolf Stich las die erste Fassung der Übersetzung Korrektur und half mit wertvoller Rückmeldung. Annerose Sieck vom Redaktionsbüro Annerose Sieck gab der Übersetzung mit ihrem Lektorat weiteren Feinschliff.

Ein besonderer Dank geht an die deutsche Verlegerin, Annette Wagner, vom Crotona Verlag. Ohne ihr wunderbares Engagement und ihre Bereitschaft, uns in vielerlei Hinsicht zu unterstützen, wäre die deutsche Ausgabe in dieser Form nicht möglich gewesen. Es war wirklich ein Vergnügen, mit ihr zu arbeiten, und sie hatte immer ein offenes Ohr für unsere Wünsche und Fragen.

Ich möchte auch Dr. Manfred Böhme meine Anerkennung aussprechen. Angeregt durch seinen Sohn, der den Inhalt dieses Buches dem deutschsprachigen Publikum zugänglich machen wollte, hatte er es sich zur Aufgabe gemacht, eine Übersetzung des Buches anzufertigen. Diese stellte er mir nur wenige Tage, nachdem wir unsere eigene deutsche Fassung an den Verlag geschickt hatten, zur Verfügung. Ich bin zutiefst berührt von diesem einzigartigen Beitrag, der sowohl die Seele des Buches als auch den Grund für seine Übersetzung verkörpert.

Über den Autor

Tamarack Song wuchs mit Wäldern, Feldern und Sümpfen als Hinterhof auf, war meist schon vor dem Frühstück aus der Tür und bekam oft Ärger, wenn er erst lange nach dem Abendessen zurückkehrte. Jedes Mal dachte er, er hätte eine gute Ausrede: Ein neu entdeckter Teich musste erforscht werden, Nüsse oder Beeren, die gesammelt werden mussten, eine faszinierende Wachtelschar wollte ihn nicht gehen lassen oder ein neues Camp brauchte nur noch ein bisschen mehr Arbeit. Und dann war da noch das nie enden wollende Problem mit verspäteten Hausaufgaben – es sei denn, es handelte sich um Naturkunst oder einen Bericht über Natur.

Während er aufwuchs, plagte ihn eine große Angst – erwachsen zu werden. Die meisten Kinder, die älter waren als er, waren zu sehr mit der modernen Welt beschäftigt, um mit Vögeln zu sprechen oder der Fährte eines Tieres zu folgen. Das trieb ihn immer tiefer in die natürliche Welt hinein. Und dann, eines Tages, stellte ihn sein Vater einem Ältesten der Menominee-Indianer vor, der mit ihm in der gleichen wortlosen Sprache kommunizierte, wie Tamarack mit den Tieren und Pflanzen. In diesem Moment erkannte er, dass älter zu werden, nicht bedeutete, seine wilde Seite aufgeben zu müssen.

Zu den Erfahrungen, die Tamarack zu dem gemacht haben, der er heute ist, gehören die Jahre, in denen er allein in den Wäldern lebte, sowie die Zeit, in der er mit einem Rudel halb wilder Wölfe zusammenlebte. Er verbrachte sein Leben damit, die indigenen Völker der Erde zu studieren, bei Ältesten in die Lehre zu gehen und deren Überlebensfertigkeiten zu erlernen. Von besonderem Interesse sind für ihn die Sprache und die kulturellen Traditionen der Ojibwe der Großen Seen, zu denen er enge Beziehungen unterhält.

Bis heute steht fast alles, was Tamarack tut, im Zusammenhang mit der Lebensweise der Jäger und Sammler. Er hat es sich zur Aufgabe gemacht, anwendbares Wissen über die Praktiken dieser Lebensweise für die kommenden Generationen zu bewahren.

Mehr über Tamarack, die *Teaching Drum Outdoor School* (die Wildnisschule, die er gegründet hat) und seine Zeit mit Wölfen erfährst du unter

www.tamaracksong.org
www.teachingdrum.org
www.brotherwolffoundation.org

ERFAHRE MEHR ÜBER DIE ARBEIT VON TAMARACK SONG AUF DIESEN WEBSEITEN:

BROTHER WOLF FOUNDATION

Seit 1972 eine Stimme für:
***Erneuerung** der uralten Beziehung zwischen Mensch und Wolf und*
***Schaffung** einer sicheren Umgebung, in der Wölfe frei leben können.*
www.brotherwolffoundation.org

HEALING NATURE CENTER

Wo hoch aufragende Kiefern und die flüsternde Brise
Körper, Geist und Seele beleben und
Schmerz, Stress und Kummer lösen und
die Beziehung mit allem Leben erneuern.
www.healingnaturecenter.org

TEACHING DRUM OUTDOOR SCHOOL

Wo Wildnis der Klassenraum,
Uralte Stimmen die Lehrer,
Selbsterkenntnis und Gleichgewicht das Ziel.
www.teachingdrum.org

SNOW WOLF PUBLISHING

Gestaltung qualitativ hochwertiger Bücher, die helfen, uns zu erinnern, was es bedeutet, Mensch zu sein, unsere ursprüngliche Gesundheit wiederherzustellen und die Welt der Natur wiederzuentdecken.
www.snowwolfpublishing.org

Index

A

Aal 322
Accipiter 326
Adlergeist 215
Ahnen, siehe auch Vorfahren 55, 259
Al (Lernender) 137
Amber (Lernende) 210
Ameise 73, 78
Angst 258, 267
Anleitung durch ein Team 297
Antilope 285
Antoine (Lernender) 155, 230
Artenschutzgesetz 268, 269
Augen, die leuchten 154
Ausbildende im Fährtenlesen, Informationen für 297
ausdehnen 197, 198
Ausfall, auch Blackout 58

B

Backtracking 96, 305
Bär 25, 62, 73, 241, 265, 347
Baue 327
Baumstachelschwein 25, 194, 195, 333
Baumstumpf 71, 77
Behörden für Wildtiere 268
Bewusstheit 107, 151, 200
Bewusstsein 64, 150, 194
Beziehung 168
Beziehungen 58, 105, 168, 218, 304
Biber 25, 110, 265, 333
Bisamratte 333
Blechbüchse (Kanu) 215
Brombeer-Mondin 61, 261
Buteo 326, 327

C

Clanwissen 64, 73
Co-Abhängigkeit 106
Coup 119

D

Dachs 78, 164, 328, 329
Delfin 114
Deshum Nashak 26, 28, 37, 38
Dingo 103, 108
DNA-Tests 269
Domestikation 107
Donnerwesen 110
Dreierregel 128
Dürre 110

E

Ego 28, 143, 152, 197, 239, 256
Ehrlichkeit 27
Eichhörnchen 62, 333, 337
Einssein 118
Elch 265, 336

Elritzen 111
Entdeckens, Freude des 96, 133, 174
Erdbeer-Mondin 116

F

Fährte des Fluges 229
Falke 230, 326, 327
Federnlesen 132, 140, 305, 342
Fische 53, 110, 113
Fischermarder 146
Flecken 344
Fliege 123
Fragen 70, 81, 164, 283, 298, 301, 303
Fraßspuren 330
Freddy Kenbridge 274, 287
Frosch 53
Fuchs, siehe auch
  Spurenerkennung
  Hundeartige 25, 44, 57, 99, 329

G

Gegenwart 83, 84, 193, 194, 243, 244
Geier 257
Geister 183
Geist-Fährtenlesende 228
genetisches Gedächtnis 321
Gepard 285
Geruch 49, 257
gewinnen 163
Gleichgewicht 39, 88, 184, 193, 194, 197
grasiger Fluss 116
Greg (Lernender) 61
Greifvögel 231, 322
Grizzly 252, 348, 349

H

Häher 62
Hanteln 334
heilige Geometrie 320
Herzen 340
Himmel 215
Hinweise 83
Hirsch 25, 62, 155, 255, 265, 285, 330, 331, 334, 335, 336
Hirschmaus 333, 339
Hollywood-Einfluss 255, 256
Holzfäller 186, 193, 267
hören 52, 205, 303
Humor 81
Hund, siehe auch
  Spurenerkennung
  Hundeartige 30, 39, 91, 251, 277, 285, 308, 340
Hunger 23, 126, 290, 345
Hütte, auch Blockhütte 193
Hybridisierung 309, 312

I

Illusionen 181
Indigene 249
Ingrid (Lernende) 283, 285, 286
Intuition 29, 97, 128, 152, 153, 182, 195, 201, 256, 275

J

Jacobs (Lernender) 196
Jagd 66, 67, 125, 254, 267
Justin (Lernender) 94, 137, 141, 142, 150, 275, 276

K

Kaninchen 337
Kardinal 209
Katze 39, 256, 263, 284, 340
Kaulquappen 53, 110, 111, 113
Kinder 250, 255
Kip (Lernender) 196, 210, 275, 283, 284
Kitfuchs 308
Klang 206, 305
Kleckse 344, 345
Kojote, siehe auch Spurenerkennung Hundeartige 99, 137, 148, 149, 165, 336
Kot und Skatologie 34, 85, 138, 143, 275, 285, 304
Kratzspur 277, 287, 293
Kreis des Lebens 126, 152, 209, 265, 278
Kreise 340
Kröte 53
!Kung San 248

L

Larry (Nachbar) 220
Laubfrosch 56
Lauerjagd, auch Jagd aus dem Hinterhalt, Ansitzjagd 285
Leben 124
lehrender Weg 24, 127
Lehrkräfte, Informationen für 297
Leidenschaft 46
Leopard 114
Leopold, Aldo 39
Lernen 297
Lied der Fährte 43, 56, 57, 106, 142, 152, 174, 176, 186, 302
Liegeplätze 328
Löwe 281
Loyalität 105
Luchs 295

M

Mantracking 249
Marder 146, 148
Mark (Schreiner) 279, 283
Maus 333, 337
Mäuse 78
Menschen-Fährtenlesen 241
messen 294
Mike (Lernender) 242, 258, 259
Mischlinge. Siehe Hybridisierung
Mishibizhiw 278
Misserfolg 23, 125
Mitgefühl 114
Mondin der fallenden Blätter 162
Mondin der sprossenden Blätter 56

Mondin, die Schneeschuhe bricht 44
Monique (Lernende) 284, 286
Multitasking 112
Muskellunge 262
Myers, Don 352

N

Naturvermittelnde 74, 297
Nerz 56, 111, 112, 147
Netz-Fährtenlesen 126
Nez, Bryan 14
Nickerchen 257

Nördlicher Rocky-Mountain-Wolf 308

O

Ojibwe, Volk der 36, 247, 252, 261, 278
Ökoton. Siehe Saumbiotop
Östlicher Kojote 308

P

Pam (Lernende) 127
Pavian 114
Pfad-Etikette 75
Phil (Lernender) 230
Piktogramme 323, 325
Pirsch 303, 304
Polarbär, auch Eisbär 253
Puma, auch Berglöwe 36, 261, 342, 351
Punkte 344, 345

R

Rabe 62, 63, 224, 242, 243, 265
Randeffekt 77, 286
Raufußhuhn 39, 265
Regenpfeifer 112
Respekt 143
Rick (Assistent) 163, 173, 179, 273, 286, 287, 288, 289, 290
Rissstellen 140, 257, 279, 342
Rotfuchs 308, 329
Rothörnchen 25, 337
Rotluchs 149, 165, 169, 288, 294, 340
Rotwolf 308
Rotzahnspitzmäuse 337

S

Saftlecker (Specht) 92
Salamander 53
Sattel 334
Saugkarpfen 262
Saumbiotop 76
Schatten 322, 326
Schatten-Fährtenlesen, siehe auch Bär, Flugspur 235, 243, 253, 305
Schattenstimme 209
Schildkröte 25, 115
Schlange 322
Schlieren 344, 345
Schnappschildkröte 25, 115
Schnee 333
Schneeschuhhase 333, 338

Schrittlänge 45, 294, 295, 309, 321
Schutz 157
Schwalbe 36
Schwarzbär. Siehe Bär
schweigen 85
Scott (Lernender) 283
Sechsecke 340
Seibel, Lety 261, 270, 272, 277, 280, 282
Seide 129
Selbstvertrauen 30
Sicherheit 347, 351
sich etwas vorstellen 72, 73, 95, 181, 212, 213, 254, 300, 303, 304, 305
Signaltiere 62
Silberwolf (Simbut) 26
Silhouetten 231, 326
Sinne 303
Skatologie. Siehe Kot und Skatologie
Sonnenrichtung 141, 280
Spezialisierung 203, 264
Spiel 29
spielen 28
Spinne 39, 122
Spinnweben 129, 130
Sprung (Jagd) 281
Spurbilder 334
Spurbreite 45, 100, 101, 294, 321, 339
Spurenerkennung Hundeartige 307, 340
Spuren in Spuren 86, 172
Stefan (Lernender) 122
Steve (Freund) 216
Stille 349
Stimulanzien 152
Stör 36
Suggestion, Macht der 262
Swiftfuchs 308
Symbole 319

T

Tammy (Lernende) 176
Tarnung 246
Teaching Drum Outdoor School 40
tiefstes Inneres 84, 201, 244, 256
Timberwolf 308
Tod 88, 114, 120, 124
Trance-Zustand 55
Trapeze 336
Tropflinien 344, 345
Trophäenjagd 66

U

Umschlag 77, 84, 86
unauffällige Präsenz 125
unsichtbare Fährte 174
Unsichtbarkeit 125, 246, 303, 304
urbane Menschen 249, 255
Urin 34, 46, 49, 50, 107, 138, 277, 292, 293
Urinologie 138

V

Vanderzen, Karl 278
Vergangenheit 83, 194, 195
verlieren 163
Vermischung. Siehe Hybridisierung
Verstand, Fährtenlesen 15, 153
Verwandte 278, 281
Verwirrung 303
Vogel 132, 230
Vorfahren, siehe auch Ahnen 184

W

Wahrheit 182
Wald 60, 161, 183
Waldfrosch 53
Wapiti 265, 267
Waschbär 25, 58, 111
Wasser 215, 246, 247
Wasserwanze 111, 113
Weg der Ehre 80
Weißwedelhirsch 25
Werden 69, 71, 301, 303, 304, 305
Westlicher Kojote 308
Widersprüche 91
Wiesel 147
Wissen 70
Wolf-Hund-Mischlinge 102
Wolfie 26
Wolfsgang 282
Wolf, siehe auch Spurenerkennung Hundeartige 20, 99, 251, 265
Wolfsspinne 123

Z

Zeit 243, 304
Ziege 255, 331, 332
Zugang 200
zuhören 17, 142, 143
Zukunft 83, 84, 194

Tamarack Song
Werde eins mit der Natur
Lerne die Sprache der Tiere und Pflanzen

Für die Menschen des Westens ist der Zugang zu den Geheimnissen der Natur mit dem Aufkommen der modernen Naturwissenschaft weitgehend verloren gegangen. Alles wird gemessen und untersucht, um auf seinen »Nutzen« überprüft zu werden. Die Idee von Schöpfung oder gar von einer alles durchdringenden Weltseele ist völlig in den Hintergrund getreten. Glücklicherweise gibt es immer noch »Eingeweihte der Natur«, die in Gestalt von Schamanen oder Medizinmännern hinter den Vorhang der Dinge schauen. Wer das wirkliche LEBEN erfassen will, muss zuerst einmal verstehen, was in den nicht-menschlichen Reichen vor sich geht, von denen der Mensch in Wahrheit nicht getrennt ist.
Tamarack Song nimmt diejenigen, die sich für seine Lehren öffnen, mit auf eine Reise in die wunderbare Welt der Tiere und Pflanzen und öffnet so Zugänge in eine Welt, die das Menschenreich unmittelbar umgibt – und doch so endlos weit entfernt zu sein scheint.
Ein Buch, das die Augen öffnet für die Wirklichkeit, die hinter der Oberfläche verborgen liegt!

Klappenbroschur, ISBN: 978-3-86191-110-4

Isabel Arends

Baummedizin

Die heilende Kraft der Wald-Öle

Der Wald und seine einzigartige Atmosphäre haben den Menschen seit Urzeiten fasziniert. Vor allem seine Duftstoffe, die Terpenoide, die vorrangig von Nadelbäumen wie Fichten, Tannen oder Kiefern verströmt werden, üben eine wunderbar heilsame Wirkung auf das menschliche Nervensystem aus.

Bäume verfügen mittels ihrer ätherischen Duftstoffe über eine geradezu magische Heilkraft. Bisher wurden diese wunderbaren Heilkräfte des Waldes kaum therapeutisch genutzt. In diesem Buch werden erstmals die heilsamen Wirkungen bestimmter Baumöle ihnen entsprechenden seelischen Mustern zugeordnet. Ätherische Baumöle sind geradezu »Kraftpakete der Natur«, die Menschen bei allen seelischen Veränderungsprozessen begleiten können. Die heilsamen Öle des Waldes beruhigen, harmonisieren und stärken. Sie sind überaus effektive Helfer, um über die Seelenebene auch physische Probleme zu lösen.

Eine neue Dimension der Baumheilkunde!

ISBN: 978-3-86191-106-7

Robert Ogilvie Crombie

Der Mann, der mit den Elfen sprach

Es ist längst kein »frommes Märchen« mehr, dass Naturgeister existieren und bereit sind, mit den Menschen zusammenzuarbeiten, wenn sie zu dieser Zusammenarbeit eingeladen werden. Der legendäre »Findhorn-Garten« hat über viele Jahre auf eindrückliche Weise bewiesen, welche außergewöhnlichen Erfolge beispielsweise auf unwirtlichstem Gelände im Gemüseanbau erzielt werden können, wenn man um die Mithilfe der Naturwesen bittet.

Robert Ogilvie Crombie, nur ROC genannt, war einer der beiden Mittler zwischen den Menschen und den Naturgeistern in Findhorn. Zusammen mit Dorothy Maclean führte er über viele Jahre eine intensive Kommunikation mit dem Reich der Elfen und Devas.

Dieses Buch dokumentiert erstmals in deutscher Sprache die einzigartige Verbindung zwischen dem Reich der Menschen und der Welt der Elfen.

Ein Werk, das eine neue Ebene der Wirklichkeit erschließt!

ISBN: 978-3-89427-862-5

Paul Hanley
Der Hüter der Bäume
Der erste Naturschützer
Richard St. Barbe Baker

»Warum haben wir noch nichts von diesem außergewöhnlichen Mann der Bäume, Richard St. Barbe Baker, gehört? Er war ohne Zweifel einer der größten Fürsprecher für den Schutz und die Wiederherstellung der Wälder aller Zeiten. Ich bin erstaunt über sein Leben und seine Leistungen – er ist einer meiner Helden.«
– Jane Goodall

»Hätten wir die Warnungen von St. Barbe Baker und anderen Visionären beherzigt, hätten wir einen Großteil der Umweltkrisen, denen wir heute gegenüberstehen, vermeiden können. Es ist noch nicht zu spät. Wir können unsere Wälder retten und die Wüsten zurückerobern ... Die Botschaft von Richard St. Barbe Baker ist heute so aktuell wie vor hundert Jahren und ich hoffe sehr, dass sie beherzigt wird.«
aus dem Vorwort von: König Charles III.

Richard St. Barbe Baker, besser bekannt als St. Barbe, war seiner Zeit weit voraus. Dem inspirierenden Visionär und wegweisenden Umweltschützer werden die Rettung und Pflanzung von Milliarden von Bäumen zugeschrieben. Er rettete zahllose Leben durch seine unaufhörliche globale Kampagne, um vor Entwaldung und Wüstenbildung zu warnen, und indem er effektive, kulturell sensible Wege fand, wie Menschen zu einer friedlicheren und grüneren Welt beitragen können.
St. Barbe hatte weitreichende Visionen und initiierte Praktiken, die heute üblich und weit verbreitet sind.

Er war Gründer der Vereinigung »Man of the Trees« (heute: International Tree Foundation), die bis heute in der Begrünung des Planeten tätig ist. Es wird geschätzt, dass als Ergebnis seiner Bemühungen, der von ihm gegründeten und der von ihm unterstützten Organisationen weltweit etwa 26 Milliarden Bäume gepflanzt wurden!
Dieses Buch ist teils Biographie und teils Handbuch für das Engagement einer neuen Generation für die Erhaltung und Wiederherstellung der Wälder der Welt.
Die Botschaft dieses einflussreichen Umweltpioniers kommt zu einer Zeit, in der die Folgen des globalen Klimawandels für die Menschheit immer deutlicher werden.

ISBN: 978-3-86191-258-3